Lange/Lüdecke/Schmerse

Kindergeldrecht im öffentlichen Dienst

Kindergeldrecht
im öffentlichen Dienst

von

Klaus Lange
Verwaltungsamtsrat, Leiter des Service Centers der Familienkassen, Hannover

Reinhard Lüdecke
Oberamtsrat, Dozent am Bildungszentrum Northeim des Bildungsinstituts der Bundesagentur für Arbeit

Ingeborg Schmerse
Verwaltungsamtsrätin a.D., Arbeitsamt Braunschweig, Braunschweig

2. Auflage 2007

::rehm

Die Deutsche Nationalbibliothek – CIP-Einheitsaufnahme
Kindergeldrecht im öffentlichen Dienst: Praktikerhandbuch /
von Klaus Lange; Reinhard Lüdecke; Ingeborg Schmerse.
– 2. Auflage – München; Berlin: Rehm, 2007
ISBN 978-3-8073-2213-1

Bei der Auswahl des Papiers wurde zukunftsbewusst auf Umweltverträglichkeit und Wiederverwertbarkeit des Materials geachtet.

ISBN 978-3-8073-2213-1

Verlagsgruppe Hüthig Jehle Rehm GmbH
Heidelberg/München/Landsberg/Berlin

Satz: TypoScript GmbH, München
Druck und Bindung: Druckhaus Köppl & Schönfelder, Stadtbergen

::rehm

Vorwort

Das Kindergeld ist ein bedeutsamer Teil des Familienleistungsausgleichs, der sich aus Artikel 6 des Grundgesetzes ergibt. Unter **Familienleistungsausgleich** versteht man unterschiedliche Regelungen und Leistungen, die die Familie betreffen. Diese verschiedenen Begünstigungen können sowohl steuerliche Maßnahmen als auch Transferleistungen sein. Der Familienleistungsausgleich wurde in der Vergangenheit auch als Familienlastenausgleich bezeichnet.

Die Bezeichnung „Familienlastenausgleich" oder „Kinderlastenausgleich" ist aufgegeben worden. Sie stand zu nah an dem Lastenausgleich zur Überwindung von Kriegsfolgelasten oder der Lasten eines zusammengebrochenen Wirtschaftssystems und erinnerte an eine subventionsrechtliche Hilfe bei besonderem, individuell als schicksalhaft erlebtem Unglück. Mit dem Begriff „Familienlastenausgleich" wurde aus der Familie eine „Last", die zudem noch selbst verschuldet war.

Der aktuelle Begriff „Familienleistungsausgleich" macht die Intention des Gesetzgebers deutlicher; einen Ausgleich für die Leistungen zu schaffen, die eine Familie erbringt.

Die einzelnen Bestandteile des Familienleistungsausgleichs stellen sich wie folgt dar:

- Das Kindergeld und der Kinderfreibetrag bilden den Kern des Familienleistungsausgleichs. Diese wurden in den vergangenen 50 Jahren in verschiedener Form immer gewährt. Dabei dient der Kinderfreibetrag der steuerlichen Freistellung des Existenzminimums. Das über diese Freistellung hinausgehende Kindergeld wird als Transferleistung gezahlt. Verschiedene Regierungen haben die Kombination der beiden Regelungen immer wieder geändert. Die sozialdemokratisch geführten Bundesregierungen tendieren zu Kindergeld-, unionsgeführte Regierungen zu Kinderfreibetragsregelungen.

- Ferner gibt es den Freibetrag für Betreuungs-, Erziehungs- und Ausbildungsaufwand. Dieser wurde mit dem zweiten Gesetz zur Familienförderung vom 16. August 2001 (BStBl I 2001) als einheitlicher Freibetrag eingeführt. Der typisierte Freibetrag geht davon aus, dass bei kleineren Kindern üblicherweise der Betreuungsaufwand überwiegt, der dann mit zunehmendem Alter durch den Erziehungsaufwand und schließlich dem Ausbildungsaufwand abgelöst wird. Der Bedarf wird den Eltern daher ohne Nachweispflicht steuermindernd zuerkannt.

Vorwort

Das Kindergeld gehört heute – bis auf wenige, zahlenmäßig unbedeutende Ausnahmen – nicht mehr zu den Sozialleistungen. Es stellt einen Ausgleich für die (ohne einen solchen Ausgleich verfassungswidrige) Besteuerung des Existenzminimums von Kindern dar. Die rechtlichen Grundlagen sind demzufolge im Einkommensteuergesetz zu finden. Soweit das Kindergeld als Sozialleistung gewährt wird, soll es der Familienförderung dienen, und die Eltern sollen teilweise für ihren Aufwand entschädigt werden.

Eine Familienförderung für die Eltern ist nur der über den Ausgleich für die Besteuerung des Existenzminimums hinausgehende Teil. Dieser Teil ist umso größer, je niedriger das zu versteuernde Einkommen ist.

Der Familienleistungsausgleich ist auch als Anreiz für die Anhebung der Geburten in der Bundesrepublik gedacht. Durch diese direkte Transferleistungen soll dem in Deutschland inzwischen die Sozialkassen gefährdenden Mangel an Beitragszahlern entgegengewirkt werden.

Rechtsgrundlage für das Kindergeld ist für unbeschränkt steuerpflichtige Eltern das Einkommensteuergesetz (siehe das IV. Kapitel – §§ 31 und 32 sowie das X. Kapitel §§ 62 bis 78 EStG. Das Bundeskindergeldgesetz gilt für nicht unbeschränkt Steuerpflichtige, die zudem weitere Voraussetzungen erfüllen müssen.

Entscheidungen über Kindergeldansprüche im Rahmen des steuerrechtlichen Kindergeldes sind zum Teil sehr anspruchsvoll.

Mit der 2. Auflage des bereits bekannten Buches „Kindergeldrecht im öffentlichen Dienst" werden in kompakter und einfacher Weise sowohl die materiellrechtlichen (Teil A) als auch die verfahrensrechtlichen (Teil B) Voraussetzungen des **steuerlichen Kindergeldes** dargestellt. Damit erhalten die mit dem Kindergeldrecht betrauten Mitarbeiter/innen in den Familienkassen des öffentlichen Dienstes und andere am Thema Interessierte eine Hilfe, die sowohl für „Einsteiger" als auch für „Fortgeschrittene" geeignet ist. So können die Kindergeldfälle in den Personalstellen – neben den anderen Aufgaben – effektiver und leichter erledigt werden.

Die Autoren haben in diesem Buch die gängigsten Kindergeldfälle – im materiellrechtlichen wie auch im verfahrensrechtlichen Teil – möglichst aktuell, praxisnah und mit vielen Beispielen dargestellt.

Dieses Buch ist auch geeignet Vorgesetzten, Rechtsanwälten, Steuerberatern und Eltern einen raschen Ein- und Überblick in die etwas komplizierte Rechtsmaterie des Kindergeldrechtes nach dem Einkommensteuergesetz (EStG) zu ermöglichen.

Die Kindergeldstellen des öffentlichen Dienstes verfügen zweifellos über umfassende Kenntnisse im Kindergeldrecht. Jedoch sind trotz der eingetretenen Bearbeitungsroutine seit der Neuregelung zum 1. Januar 1996 durch Gesetzesänderungen und die Rechtsprechung des Bundesfinanzhofes (BFH) weiterhin viele Fragen und Unsicherheiten festzustellen, zu deren Beantwortung das vorliegende Buch seinen Beitrag leisten wird. Darüber hinaus hat der Gesetzgeber mit Beginn des Jahres 2007 eine Vielzahl von Neuregelungen mit zum Teil erheblichen Auswirkungen auf das Kindergeldrecht in Kraft gesetzt.

Verlag und Autoren freuen sich über jede Anregung und sind für Kritik und Verbesserungsvorschläge dankbar.

München im Februar 2007

Klaus Lange

Reinhard Lüdecke

Ingeborg Schmerse

Inhaltsverzeichnis

		Seite
Vorwort		V
Inhaltsverzeichnis		IX
Abkürzungsverzeichnis		XIX
Literaturverzeichnis		XXIII
Einführung		XXVII

A.	**Materielles Kindergeldrecht**	1
1.	Anspruchsberechtigte – § 62 EStG	1
1.1	Wohnsitz oder gewöhnlicher Aufenthalt im Inland – § 62 Abs. 1 Nr. 1 EStG	2
1.2	Nach § 1 Abs. 2 EStG unbeschränkt einkommensteuerpflichtige Personen – § 62 Abs. 1 Nr. 2a EStG	6
1.3	Nach § 1 Abs. 3 EStG als unbeschränkt einkommensteuerpflichtig zu behandelnde Personen – § 62 Abs. 1 Nr. 2b EStG	7
1.4	Besondere Anspruchsvoraussetzungen für Ausländer – § 62 Abs. 2 EStG	8
1.4.1	Gesetzliche Regelung ab Januar 2005	8
1.4.2	Gesetzliche Regelung vor Januar 2005	13
1.4.3	Gesetzliche Regelung ab Januar 2006	14
1.5	Bescheiderteilung	18
2.	Kinder – § 63 EStG	19
2.1	Im ersten Grad verwandte Kinder	19
2.2	Pflegekinder – § 32 Abs. 1 Nr. 2 EStG	21
2.3	Kinder des Ehegatten („Stiefkinder") – § 63 Abs. 1 S. 1 Nr. 2 EStG	25
2.4	Enkelkinder – § 63 Abs. 1 Nr. 3 EStG	25
2.5	Wohnsitz bzw. gewöhnlicher Aufenthalt des Kindes – § 63 Abs. 1 Satz 3 EStG	26
2.6	Bescheiderteilung	29

Inhaltsverzeichnis

		Seite
3.	Berücksichtigungstatbestände nach Vollendung des 18. Lebensjahres – § 32 Abs. 4 EStG	30
3.1	Arbeitsuchende Kinder	31
3.2	Berufsausbildung – § 32 Abs. 4 S. 1 Nr. 2a EStG	33
3.2.1	Begriff der Berufsausbildung	33
3.2.2	Beginn und Ende der Ausbildung	43
3.3	Übergangszeit zwischen zwei Ausbildungsabschnitten – § 32 Abs. 4 S. 1 Nr. 2b EStG	46
3.4	Unterbrechung der Ausbildung wegen Erkrankung oder Mutterschutz	50
3.5	Kinder ohne Ausbildungsplatz – § 32 Abs. 4 S. 1 Nr. 2c EStG	52
3.6	Kinder, die ein freiwilliges soziales Jahr, ein freiwilliges ökologisches Jahr ableisten oder am gemeinschaftlichen Aktionsprogramm „Jugend" sowie an einem anderen Dienst im Ausland gem. § 14b ZDG teilnehmen – § 32 Abs. 4 S. 1 Nr. 2d EStG	55
3.7	Behinderte Kinder – § 32 Abs. 4 S. 1 Nr. 3 EStG	57
3.8	Ausschluss von über 18 Jahre alten Kindern wegen eigener Einkünfte und Bezüge	68
3.8.1	Einkünfte und Bezüge	70
3.8.2	Sonderfälle bei der Ermittlung der Einkünfte/Bezüge	84
3.8.3	Werbungskosten	90
3.8.4	Zeitanteilige Berücksichtigung von Einkünften und Bezügen bei der Prognose	107
3.8.5	Zeitanteilige Berücksichtigung von Einkünften und Bezügen bei der abschließenden Prüfung	108
3.9	Verzögerungszeiten – § 32 Abs. 5 EStG	108
4.	Zusammentreffen mehrerer Ansprüche – § 64 EStG	111
4.1	Anspruchskonkurrenz	111
4.2	Haushaltsaufnahme bei nur einem Elternteil	111
4.3	Gemeinsamer Haushalt von Eltern	111
4.4	Gemeinsamer Haushalt von Eltern und Großeltern	112
4.5	Kind lebt außerhalb des Haushalts der Eltern	113
4.6	Besonderheiten beim Berechtigtenwechsel	114
4.7	Vorgehensweise bei Uneinigkeit über den Anspruchsvorrang	119

Inhaltsverzeichnis

		Seite
5.	Andere Leistungen für Kinder – § 65 EStG	120
5.1	Kinderzulage aus der gesetzlichen Unfallversicherung oder Kinderzuschuss aus den gesetzlichen Rentenversicherungen	120
5.2	Leistungen für Kinder, die im Ausland gewährt werden und dem Kindergeld vergleichbar sind	121
5.3	Leistungen für Kinder, die von einer zwischen- oder überstaatlichen Einrichtung gewährt werden und dem Kindergeld vergleichbar sind	122
5.4	Teilkindergeld nach § 65 Abs. 2 EStG	122
5.5	Bescheiderteilung	123
6.	Höhe des Kindergeldes – § 66 EStG	124
6.1	Höhe des Kindergeldes – § 66 Abs. 1 EStG	124
6.2	Beginn und Ende des Kindergeldanspruchs – § 66 Abs. 2 EStG	128
6.2.1	Beginn des Kindergeldanspruchs	128
6.2.2	Ende des Kindergeldanspruchs	130
6.3	Rückwirkung des Kindergeldanspruchs	131
6.3.1	Rückwirkung des Kindergeldantrages in den Jahren 1996 und 1997 – § 66 Abs. 3 EStG a. F.	131
6.3.2	Regelung ab Januar 1998	131
6.3.3	Übergangsvorschrift	132
6.4	Zahlungszeitraum – § 66 Abs. 2 EStG	132
6.4.1	Allgemeines	132
6.4.2	Bescheiderteilung	137
7.	Antrag – § 67 EStG	138
7.1	Antragstellung – § 67 Satz 1 EStG	138
7.2	Antragstellung im berechtigten Interesse – § 67 Satz 2 EStG	140
7.3	Feststellung der Anspruchsvoraussetzungen, Mitwirkungspflichten, Akteneinsicht	141
7.4	Bescheiderteilung	142
8.	Besondere Mitwirkungspflichten – § 68 EStG	143
8.1	Allgemeines	143
8.2	Bescheiderteilung	148
9.	Festsetzung und Zahlung des Kindergeldes an Angehörige des öffentlichen Dienstes – § 72 EStG	148

Inhaltsverzeichnis

		Seite
10.	Zahlung des Kindergeldes in Sonderfällen – § 74 EStG ...	152
10.1	Auszahlung an Dritte bei Verletzung der Unterhaltspflicht durch den Berechtigten (Abzweigung) – § 74 Abs. 1 EStG	152
10.1.1	Allgemeines	152
10.1.2	Voraussetzungen für die Abzweigung	153
10.1.2.1	Allgemeines	153
10.1.2.2	Kindergeld und Unterhaltsrecht	153
10.1.2.3	Gesetzliche Unterhaltspflicht	155
10.1.2.4	Unterhaltsanspruch dem Grunde nach	155
10.1.2.5	Verletzung der Unterhaltspflicht	156
10.1.2.6	Unterhaltsbedarf des Kindes	157
10.1.2.7	Unterhaltsrechtliche Bedürftigkeit des Kindes	157
10.1.2.8	Leistungsfähigkeit der Eltern	158
10.1.2.9	Keine Unterhaltspflicht mangels Leistungsfähigkeit	159
10.1.2.10	Unterhaltspflicht geringer als das auszuzahlende Kindergeld	160
10.1.3	Höhe der Abzweigung	161
10.1.4	Abzweigungsempfänger	162
10.1.5	Verfahren	162
10.1.6	Bescheide	164
10.2	Erstattungsansprüche der Träger von Sozialleistungen ...	165
10.2.1	Allgemeines	165
10.2.2	Vorleistung des Sozialleistungsträgers	165
10.2.3	Bescheide/Mitteilungen	168
10.2.4	Laufende Erstattung nach § 104 Abs. 1 Satz 4 SGB X	168
11.	Aufrechnung – § 75 EStG	169
11.1	Allgemeines	169
11.2	Aufrechnung nach § 75 Abs. 1 EStG	170
11.3	Aufrechnung nach § 75 Abs. 2 EStG	171
11.4	Änderung ab 2007	172
11.5	Aufrechnung nach § 226 AO	172
11.6	Bescheiderteilung	173

Inhaltsverzeichnis

		Seite
12.	Pfändung – § 76 EStG	173
12.1	Allgemeines	173
12.2	Höhe des pfändbaren Kindergeldes	176
12.3	Bescheiderteilung	178
13.	Pfändungsschutz – § 76a EStG	179
B.	**Steuerliches Festsetzungs- und Erhebungsverfahren**	**183**
1.	Überblick über das steuerrechtliche Verwaltungsverfahren	183
2.	Verwaltungsakte	186
2.1	Arten des Verwaltungsaktes	187
2.2	Einteilung der Verwaltungsakte	189
3.	Form und Inhalt der Verwaltungsakte	191
3.1	Formvorschriften	191
3.2	Inhaltliche Anforderungen	192
3.2.1	Verfügungssatz	192
3.2.2	Begründung	194
3.3	Nebenbestimmungen zum Verwaltungsakt	196
3.4	Grundsätze der Festsetzung	197
3.4.1	Zuständigkeiten	197
3.4.2	Möglichkeiten der Festsetzung	198
3.5	Fehlerhafte Verwaltungsakte	200
3.5.1	Nichtigkeit	201
3.5.2	Sonstige fehlerhafte Verwaltungsakte	202
3.5.2.1	Heilung von Verfahrens- und Formfehlern – § 126 AO	202
3.5.2.2	Folgen von Verfahrens- und Formfehlern – § 127 AO	203
3.5.2.3	Umdeutung eines fehlerhaften Verwaltungsaktes – § 128 AO	203
4.	Erlass und Bekanntgabe des Verwaltungsaktes	204
4.1	Allgemeines	204
4.2	Begriff der Bekanntgabe	204
4.3	Arten der Bekanntgabe	206
4.4	Folgen der Bekanntgabe	209

Inhaltsverzeichnis

		Seite
4.5	Wirksambleiben und Beseitigung der Wirksamkeit eines Verwaltungsaktes	211
4.5.1	Wirksambleiben eines Verwaltungsaktes	211
4.5.1.1	(Bewilligende) Festsetzungsbescheide	211
4.5.1.2	Änderungsfestsetzung	212
4.5.1.3	Ablehnungsbescheide aus materiell-rechtlichen Gründen	212
4.5.1.4	Aufhebungsbescheide	214
4.5.1.5	Ablehnungsbescheide aus formellen Gründen	216
4.5.1.6	Berichtigungen	216
4.5.2	Beseitigung der Wirksamkeit eines Verwaltungsaktes	216
5.	Festsetzungsverjährung	218
5.1	Festsetzungsfristen	218
5.2	Beginn der Festsetzungsfrist	220
5.3	Anlaufhemmungen	221
5.4	Ablaufhemmungen	222
5.5	Fristwahrung	223
6.	Korrektur von Verwaltungsakten	224
6.1	Allgemeiner Überblick	224
6.2	Systematik der Korrekturvorschriften	225
6.3	Grundsätze zur Anwendung der Korrekturvorschriften	226
6.3.1	Nebeneinander von Korrekturnormen	226
6.3.2	Punktberichtigung	228
6.3.3	Anhörung	229
6.3.4	Begründung	229
6.3.5	Korrekturzeitraum	229
6.3.6	Aufhebung, Änderung oder Neufestsetzung	230
6.3.7	Einschränkungen des Korrekturumfangs	232
7.	Die Korrekturnormen	233
7.1	Offenbare Unrichtigkeiten beim Erlass eines Verwaltungsaktes – § 129 AO	233
7.1.1	Zweck der Vorschrift	233
7.1.2	Voraussetzungen	233
7.1.3	Korrekturzeitraum	236

# Inhaltsverzeichnis

		Seite
7.2	Rücknahme und Widerruf sonstiger Verwaltungsakte, Korrektur im Einspruchsverfahren – §§ 130 bis 132 AO	237
7.2.1	Allgemeines	237
7.2.2	§ 130 AO – Rücknahme eines rechtswidrigen Verwaltungsaktes	239
7.2.2.1	Rechtswidriger belastender Verwaltungsakt	240
7.2.2.2	Rechtswidriger begünstigender Verwaltungsakt	240
7.2.2.3	Allgemeine Regelungen für § 130 Abs. 1 und 2 AO	242
7.2.3	§ 131 AO – Widerruf eines rechtmäßigen Verwaltungsaktes	242
7.2.4	Korrektur im Einspruchsverfahren – § 132 AO	245
7.3	Aufhebung und Änderung von Steuerbescheiden unter dem Vorbehalt der Nachprüfung und vorläufigen Steuerbescheiden – §§ 164, 165 AO	246
7.3.1	Steuerbescheide unter dem Vorbehalt der Nachprüfung	247
7.3.2	Vorläufige Steuerbescheide	248
7.4	Aufhebung und Änderung von Steuerbescheiden – § 172 AO	250
7.4.1	Schlichter Änderungsantrag und Einspruch	250
7.4.2	Verwaltungsakte einer sachlich unzuständigen Behörde	254
7.4.3	Durch unlautere Mittel erwirkter Kindergeldbescheid	254
7.4.4	Sonstige Korrekturnormen	255
7.5	Korrektur von Steuerbescheiden wegen neuer Tatsachen oder Beweismittel – § 173 AO	255
7.5.1	Tatsachen oder Beweismittel	255
7.5.2	Nachträgliches Bekanntwerden	256
7.5.3	Korrektur zu Lasten des Berechtigten	259
7.5.4	Korrektur zu Gunsten des Berechtigten	260
7.5.5	Rechtsfolgen	261
7.6	Widerstreitende Steuerfestsetzung – § 174 AO	261
7.7	Aufhebung und Änderung von Steuerbescheiden in sonstigen Fällen – § 175 AO	262
7.7.1	Zweck der Vorschrift	262
7.7.2	Korrektur wegen Grundlagenbescheiden	262

Inhaltsverzeichnis

		Seite
7.7.3	Korrektur wegen Eintritts eines rückwirkenden Ereignisses	263
7.8	Aufhebung bzw. Änderung der Kindergeldfestsetzung bei einer Änderung der Verhältnisse – § 70 Abs. 2 EStG	264
7.8.1	Zweck der Vorschrift	264
7.8.2	Voraussetzungen	265
7.8.3	Rechtsfolgen	268
7.8.4	Korrekturzeitraum	269
7.8.5	Anwendungsbereich	270
7.9	Beseitigung einer von Anfang an fehlerhaften Kindergeldfestsetzung – § 70 Abs. 3 EStG	272
7.9.1	Zweck der Vorschrift	272
7.9.2	Voraussetzungen	273
7.9.3	Rechtsfolgen	276
7.9.4	Berücksichtigung des Vertrauensschutzes nach § 176 AO	277
7.9.5	Korrekturzeitraum	278
7.10	Aufhebung oder Änderung einer Kindergeldfestsetzung bei Über- oder Unterschreitung der Grenzbeträge – § 70 Abs. 4 EStG	278
7.10.1	Zweck der Vorschrift	278
7.10.2	Voraussetzungen	279
7.10.3	Rechtsfolgen	282
7.10.4	Korrekturzeitraum	283
7.10.5	Anwendungsbereich	283
8.	Abweichende Festsetzung aus Billigkeitsgründen – § 163 AO	285
9.	Überblick über das Erhebungsverfahren	288
10.	Verwirklichung von Ansprüchen aus dem Steuerschuldverhältnis	288
10.1	Auszahlungsanspruch des Berechtigten	289
10.2	Auszahlung in Sonderfällen	289
10.3	Auszahlungen gemäß § 74 Abs. 1 EStG	289
10.3.1	Abzweigungsempfänger	289
10.3.2	Antragstellung	290
10.3.3	Entscheidung, Korrektur getroffener Entscheidungen	290

Inhaltsverzeichnis

		Seite
10.4	Erstattungen gem. § 74 Abs. 2 EStG	291
10.4.1	Allgemeiner Überblick	291
10.4.2	Entscheidung, Korrektur von Entscheidungen	292
10.5	Abrechnungsbescheide	294
10.6	Rückzahlungsansprüche gegen Berechtigte	295
10.6.1	Rückzahlungsanspruch wegen Korrektur der Festsetzung	295
10.6.2	Besonderheiten bei der Weiterleitung	297
10.6.3	Rückzahlungsanspruch wegen Doppel- oder Überzahlung	297
10.6.4	Rückzahlungspflichtiger	298
10.6.5	Rechtsschutz gegen Rückzahlungsansprüche	299
10.6.6	Fälligkeit der Ansprüche aus dem Steuerschuldverhältnis	301
11.	Realisierung von Forderungen im Erhebungsverfahren	302
11.1	Zahlungsverjährung	302
11.1.1	Verjährungsfrist	303
11.1.2	Beginn und Ende der Verjährung	303
11.1.3	Hemmung und Unterbrechung der Verjährung	304
11.2	Realisierung von Rückzahlungsansprüchen durch sofortige Zahlung	305
11.3	Realisierung von Rückzahlungsansprüchen durch Aufrechnung	306
11.3.1	Allgemeines	306
11.3.2	Aufrechnung mit Kindergeld	308
11.3.3	Aufrechnung mit Gehaltsansprüchen	308
11.3.4	Zusammentreffen von Aufrechnungen und anderen Verfügungen über den Kindergeldanspruch	309
11.3.5	Nebeneinander von Aufrechnung und eigener Zahlung	311
11.4	Stundung des Rückzahlungsanspruchs	311
11.4.1	Zweck und Wirkung	312
11.4.2	Voraussetzungen	313
11.4.3	Antrag und Begründung	314
11.4.4	Entscheidung der Familienkasse	315
11.4.5	Rechtsbehelfe	316

Inhaltsverzeichnis

		Seite
12.	Verzinsung	316
12.1	Höhe der Zinsen nach der AO	317
12.2	Festsetzung der Zinsen	318
12.3	Stundungszinsen	319
12.4	Hinterziehungszinsen	321
12.5	Prozesszinsen	324
12.6	Zinsen bei Aussetzung der Vollziehung	326
12.7	Zinsen auf Erstattungsansprüche	328
13.	Säumniszuschläge	329
13.1	Allgemeines	329
13.2	Beginn und Ende der Säumnis	330
13.3	Berechnung	331
13.4	Schonfrist	331
13.5	Erlass der Säumniszuschläge	332
13.6	Rechtsbehelfe	333
14.	Niederschlagung	333
15.	Zahlungserlass	334
Stichwortverzeichis		337

Abkürzungsverzeichnis

A

AEAO	Anwendungserlass zur Abgabenordnung
ALG	Gesetz über die Alterssicherung für Landwirte
AO	Abgabenordnung
AsylVfG	Asylverfahrensgesetz
AuslG	Ausländergesetz

B

BA	Bundesanstalt für Arbeit
BAföG	Bundesausbildungsförderungsgesetz
BB	Betriebsberater (Zeitschrift)
BBiG	Berufsausbildungsgesetz
BErzGG	Bundeserziehungsgeldgesetz
BEEG	Bundeselterngeld- und Elternzeitgesetz
BfF	Bundesamt für Finanzen
BFH	Bundesfinanzhof
BGB	Bürgerliches Gesetzbuch
BKGG	Bundeskindergeldgesetz
BKGG a. F.	alte, bis 31. 12. 1995 geltende Fassung des Bundeskindergeldgesetzes
BMF	Bundesministerium der Finanzen
BMI	Bundesministerium des Innern
BRH	Bundesrechnungshof
BRRG	Beamtenrechtsrahmengesetz
BSHG	Bundessozialhilfegesetz
BVerwG	Bundesverwaltungsgericht
BVG	Bundesversorgungsgericht

Abkürzungsverzeichnis

D

DA-FamBuStra	Dienstanweisung des Bundesamtes für Finanzen an die Familienkassen zur Durchführung von Buß- und Strafsachen
DA-FamEStG	Dienstanweisung des Bundesamtes für Finanzen an die Familienkassen zur Durchführung des steuerlichen Familienleistungsausgleichs nach den Bestimmungen des EStG
DB	Der Betrieb (Zeitschrift)
DöD	Der öffentliche Dienst (Zeitschrift)

E

EStDV	Einkommensteuer-Durchführungsverordnung
EStG	Einkommensteuergesetz
EStH	Amtliches Einkommensteuerhandbuch
EU	Europäische Union
EWR	Europäischer Wirtschaftsraum

F

FamRZ	Zeitschrift für das gesamte Familienrecht
FGG	Finanzgerichtsgesetz
FVG	Finanzverwaltungsgesetz

G

GAL	Gesetz über die Alterssicherung der Landwirte
GG	Grundgesetz
ggf.	gegebenenfalls

H

HwO	Handwerksordnung

I

i.d.R.	in der Regel

K

KG	Kindergeld

L

LB	Loseblattausgabe

M

MdR	Monatsschrift des deutschen Rechts (Zeitschrift)
MuSchG	Mutterschutzgesetz
MuSchV	Mutterschutzverordnung

N

NJW	Neue juristische Wochenschrift (Zeitschrift)

S

s.	siehe
SachbezV 20..	Sachbezugsverordnung für das Jahr 20..
SGb	Die Sozialgerichtsbarkeit (Zeitschrift)
SGB I	Sozialgesetzbuch I – Allgemeiner Teil –
SGB III	Sozialgesetzbuch III – Arbeitsförderung –
SGB IX	Sozialgesetzbuch IX – Rehabilitation und Teilhabe behinderter Menschen –
SGB X	Sozialgesetzbuch X – Verwaltungsverfahren –
SGB XI	Sozialgesetzbuch XI – Soziale Pflegeversicherung –
SGG	Sozialgerichtsgesetz
StGB	Strafgesetzbuch
StStatG	Gesetz über Steuerstatistiken
SVG	Soldatenversorgungsgesetz

U

u. a.	unter anderem, und andere
Uhg	Unterhaltsgeld
Übg	Übergangsgeld

Abkürzungsverzeichnis

V

VBL	Versorgungsanstalt des Bundes und der Länder
VwZG	Verwaltungszustellungsgesetz

W

WfB	Werkstatt für Behinderte

Z

z. B.	zum Beispiel
ZDG	Zivildienstgesetz
ZPO	Zivilprozessordnung
ZTR	Zeitschrift für Tarifrecht
ZVK	Zusatzversorgungskasse

Literaturverzeichnis

Berlebach	Familienleistungsausgleich, Kommentar (LB), Bonn
Berlebach	Familienleistungsausgleich 1996, Bonn 1996
Birkenfeld/ Daumke	Das neue außergerichtliche Rechtsbehelfsverfahren, 2. Aufl., Köln 1996
Blümich	Einkommensteuergesetz, Körperschaftssteuergesetz, Gewerbesteuergesetz, Kommentar (LB), München
BMF (Hrsg.)	Finanzgerichtsordnung mit Nebengesetzen, Amtliche Handausgabe (LB), Bonn
BMF (Hrsg.)	AO-Kartei, Amtliche Handausgabe (LB), Bonn
BMF (Hrsg.)	Amtliches Einkommensteuer-Handbuch 1996, Bonn
BMF (Hrsg.)	Lohnsteuer-Handausgabe 1996, Bonn
Dautzenberg	Die Problematik der Grenzgängerregelungen nach dem Schumacker-Urteil des Europäischen Gerichtshofes, BB 1995, S. 2397
Depenheuer	Arbeitgeber als Zahlstelle des Sozialstaates – Zur Indienstnahme privater Arbeitgeber zur Auszahlung des Kindergeldes –, BB 1996, S. 1218
Ehlers/Arens	Die einkommensteuerliche Berücksichtigung von Kindern – gesetzliche Grundlagen und Gestaltungsmöglichkeiten –, FamRZ 1996, S. 385
Felix	Das neue Kindergeldrecht, ZBR 1996, S. 101
Gaßmann	Rolle rückwärts – Neue Kindergeld-Auszahlung –, Bonner Rundschau, 29. 11. 1995
Hauck/Haines	SGB Sozialgesetzbuch, Kommentar (LB)
Hermann/Heuer/ Raupach	Einkommensteuer- und Körperschaftssteuergesetz, Kommentar (LB), Köln
Hübschmann/ Hepp/Spitaler	Abgabenordnung, Finanzgerichtsordnung, Kommentar (LB), Köln
Jokob	Abgabenordnung, Steuerverwaltungsverfahren und finanzgerichtliches Verfahren, München 1996
Kindergeldrecht öffentlicher Dienst	Textausgabe (LB), München

Literaturverzeichnis

Koblenzer	Grundlagen der „beschränkten Steuerpflicht", BB 1996, S. 933
Kruhl	„Jahressteuergesetz 1996" in der parlamentarischen Beratung (1) – Schilderung des Ablaufs bis Ende April 1995 –, BB 1995, S. 1161
Kruhl	„Jahressteuergesetz 1996" in der parlamentarischen Beratung (2) – Schilderung des Ablaufs ab 1.5.1995 bis zum Ende des 1. Vermittlungsverfahrens –, BB 1995, S. 1669
Kruhl	„Jahressteuergesetz 1996" endgültig verabschiedet – Schilderung des Ergebnisses des 2. Vermittlungsausschussverfahrens und Beschlussfassung durch Bundestag und Bundesrat, BB 1995, S. 2032
Kruhl	Jahressteuergesetz 1997, BB 1997, S. 177
Leichtle	Durchführung des Familienleistungsausgleichs ab dem Veranlagungszeitraum 1996, DB 1997, S. 1149
Marburger	Das neue Kindergeldrecht – Ein Überblick, DÖD 1997, S. 81
Michaelis	Kindergeldverfahren im öffentlichen Dienst ab 1996, Heidelberg 1996
Müller/Traxel	Die Bedeutung von Kindergeld und Kinderfreibetrag für die Veranlagung zur Einkommensteuer ab dem Veranlagungszeitraum 1996, BB 1996, S. 1141
Niermann/Plenker	Jahressteuergesetz 1996: Neuregelung des Familienleistungsausgleichs, DB 1995, S. 1930
Novak	ZTR 1995, S. 531
Palandt	BGB, Kommentar, München 1998
Pfeifer	Kindergeld, Kinderfreibetrag, Grundfreibetrag und verfassungswidrige Besteuerung des Existenzminimums, I. Teil: SGb 1997, S. 14, II. Teil: SGb 1997, S. 64
Plenker	Die Vergleichsberechnung zwischen Kindergeld und Kinderfreibetrag im Rahmen der Einkommensteuerveranlagung 1996, DB 1996, S. 2095
Prochnow	Mehr Bürokratie beim Kindergeld, General-Anzeiger Bonn, 11./12.11.1995
Schild	Kindergeld ist nicht gleich Kindergeld – Ein Beitrag zur fehlenden Einheit der Rechtsordnung –, NJW 1996, S. 2414

Literaturverzeichnis

Schöll	Abgabenordnung, Praktikerkommentar (LB), München
Scholz	Das Jahressteuergesetz und die Düsseldorfer Tabelle Stand 1.1.1996, FamRZ 1996, S. 65
Schwegmann/ Summer	Bundesbesoldungsgesetz, Kommentar (LB), München
Tipke/Kruse	Abgabenordnung, Finanzgerichtsordnung, Kommentar (LB), Köln
Tipke/Lang	Steuerrecht, Köln 1996
Uttlinger/Breier/ Kiefer/Hoffmann/ Pühler	Bundes-Angestelltentarifvertrag – BAT, Kommentar (LB), München
v. Zwehl	Pfändung von Kindergeld, ZTR 1996, S. 545
Vial/Schwetz	Der sozialrechtliche Kindergeldanspruch des neuen Familienleistungsausgleichs, SGb 1997, S. 245
Voss/Klose	Kindergeld und Freizügigkeit innerhalb der Europäischen Gemeinschaft, MDR 1996, S. 1222
Wichmann	Steuerrecht und Kindesunterhalt – Zum Jahressteuergesetz 1996 –, FamRZ 1995, S. 1241
Zitzelsberger	Das Jahressteuergesetz 1996 – Ein Beispiel für den Verfall der Steuergesetzgebung, BB 1995, S. 2296

Einführung

In der Bundesrepublik Deutschland erhalten pro Jahr ca. 11 Millionen Berechtigte Kindergeld nach den Vorschriften des Einkommensteuergesetzes. Berücksichtigt werden etwa 18 Millionen Kinder, für die rund 34 Milliarden € im Jahr an Kindergeld überwiesen werden. Über diese enorme Summe entscheiden die Familienkassen. Den Mitarbeiterinnen und Mitarbeitern in den Familienkassen obliegt damit eine fiskalisch bedeutsame Aufgabe.

Für die Beschäftigten im öffentlichen Dienst hängen von der Festsetzung des Kindergeldes zudem weitere tarifliche und/oder besoldungsrechtliche Leistungen ab. Das sind zum einen die Entgeltbestandteile, Verringerungen der Arbeitszeit oder ein höherer Beihilfeanspruch gegen den Dienstherrn. Sofern Kindergeld nicht rechtmäßig festgesetzt wird, kann entweder dem Fiskus oder dem Berechtigten ein beträchtlicher Schaden entstehen.

Bundesweit bearbeiten ca. 16 000 Familienkassen die Anträge auf Kindergeld und treffen täglich in Tausenden von Neu- und laufenden Fällen die notwendigen Entscheidungen. Viele von diesen stellen die Mitarbeiterinnen und Mitarbeiter in den Familienkassen nicht vor unlösbare Aufgaben. Die Festsetzung des Kindergeldes für ein neugeborenes Kind ist im Allgemeinen schnell und rechtmäßig erfolgt.

Es gibt allerdings eine Vielzahl von Fallgestaltungen, die sich als ausgesprochen kompliziert erweisen. Die zu lösenden kindergeldrechtlichen Fragen betreffen nicht nur die Festsetzung von Kindergeld, sondern auch das Aufheben von Entscheidungen wegen des Fortfalls von Anspruchstatbeständen und die damit verbundene Erhebung zu Unrecht gezahlten Kindergeldes.

Für die Praxis bedeutet dies die Notwendigkeit eines sicheren Anwendens der maßgeblichen Rechtsnormen und somit eine rasche Erledigung des entsprechenden Kindergeldfalles. Öffentliche Mittel, seien es das Kindergeld oder tarifliche Ansprüche, die der öffentliche Dienst zusätzlich gewährt, werden ihrer Intention entsprechend sparsam und effektiv verwendet.

Zudem vertraut der Kindergeldberechtigte auf die richtige Einschätzung des Kindergeldfalles seitens der Familienkassen. Es geht um seine Ansprüche, über die entschieden werden muss. Wird ihm ein Anspruch abgelehnt, obwohl er zugestanden hat, werden ihm bis zu 2148 € im Jahr nur an Kindergeld vorenthalten.

Einführung

Das vor Ihnen liegende Buch vereint das materielle- und das Verfahrensrecht. Es unterstützt die tägliche Arbeit in den Familienkassen. Gleichzeitig zeigt es Eltern und den sie Vertretenden auf, welche Kindergeldansprüche gegeben sind. Die Lesbarkeit des Buches ist durch die klare Strukturierung und die verständliche Sprache recht einfach. Insbesondere durch viele Beispiele wird anschaulich dargestellt, wie selbst komplizierte gesetzliche Regelungen in der Praxis umzusetzen sind.

A. Materielles Kindergeldrecht

1. Anspruchsberechtigte – § 62 EStG

§ 62 EStG bestimmt, wer als Anspruchsberechtigter Kindergeld für Kinder im Sinne des § 63 EStG erhalten kann. Nach Abs. 1 zählt zum Kreis der Anspruchsberechtigten, wer

- im Inland einen Wohnsitz oder seinen gewöhnlichen Aufenthalt hat (Nr. 1)

oder

- **ohne** Wohnsitz oder gewöhnlichen Aufenthalt im Inland
  - nach § 1 Abs. 2 EStG unbeschränkt einkommensteuerpflichtig ist (Nr. 2a)

  oder

  - nach § 1 Abs. 3 EStG als unbeschränkt einkommensteuerpflichtig behandelt wird (Nr. 2b).

Grundvoraussetzung für einen Anspruch ist das Vorhandensein von mindestens **einem Kind**. Damit wird deutlich, dass nur **natürliche Personen** als Berechtigte in Frage kommen. Keinen Anspruch haben juristische Personen. Der Träger eines Kinderheimes kann also für seine Schützlinge nicht als Anspruchsberechtigter auftreten.

§ 62 Abs. 1 EStG macht auf eine wichtige Tatsache aufmerksam. Es handelt sich bei dieser Vorschrift um eine **territoriale** und keine **nationale** Regelung. Einen Anspruch auf KG hat nicht nur ein deutscher Staatsangehöriger, sondern auch jeder Nichtdeutsche (egal welcher Nation er auch angehören mag), der sich zu Recht in der Bundesrepublik aufhält – für Ausländer gibt es allerdings eine weitere Voraussetzung, siehe Ausführungen zu § 62 Abs. 2 EStG. Damit folgt § 62 EStG der Überlegung, dass jeder Vater oder jede Mutter, der/die die Voraussetzungen des Abs. 1 erfüllt, am Gemeinwohl der Bundesrepublik Deutschland beteiligt ist und daher als „Gegenleistung" einen Steuervergütungsanspruch von der Allgemeinheit erhält.

Die territoriale Regelung ist allerdings nicht grenzenlos. Ein Ausländer hat einen KG-Anspruch nur dann, wenn er sich zu Recht in der Bundesrepublik aufhält. § 62 Abs. 2 EStG bestimmt, dass ein Nichtdeutscher im Besitz einer Aufenthaltsberechtigung oder Aufenthaltserlaubnis sein muss.

A. Materielles Kindergeldrecht

1.1 Wohnsitz oder gewöhnlicher Aufenthalt im Inland – § 62 Abs. 1 Nr. 1 EStG

Einen Anspruch auf Kindergeld haben Eltern im Allgemeinen nur, wenn sie in Deutschland wohnen. § 62 Abs. 1 Nr. 1 EStG beschreibt, dass der Antragsteller im Inland seinen **Wohnsitz** oder **gewöhnlichen Aufenthalt** haben muss.

Beide Begriffe sind voneinander zu unterscheiden; sie sind in den §§ 8 und 9 der Abgabenordnung (AO) definiert.

Wohnsitz – § 8 AO:

„Einen Wohnsitz hat jemand dort, wo er eine Wohnung unter Umständen innehat, die darauf schließen lassen, dass er die Wohnung beibehalten und benutzen wird."

Ein Wohnsitz im Inland muss sich anhand objektiver Gegebenheiten feststellen lassen. Bloße Absichten des Berechtigten sind unerheblich und die subjektive Einschätzungen des Berechtigten ist grundsätzlich ohne Bedeutung.

Es gibt einige Gesichtspunkte, anhand derer eine objektive Prüfung, ob ein **Wohnsitz** gegeben ist, vorgenommen werden kann bzw. muss; solche sind:

- Liegen Räumlichkeiten vor, die objektiv zum dauerhaften Wohnen geeignet sind?
- Steht die Wohnung jederzeit zur sofortigen Nutzung bereit oder bedarf es hierfür erst erheblicher Vorbereitungen (z. B. Anschaffung von Einrichtungsgegenständen, Freischalten der Energiezufuhr durch das Elektroversorgungsunternehmen)?
- Soll die Wohnung lediglich vorübergehend (weniger als sechs Monate) beibehalten und benutzt werden?
- Kann der Berechtigte über die Wohnung tatsächlich verfügen, wann immer er es wünscht?
- Liegen Umstände vor, die darauf schließen lassen, dass die Wohnung durch den Berechtigten beibehalten und von ihm als solche genutzt werden soll?
- Entsprechen Größe und Ausstattung der Wohnung den Lebensverhältnissen des Berechtigten? Hieran sind geringere Anforderungen zu stellen, wenn ein Arbeitnehmer seine Tätigkeit außerhalb seines Familienwohnorts aufnimmt und sich unter diesen Umständen mit einer bescheideneren Unterkunft begnügt.
- Nutzt der Berechtigte die Wohnung ständig oder zumindest mit gewisser Regelmäßigkeit?

1.1 Wohnsitz oder gew. Aufenthalt im Inland – § 62 Abs. 1 Nr. 1 EStG

- Unterliegt der Berechtigte einer Regelung, nach der ein Wohnsitz oder gewöhnlicher Aufenthalt im Inland grundsätzlich ausgeschlossen ist, z. B. für Mitglieder der NATO-Streitkräfte, für Mitglieder und Beschäftigte von Botschaften und Konsulaten und für Bedienstete von über- oder zwischenstaatlichen Organisationen?

In einigen Fällen **liegt ein Wohnsitz nicht** vor; dies sind u. a.:

- Unterliegt der Berechtigte einer Regelung, nach der ein Wohnsitz oder gewöhnlicher Aufenthalt im Inland grundsätzlich ausgeschlossen ist, z. B. für Mitglieder der NATO-Streitkräfte, für Mitglieder und Beschäftigte von Botschaften und Konsulaten und für Bedienstete von über- oder zwischenstaatlichen Organisationen.
- Der Berechtigte ist im Inland lediglich gemeldet.
- Der Berechtigte hat einen Wohnsitz im Ausland und im Inland weder seinen Lebensmittelpunkt noch einen Schwerpunkt seiner Lebensverhältnisse, verfügt also nicht über zwei Wohnsitze.
- Der Berechtigte hält sich von vornherein für mehr als ein Jahr im Ausland, in der bisherigen Wohnung jedoch nur kurzzeitig zu Besuchs-, Urlaubs-, Berufs- oder familiären Zwecken auf.
- Das Zimmer in der elterlichen Wohnung eines ledigen Arbeitnehmers ist regelmäßig kein Wohnsitz.

Eine Reihe von Rechtsnormen knüpft an den Wohnsitz im Geltungsbereich eines Gesetzes an. Im Steuerrecht hat der Wohnsitz insbesondere Bedeutung für die örtliche Zuständigkeit im Besteuerungsverfahren. Außerdem hängt vom Innehaben eines inländischen Wohnsitzes das Vorliegen der beschränkten oder unbeschränkten Steuerpflicht ab. Für den steuerlichen Wohnsitzbegriff sind die tatsächlichen Verhältnisse maßgebend. Daher kommt der Anmeldung bei den Meldebehörden keine ausschlaggebende Bedeutung zu. Auch ein mehrfacher Wohnsitz ist möglich.

In solch einem Fall hat ein Anspruchsberechtigter allerdings immer nur **einen** gewöhnlichen Aufenthalt im Sinne des § 9 AO.

Bei der Beurteilung des Wohnsitzes kommt es unter anderem auf das Vorhandensein einer Wohnung an. Eine Wohnung liegt nur dann vor, wenn zum Wohnen geeignete Räume vorhanden sind. Dabei kommt es nicht darauf an, wie viel Räume die Wohnung besitzt. Es ist egal, ob die Wohnung eine schlossartige Villa oder ein Wohnwagen in Dauermiete auf einem Campingplatz ist. Daher können auch eine Gemeinschaftsunterkunft auf einer Baustelle, ein möbliertes Zimmer oder ein Schiff für Seeleute als Wohnung angesehen werden.

A. Materielles Kindergeldrecht

§ 8 AO verlangt, dass der Anspruchsberechtigte die Wohnung „innehat". Damit wird deutlich, dass über die Wohnung eine tatsächliche Verfügungsmacht vorhanden sein muss. Diese ist dann gegeben, wenn der Anspruchsberechtigte **Mieter** oder **Eigentümer** der Wohnung (oder des Hauses) ist. Die Wohnung muss mindestens mit gewisser Regelmäßigkeit aufgesucht werden. Dies ist der Fall, wenn der Berechtigte innerhalb eines Jahres seine Wohnung mindestens zweimal für jeweils mindestens zwei Wochen benutzt.

Wird eine Wohnung lediglich als Postadresse genutzt, liegt ein Wohnsitz nicht vor.

Im Allgemeinen ist die Frage nach dem Vorhandensein einer Wohnung nicht schwer zu beantworten. Die meisten Eltern, die Kindergeld beantragen, haben eine Wohnung oder ein Haus entweder gemietet oder als selbstgenutztes Eigentum.

Welches können Lebenssituationen sein, in denen die Frage nach dem Vorhandensein eines Wohnsitzes nur schwer beantwortet werden kann?

Eine Problemstellung ist die Zuordnung eines Wohnsitzes, wenn ein Elternteil aus beruflichen Gründen von seiner Familie getrennt wohnt. Seinen Wohnsitz hat er in der Regel dort, wo sich seine Familie befindet.

Hält sich ein Ehepaar mit seinen Kindern im Inland in unregelmäßigen Abständen in einer Ferienwohnung auf, wird damit ein Wohnsitz nicht begründet.

Ein Wohnsitz ist in der Bundesrepublik nicht mehr vorhanden, wenn der Antragsteller das Inland verlassen und seine Wohnung aufgegeben hat. Verbleibt seine Familie dagegen in der inländischen Wohnung, so bleibt auch der Wohnsitz weiterhin in der Bundesrepublik aufrechterhalten; es sei denn, der im Ausland lebende Elternteil hat sich auf Dauer von seiner Familie getrennt.

Hält sich eine Familie nur vorübergehend – z. B. zu Besuchszwecken – in Deutschland auf, begründet sie keinen inländischen Wohnsitz. Dies gilt auch dann, wenn sie sich für die Dauer ihres Deutschlandbesuchs ein schmuckes Häuschen mietet. Entscheidend ist die Absicht, Deutschland in absehbarer Zeit wieder zu verlassen.

Die genannten Beispiele zeigen, dass für das Innehaben eines inländischen Wohnsitzes entscheidend ist, wo sich der **Lebensmittelpunkt des Berechtigten** befindet oder in Zukunft befinden soll.

Gewöhnlicher Aufenthalt – § 9 AO:
> „Den gewöhnlichen Aufenthalt hat jemand dort, wo er sich unter Umständen aufhält, die erkennen lassen, dass er an diesem Ort oder in diesem Gebiet nicht

1.1 Wohnsitz oder gew. Aufenthalt im Inland – § 62 Abs. 1 Nr. 1 EStG

nur vorübergehend verweilt. Als gewöhnlicher Aufenthalt im Geltungsbereich dieses Gesetzes ist stets und von Beginn an ein zeitlich zusammenhängender Aufenthalt von mehr als sechs Monaten Dauer anzusehen; kurzfristige Unterbrechungen bleiben unberücksichtigt. Satz 2 gilt nicht, wenn der Aufenthalt ausschließlich zu Besuchs-, Erholungs-, Kur- oder ähnlichen privaten Zwecken genommen wird und nicht länger als ein Jahr dauert.

Ob ein Berechtigter seinen **gewöhnlichen Aufenthalt** in Deutschland hat, ist nur dann von Bedeutung, wenn feststeht, dass ein inländischer **Wohnsitz nicht** vorhanden ist. Den gewöhnlichen Aufenthalt kann ein Berechtigter nur an **einem** Ort haben.

Der Ort des gewöhnlichen Aufenthalts kann sich aber auch häufig ändern wie z. B. bei Schaustellern, die von einem Jahrmarkt zum anderen fahren. Ob und wo jemand seinen gewöhnlichen Aufenthalt begründet, hängt von den jeweiligen individuellen Umständen ab. § 9 AO stellt dabei nicht auf die Staatsangehörigkeit ab.

Ein gewöhnlicher Aufenthalt ist immer dann vorhanden, wenn sich der Berechtigte im Inland **nicht nur vorübergehend** aufhält. Nicht nur vorübergehend stellt auf einen bestimmten Zeitraum ab. Im Regelfall hält sich jemand nicht nur vorübergehend in Deutschland auf, wenn sein Aufenthalt **mindestens sechs Monate** durchgehend andauert; kürzere Unterbrechungen sind ohne Bedeutung ebenso wie ein vorzeitiger Abbruch des Aufenthalts, sofern der Wille einer mindestens sechsmonatigen Verweildauer vorhanden gewesen ist. Die sechsmonatige Aufenthaltsdauer muss nicht innerhalb eines Kalenderjahres liegen; sie kann sich auch von einem Kalenderjahr auf das nachfolgende Kalenderjahr erstrecken.

Ob sich jemand freiwillig im Inland aufhält, ist bei der Beurteilung des gewöhnlichen Aufenthaltes nicht von Bedeutung. So begründet z. B. ein ausländischer Tourist, der während seines Urlaubs in Deutschland einen Unfall erleidet und sich deswegen länger als ein Jahr in einem deutschen Krankenhaus aufhalten muss, seinen gewöhnlichen Aufenthalt im Inland. Das Gleiche gilt, wenn sich jemand mindestens sechs Monate in einer deutschen Justizvollzugsanstalt aufhalten muss.

Der gewöhnliche Aufenthalt wird nach § 9 Satz 3 AO dagegen nicht begründet, wenn der Aufenthalt ausschließlich zu Besuchs-, Erholungs-, Kur oder ähnlichen privaten Zwecken genommen wird und nicht länger als ein Jahr dauert. Hier beschreibt der Gesetzgeber eine ganz bestimmte Lebenssituation. Eine Familie, die sich im Allgemeinen nicht in Deutschland aufhält, kann für einen Kindergeldanspruch grundsätzlich nicht in Frage kommen, wenn sie nach Deutschland einreist, um hier z. B. Verwandte oder Freunde zu besuchen. Ein solcher Aufenthalt ist von vornherein nur vorübergehender Natur; ein Wohnsitz oder gewöhnlicher Aufenthalt in Deutschland wird nicht begründet. Das Gleiche gilt, wenn der Aufenthalt im Inland nur

A. Materielles Kindergeldrecht

genommen wurde, um sich hier einer Operation mit einer anschließenden Genesungsphase zu unterziehen.

Der vorübergehende Charakter des Aufenthaltes entfällt allerdings, wenn dieser länger als ein Jahr andauert. Dann ist davon auszugehen, dass eine so große Verfestigung des inländischen Lebensmittelpunktes stattgefunden hat, dass nun ein nicht nur vorübergehender Aufenthalt begründet worden ist.

1.2 Nach § 1 Abs. 2 EStG unbeschränkt einkommensteuerpflichtige Personen – § 62 Abs. 1 Nr. 2a EStG

§ 62 Abs. 1 Nr. 2 Buchstabe a EStG erweitert den Kreis der Anspruchsberechtigten um diejenigen Personen, die zwar weder ihren Wohnsitz noch ihren gewöhnlichen Aufenthalt im Inland innehaben, aber in Deutschland unbeschränkt einkommensteuerpflichtig sind. Die Vorschrift beruht auf dem Gedanken, dass derjenige, der der deutschen Steuerpflicht in vollem Umfang unterliegt, im Hinblick auf das steuerfrei zu belassende Existenzminimum der Familien vom steuerlichen Familienleistungsausgleich nicht ausgeschlossen werden kann.

Die Vorschrift begünstigt u. a. **deutsche** Staatsangehörige, die sich als **Beamte, Richter, Soldaten oder Arbeitnehmer** im Ausland aufhalten; wobei nicht danach unterschieden wird, ob es sich um einen europäischen oder außereuropäischen Staat handelt. Diese im Ausland lebenden Deutschen müssen zu einer **inländischen juristischen Person des öffentlichen Rechts** in einem Dienstverhältnis stehen. Zusätzlich zu dieser Voraussetzung müssen sie ihren **Arbeitslohn** aus einer inländischen **öffentlichen Kasse** beziehen.

Beispiel:

1 Frau Schneider besitzt die deutsche Staatsbürgerschaft und arbeitet als Mitarbeiterin des Auswärtigen Amtes in der Botschaft der Bundesrepublik Deutschland in England (London); ihr Arbeitsentgelt erhält sie aus einer inländischen öffentlichen Kasse. Obwohl sie weder ihren Wohnsitz noch ihren gewöhnlichen Aufenthalt in Deutschland hat, ist sie Kindergeldberechtigte.

§ 1 Abs. 2 EStG ist also auch auf in das Ausland entsandte deutsche Staatsangehörige anzuwenden, die Mitglied einer diplomatischen Mission oder konsularischen Vertretung sind; ebenso die zu ihrem Haushalt zählenden deutschen Angehörigen. Des Weiteren zählen zu den nach § 1 Abs. 2 EStG unbeschränkt Einkommensteuerpflichtigen auch diejenigen Personen, die ihre Bezüge oder ihr Arbeitsentgelt von einer **inländischen öffentlich-rechtlichen Religionsgemeinschaft** erhalten.

1.3 Kein Wohnsitz oder gew. Aufenthalt im Inland

Arbeitnehmer, die von ihrem privaten Arbeitgeber ins Ausland entsandt worden sind, um dort für ihn zu arbeiten, zählen **nicht** zum Personenkreis des § 62 Abs. 1 Nr. 2a EStG.

Beispiel:

2   Herr Schneider, der Ehemann von Frau Schneider (siehe Beispiel zuvor), wird von seinem Arbeitgeber, der Fa. Siemens, für mehrere Jahre zur Arbeitsleistung nach England (London) entsandt. Er hat keinen Anspruch auf Kindergeld nach dem EStG.

Unter bestimmten Voraussetzungen steht entsandten Arbeitnehmern jedoch **sozialrechtliches** Kindergeld nach dem BKGG zu.

Auf die Rechtsvorschriften des BKGG wird hier nicht eingegangen.

1.3 Nach § 1 Abs. 3 EStG als unbeschränkt einkommensteuerpflichtig zu behandelnde Personen – § 62 Abs. 1 Nr. 2b EStG

§ 62 Abs. 1 Nr. 2b EStG enthält die zweite Alternative der Anspruchsberechtigung, wenn kein Wohnsitz bzw. gewöhnlicher Aufenthalt in Deutschland vorhanden ist.

Der Antragsteller muss inländische Einkünfte im Sinne des § 49 EStG erzielen. Dies sind z. B. Einkünfte aus einem inländischen Gewerbebetrieb, Einkünfte aus einer im Inland betriebenen Land- und Forstwirtschaft, Einkünfte aus nichtselbständiger Arbeit, die im Inland ausgeübt wird. Außerdem müssen alle erzielten Einkünfte im Kalenderjahr mindestens zu 90 v. H. der deutschen Einkommensteuer unterliegen.

Wird dieser Vomhundertsatz unterschritten, können diese Personen dennoch als unbeschränkt steuerpflichtig behandelt werden, wenn die nicht der deutschen Einkommensteuer unterliegenden Einkünfte 6135,50 € (12 000 DM) im Kalenderjahr nicht übersteigen.

Die Regelung des § 62 Abs. 1 Nr. 2b EStG betrifft in erster Linie Grenzgänger, die im benachbarten Ausland leben, jedoch in Deutschland arbeiten.

Beispiel:

Ein Däne, der in Schleswig-Holstein arbeitet, ist danach anspruchsberechtigt, wenn sein erzieltes Jahreseinkommen zu mindestens 90 v. H. der deutschen Einkommensteuer unterliegt, obwohl er mit seiner Familie auf der anderen Seite der Flensburger Förde, in Jütland, lebt.

Zu den Punkten 1.1 bis 1.3 gibt es noch Besonderheiten, die Mitglieder der NATO-Streitkräfte und deren Angehörige, Mitglieder und Beschäftigte diplomatischer Missionen sowie konsularischer Vertretungen und deren

A. Materielles Kindergeldrecht

Angehörige sowie Bedienstete internationaler Organisationen betreffen. Auf diese sehr speziellen Voraussetzungen wird hier nicht näher eingegangen.

1.4 Besondere Anspruchsvoraussetzungen für Ausländer – § 62 Abs. 2 EStG

1.4.1 Gesetzliche Regelung ab Januar 2005

Zwar hängt die Anspruchsberechtigung nicht von der Staatsangehörigkeit des Antragstellers ab, jedoch müssen die in Deutschland lebenden Ausländer – auch bei Vorliegen eines Wohnsitzes oder des gewöhnlichen Aufenthaltes – im Besitz einer Niederlassungserlaubnis (§ 9 Aufenthaltsgesetz – AufenthG) oder Aufenthaltserlaubnis (§ 7 AufenthG) sein. Kurze Zeiten des Aufenthaltes ohne einen dieser Aufenthaltstitel sind kindergeldrechtlich dann unschädlich, wenn der neue Aufenthaltstitel vor Ablauf des alten beantragt, aber erst nach dessen Ablauf erteilt wurde.

Mit dieser Regelung will der Gesetzgeber den Kindergeldanspruch auf diejenigen Ausländer begrenzen, von denen zu erwarten ist, dass sie **auf Dauer in Deutschland** bleiben.

Dies ist bei einem anderen aufenthaltsrechtlichen Status wie Aufenthaltsbewilligung, -befugnis und -gestattung oder Duldung nicht möglich oder ungewiss, deshalb kann in diesen Fällen keine kindergeldrechtliche Anspruchsberechtigung begründet werden, selbst wenn der Aufenthalt des Ausländers in Deutschland sich über Jahre erstreckt.

Ausländer, die eine der beiden in § 62 Abs. 2 EStG genannten Aufenthaltstitel besitzen, sind frühestens von dem Monat an anspruchsberechtigt, in dem der entsprechende Aufenthaltstitel erteilt worden ist. Er begründet keinen rückwirkenden Anspruch auf Kindergeld.

Der Aufenthalt in der Bundesrepublik ist für Nichtdeutsche im Aufenthaltsgesetz (AufenthG), das am 1.1.2005 in Kraft getreten ist, geregelt. Das AufenthG dient der Steuerung und Begrenzung des Zuzugs von Ausländern in die Bundesrepublik Deutschland. Es ermöglicht und gestaltet Zuwanderung unter Berücksichtigung der Aufnahme- und Integrationsfähigkeit sowie der wirtschaftlichen und arbeitsmarktpolitischen Interessen der Bundesrepublik Deutschland. Das Gesetz dient zugleich der Erfüllung der humanitären Verpflichtungen der Bundesrepublik Deutschland. Es regelt hierzu die Einreise, den Aufenthalt, die Erwerbstätigkeit und die Förderung der Integration von Ausländern. Die Regelungen in anderen Gesetzen bleiben unberührt.

Das AufenthG findet keine Anwendung auf Ausländer, deren Rechtsstellung von dem Gesetz über die allgemeine Freizügigkeit von Unionsbürgern geregelt ist, soweit nicht durch Gesetz etwas anderes bestimmt ist.

1.4 Bes. Anspruchsvoraussetzungen für Ausländer – § 62 Abs. 2 EStG

Die **Aufenthaltserlaubnis** nach § 7 **AufenthG** ist ein befristeter Aufenthaltstitel. Sie wird zu **bestimmten Aufenthaltszwecken** erteilt. Eine **Aufenthaltserlaubnis** kann zum Zwecke einer **Erwerbstätigkeit** (§ 18 **AufenthG**) erteilt werden. Einem Ausländer kann ein Aufenthaltstitel zur Ausübung einer Beschäftigung erteilt werden, wenn die Bundesagentur für Arbeit nach § 39 AufenthG zugestimmt hat oder durch Rechtsverordnung nach § 42 AufenthG oder zwischenstaatliche Vereinbarung bestimmt ist, dass die Ausübung der Beschäftigung ohne Zustimmung der Bundesagentur für Arbeit zulässig ist. Beschränkungen bei der Erteilung der Zustimmung durch die Bundesagentur für Arbeit sind in den Aufenthaltstitel zu übernehmen.

Neben der Beschäftigung als Arbeitnehmer kann eine Aufenthaltserlaubnis auch erteilt werden, wenn eine **selbständige Tätigkeit (§ 21 AufenthG)** ausgeübt wird. § 21 stellt sich wie folgt dar (auszugsweise):

§ 21 AufenthG (Auszug):

„Einem Ausländer kann eine Aufenthaltserlaubnis zur Ausübung einer selbständigen Tätigkeit erteilt werden, wenn
1. ein übergeordnetes wirtschaftliches Interesse oder ein besonderes regionales Bedürfnis besteht,
2. die Tätigkeit positive Auswirkungen auf die Wirtschaft erwarten lässt und
3. die Finanzierung der Umsetzung durch Eigenkapital oder durch eine Kreditzusage gesichert ist.

Die Voraussetzungen des Satzes 1 Nr. 1 und 2 sind in der Regel gegeben, wenn mindestens eine Million Euro investiert und zehn Arbeitsplätze geschaffen werden. Im Übrigen richtet sich die Beurteilung der Voraussetzungen nach Satz 1 insbesondere nach der Tragfähigkeit der zu Grunde liegenden Geschäftsidee, den unternehmerischen Erfahrungen des Ausländers, der Höhe des Kapitaleinsatzes, den Auswirkungen auf die Beschäftigungs- und Ausbildungssituation und dem Beitrag für Innovation und Forschung. Bei der Prüfung sind die für den Ort der geplanten Tätigkeit fachkundigen Körperschaften, die zuständigen Gewerbebehörden, die öffentlich-rechtlichen Berufsvertretungen und die für die Berufszulassung zuständigen Behörden zu beteiligen.

Ausländer, die älter sind als 45 Jahre, sollen die Aufenthaltserlaubnis nur erhalten, wenn sie über eine angemessene Altersversorgung verfügen."

Des Weiteren ist eine Aufenthaltserlaubnis aus **humanitären Gründen nach § 25 AufenthG** zu erteilen. Nach § 27 **AufenthG** wird eine Aufenthaltserlaubnis zur Herstellung und Wahrung der **familiären Lebensgemeinschaft** im Bundesgebiet für ausländische Familienangehörige (Familiennachzug) zum Schutz von Ehe und Familie gemäß Artikel 6 des Grundgesetzes erteilt und verlängert. § 28 **AufenthG** beschribt die Erteilung einer Aufenthaltserlaubnis für den **Familiennachzug zu Deutschen** und § 29 den **Familiennachzug zu Ausländern.**

Kindergeld kann auch an **Wiederkehrer** gezahlt werden. Das Recht auf Wiederkehr ist in § 37 **AufenthG** festgelegt. Ein Wiederkehrer ist ein Ausländer,

A. Materielles Kindergeldrecht

der als Minderjähriger rechtmäßig seinen gewöhnlichen Aufenthalt im Bundesgebiet hatte. Ihm ist eine Aufenthaltserlaubnis zu erteilen, wenn

- der Ausländer sich vor seiner Ausreise acht Jahre rechtmäßig im Bundesgebiet aufgehalten und sechs Jahre im Bundesgebiet eine Schule besucht hat,
- sein Lebensunterhalt aus eigener Erwerbstätigkeit oder durch eine Unterhaltsverpflichtung gesichert ist, die ein Dritter für die Dauer von fünf Jahren übernommen hat, und
- der Antrag auf Erteilung der Aufenthaltserlaubnis nach Vollendung des 15. und vor Vollendung des 21. Lebensjahres sowie vor Ablauf von fünf Jahren seit der Ausreise gestellt wird.

Die Aufenthaltserlaubnis nach § 37 AufenthG berechtigt zur Ausübung einer Erwerbstätigkeit.

Einem **Ehemaligen Deutschen** ist nach § 38 AufenthG eine **Niederlassungserlaubnis** zu erteilen, wenn er bei Verlust der deutschen Staatsangehörigkeit seit fünf Jahren als Deutscher seinen gewöhnlichen Aufenthalt im Bundesgebiet hatte. Dagegen ist eine **Aufenthaltserlaubnis** zu erteilen, wenn er bei Verlust der deutschen Staatsangehörigkeit seit mindestens einem Jahr seinen gewöhnlichen Aufenthalt im Bundesgebiet hatte.

Einem ehemaligen Deutschen, der seinen gewöhnlichen Aufenthalt im Ausland hat, kann eine Aufenthaltserlaubnis erteilt werden, wenn er über ausreichende Kenntnisse der deutschen Sprache verfügt.

Neben einer Aufenthaltserlaubnis zu bestimmten Zwecken ist Kindergeld an Ausländer zu zahlen, die im Besitz einer **Niederlassungserlaubnis (§ 9 AufenthG)** sind.

Die Voraussetzungen für die Erteilung einer Niederlassungserlaubnis sind folgende:

Die Niederlassungserlaubnis ist ein unbefristeter Aufenthaltstitel. Sie berechtigt zur Ausübung einer Erwerbstätigkeit, ist zeitlich und räumlich unbeschränkt und darf nicht mit einer Nebenbestimmung versehen werden. Einem Ausländer ist die Niederlassungserlaubnis zu erteilen, wenn

- er seit fünf Jahren die Aufenthaltserlaubnis besitzt,
- sein Lebensunterhalt gesichert ist,
- er mindestens 60 Monate Pflichtbeiträge oder freiwillige Beiträge zur gesetzlichen Rentenversicherung geleistet hat oder Aufwendungen für einen Anspruch auf vergleichbare Leistungen einer Versicherungs- oder Versorgungseinrichtung oder eines Versicherungsunternehmens nachweist; berufliche Ausfallzeiten auf Grund von Kinderbetreuung oder häuslicher Pflege werden entsprechend angerechnet,

1.4 Bes. Anspruchsvoraussetzungen für Ausländer – § 62 Abs. 2 EStG

- er in den letzten drei Jahren nicht wegen einer vorsätzlichen Straftat zu einer Jugend- oder Freiheitsstrafe von mindestens sechs Monaten oder einer Geldstrafe von mindestens 180 Tagessätzen verurteilt worden ist,
- ihm die Beschäftigung erlaubt ist, sofern er Arbeitnehmer ist,
- er im Besitz der sonstigen für eine dauernde Ausübung seiner Erwerbstätigkeit erforderlichen Erlaubnisse ist,
- er über ausreichende Kenntnisse der deutschen Sprache verfügt,
- er über Grundkenntnisse der Rechts- und Gesellschaftsordnung und der Lebensverhältnisse im Bundesgebiet verfügt und
- er über ausreichenden Wohnraum für sich und seine mit ihm in häuslicher Gemeinschaft lebenden Familienangehörigen verfügt.

Die Voraussetzungen des Satzes 1 Nr. 7 und 8 sind nachgewiesen, wenn ein Integrationskurs erfolgreich abgeschlossen wurde. Von diesen Voraussetzungen wird abgesehen, wenn der Ausländer sie wegen einer körperlichen, geistigen oder seelischen Krankheit oder Behinderung nicht erfüllen kann. Im Übrigen kann zur Vermeidung einer Härte von den Voraussetzungen des Satzes 1 Nr. 7 und 8 abgesehen werden. Ferner wird davon abgesehen, wenn der Ausländer sich auf einfache Art in deutscher Sprache mündlich verständigen kann und er nach § 44 Abs. 3 Nr. 2 keinen Anspruch auf Teilnahme am Integrationskurs hatte oder er nach § 44a Absatz 2 Nr. 3 nicht zur Teilnahme am Integrationskurs verpflichtet war. Darüber hinaus wird von den Voraussetzungen des Satzes 1 Nr. 2 und 3 abgesehen, wenn der Ausländer diese aus den in Satz 3 genannten Gründen nicht erfüllen kann.

Bei Ehegatten, die in ehelicher Lebensgemeinschaft leben, genügt es, wenn die Voraussetzungen nach Absatz 2 Satz 1 Nr. 3, 5 und 6 durch einen Ehegatten erfüllt werden. Von der Voraussetzung nach Absatz 2 Satz 1 Nr. 3 wird abgesehen, wenn sich der Ausländer in einer Ausbildung befindet, die zu einem anerkannten schulischen oder beruflichen Bildungsabschluss führt. Satz 1 gilt in den Fällen des § 26 Abs. 4 entsprechend.

Bei straffälligen Ausländern beginnt die in Absatz 2 Satz 1 Nr. 4 bezeichnete Frist mit der Entlassung aus der Strafhaft. Auf die für die Erteilung einer Niederlassungserlaubnis erforderlichen Zeiten des Besitzes einer Aufenthaltserlaubnis werden folgende Zeiten angerechnet:

- die Zeit des früheren Besitzes einer Aufenthaltserlaubnis oder Niederlassungserlaubnis, wenn der Ausländer zum Zeitpunkt seiner Ausreise im Besitz einer Niederlassungserlaubnis war, abzüglich der Zeit der dazwischen liegenden Aufenthalte außerhalb des Bundesgebietes, die zum Erlöschen der Niederlassungserlaubnis führten; angerechnet werden höchstens vier Jahre,

A. Materielles Kindergeldrecht

- höchstens sechs Monate für jeden Aufenthalt außerhalb des Bundesgebietes, der nicht zum Erlöschen der Aufenthaltserlaubnis führte.

Für Zeiten **vor dem 1. Januar 2005** galten andere Aufenthaltstitel, die auch nach dem 31. Dezember 2004 fortgelten. § 101 AufenthG regelt die Fortgeltung bisheriger Aufenthaltsrechte. Danach gilt Folgendes:

Eine vor dem 1. Januar 2005 erteilte **Aufenthaltsberechtigung** oder **unbefristete Aufenthaltserlaubnis** gilt fort als Niederlassungserlaubnis entsprechend dem ihrer Erteilung zu Grunde liegenden Aufenthaltszweck und Sachverhalt. Eine unbefristete Aufenthaltserlaubnis, die nach § 1 Abs. 3 des Gesetzes über Maßnahmen für im Rahmen humanitärer Hilfsaktionen aufgenommene Flüchtlinge vom 22. Juli 1980 (BGBl. I S. 1057) oder in entsprechender Anwendung des vorgenannten Gesetzes erteilt worden ist, und eine anschließend erteilte Aufenthaltsberechtigung gelten fort als Niederlassungserlaubnis nach § 23 Abs. 2 AufenthG.

Die übrigen Aufenthaltsgenehmigungen gelten fort als Aufenthaltserlaubnisse entsprechend dem ihrer Erteilung zu Grunde liegenden Aufenthaltszweck und Sachverhalt.

Anerkannte Flüchtlinge (asylberechtigte Ausländer und sonstige politisch Verfolgte i. S. von §§ 2 bzw. 3 AsylVfG) sind aufgrund des Abkommens über die Rechtsstellung von Flüchtlingen vom 28. Juli 1951 und des Gesetzes zu dem Übereinkommen vom 28. September 1954 über die Rechtsstellung der Staatenlosen Deutschen gleichgestellt, die einen gewöhnlichen Aufenthalt im Inland haben. Die zusätzlichen Voraussetzungen des § 62 Abs. 2 EStG müssen nicht erfüllt sein. Maßgebend für den Beginn der Anspruchsberechtigung ist der Zeitpunkt der Anerkennung durch unanfechtbaren Bescheid des Bundesamtes für die Anerkennung ausländischer Flüchtlinge (BAFl) oder der Rechtskraft einer gerichtlichen Entscheidung.

Für **Staatsangehörige des Europäischen Wirtschaftsraumes (EWR) und der Schweiz** und die sie begleitenden Familienangehörigen ist die Vorschrift des § 62 Abs. 2 Satz 1 EStG ohne Bedeutung. Ihre Anspruchsberechtigung beruht auf den überstaatlichen Rechtsvorschriften der EU bzw. des EWR-Abkommens. Wenn sie in Deutschland wohnen, haben sie danach unter denselben Voraussetzungen Anspruch auf Kindergeld wie Deutsche. Dasselbe gilt aufgrund des deutsch-schweizerischen Abkommens über Soziale Sicherheit für Staatsangehörige der Schweiz.

Die Anspruchsberechtigung für Ausländer ist durch § 62 Abs. 2 Satz 2 EStG noch an eine weitere **negative** Voraussetzung geknüpft. Ausländischen Arbeitnehmern, die **zur vorübergehenden Dienstleistung** nach Deutschland **entsandt** worden sind, verschafft selbst der Besitz einer Aufenthaltserlaubnis oder Aufenthaltsberechtigung **keinen** Anspruch auf Kindergeld.

1.4 Bes. Anspruchsvoraussetzungen für Ausländer – § 62 Abs. 2 EStG

Der Begriff **Entsendung** ist im Einkommensteuerrecht nicht definiert. Er entstammt den Regelungen des SGB IV. Die in den §§ 4 u. 5 SGB IV enthaltenen Definitionen lassen sich auf § 62 Abs. 2 EStG übertragen. Danach setzt eine Entsendung voraus, dass das im Heimatland bestehende Beschäftigungsverhältnis während der Dauer der vorübergehenden Tätigkeit in Deutschland fortbesteht. Eine **vorübergehende Dienstleistung** liegt dann vor, wenn die Tätigkeit wegen der Eigenart der Beschäftigung oder durch vertragliche Vereinbarung **zeitlich im Voraus** begrenzt ist. Bei vertraglicher Vereinbarung muss die zeitliche Begrenzung durch eine eindeutige Regelung von Beginn und Ende der Dienstleistung ersichtlich sein.

Der **nichtdeutsche Ehegatte** eines nach Deutschland entsandten ausländische Arbeitnehmers hat nur dann einen Anspruch auf Kindergeld, wenn er im Besitz einer Aufenthaltsberechtigung oder Aufenthaltserlaubnis ist **und in einem Versicherungspflichtverhältnis zur Bundesanstalt für Arbeit** nach § 24 SGB III steht oder nach § 28 Nr. 1 SGB III wegen Vollendung des 65. Lebensjahres versicherungsfrei ist.

Die Ausnahmeregelung des § 62 Abs. 2 S. 2, 2. Halbsatz EStG ist allerdings eng auszulegen. Sie ist nicht auf einen Ehegatten anzuwenden, der eine selbständige Tätigkeit ausübt oder sich im Erziehungsurlaub befindet. Dagegen besteht ein Kindergeldanspruch des Ehegatten, wenn dieser wegen des Bezuges einer Entgeltersatzleistung nach § 26 Abs. 2 SGB III in einem Versicherungsverhältnis zur BA steht. Ist der Ehegatte des Ausländers deutscher Staatsangehöriger, beurteilt sich seine Anspruchsberechtigung nach § 62 Abs. 1 EStG.

Beispiele:

1 Herr Horatio Cruz aus Venezuela ist von seinem Arbeitgeber, einem großen Erdölunternehmen, nach Deutschland zur Arbeitsleistung entsandt worden. Der Aufenthalt in Deutschland wird drei Jahre andauern. Er hat keinen Anspruch auf Kindergeld, weil er nicht zu dem Kreis der Berechtigten nach § 62 EStG gehört.

2 Frau Penelope Cruz, die Ehefrau von Horatio – siehe Beispiel 1, ist mit ihrem Mann mit nach Deutschland gereist. Sie arbeitet in einem Modegeschäft und unterliegt der Versicherungspflicht in der Arbeitslosenversicherung. Daher hat sie einen Anspruch auf Kindergeld nach dem EStG. Der Anspruch auf Kindergeld wäre auch dann gegeben, wenn Frau Cruz deswegen versicherungspflichtig zur Bundesagentur für Arbeit wäre, wenn sie Krankengeld im Anschluss an ihr Beschäftigungsverhältnis bekäme.

1.4.2 Gesetzliche Regelung vor Januar 2005

Für Zeiten **vor dem 1. Januar 2005** galten andere Aufenthaltstitel, die auch nach dem 31. Dezember 2004 fortgelten. § 101 AufenthG regelt die Fortgeltung bisheriger Aufenthaltsrechte. Danach gilt Folgendes:

A. Materielles Kindergeldrecht

Eine vor dem 1. Januar 2005 erteilte **Aufenthaltsberechtigung** oder **unbefristete Aufenthaltserlaubnis** gilt fort als Niederlassungserlaubnis entsprechend dem ihrer Erteilung zu Grunde liegenden Aufenthaltszweck und Sachverhalt. Eine unbefristete Aufenthaltserlaubnis, die nach § 1 Abs. 3 des Gesetzes über Maßnahmen für im Rahmen humanitärer Hilfsaktionen aufgenommene Flüchtlinge vom 22. Juli 1980 (BGBl. I S. 1057) oder in entsprechender Anwendung des vorgenannten Gesetzes erteilt worden ist, und eine anschließend erteilte Aufenthaltsberechtigung gelten fort als Niederlassungserlaubnis nach § 23 Abs. 2 AufenthG.

Die übrigen Aufenthaltsgenehmigungen gelten fort als Aufenthaltserlaubnisse entsprechend dem ihrer Erteilung zu Grunde liegenden Aufenthaltszweck und Sachverhalt.

1.4.3 Gesetzliche Regelung ab Januar 2006

Mit dem **Gesetz zur Anspruchsberechtigung von Ausländern wegen Kindergeld, Erziehungsgeld und Unterhaltsvorschuss** hat der Gesetzgeber neue Regelungen für den Erwerb des Kindergeldanspruchs für einen ausländischen Kindergeldberechtigten geschaffen.

§ 62 Abs. 2 EStG lautet ab 1.1.2006 wie folgt:

„Ein nicht freizügigkeitsberechtigter Ausländer erhält Kindergeld nur, wenn er
1. eine Niederlassungserlaubnis besitzt,
2. eine Aufenthaltserlaubnis besitzt, die zur Ausübung einer Erwerbstätigkeit berechtigt oder berechtigt hat, es sei denn, die Aufenthaltserlaubnis wurde
    a) nach § 16 oder § 17 des Aufenthaltsgesetzes erteilt,
    b) nach § 18 Abs. 2 des Aufenthaltsgesetzes erteilt und die Zustimmung der Bundesagentur für Arbeit darf nach der Beschäftigungsverordnung nur für einen bestimmten Höchstzeitraum erteilt werden,
    c) nach § 23 Abs. 1 des Aufenthaltsgesetzes wegen eines Krieges in seinem Heimatland oder nach den §§ 23a, 24, 25 Abs. 3 bis 5 des Aufenthaltsgesetzes erteilt

oder

3. eine in Nummer 2 Buchstabe c genannte Aufenthaltserlaubnis besitzt und
    a) sich seit mindestens drei Jahren rechtmäßig, gestattet oder geduldet im Bundesgebiet aufhält und
    b) im Bundesgebiet berechtigt erwerbstätig ist, laufende Geldleistungen nach dem Dritten Buch Sozialgesetzbuch bezieht oder Elternzeit in Anspruch nimmt."

Nach § 52 Abs. 61a EStG ist die geänderte Ausländerklausel in allen noch nicht bestandskräftig festgesetzten Kindergeldfällen anzuwenden.

Die Auswirkung des Gesetzes zur Anspruchsberechtigung von Ausländern wegen Kindergeld, Erziehungsgeld und Unterhaltsvorschuss werden nachfolgend dargestellt.

1.4 Bes. Anspruchsvoraussetzungen für Ausländer – § 62 Abs. 2 EStG

Zu den **freizügigkeitsberechtigten Ausländern** gehören alle Staatsangehörigen der EU-Staaten und der Schweiz sowie deren Familienmitglieder. Außerdem haben türkische Staatsangehörige nach sechsmonatigem Wohnsitz unabhängig vom Aufenthaltstitel einen Anspruch auf Kindergeld. Rechtsgrundlage hierfür ist das Vorläufige Europäische Abkommen vom 11.12.1953. Ferner bestehen besondere Regelungen für Staatsangehörige aus den Ländern, mit denen das Abkommen über soziale Sicherheit oder über Kindergeld abgeschlossen wurde. Zu diesen Staaten gehören Serbien, Bosnien-Herzegowina, Montenegro, Mazedonien, Algerien, Marokko und Tunesien. Zu beachten ist dabei, dass für diese genannten Fälle im Allgemeinen die örtlich zuständige Familienkasse der Agentur für Arbeit zuständig ist.

Für die **Niederlassungserlaubnis** gelten die unter Punkt 1.4.1 gemachten Ausführungen.

Die Erläuterung zur **Aufenthaltserlaubnis zur Ausübung einer Erwerbstätigkeit** ist ebenfalls grundsätzlich aus Punkt 1.4.1 zu entnehmen. Der Begriff der Erwerbstätigkeit im Sinne des AufenthG ergibt sich aus der Definition des § 2 Abs. 2 AufenthG; danach handelt es sich dabei um

- die selbständige Tätigkeit oder
- die Beschäftigung im Sinne von § 7 Viertes Buch Sozialgesetzbuch (SGB IV), wonach Beschäftigung die nichtselbständige Arbeit, insbesondere in einem abhängigen Arbeitsverhältnis, ist.

Aus dem entsprechenden Hinweis im Pass des Antragstellers ergibt sich, ob eine erteilte Aufenthaltserlaubnis zur Erwerbstätigkeit berechtigt.

Ausnahmen von der positiven Ausgestaltung des § 62 Abs. 2 EStG

Bestimmte Aufenthaltserlaubnisse führen **nicht** zu einem Kindergeldanspruch. Diese sind die Aufenthaltserlaubnis nach

- **§ 16 AufenthG,** danach wird die Aufenthaltserlaubnis zum Zwecke der Studienbewerbung und des Studiums, zur Teilnahme an Sprachkursen und in Ausnahmefällen für den Schulbesuch erteilt (siehe § 62 Abs. 2 Nr. 2a EStG);
- **§ 17 AufenthG,** diese Aufenthaltserlaubnis wird zum Zwecke der betrieblichen Aus- und Weiterbildung erteilt (siehe § 62 Abs. 2 Nr. 2a EStG);
- **§ 18 Abs. 2 AufenthG,** wenn die Beschäftigung nur befristet erlaubt werden darf. Die Aufenthaltserlaubnis nach § 18 Abs. 2 AufenthG ist nicht generell schädlich für den Kindergeldanspruch. Dieses ist vielmehr nur dann der Fall, wenn die Bundesagentur für Arbeit (BA) der Beschäftigung nach der *Verordnung über die Zulassung von neueinreisenden Auslän-*

A. Materielles Kindergeldrecht

dern zur Ausübung einer Beschäftigung (Beschäftigungsverordnung, BeschV) nur für einen bestimmten Höchstzeitraum zustimmen darf. Dieses ist für folgende Beschäftigungen der Fall (§§ beziehen sich auf die BeschV):

- Saisonbeschäftigung, § 18,
- Schaustellergehilfen, § 19,
- Au-pair-Beschäftigung, § 20,
- Haushaltshilfen in Haushalten mit Pflegebedürftigen, § 21,
- Hausangestellte von nach Deutschland entsandten Personen, § 22,
- Sprachlehrer für beaufsichtigten, muttersprachlichen Unterricht, § 26 Abs. 1 und
- Spezialitätenköche, § 26 Abs. 2

(siehe § 62 Abs. 2 Nr. 2b EStG);

- § 23 Abs. 1 AufenthG wegen Krieges im Heimatland. Nach dieser Regelung können die obersten Landesbehörden im Einvernehmen mit dem Bundesministerium des Innern aus völkerrechtlichen oder humanitären Gründen oder zur Wahrung politischer Interessen der Bundesrepublik Deutschland anordnen, dass Ausländern aus bestimmten Staaten oder in sonstiger Weise bestimmten Ausländergruppen eine Aufenthaltserlaubnis erteilt wird. Wurde diese Anordnung aufgrund eines Krieges im Heimatland getroffen, so ist die erteilte Aufenthaltserlaubnis nicht ohne weiteres ausreichend (siehe § 62 Abs. 2 Nr. 2c EStG);

- **§ 23a AufenthG,** danach dürfen die obersten Landesbehörden anordnen, dass in Härtefällen vollziehbar ausreisepflichtigen Ausländern eine Aufenthaltserlaubnis erteilt wird (siehe § 62 Abs. 2 Nr. 2c EStG);

- **§ 24 AufenthG,** einem Ausländer, dem auf Grund eines Beschlusses des Rates der Europäischen Union gemäß der Richtlinie 2001/55/EG, die sich mit Mindestnormen für die Gewährung vorübergehenden Schutzes im Falle eines Massenzustroms von Vertriebenen, die nicht in ihre Heimatländer zurückkehren können, beschäftigt, Schutz gewährt wird und der seine Bereitschaft erklärt hat, im Bundesgebiet aufgenommen zu werden, wird für die Dauer des vorübergehenden Schutzes eine Aufenthaltserlaubnis erteilt (siehe § 62 Abs. 2 Nr. 2c EStG);

- **§ 25 Abs. 3 AufenthG,** einem Ausländer soll in der Regel eine Aufenthaltserlaubnis erteilt werden, wenn
    - er nicht in einen Staat abgeschoben werden darf, weil in diesem für den Ausländer die konkrete Gefahr besteht, der Folter unterworfen zu werden (§ 60 Abs. 2 AufenthG), oder dieser Staat den Ausländer wegen einer Straftat sucht und die Gefahr der Todesstrafe besteht (a. a. O. Abs. 3),

1.4 Bes. Anspruchsvoraussetzungen für Ausländer – § 62 Abs. 2 EStG

- er nicht abgeschoben werden darf, weil sich aus der Anwendung der Konvention vom 4. November 1950 zum Schutze der Menschenrechte und Grundfreiheiten ergibt, dass die Abschiebung unzulässig ist (a. a. O. Abs. 5) oder
- von der Abschiebung eines Ausländers in einen anderen Staat abgesehen wird, weil dort für diesen Ausländer eine erhebliche konkrete Gefahr für Leib, Leben oder Freiheit besteht (a. a. O. Abs. 7) (siehe § 62 Abs. 2 Nr. 2c EStG);
- § 25 Abs. 4 AufenthG, danach kann für einen befristeten Zeitraum eine Aufenthaltserlaubnis erteilt werden, wenn dringende humanitäre oder persönliche Gründe oder erhebliche öffentliche Interessen seine vorübergehende weitere Anwesenheit im Bundesgebiet erfordern (siehe § 62 Abs. 2 Nr. 2c EStG);
- § 25 Abs. 5 AufenthG, einem Ausländer, der vollziehbar ausreisepflichtig ist, kann nach dieser Vorschrift eine Aufenthaltserlaubnis erteilt werden, wenn seine Ausreise aus rechtlichen oder tatsächlichen Gründen unmöglich ist und mit dem Wegfall der Ausreisehindernisse in absehbarer Zeit nicht zu rechnen ist, sofern der Ausländer unverschuldet an der Ausreise gehindert ist (siehe § 62 Abs. 2 Nr. 2c EStG).

Ausnahmen von den Ausnahmen

Bei den Aufenthaltserlaubnissen der §§ 23–25 AufenthG (siehe § 62 Abs. 2 Nr. 2c EStG) **kann** jedoch dann wieder **Kindergeld gezahlt** werden, wenn die entsprechenden Berechtigten folgende Voraussetzungen erfüllen:

- **mindestens ein dreijähriger** rechtmäßiger, gestatteter oder geduldeter **Aufenthalt** im Bundesgebiet (§ 62 Abs. 2 Nr. 3a EStG) **und**
- **Ausübung einer Erwerbstätigkeit oder der Bezug einer laufenden SGB III-Leistung oder die Inanspruchnahme der Elternzeit.** Es ist zur Zeit (Februar 2007) noch nicht geklärt, ob mit „Ausübung einer Erwerbstätigkeit" jede Tätigkeit gemeint ist, unabhängig ob selbständig oder als Arbeitnehmer und ebenfalls unabhängig vom monatlichen Stundenumfang oder Verdienst. Unstrittig ist, dass eine Erwerbstätigkeit, die Sozialversicherungspflicht nach dem SGB IV auslöst, zum Kindergeldanspruch führt.

Laufende Geldleistungen nach dem SGB III können zum Beispiel das Arbeitslosen- oder Kurzarbeitergeld oder die Berufsausbildungsbeihilfe sein. Elternzeit nach dem Gesetz zum Erziehungsgeld und zur Elternzeit (BErzGG) ist der privatrechtliche Anspruch der berufstätigen Eltern gegen ihre Arbeitgeberin oder ihren Arbeitgeber auf unbezahlte Freistellung von der Arbeit aus Anlass der Geburt und zum Zweck der Betreuung ihres Kindes. Das BErzGG ist ab Januar 2007 vom Gesetz zum Elterngeld und zur Elternzeit (Bundeselterngeld- und Elternzeitgesetz – BEEG) abgelöst worden.

A. Materielles Kindergeldrecht

Auch wenn der Gesetzeswortlaut des § 62 Abs. 2 Nr. 3 Buchstabe b EStG laufende Geldleistungen nach dem SGB III nennt, sind damit auch die laufenden Leistungen nach dem SGB II, die häufig gleichzeitig oder im Anschluss an die laufenden Geldleistungen des SGB III gezahlt werden, einbezogen.

1.5 Bescheiderteilung

Sowohl für die Festsetzung von Kindergeld als auch für die Ablehnung eines begehrten Anspruchs ist der **Vordruck KG 2b** zu verwenden. Dieser Vordruck steht unter der Anschrift www.bzst.bund.de im Internet zur Verfügung. Die Internetseite des Bundeszentralamtes für Steuern bevorratet unter dem Stichwort *Kindergeld (Fachaufsicht) – Familienkasse – Formulare* – viele der für den täglichen Gebrauch benötigten Vordrucke.

Bei dem Vordruck KG 2b handelt es sich um einen Universalvordruck, der – wie bereits dargestellt – für alle Festsetzungen von Kindergeld verwendet werden soll. Außerdem ist der Vordruck neben der Ablehnung eines Anspruchs auf Kindergeld auch für die Aufhebung einer Kindergeldfestsetzung zu nutzen. Durch die Verwendung des KG 2b erübrigen sich – fast immer – individuell zu erstellende Bescheide.

Da mit dem Bescheidvordruck möglichst viele Tatbestände beschieden werden sollen, beinhaltet er eine Fülle von Eingabemöglichkeiten.

Besonderes Augenmerk ist der Begründung zu geben. Bei der Festsetzung von Kindergeld ist eine Begründung allerdings nur notwendig, wenn dem Antrag nicht oder nur zum Teil entsprochen werden kann. Dies ist unter anderem der Fall, wenn die Kindergeldfestsetzung nicht von dem begehrten Beginn an gezahlt werden kann – z. B. Einreise und Begründung eines Wohnsitzes in der Bundesrepublik ab März des Jahres, Kindergeld wird aber bereits ab Januar des Jahres verlangt. Wird dem Antrag des Berechtigten im **vollen** Umfang entsprochen, ist eine Begründung nicht erforderlich.

Anders verhält es sich bei Ablehnungen oder Aufhebungen. In diesen Fällen kommt der Begründung eine wichtige Bedeutung zu. Häufig macht der Berechtigte das Einlegen eines Einspruchs davon abhängig, wie die Negativentscheidung dargestellt, also begründet wird. Grundlage für die Begründungen sind stets die maßgeblichen Rechtsnormen und deren Interpretation.

Der Bescheidvordruck KG 2b lässt insgesamt nicht viel Raum für eine ausführliche Begründung; ggf. ist diese daher auf einem separaten Blatt detailliert darzustellen.

2. Kinder – § 63 EStG

Eltern können im Rahmen des Familienleistungsausgleichs Kindergeld für ein Kind beanspruchen. Dieses Kind muss lebend geboren sein. Über die Geburt wird vom Standesamt eine Geburtsurkunde ausgestellt.

Die Eltern-Kind-Beziehung kann sich in unterschiedlichen **Kindschaftsverhältnissen** ausdrücken.

2.1 Im ersten Grad verwandte Kinder

Nach **§ 63 Abs. 1 Nr. 1 EStG** werden alle Kinder berücksichtigt, die in **§ 32 Abs. 1 EStG** umschrieben sind. Hierzu zählen zunächst diejenigen Kinder, die mit dem Steuerpflichtigen (das ist der antragstellende Elternteil) im ersten Grad verwandt sind.

Im ersten Grad mit dem Steuerpflichtigen verwandt sind:

- **eigene Kinder**
- **an Kindes Statt angenommene (adoptierte)** Kinder

Zum anderen können auch **Pflegekinder** des Antragstellers nach **§ 32 Abs. 1 Nr. 2 EStG** berücksichtigt werden.

Auch die von dem Berechtigten in seinen Haushalt aufgenommenen **Kinder des Ehegatten** (Stiefkinder) können nach **§ 63 Abs. 1 Nr. 2 EStG** einen Kindergeldanspruch begründen.

Ferner sind die von einem Großelternteil in seinen Haushalt aufgenommenen **Enkel** als Kinder zu berücksichtigen – **§ 63 Abs. 1 Nr. 3 EStG**.

Unter den Begriff der eigenen Kinder nach **§ 32 Abs. 1 Nr. 1 EStG** fallen:

Hinweis:

Die im Folgenden dargestellten Begriffe sind nach dem Wegfallen der §§ 1718 bis 1740 BGB nur noch von historischem Wert; wegen der allgemeinen Bedeutung im täglichen Sprachgebrauch werden sie aber hier erläutert.

Eheliche Kinder

Der Begriff des **ehelichen** Kindes ist in den **§§ 1591 ff. des Bürgerlichen Gesetzbuches (BGB)** beschrieben. Danach ist ein Kind ehelich, wenn es nach der Eheschließung geboren wird. Dies gilt auch dann, wenn die Ehe für nichtig erklärt wird. Wird das Kind vor der Ehe geboren, so wird es durch die Eheschließung der Eltern ehelich – siehe **§§ 1719 ff. BGB**.

A. Materielles Kindergeldrecht

Nichteheliche Kinder

Ein Kind ist **nichtehelich**, wenn es geboren wurde, ohne dass Vater und Mutter verheiratet sind. Ein nichteheliches Kind wird grundsätzlich bei seiner Mutter berücksichtigt. Bei seinem leiblichen Vater wird es berücksichtigt, wenn dieser die Vaterschaft rechtskräftig anerkannt hat oder wenn seine Vaterschaft durch ein Gericht rechtskräftig festgestellt ist.

Für ehelich erklärte Kinder

Ein nichteheliches Kind ist auf Antrag seines Vaters vom Vormundschaftsgericht für **ehelich zu erklären**, wenn die Ehelicherklärung dem Wohle des Kindes entspricht und ihr keine schwerwiegenden Gründe entgegenstehen – siehe **§ 1723 BGB**.

Zur Ehelicherklärung ist die Einwilligung des Kindes und, wenn das Kind minderjährig ist, die Einwilligung der Mutter erforderlich. Ist der Vater verheiratet (mit einer anderen Frau als der Kindesmutter), so muss auch seine Frau einwilligen – siehe **§ 1726 BGB**.

Ein nichteheliches Kind ist auf **seinen Antrag** vom Vormundschaftsgericht für ehelich zu erklären, wenn die Eltern des Kindes verlobt waren und das Verlöbnis durch den Tod eines Elternteils aufgelöst worden ist. Die Ehelicherklärung ist zu versagen, wenn sie nicht dem Wohle des Kindes entspricht – siehe **§ 1740a BGB**.

Als Kinder angenommene (adoptierte) Personen – § 32 Abs. 1 Nr. 1 EStG

Die Annahme eines Kindes ist zulässig, wenn sie dem Wohle des Kindes dient und zu erwarten ist, dass zwischen dem Annehmenden und dem Kind ein Eltern-Kind-Verhältnis entsteht.

Das angenommene Kind erhält durch die Adoption die Stellung eines leiblichen Kindes gegenüber seinen Adoptiveltern. Die Adoption wird vom Vormundschaftsgericht ausgesprochen. Rechtswirksam wird sie durch die Zustellung des Annahmebeschlusses an den Adoptierenden. Von diesem Zeitpunkt an erlischt das Verwandtschaftsverhältnis des Kindes zu seinen leiblichen Eltern – **§ 1755 BGB**.

Ein Ehepaar kann ein Kind gemeinschaftlich annehmen. Bei der Adoption durch ein Ehepaar muss ein Ehegatte mindestens das 25. Lebensjahr, der andere Ehegatte mindestens das 21. Lebensjahr vollendet haben – **§ 1743 BGB**.

Ein Berechtigter kann sein nichteheliches Kind oder ein Kind seines Ehegatten allein annehmen. Ein Annehmender, der nicht verheiratet ist, kann ein Kind ebenfalls allein adoptieren. Der allein Adoptierende muss das 25. Lebensjahr vollendet haben – **§§ 1741 und 1743 BGB**.

2.2 Pflegekinder – § 32 Abs. 1 Nr. 2 EStG

Ein minderjähriges adoptiertes Kind kann bei einem leiblichen Elternteil grundsätzlich nicht mehr berücksichtigt werden (weder als Zahl- noch als Zählkind). Nur wenn dieses Kind durch den Ehegatten des leiblichen Elternteils angenommen wird, kann es berücksichtigt werden, da es die rechtliche Stellung eines gemeinschaftlichen Kindes beider Ehegatten erlangt. Auch nach einer eventuellen Scheidung der Ehe ist es bei beiden Personen weiterhin als gemeinschaftliches eheliches Kind kindergeldrechtlich zu berücksichtigen.

Ist ein Kind mit dem Ziel der Adoption bereits in den Haushalt seiner zukünftigen Adoptiveltern aufgenommen worden (sog. Adoptionspflege) und haben die leiblichen Eltern die für eine Annahme an Kindes Statt erforderliche Einwilligung erteilt, kann das Kind bei seinen leiblichen Eltern noch solange als **Zähl**kind berücksichtigt werden, bis der Annahmebeschluss des Vormundschaftsgerichts zugestellt worden ist. Die Berücksichtigung endet mit Ablauf des Monats der Zustellung des Annahmebeschlusses an den Annehmenden.

Auch volljährige Kinder können adoptiert werden. In solchen Fällen erlischt das Verwandtschaftsverhältnis zu den leiblichen Eltern nicht immer. Nur dann, wenn das Vormundschaftsgericht der Annahme als Kind die Wirkung einer **Volladoption** beigelegt hat (§ 1772 BGB), erlischt das Verwandtschaftsverhältnis zu den leiblichen Eltern. Wird eine Volladoption nicht ausgesprochen, kann das Kind bei seinen leiblichen Eltern weiterhin als **Zähl**kind berücksichtigt werden, weil die Verwandtschaftsbeziehung weiter besteht.

2.2 Pflegekinder – § 32 Abs. 1 Nr. 2 EStG

Ein Pflegekindschaftsverhältnis liegt dann vor, wenn ein Kind

- in den **Haushalt** der Pflegeeltern **aufgenommen** und
- dadurch ein **Eltern-Kind-Verhältnis** entstanden ist,
- ein **Obhuts- und Pflegeverhältnis** der leiblichen Eltern zum Kind nicht mehr besteht,
- die Haushaltsaufnahme **nicht zu Erwerbszwecken** erfolgt.

Die **Haushaltsaufnahme** muss eine bestimmte „Qualität" besitzen. So reicht ein bloßes Mitleben in der Wohnung nicht aus. Vielmehr muss das Kind im Haushalt des Berechtigten seine persönliche Betreuung und Versorgung finden. Dies ist aber nur dann der Fall, wenn das Kind durchgehend in den Haushalt aufgenommen ist. Eine nur gelegentlich, für einen Teil des Tages oder nur für einige Tage in der Woche (z. B. an den Wochenenden) zugewendete Betreuung und Versorgung reicht zur Haushaltsaufnahme nicht aus. Die Haushaltsaufnahme wird allerdings nicht unterbrochen, wenn sich

A. Materielles Kindergeldrecht

das Kind vorübergehend, z. B. zum Zwecke der Schul- oder Berufsausbildung, außerhalb des Haushalts aufhält.

Damit sich eine **Eltern-Kind-Beziehung** entwickeln kann, muss die Haushaltsaufnahme des Pflegekindes von vornherein auf längere Dauer beabsichtigt sein. Die Bindung zwischen den Pflegeeltern und dem Pflegekind, die auch eine erzieherische Einflussnahme auf das Kind ermöglichen soll, muss daher auf mehrere Jahre angelegt sein. Im Allgemeinen ist ein Pflegekindschaftsverhältnis stets dann anzunehmen, wenn es nach dem Willen der Beteiligten mindestens **zwei Jahre** andauern wird.

> **Beachte!**
>
> In der Vergangenheit konnte mit einem Kind, das kurz vor Eintritt seiner Volljährigkeit oder als volljähriges Kind in Pflege genommen wurde, kein Pflegekindschaftsverhältnis mehr begründet werden. Diese Weisung wurde mit Nr. 63.2.2.3 der DA-FamEStG 2004 aufgegeben (alter Abs. 1 S. 5 ist ersatzlos gestrichen worden). Nunmehr kann mit diesem formalen Argument nicht mehr die Anerkennung eines Pflegekindschaftsverhältnisses abgelehnt werden; vielmehr muss auch hier inhaltlich argumentiert werden.

Ein Pflegekindschaftsverhältnis liegt ebenfalls dann nicht vor, wenn eine Person Pflegekinder **aus Erwerbszwecken** aufnimmt, um mit den Einnahmen für die Betreuung und Versorgung dieser Kinder den eigenen Lebensunterhalt sicherzustellen (sog. Kostkinder).

Hat die Pflegeperson mehr als sechs Kinder in ihren Haushalt aufgenommen, spricht eine Vermutung dafür, dass es sich um Kostkinder handelt, vgl. EStR 177 Abs. 1. Diese Vermutung kann aber vom Kindergeldberechtigten durch entsprechende Nachweise widerlegt werden.

In einem erwerbsmäßig betriebenen Heim (Kinderhaus) untergebrachte Kinder sind keine Pflegekinder (BFH-Urteil vom 23.9.1998 – BStBl 1999 II S. 133).

Dieses BFH-Urteil beschäftigt sich mit Kinderhäusern/Kleinstheimen bereits ab 6 aufgenommenen Pflegekindern. Nach Satz 8 darf es sich nicht um ein erwerbsmäßig betriebenes Kleinstheim/Kinderhaus handeln. Das zitierte BFH-Urteil erwähnt neben der dort genannten Anzahl von Pflegekindern (von 6–9) aber noch weitere Kriterien für das Vorliegen eines Kleinstheimes wie insbesondere

- die Erteilung einer Erlaubnis nach § 45 SGB VIII,
- die Gewährung von Pflegesätzen nach § 39 Abs. 2 i. V. m. § 77 SGB VIII (und nicht Pflegegeld nach § 39 Abs. 4–6 SGB VIII) und
- die Betrachtung des Kinderhauses als Einrichtung im Sinne von § 34 SGB VIII (und eben nicht als Familienpflege nach § 33 SGB VIII).

2.2 Pflegekinder – § 32 Abs. 1 Nr. 2 EStG

Alleiniges Abstellen auf die Größenordnung von „mit bis zu 6 Pflegekindern" würde dem zitierten BFH-Urteil nicht gerecht werden, weil dieses ein Kleinstheim bereits ab 6 Pflegekindern annimmt, also zumindest der Fall mit genau 6 Pflegekindern schon strittig wäre. Hier sollte vielmehr als zentrales Kriterium die Frage nach der Abrechnung über Pflegesätze (kein Kindergeld für Pflegekinder) bzw. über Pflegegeld (Kindergeldanspruch besteht) geklärt werden. Dies erfordert auch keinen komplexeren Prüfungsaufwand für die Familienkassen, weil diese Frage jederzeit von der zuständigen Jugendbehörde beantwortet werden kann.

Ob es sich um ein Kleinstkinderheim handelt ist nicht in jedem Pflegekindfall zu prüfen, sondern nur dann, wenn dazu aufgrund der den Familienkassen vorliegenden Informationen ein hinreichender Handlungsbedarf deutlich wird. Solche Informationen können insbesondere in einer ungewöhnlich hohen, deutlich über das Maß des normalen Pflegegeldes hinausgehenden, Gewährung von Zuwendungen an die Pflegeeltern festgestellt werden (dies wird sich regelmäßig aus den eingereichten Unterlagen ergeben). Ebenso können Informationen zu „Quasi-Arbeitsverträgen" mit den vermeintlichen Pflegeeltern erhebliche Zweifel rechtfertigen.

Bei einem Vorgehen wie dargestellt dürften sich die vom Weisungsgeber angestrebten Verwaltungsvereinfachungen bei der Prüfung, ob die Haushaltsaufnahme von Pflegekindern nicht zu Erwerbszwecken erfolgte, auch erreicht werden: Zunächst rein mathematisches Ermitteln der Zahl der aufgenommenen Pflegekinder, nur bei Vorliegen deutlicher Hinweise Nachfrage nach der Abrechnung über Pflegesätze nach § 39 Abs. 2 i. V. m. § 77 SGB VIII (kein Kindergeld) oder über Pflegegeld nach § 39 Abs. 4–6 SGB VIII (Kindergeldanspruch besteht).

Beispiel:

1   Ein arbeitsloser Erzieher hat mit seiner Frau zwei eigene Kinder. Sie leben zusammen auf einem großen alten Bauernhof, den sie sich in mühevoller Kleinarbeit hergerichtet haben. Wegen der damit verbundenen finanziellen Lasten entschließen sie sich, in Zusammenarbeit mit dem zuständigen Jugendamt zehn Kinder in ihren Haushalt aufzunehmen, die aus schwierigen familiären Verhältnissen stammen. Der Erzieher kann auf diese Weise seine berufliche Qualifikation als Selbständiger sinnvoll einsetzen und die verwahrlosten Kinder betreuen.

Das Jugendamt zahlt dem Erzieher für jedes übernommene Kind zusätzlich zum üblichen Pflegegeldsatz ein Arbeitsentgelt. In dieser beschriebenen Fallsituation handelt es sich **nicht** um Pflegekinder, weil es an dem familienähnlichen Band mangelt.

A. Materielles Kindergeldrecht

> **Beachte!**
>
> Wenn das Vorliegen eines Pflegekindschaftsverhältnisses abgelehnt werden muss, erhält das Kindergeld der leibliche Elternteil. Unter bestimmten Voraussetzungen kann das Kindergeld aus dessen Anspruch aber an die Person oder Stelle ausgezahlt werden, die das Kind unterhält (siehe die Ausführungen zu § 74 EStG).

Eine familienähnliche **Eltern-Kind-Beziehung** kann auch angenommen werden, wenn Geschwister nach dem Tod der Eltern als Restfamilie zusammenleben und der älteste Geschwisterteil die Betreuung und Versorgung der jüngeren Geschwister übernimmt. Der älteste Geschwisterteil hat dann für sich selbst als Vollwaise nach § 1 Abs. 2 BKGG einen Anspruch auf sozialrechtliches Kindergeld und für seine Geschwister als Pflegekinder nach § 63 Abs. 1 Nr. 1 i. V. m. § 32 Abs. 1 Nr. 2 EStG einen Anspruch auf steuerrechtliches Kindergeld.

Ebenso kann eine **Eltern-Kind-Beziehung** entstehen, wenn ein Pflegeelternteil einen erwachsenen Familienangehörigen in seinen Haushalt aufnimmt, der auf Grund einer schweren geistigen oder seelischen Behinderung einem hilflosen Kinde gleichsteht. Auf das Alter des Pflegeelternteils und des Angehörigen kommt es hier nicht an. Hat das Jugendamt der Pflegeperson eine Pflegeerlaubnis für das betreffende Kind erteilt, ist dies ein Anhaltspunkt für das Vorliegen einer familienähnlichen Bindung.

Neben der erforderlichen Haushaltsaufnahme und dem damit verknüpften Eltern-Kind-Verhältnis bedarf ein Pflegekindschaftsverhältnis der Voraussetzung, dass ein **Obhuts-** und **Pflegeverhältnis** zu den leiblichen Eltern nicht mehr besteht. Das Obhuts- und Pflegeverhältnis zu den leiblichen Eltern gilt als unterbrochen, wenn diese keinen oder nur noch einen gelegentlichen Kontakt zu dem Kind haben. Nicht unbedeutend ist der Kontakt dann, wenn sich das Pflegekind regelmäßig – z. B. an den Wochenenden – im Haushalt der leiblichen Eltern aufhält.

Wegen des weiterhin bestehenden Obhuts- und Pflegeverhältnisses zu einem leiblichen Elternteil kann ein in eine nichteheliche Lebensgemeinschaft eingebrachtes Kind bei dem anderen Partner nicht als Pflegekind berücksichtigt werden.

Beispiel:

2   Frau Marianne Klinge und Herr Kurt Fröhlich leben seit mehreren Jahren unverheiratet zusammen. Ihre Zuneigung zueinander ist durch den dreijährigen Raphael dokumentiert. Sowohl Frau Klinge als auch Herr Fröhlich haben aus einer geschiedenen Ehe jeweils ein älteres Kind; beide Kinder leben auch im gemeinsamen Haushalt.

Diese beiden älteren Kinder erfüllen nicht die Voraussetzungen zur Berücksichtigung als Pflegekinder beim jeweils anderen Partner, weil sie mit einem leiblichen Elternteil weiterhin zusammenleben. Daher können Frau Klinge und Herr Fröhlich das Kindergeld lediglich für zwei Kinder (jeweils das eigene Kind aus 1. Ehe und das gemeinsame leibliche Kind) erhalten. Für das aus der geschiedenen Ehe stammende Kind des anderen Partners kann nur der jeweilige leibliche Elternteil Kindergeld erhalten. Kindergeld wäre also dem einen Partner in Höhe von 308 EURO und dem anderen in Höhe von 154 EURO monatlich zu zahlen.

Die Begründung eines Pflegekindschaftsverhältnisses wird auch nicht dadurch ausgeschlossen, dass die leiblichen Eltern weiterhin die Personensorge für das in Pflege genommene Kind innehaben. Allein das Innehaben der Personensorge führt nicht zur Aufrechterhaltung des bisherigen tatsächlichen **Obhuts-** und **Pflegeverhältnisses** zwischen dem Kind und seinen leiblichen Eltern.

2.3 Kinder des Ehegatten („Stiefkinder") – § 63 Abs. 1 S. 1 Nr. 2 EStG

Kinder des Ehegatten sind „Stiefkinder" (der Begriff des Stiefkindes wird offiziell im Kindergeldrecht nicht mehr verwendet), die entweder aus einer früheren Ehe des jetzigen Ehegatten stammen oder von diesem außerehelich abstammen. Auch während der Ehe geborene Kinder aus einem außerehelichen Verhältnis sind Kinder des Ehegatten.

Kinder des Ehegatten werden nur dann als Kinder im Sinne des EStG berücksichtigt, wenn sie in den **Haushalt** des Berechtigten **aufgenommen** sind. Stirbt der leibliche Elternteil oder wird die Ehe geschieden bzw. aufgelöst und lebt das Kind weiterhin im Haushalt des bisher Berechtigten, ist das Kind bei diesem ohne weitere Prüfung als **Pflegekind** zu berücksichtigen.

Hinsichtlich der Haushaltsaufnahme gelten die gleichen Kriterien wie bei Pflegekindern.

2.4 Enkelkinder – § 63 Abs. 1 Nr. 3 EStG

Großeltern können für ihre Enkelkinder Kindergeld erhalten, wenn sie diese in ihren **Haushalt aufgenommen** haben.

Eine **Haushaltsaufnahme** des Enkelkindes liegt nur dann vor, wenn das Kind für eine gewisse Dauer im Haushalt der Großeltern seine Betreuung und Versorgung findet. Ein nur gelegentlicher oder wechselweiser Aufenthalt oder die alleinige Zahlung von Unterhaltsleistungen reicht nicht aus.

Es kommt nicht darauf an, ob es sich um den alleinigen Haushalt der Großeltern oder den gemeinsamen Haushalt mit den Eltern (oder einem Elternteil) des Kindes handelt. Deshalb spielt es keine Rolle, wer den überwiegen-

A. Materielles Kindergeldrecht

den Teil der Haushaltskosten trägt. Es genügt das räumliche Zusammenleben mit **gemeinsamer Versorgung in einem Haushalt**.

2.5 Wohnsitz bzw. gewöhnlicher Aufenthalt des Kindes – § 63 Abs. 1 Satz 3 EStG

Unabhängig vom jeweiligen Kindschaftsverhältnis können Kinder nur berücksichtigt werden, wenn sie einen **Wohnsitz** oder ihren **gewöhnlichen Aufenthalt** im **Inland** oder in einem anderen Land der **Europäischen Union (EU)** bzw. des **Europäischen Wirtschaftsraumes (EWR)** haben. Nach der **in § 8 AO** enthaltenen Definition wird ein **Wohnsitz** dort begründet, wo das Kind eine Wohnung innehat. In der Regel teilt ein Kind den Wohnsitz seiner Eltern. Im Allgemeinen kann die An- bzw. Abmeldung bei der Ordnungsbehörde als Indiz für den Wohnsitz des Kindes angesehen werden.

Mit Wohnung sind zum Wohnen geeignete Wohnräume gemeint. Es genügt eine bescheidene möblierte Bleibe. Nicht erforderlich ist eine abgeschlossene Wohnung mit Küche und separater Waschgelegenheit. Die Wohnung muss vom Kind ständig, zumindest aber regelmäßig, genutzt werden. Gelegentliche Übernachtungen (z. B. zu Besuchszwecken) reichen nicht aus.

Sofern das Kind eine eigene Wohnung hat und nicht (mehr) bei dem Berechtigten wohnt, muss es über diese Wohnung verfügen können und sie nicht nur vorübergehend als Bleibe (z. B. zu Besuchszwecken) nutzen.

Eine eigene Wohnung ist auch dann noch vorhanden, wenn das Kind sie während eines Auslandsaufenthalts kurzfristig (bis zu sechs Monaten) vermietet bzw. untervermietet, um sie nach der Rückkehr wieder selbst zu nutzen. Ein Wohnsitz besteht nicht mehr, wenn die Wohnung aufgegeben wird. Dies ist der Fall, wenn die Mietwohnung gekündigt und aufgelöst oder die Eigentumswohnung nicht nur kurzfristig vermietet oder verkauft wird.

Seinen **gewöhnlichen Aufenthalt nach § 9 der AO** hat ein Kind dort, wo es nicht nur vorübergehend verweilt. Hält sich ein Kind länger als sechs Monate in einem bestimmten Gebiet auf, hat es dort von Anfang an seinen gewöhnlichen Aufenthalt genommen. Kurzfristige Unterbrechungen wie z. B. Familienheimfahrten, Jahresurlaub, längerer Heimaturlaub, Kur und Erholung haben keine Bedeutung.

Während man mehrere Wohnsitze innehaben kann, kann der **gewöhnliche Aufenthalt** nicht gleichzeitig an mehreren Orten bestehen. Bei fortdauerndem Aufenthalt (mehr als sechs Monate) außerhalb des Inlandes, der EU oder des EWR begründen kurzfristige Aufenthalte in diesen Gebieten dort keinen gewöhnlichen Aufenthalt. Umgekehrt führen kurzfristige Aufenthalte außerhalb der genannten Gebiete nicht zu einem Verlust des gewöhnlichen Aufenthalts innerhalb des Inlandes, der EU oder des EWR.

2.5 Wohnsitz bzw. gew. Aufenthalt des Kindes – § 63 Abs. 1 S. 3 EStG

Folgende **Staaten** bilden die **EU:**

Belgien	Dänemark	Deutschland	Finnland
Frankreich	Griechenland	Großbritannien	Irland
Italien	Luxemburg	Niederlande	Österreich
Portugal	Schweden	Spanien	

Zum **1. Mai 2004** wurden folgende Staaten in die EU aufgenommen:
Estland, Lettland, Litauen, Malta, Polen, Slowakei, Slowenien, Tschechische Republik, Ungarn und Zypern.

Bulgarien und **Rumänien** sind zum 1. Januar 2007 in die EU aufgenommen worden.

Außerhalb von **Europa** gehören folgende Gebiete zur **EU:**

Guadeloupe (Frankreich)	Cëuta und Melilla (spanische Exklaven in Marokko)
Französisch-Guyana	Kanarische Inseln (Spanien)
Martinique (Frankreich)	Azoren (Portugal)
Réunion (Frankreich)	Madeira (Portugal)

Nachfolgende **Staaten** gehören zum **EWR:**

alle	Island
Mitgliedstaaten	Liechtenstein
der EU	Norwegen

Hat ein Kind in einem der genannten Staaten einen Wohnsitz oder gewöhnlichen Aufenthalt, kann es dem Grunde nach beim Kindergeldanspruch seiner Eltern berücksichtigt werden. Die meisten der zu berücksichtigenden Kinder haben ihren Wohnsitz im Inland. Daher soll etwas näher darauf eingegangen werden, wann ein Wohnsitz im Inland begründet wird und unter welchen Voraussetzungen ein Kind diesen inländischen Wohnsitz während eines Auslandsaufenthaltes beibehält.

Beachte!

Kinder, die sich zum Zwecke einer Ausbildung (z. B. einem Studium) **vorübergehend** außerhalb der EU bzw. des EWR aufhalten, behalten im Allgemeinen ihren Wohnsitz weiterhin im Inland bei, sofern sie keine Auswanderungsabsicht hegen. Will sich ein Kind allerdings **nicht nur vorübergehend** im Ausland aufhalten, so gibt es mit der Einreise in den ausländischen Staat seinen Wohnsitz im

A. Materielles Kindergeldrecht

Inland auf. Dies gilt insbesondere für Kinder ausländischer Mitbürger, die sich in ihr Heimatland begeben, um sich dort länger aufzuhalten als z. B. im Allgemeinen die Schulferien dauern. Kehrt das Kind eines Ausländers zum Zwecke der Ausbildung in sein **Heimatland** zurück, ist im Regelfall vom Fortbestehen des inländischen Wohnsitzes auszugehen, wenn der Auslandsaufenthalt von vornherein auf die Dauer der Ausbildung begrenzt ist und eine dauerhafte Rückkehr in die Wohnung in Deutschland jederzeit möglich ist.

Ein Kind, das im Ausland geboren wird, hat seinen Wohnsitz sofort ab Geburt im Inland, wenn die Eltern bzw. der Elternteil, bei dem das Kind lebt, im Inland den Wohnsitz haben. Diese Regelung gilt sowohl für Eltern ohne deutsche Staatsangehörigkeit als auch für Eltern mit deutschem Pass.

Wird ein minderjähriges ausländisches Kind von deutschen Eltern adoptiert, erhält das Kind automatisch die deutsche Staatsangehörigkeit. Haben die Adoptiveltern ihren Wohnsitz im Inland, begründet auch das Kind seinen Wohnsitz in der Bundesrepublik. Gleiches gilt auch für den Fall, dass im Inland lebende deutsche Eltern ein ausländisches minderjähriges Kind in Adoptionspflege nehmen und der Adoption keine Hinderungsgründe entgegenstehen.

Wenn ein ausländisches oder staatenloses Kind nach Deutschland einreist, kann es einen Wohnsitz oder gewöhnlichen Aufenthalt unabhängig von den ausländerrechtlichen Voraussetzungen begründen. Ein solches Kind ist dann vom Monat der Einreise oder der Geburt an zu berücksichtigen.

Wie auch in anderen Bereichen gibt es von diesen Regelungen **Ausnahmen.**

Zum einen bestehen mit **Marokko** und **Tunesien,** dem **ehemaligen Jugoslawien,** der **Schweiz** und der **Türkei** zwischenstaatliche Abkommen, die Besonderheiten regeln. Zum anderen bestimmt **§ 63 Abs. 1 Satz 3 letzter Halbsatz EStG** Ausnahmen, auf die etwas näher eingegangen werden soll.

Nach **§ 63 Abs. 1 Satz 3 letzter Halbsatz EStG** kommt es auf einen Wohnsitz oder gewöhnlichen Aufenthalt im Inland, einem Staat der EU oder des EWR nicht an, wenn das Kind im Haushalt eines Berechtigten im Sinne des **§ 62 Abs. 1 Nr. 2 Buchstabe a EStG** lebt. Dies sind Berechtigte, die nach **§ 1 Abs. 2 EStG** unbeschränkt einkommensteuerpflichtig sind. Im Sinne dieser Vorschrift sind das diejenigen **deutschen** Staatsangehörigen, die als

- Beamte, Richter oder Soldaten oder als
- Arbeitnehmer

zu einer **inländischen juristischen Person des öffentlichen Rechts** einschl. der inländischen öffentlich-rechtlichen Religionsgemeinschaften in einem Dienst- oder Arbeitsverhältnis stehen **und** Arbeitslohn aus einer **inländischen öffentlichen Kasse** beziehen.

Zur Klarstellung: **Nicht** von **§ 1 Abs. 2 Satz 1 EStG** erfasst werden die im Ausland beschäftigten Personen, die zu einem **privatrechtlich organisierten Unternehmen** in einem Arbeitsverhältnis stehen. Dieses gilt auch für ein Arbeitsverhältnis zur

- **Deutschen Telekom AG**
- **Deutschen Bahn AG**
- **Deutschen Postbank AG**
- **Deutschen Post AG.**

2.6 Bescheiderteilung

Sowohl für die Festsetzung von Kindergeld als auch für die Ablehnung eines begehrten Anspruchs ist der **Vordruck KG 2b** zu verwenden. Dieser Vordruck steht unter der Anschrift www.bzst.bund.de im Internet zur Verfügung. Die Internetseite des Bundeszentralamtes für Steuern bevorratet unter dem Stichwort *Kindergeld (Fachaufsicht) – Familienkasse – Formulare –* viele der für den täglichen Gebrauch benötigten Vordrucke.

Bei dem Vordruck KG 2b handelt es sich um einen Universalvordruck, der – wie bereits dargestellt – für alle Festsetzungen von Kindergeld verwendet werden soll. Außerdem ist der Vordruck neben der Ablehnung eines Anspruchs auf Kindergeld auch für die Aufhebung einer Kindergeldfestsetzung zu nutzen. Durch die Verwendung des KG 2b erübrigen sich – fast immer – individuell zu erstellende Bescheide.

Da mit dem Bescheidvordruck möglichst viele Tatbestände beschieden werden sollen, beinhaltet er eine Fülle von Eingabemöglichkeiten.

Besonderes Augenmerk ist der Begründung zu geben. Bei der Festsetzung von Kindergeld ist eine Begründung allerdings nur notwendig, wenn dem Antrag nicht oder nur zum Teil entsprochen werden kann. Dies ist unter anderem der Fall, wenn bei der Kindergeldfestsetzung nicht alle im Antrag aufgeführten Kinder berücksichtigt werden können – z. B. beantragt eine Mutter von zwei Kindern auch die Festsetzung des Kindergeldes für ein Kind der Nachbarin (als Pflegekind), das tagsüber von ihr betreut wird. Ist dem Antrag des Berechtigten im **vollen** Umfang zu entsprechen, ist eine Begründung dagegen nicht erforderlich.

Anders verhält es sich bei Ablehnungen oder Aufhebungen. In diesen Fällen kommt der Begründung eine wichtige Bedeutung zu. Häufig macht der Berechtigte das Einlegen eines Einspruchs davon abhängig, wie die Negativentscheidung dargestellt, also begründet wird. Grundlage für die Begründungen sind stets die maßgeblichen Rechtsnormen und deren Interpretation.

Der Bescheidvordruck KG 2b lässt insgesamt nicht viel Raum für eine ausführliche Begründung; ggf. ist diese daher auf einem separaten Blatt detailliert darzustellen.

A. Materielles Kindergeldrecht

3. Berücksichtigungstatbestände nach Vollendung des 18. Lebensjahres – § 32 Abs. 4 EStG

Ein Kind, das das 18. Lebensjahr vollendet hat, wird berücksichtigt, wenn es

a) noch nicht das 21. Lebensjahr vollendet hat, nicht in einem Beschäftigungsverhältnis steht und bei einem Arbeitsamt im Inland als Arbeitsuchender gemeldet ist

oder

b) noch nicht das 25. bzw. 27. Lebensjahr vollendet hat und

(mit dem Steueränderungsgesetz 2007 vom 19.7.2006 (BGBl. I S. 1652) wurde die Altersgrenze auf das 25. Lebensjahr herabgesetzt. Gleichzeitig wurden im § 52 Abs. 40 EStG Übergangsregelungen geschaffen. Danach werden Kinder, die im Jahr 2006 ihr 25. oder 26. Lebensjahr vollenden, bis zum vollendeten 27. Lebensjahr berücksichtigt, Kinder, die im Jahr 2006 das 24. Lebensjahr vollenden, werden bis zum vollendeten 26. Lebensjahr berücksichtigt)

a) für einen Beruf ausgebildet wird oder

b) sich in einer Übergangszeit zwischen zwei Ausbildungsabschnitten von höchstens vier Monaten befindet oder zwischen einem Ausbildungsabschnitt und der Ableistung des gesetzlichen Wehr- oder Zivildienstes, einer vom Wehr- oder Zivildienst befreienden Tätigkeit als Entwicklungshelfer oder als Dienstleistender im Ausland nach § 14b Zivildienstgesetz oder der Ableistung eines freiwilligen Dienstes im Sinne des Buchstaben d liegt oder

c) eine Berufsausbildung mangels Ausbildungsplatz nicht beginnen oder fortsetzen kann oder

d) ein freiwilliges soziales Jahr im Sinne des Gesetzes zur Förderung eines freiwilligen sozialen Jahres oder ein freiwilliges ökologisches Jahr im Sinne des Gesetzes zur Förderung eines freiwilligen ökologischen Jahres oder einen Freiwilligendienst im Sinne des Beschlusses Nr. 1031/00/EG des Europäischen Parlamentes und des Rates vom 13. April 2000 zur Einführung des gemeinschaftlichen Aktionsprogramms „Jugend" (ABl. EG Nr. L 117 S. 1) leistet oder einen anderen Dienst im Ausland im Sinne von § 14b des Zivildienstgesetzes leistet oder

c) wegen körperlicher, geistiger oder seelischer Behinderung außerstande ist, sich selbst zu unterhalten; Voraussetzung ist, dass die Behinderung vor Vollendung des 27. Lebensjahres eingetreten ist (die Änderungen des Jahressteuergesetzes 2007 gelten in vollem Umfang auch für die Berücksichtigung behinderter Kinder).

3.1 Arbeitsuchende Kinder

Kinder, die das 18. Lebensjahr, aber noch nicht das 21. Lebensjahr vollendet haben, können berücksichtigt werden, wenn sie beschäftigungslos sind und sich bei einem Arbeitsamt im Inland arbeitsuchend gemeldet haben und der Arbeitsvermittlung zur Verfügung stehen (§ 32 Abs. 4 Nr. 1 EStG).

Mit der Vorschrift des § 32 Abs. 4 Nr. 1 EStG will der Gesetzgeber die Probleme auf dem Arbeitsmarkt berücksichtigen. Sie umfasst deshalb grundsätzlich Kinder, die einen Arbeitsplatz suchen und für die **Arbeitsvermittlung verfügbar sind**.

Dem Arbeitsmarkt zur Verfügung steht ein Kind, wenn es bereit und in der Lage ist, den Arbeitsangeboten der Arbeitsverwaltung nachzukommen. Die Arbeitsuchendmeldung soll persönlich erfolgen. Eine telefonische oder schriftliche Arbeitsuchendmeldung oder über Dritte (z. B. die Eltern) vorgenommene Meldung ist aber auch ausreichend.

Das Kind muss arbeitsbereit sein. Lehnt das Kind eine angebotene zumutbare Arbeit ohne wichtigen Grund ab, so schließt dies allein den Kindergeldanspruch jedoch noch nicht aus. Wenn das Gesamtverhalten des Kindes allerdings deutlich macht, dass es an einer Arbeitsaufnahme nicht interessiert ist, ist es nicht arbeitsuchend und kann nicht weiter berücksichtigt werden. Die Beurteilung der Frage der Verfügbarkeit richtet sich nach den Vorschriften des SGB III und obliegt der Abteilung Arbeitsvermittlung und Arbeitsberatung.

Bezieht das Kind weder Arbeitslosengeld noch Arbeitslosenhilfe/Alg II, muss es sein Bewerberangebot jeweils alle drei Monate erneuern (vgl. § 38 SGB III), da sonst die Agentur für Arbeit ihr Vermittlungsbemühen einstellt. Das Kind muss also der Arbeitsvermittlung in regelmäßigen Abständen deutlich machen, dass es weiterhin an einer Vermittlung in Arbeit interessiert ist. Sofern das Kind keine Leistungen wegen Arbeitslosigkeit bezieht, muss die Erneuerung des Bewerberangebotes bei der Arbeitsvermittlung nicht persönlich erfolgen. Dies kann auch schriftlich, telefonisch oder über Dritte (z. B. die Eltern) geschehen.

Das Vorliegen der Voraussetzungen ist grundsätzlich durch eine Bescheinigung der Arbeitsvermittlung nachzuweisen.

Leistet ein Kind ein Praktikum ab, weil es derzeit das für die Aufnahme einer Ausbildung geforderte Mindestalter noch nicht erreicht hat, steht dies einer Berücksichtigung gemäß § 32 Abs. 4 Nr. 1 EStG nicht entgegen. Das Gleiche gilt auch, wenn entsprechende Maßnahmen nach dem SGB II abgeleistet werden.

A. Materielles Kindergeldrecht

Eine Berücksichtigung ist ebenfalls möglich, wenn das arbeitsuchende Kind wegen einer Erkrankung oder eines Beschäftigungsverbotes nach §§ 3, 6 Mutterschutzgesetz (MuSchG) daran gehindert ist, sich der Arbeitsvermittlung zur Verfügung zu stellen. Die Erkrankung bzw. das Beschäftigungsverbot muss durch eine ärztliche Bescheinigung nachgewiesen werden. Außerdem muss das Kind glaubhaft erklären, dass es sich unmittelbar nach Wegfall der Hinderungsgründe bei der Arbeitsvermittlung arbeitsuchend melden wird. Eine Berücksichtigung während der **Inanspruchnahme von Erziehungsurlaub** ist nicht möglich.

§ 32 Abs. 4 Satz 1 Nr. 1 EStG fordert die Arbeitsuchendmeldung bei der Agentur für Arbeit im **Inland**. Dieser Begriff ist im Gesetzeszusammenhang auszulegen, d. h. auch in einem Mitgliedstaat der EU oder einem Staat, auf den das EWR-Abkommen Anwendung findet; arbeitsuchend gemeldete Kinder können grundsätzlich berücksichtigt werden. In Vertragsstaaten (z. B. Türkei) arbeitsuchend gemeldete Kinder können hingegen nicht berücksichtigt werden.

Der Gesetzgeber fordert im § 32 Abs. 4 Satz 1 Nr. 1 EStG, dass das Kind **nicht in einem Beschäftigungsverhältnis** stehen darf. Geringfügige Beschäftigungen sind allerdings anspruchsunschädlich. Geringfügige Beschäftigung in diesem Sinne meint lediglich eine **geringfügig entlohnte** Beschäftigung.

Eine **geringfügig entlohnte** Beschäftigung liegt nach § 8 SGB IV vor, wenn das Arbeitsentgelt aus der Beschäftigung regelmäßig 400 € monatlich nicht übersteigt. Hierfür ist das monatliche Durchschnittseinkommen maßgeblich. Ein höheres Entgelt in einzelnen Monaten eines Kalenderjahres hat keine Auswirkungen auf die Berücksichtigungsfähigkeit, wenn im jährlichen Durchschnitt die Grenze von 400 € nicht überschritten wird.

Beispiel:

Ein 19-jähriges Kind ist seit dem 22.5. arbeitsuchend gemeldet. Daneben arbeitet es an fünf Tagen in der Woche jeweils zwei Stunden täglich. Das Kind erhält dafür im Monat 420 €.

Das Kind kann **nicht** als Kind im Sinne von § 32 Abs. 4 Satz 1 Nr. 1 EStG berücksichtigt werden. Es kommt auf den Verdienst an; dieser überschreitet die Grenze von 400 € monatlich. Der Zeitfaktor (hier 10 Stunden wöchentlich) spielt keine Rolle.

Nach § 8 Abs. 1 Nr. 2 SGB IV liegt eine geringfügige Beschäftigung ebenfalls bei einer kurzzeitigen Beschäftigung vor. Eine **kurzfristige** Beschäftigung liegt vor, wenn sie innerhalb eines Kalenderjahres auf nicht mehr als zwei Monate auf insgesamt fünfzig Arbeitstage begrenzt ist. Diese Begrenzung begründet sich nach der Eigenart der Beschäftigung (z. B. Erntehelfer, Saisonkräfte, Aushilfe) oder sie wird im Voraus vertraglich festgehalten. Eine

3.2 Berufsausbildung – § 32 Abs. 4 S. 1 Nr. 2a EStG

kurzfristige Beschäftigung liegt nicht mehr vor, wenn sie berufsmäßig ausgeübt wird und das erzielte Entgelt 400 € übersteigt. Allerdings sind solche kurzfristigen Beschäftigungen im kindergeldrechtlichen Sinn anspruchsschädlich, wird doch tatsächlich eine Beschäftigung ausgeübt, die auch auf der Entgeltseite deutlich über die Grenze von 400,- € hinausgeht. Wird eine kurzfristige Beschäftigung aber nicht zum Beginn, sondern erst im Laufe eines Monats aufgenommen, ist in solchen Fällen die Problematik der sog. geteilten Monate zu beachten, weshalb ggf. in solchen Monaten doch noch ein Kindergeldanspruch besteht, weil die Anspruchsvoraussetzungen für mindestens einen Kalendertag vorlagen.

Diese Grundsätze gelten auch, wenn die geringfügige Beschäftigung ausschließlich in Privathaushalten bzw. anstelle der Beschäftigung eine selbständige Tätigkeit ausgeübt wird.

Achtung!
Die Bedingung der Beschäftigungslosigkeit **gilt nicht** für bei der Berufsberatung gemeldete Kinder oder für solche, die sich selbst einen Ausbildungsplatz suchen. Diese Kinder sind nach § 32 Abs. 4 Satz 1 Nr. 2c EStG zu berücksichtigen. Diese Rechtsnorm fordert nicht die Beschäftigungslosigkeit.

3.2 Berufsausbildung – § 32 Abs. 4 S. 1 Nr. 2a EStG

3.2.1 Begriff der Berufsausbildung

Dieser Begriff umfasst jede Ausbildungsart schulischer oder beruflicher Natur, gemeint ist also Schul- **oder** Berufsausbildung.

Berufsausbildung ist – vereinfacht ausgedrückt – eine Maßnahme, in der ein Kind Kenntnisse und Fertigkeiten erwirbt, um in Zukunft einen bestimmten Beruf auszuüben und dadurch seinen Lebensunterhalt zu verdienen. Eine gesetzlich umschriebene Definition, was Berufsausbildung ist, kennt das EStG nicht.

Das Berufsziel wird weitgehend von den Vorstellungen der Eltern und des Kindes bestimmt. Diese haben bei der Ausgestaltung der Ausbildung einen weiten Entscheidungsspielraum.

Die von einem Kind absolvierten Ausbildungsmaßnahmen müssen auf ein bestimmtes Berufsziel ausgerichtet sein. Sie können sich auf jede Tätigkeit beziehen, die **in der Zukunft, zur Schaffung bzw. Erhaltung einer Erwerbsgrundlage, nachhaltig gegen Entgelt,** ausgeübt werden kann.

Als Berufsausbildung sind daher anzuerkennen:

Alle durch Gesetz oder sonstige Vorschriften geregelten Bildungsgänge, wie z. B.:

A. Materielles Kindergeldrecht

- der Besuch von Allgemeinwissen vermittelnden Schulen
- der Besuch von Fachschulen und Hochschulen
- die Absolvierung eines Berufsausbildungsverhältnisses

aber auch

alle Maßnahmen außerhalb geregelter Bildungsgänge, wenn

- die beruflichen Einsatzbereiche (der Arbeitsmarkt) **und**
- die entsprechenden Anforderungen an Kenntnisse und Fertigkeiten nachgewiesen wurden.

Ausbildungsmaßnahmen können allerdings dann **nicht** als Berufsausbildung anerkannt werden, wenn

- die Vermittlung nur allgemein nützlicher Fertigkeiten oder allgemeiner Lebenserfahrung

oder

- die Herausbildung sozialer Eigenschaften im Vordergrund stehen

oder

- nur eine allgemeine Tätigkeitsrichtung (z. B. „etwas soziales oder religiöses") angegeben wird, weil sich nicht ohne weitere Konkretisierung ein Angebot für den Arbeitsmarkt formulieren lässt.

In Berufsausbildung befindet sich daher, wer

- **sein Berufsziel noch nicht erreicht hat und**
- **sich ernstlich darauf vorbereitet.**

Zur Vorbereitung auf ein Berufsziel gehören **alle Maßnahmen** zum Erwerb von Kenntnissen, Fähigkeiten und Erfahrungen, die als Grundlagen für den Berufseinstieg oder die Berufsausübung **notwendig, nützlich oder förderlich** sind.

Das Berufsziel kann erreicht sein, wenn das Kind die Mindestvoraussetzungen für die Ausübung des von ihm gewählten Berufs erfüllt (z. B. Lehrabschlussprüfung). Es können aber auch weitere zusätzliche Ausbildungsmaßnahmen zur Erreichung des Berufsziels notwendig sein. Hierzu müssen die Eltern und/oder das Kind zunächst das Berufsziel durch Angaben bzw. Nachweise konkretisieren, indem dargelegt wird, welche Fertigkeiten und Kenntnisse für den angestrebten Beruf verlangt werden und für welche Tätigkeiten, die durch die Maßnahme vermittelten Fertigkeiten und Kenntnisse verwendet werden können.

Zur Erreichung des Berufsziels notwendig und deshalb als Berufsausbildung anzuerkennen sind z. B. auch:

3.2 Berufsausbildung – § 32 Abs. 4 S. 1 Nr. 2a EStG

- Maßnahmen, die zusätzliches berufliches Wissen vermitteln
- Maßnahmen der Weiterbildung im erlernten und ausgeübten Beruf, wenn diese zu einer höheren beruflichen Qualifikation führen
- Maßnahmen zur Erlangung eines anderen Berufs (Umschulung)
- der Besuch von Abendschulen sowie die Teilnahme an einem Fernunterricht
- der Besuch von weltanschaulichen bzw. religiösen Bildungseinrichtungen, **wenn** diese auf eine hauptberufliche Tätigkeit bei der jeweiligen Weltanschauungs- bzw. Religionsgemeinschaft vorbereiten.

Das Kind muss sich auf das solchermaßen konkretisierte Berufsziel ernstlich vorbereiten. Ein Merkmal für die Ernsthaftigkeit ist z. B. der zeitliche Aufwand für die Maßnahme. Bei einer tatsächlichen Unterrichts- bzw. Ausbildungszeit von **zehn Wochenstunden und mehr** dürften keine Zweifel bestehen. Beträgt die tatsächliche Unterrichts- bzw. Ausbildungszeit weniger als zehn Wochenstunden, ist zu prüfen, ob die Maßnahme **zusätzlichen Aufwand** erfordert, der über das übliche Maß hinausgeht oder ob die Maßnahme für das angestrebte Berufsziel von besonderer Bedeutung ist. Der übliche Zeitaufwand für die Vor- und Nacharbeit ist die Unterrichts- bzw. Ausbildungszeit sowie für Wegzeiten von und zur Ausbildungsstätte bis zu einer Stunde für die einfache Wegstrecke.

Beispiel:

Die Unterrichtszeit einer Maßnahme beträgt 6 Wochenstunden an zwei Unterrichtstagen.

Der übliche zusätzliche Zeitaufwand für diese Ausbildung betrüge somit insgesamt 10 Wochenstunden (bestehend aus 6 Stunden Vor- und Nacharbeit und 4 Wochenstunden Wegezeit).

Diese Maßnahme wäre als Berufsausbildung nur dann anzuerkennen, wenn das Kind bei einer Unterrichtszeit von 6 Wochenstunden zusätzlich mehr als 10 Wochenstunden tatsächlich aufwendet.

Als zusätzlicher Aufwand für die Ausbildung können beispielsweise anerkannt werden:

- Besonders umfangreiche Vor- und Nacharbeit
  (siehe vorstehendes Beispiel **7** Wochenstunden)
- zusätzliche Umsetzung des Gelernten.

Die „besondere Bedeutung" einer Ausbildungsmaßnahme für das angestrebte Berufsziel ist z. B. gegeben, wenn

A. Materielles Kindergeldrecht

- die Absolvierung der Ausbildungsmaßnahme verlangt oder empfohlen worden ist,
- regelmäßige Leistungskontrollen stattfinden,
- das Kind sich auf einen anerkannten Prüfungsabschluss vorbereitet, oder
- eine qualifizierte Teilnahmebescheinigung erworben.

Die Ausbildungsmaßnahme muss also **nicht**

- nach dem BBiG oder
- nach einer Ausbildungs-, Studien- oder Prüfungsordnung geregelt sein
- auf einen nachfolgenden Ausbildungsgang angerechnet werden
- nur dem Erwerb Kenntnissen und Fähigkeiten dienen, die für den angestrebten Beruf **zwingend** vorgeschrieben sind
- die Zeit und Arbeitskraft des Kindes **überwiegend** in Anspruch nehmen
- im Inland stattfinden

um als Berufsausbildung anerkannt zu werden.

Schulausbildung ist Unterricht, der an allgemein- oder berufsbildenden öffentlichen oder privaten Schulen durchgeführt wird.

Allgemeinbildende Schulen sind:

Sonderschulen
Realschulen
Gesamtschulen
Fachgymnasien
Hauptschulen
Gymnasien
Fachoberschulen
Berufsoberschulen

Berufsbildende Schulen sind:

Berufsschulen
Berufsaufbauschulen
Berufsakademien
Berufsfachschulen
Fachschulen

Privatschulen sind Einrichtungen, die auch als „Ersatz- oder Ergänzungsschulen" bezeichnet werden. Nur wenn sich der Unterricht an staatlich genehmigten Lehrplänen orientiert, kann der Besuch einer Privatschule als Schulausbildung im Sinne des EStG akzeptiert werden.

3.2 Berufsausbildung – § 32 Abs. 4 S. 1 Nr. 2a EStG

Außerdem gilt als **Schulausbildung** im Sinne des EStG
- die Teilnahme an einem Sprachkurs zum Erlernen der deutschen Sprache, wenn der Erwerb der Sprachkenntnisse Grundlage für eine anschließend beabsichtigte Ausbildung oder Berufsausübung ist.
- der Besuch einer vergleichbaren allgemein- oder berufsbildenden Schule im Ausland (z. B. im Rahmen von Schüleraustauschprogrammen oder im Rahmen eines akademischen Jahres).
- Die Absolvierung eines Fern-Abiturs (entsprechend der Grundsätze zum Fernstudium).

Der Schüler muss aber in eine schulische Mindestorganisation eingebunden sein, die eine gewisse dauernde Lernkontrolle ermöglicht.

Die Ausbildung darf nicht überwiegend in der Gestaltungsfreiheit des Schülers liegen. Es muss außerdem ein gewisser Kontakt und Austausch zwischen dem Schüler und den Lehrern bestehen.

Keine Schulausbildung ist:
- der Besuch der Berufsschule ausschließlich zur Erfüllung der Berufsschulpflicht.

Als berufsbezogene Ausbildungsverhältnisse sind z. B. anzuerkennen:
- die Ausbildung in einem staatlich anerkanntem Ausbildungsberuf, wenn sie nach der maßgeblichen Ausbildungsordnung durchgeführt wird (z. B. nach dem BBiG oder der HWO)
- die Ausbildung, die in einem sonst vorgeschriebenen, allgemein anerkannten oder üblichen Ausbildungsgang durchgeführt wird
- ein Volontariat, das **vor** Aufnahme einer voll bezahlten Tätigkeit ausgeübt wird, **wenn** es Ausbildungscharakter hat (das Kind in allen Bereichen ausgebildet wird), der Arbeitslohn demjenigen eines Auszubildenden entspricht und das Kind ein Abschlusszertifikat erhält
- eine durch Uhg/Übg geförderte Maßnahme der Beruflichen Bildung oder zur Eingliederung Behinderter, **wenn** die Maßnahme ca. 6 Monate oder länger dauert
- eine berufsvorbereitende Bildungsmaßnahme
- bei behinderten Kindern der Arbeitstrainingsbereich und die Förderung im Berufsbildungsbereich in einer Werkstatt für Behinderte, sowie der Besuch von Behindertenschulen und Heimsonderschulen
- die Berufsausbildung eines Soldaten auf Zeit als Offiziersanwärter bzw. Unteroffiziersanwärter. Die Berufsausbildung endet mit der Ernennung zum Leutnant (i. d. R. nach 3 Jahren) oder zum Unteroffizier (i. d. R. nach 1 Jahr)

A. Materielles Kindergeldrecht

- Einstiegsqualifizierung im Rahmen des EQJ-Programmes des Bundes
- eine Berufsausbildung während des Strafvollzugs.

In Abgrenzung zu einem normalen Beschäftigungsverhältnis müssen folgende Kriterien erfüllt sein (Ausnahme: Ausbildungsverhältnisse nach dem BBiG, der HWO oder sonstigen gesetzlichen Ausbildungs- und Prüfungsordnungen):

das Ausbildungsverhältnis muss

- planmäßig ausgestaltet **und**
- an einem bestimmten Ausbildungsziel orientiert sein.

Zur Erfüllung dieser Kriterien muss ein sachkundiger, verantwortlicher Ausbilder bestellt sein, der die Auszubildenden anleitet, belehrt und sie mit dem Ziel unterweist, ihnen die für den angestrebten Beruf notwendigen Kenntnisse und Fertigkeiten zu vermitteln.

Eine Berufsausbildung liegt außerdem vor, wenn ein Kind ein Vollzeitstudium an einer Hochschule oder Fachhochschule absolviert.

Die Voraussetzungen dabei sind:

a) die Immatrikulation als ordentlich Studierender im In- oder Ausland

b) ein Studium mit dem Ziel eines bestimmten beruflichen Abschlusses

c) keine Beurlaubung vom Studium außer bei bestimmten Ausnahmen (z. B. Mutterschaft).

Als Hochschulausbildung ist auch anzuerkennen:

- ein Aufbau- oder Ergänzungsstudium, wenn es zu einer zusätzlichen beruflichen Qualifikation führt und mit einer Prüfung abgeschlossen wird.

> **Beispiel:**
>
> Nach abgeschlossenem Studium zum Biologen macht ein Kind ein Aufbaustudium zum Umweltbiologen und legt hierbei auch die erforderlichen Prüfungen ab.

- die praktischen Studiensemester bei einem Studium an einer Fachhochschule
- die Vorbereitung auf das Doktorexamen (Promotion), wenn
  - sie im Anschluss an das erfolgreich abgeschlossene Studium
  - ernsthaft und nachhaltig durchgeführt wird

  Es ist nicht notwendig, dass die Promotion das Studium anstelle eines Diploms oder Staatsexamens bzw. Magisterexamens abschließt oder in einer Studienordnung als alleiniger Abschluss vorgesehen ist

3.2 Berufsausbildung – § 32 Abs. 4 S. 1 Nr. 2a EStG

- das Vollzeitstudium an einer Fernuniversität
- die Belegung weiterer Semester an einer (Fach-)Hochschule nach Ablegen einer Abschlussprüfung mit dem Ziel einer Notenverbesserung in einer erneuten Prüfung.

Eine Beurlaubung oder Befreiung von der Belegpflicht beim Inlandsstudium ist auch dann unschädlich, wenn sie wegen einer anderen Maßnahme der Berufsausbildung erfolgt. Hierzu gehört beispielsweise die Tätigkeit als Fremdsprachenassistent an einer ausländischen Hochschule.

Nicht als Ausbildung anzuerkennen ist, wenn das Kind lediglich als Gasthörer an Vorlesungen und Übungen teilnimmt.

Ein Studium im Ausland kann ebenfalls als Ausbildung i. S. des EStG angesehen werden. Auch hier gelten die soeben aufgeführten Voraussetzungen.

Bei voll immatrikulierten Studenten ist grundsätzlich davon auszugehen, dass Zeit und Arbeitskraft überwiegend auf das Studium verwandt werden, auch wenn daneben eine Erwerbstätigkeit ausgeübt wird. Die daraus erzielten Einnahmen können jedoch zum Ausschluss des Kindergeldanspruchs führen.

➤ **Praktikum**

Zur **Berufsausbildung** gehören ebenso Zeiten eines **Praktikums, wenn**

- dadurch Kenntnisse, Fähigkeiten und Erfahrungen vermittelt werden, die als Grundlagen für die Ausübung des angestrebten Berufs geeignet sind

und

- es sich nicht nur um ein gering entlohntes Arbeitsverhältnis handelt.

Unerheblich ist, ob die Ableistung eines Praktikums

- in einer Ausbildungs- oder Studienordnung vorgeschrieben ist
- der ersatzweisen Erfüllung von Zugangsvoraussetzungen dient
- von der späteren Ausbildungsstelle verlangt wird.

Ein vorgeschriebenes Praktikum ist ohne weiteres als Berufsausbildung anzuerkennen. Die Dauer ist dabei unerheblich.

Ein **empfohlenes** Praktikum ist als Berufsausbildung anzuerkennen, **wenn** es:

- durch die Ausbildungs- oder Studienordnung vorgeschrieben oder empfohlen worden ist oder

A. Materielles Kindergeldrecht

- in dem mit der späteren Ausbildungsstätte abgeschlossenen schriftlichen Ausbildungsvertrag bzw.
- in der von der Ausbildungsstätte schriftlich gegebenen Ausbildungszusage vorgesehen ist oder
- im Einvernehmen mit der künftigen Ausbildungsstätte zur Erfüllung einer als Zugangsvoraussetzung vorgeschriebenen hauptberuflichen Tätigkeit abgeleistet wird oder
- nach der maßgeblichen Ausbildungs- bzw. Prüfungsordnung ersatzweise zur Erfüllung der Zugangsvoraussetzung gehört.

Die Dauer ist dabei unerheblich.

Ein **sonstiges** Praktikum, das in irgendeiner Form einen Bezug zu einer Berufsausbildung haben muss, ist als Berufsausbildung **nur** für die Dauer von **maximal 6 Monaten** anzuerkennen.

Eine Anerkennung darüber hinaus ist möglich, **wenn** ein ausreichender Bezug zum Berufsziel glaubhaft gemacht wird. Dies ist anzunehmen, wenn ein detaillierter Ausbildungsplan vorliegt, der darauf abzielt, Kenntnisse und Fähigkeiten für den angestrebten Beruf unter fachkundiger Anleitung zu vermitteln.

Nach der neuesten Rechtsprechung des BFH ist auch das Anwaltspraktikum eines Jurastudenten Teil der Berufsausbildung, weil es sich um den Erwerb von Kenntnissen, Fähigkeiten und Erfahrungen handelt, die als Grundlagen für die Berufsausübung geeignet sind.

Es ist dabei unschädlich, wenn das Kind für das Praktikum vom Studium beurlaubt wird.

Kann ein Praktikum bzw. eine praktische Tätigkeit nicht als Berufsausbildung anerkannt werden, sind bei Kindern, die noch nicht 21 Jahre alt sind, stets die Voraussetzungen des § 32 Abs. 4 Satz 1 Nr. 1 EStG (arbeitsloses Kind) zu prüfen.

Als „Praktika" bezeichnete gering bezahlte Ausbildungsverhältnisse können nicht als Berufsausbildung anerkannt werden.

➤ Sprachaufenthalte im Ausland

Sprachaufenthalte im Ausland sind dann als Berufsausbildung anzuerkennen, wenn

der Erwerb der Fremdsprachenkenntnisse nicht dem Kind allein überlassen bleibt, sondern Ausbildungsinhalt und -ziel von einer fachlich autorisierten Stelle vorgegeben werden.

3.2 Berufsausbildung – § 32 Abs. 4 S. 1 Nr. 2a EStG

Es werden verschiedene Arten des Sprachaufenthalts als Ausbildung anerkannt:

- Sprachaufenthalt in anerkannten Formen:
  Besucht ein Kind im Ausland z. B. eine allgemeinbildende Schule, ein College oder eine Universität, ist ohne weiteres vom Vorliegen einer Ausbildung auszugehen.
- Sprachaufenthalt in anderen Fällen (z. B. Au-pair):
  In diesen Fällen setzt die Anerkennung als Berufsausbildung voraus, dass der Aufenthalt von einem theoretisch-systematischen Sprachunterricht begleitet wird. Dabei ist auch die Anzahl der wöchentlichen Unterrichtsstunden relevant.

Mindestens 10 Unterrichtsstunden wöchentlich:

- Berufsausbildung ist anzuerkennen

Weniger als 10 Stunden wöchentlich:

- Hierbei kommt auf die jeweiligen Umstände des Einzelfalles an, ob ein ernsthaftes Spracherlernen vorliegt.

In diesen Fällen kann von einer regulären Ausbildung ausgegangen werden, **wenn**

- der Sprachaufenthalt in einer Ausbildungs- oder Studienordnung vorgeschrieben oder empfohlen ist

oder

- der Sprachkurs der üblichen Vorbereitung auf einen vom Kind erstrebten anerkannten Prüfungsabschluss dient

oder

- der Sprachkurs mit zusätzlichen fremdsprachenfördernden Aktivitäten verbunden ist (z. B. Teilnahme an Vorlesungen, Halten von Vorträgen in der Fremdsprache)

oder

- die anschließende Ausbildung sprachliche Qualifikation für die Zulassung voraussetzt

oder

- der Sprachkurs in Form von Einzelunterricht absolviert wird.

Werden nach Abschluss einer Berufsausbildung Sprachkurse absolviert, ist nur dann von einer Berufsausbildung auszugehen, **wenn**

- sie der Verbesserung der Berufsaussichten bzw. dem beruflichen Fortkommen dient

und

A. Materielles Kindergeldrecht

- die anderen Kriterien (wie z. B. mind. 10 Std. wöchentlich usw.) erfüllt sind.

Außerdem muss sich in diesen Fällen schon eine Realisierung des Berufswunsches abzeichnen (z. B. ernsthafte Bemühungen um einen entsprechenden Arbeitsplatz, Arbeitsplatzzusagen etc.)

Sollte z. B. bei einem Au-pair Aufenthalt eines Kindes Sprachunterricht nicht während des gesamten Aufenthalts erteilt werden, so kann nur die Zeit des Sprachunterrichts als Berufsausbildung anerkannt werden (12 Monate Au-pair-Verhältnis; davon 5 Monate Sprachunterricht. Die 5 Monate Sprachunterricht sind als Berufsausbildung i. S. d. EStG anzuerkennen, die restlichen 7 Monate liegt keine Berufsausbildung vor).

➤ **Ausbildung und Vollzeiterwerbstätigkeit**

Aufgrund der BFH-Urteile vom 19.10.2001 (BStBl 2002 II S. 481) und 23.11.2001 (BStBl 2002 II S. 484) ist die DA-FamEStG Nr. 63.3.2.6 Abs. 2a neu gefasst worden. Danach erfüllt ein Kind selbst dann den Ausbildungstatbestand, wenn es neben der Ausbildung einer Vollzeiterwerbstätigkeit nachgeht. Einzige zusätzliche Bedingung ist hier, dass das Kind die Ausbildung auch tatsächlich aufgenommen hat.

Beispiel:

Ein Kind bestand die Ausbildung zur Industriekauffrau am 15.7. Im Anschluss daran wurde es vom Ausbildungsbetrieb in ein Angestelltenverhältnis übernommen. Zum nächsten Wintersemester erhält das Kind einen Studienplatz. Das Studium nimmt das Kind aber tatsächlich erst zum 1.11.2005 auf, weil es noch bis Ende Oktober in der Lehrfirma beschäftigt war. Anspruchsmonate sind Januar bis Juli (wobei es sich beim Juli um einen geteilten Monat handelt mit der Folge, dass nur die Einkünfte aus der Zeit vom 1.7. bis 15.7. anzurechnen sind) und dann wieder November und Dezember.

Abwandlung 1:

Das Kind steht zwar noch bis Ende Oktober in einem Beschäftigungsverhältnis zum bisherigen Betrieb. Ab dem 14.10. hat es jedoch seinen noch bestehenden Resturlaub genommen, um bereits ab diesem Tag mit dem Studium beginnen zu können. Nunmehr handelt es sich beim Oktober um einen Anspruchsmonat (geteilter Monat; da das Arbeitsentgelt nicht nur der Zeit bis zum 13.10. wirtschaftlich zugerechnet werden kann, müssen 17/30 des Oktoberentgelts dem Grenzbetrag gegenübergestellt werden).

Abwandlung 2:

Das Kind steht zwar noch bis Ende Oktober in einem Beschäftigungsverhältnis zum bisherigen Betrieb. Ab dem 1.10. hat es jedoch seinen noch bestehenden Resturlaub genommen, um bereits ab diesem Tag mit dem Studium beginnen zu können. Nunmehr handelt es sich beim Oktober um einen Anspruchsmonat, kein geteilter Monat, weshalb das gesamte Oktobergehalt dem Grenzbetrag gegenübergestellt werden muss.

3.2 Berufsausbildung – § 32 Abs. 4 S. 1 Nr. 2a EStG

Weiterhin ist der Tatbestand des § 32 Abs. 4 Satz 1 Nr. 2a EStG erfüllt, wenn ein Kind neben seiner Vollzeiterwerbstätigkeit eine Fortbildungsmaßnahme (z. B. Meister- oder Technikerkurse) oder eine weiterführende Schulausbildung (z. B. Abendgymnasium) tatsächlich absolviert. Hierbei muss allerdings das Einkommen des Kindes aus der Vollzeiterwerbstätigkeit berücksichtigt werden. Das führt häufig dazu, dass der Grenzbetrag überschritten wird und das Kind letztlich wegen § 32 Abs. 4 Satz 2 EStG doch nicht berücksichtigt werden kann.

➤ **Begriff der Vollzeiterwerbstätigkeit**

Eine Vollzeiterwerbstätigkeit setzt voraus, dass ein Arbeitsverhältnis vertraglich an allen Kalendertagen eines Monats besteht und über **zumindest dreiviertel der branchenüblichen, tariflichen oder allgemein betriebsintern festgesetzten Arbeitszeit** abgeschlossen ist. Die Höhe der erzielten Einnahmen ist unerheblich. Ggf. muss anhand des Arbeitsvertrages (nach dem Nachweisgesetz müssen die wesentlichen Arbeitsvertragsbestandteile innerhalb eines Monats nach Beginn des Arbeitsverhältnisses schriftlich niedergelegt werden) bzw. anhand anderer geeigneter Unterlagen festgestellt werden, ob die tatsächliche Arbeitszeit zumindest ¾ der Arbeitszeit beträgt.

Zu Problemen bei der Anwendung wird es hier insbesondere auch dann kommen, wenn Arbeitsverträge deshalb nicht alle Kalendertage eines Monats beinhalten, weil der erste/die ersten Tag(e) des Monats auf ein Wochenende bzw. Feiertag fällt/fallen. Bsp.: im Mai ist der erste reguläre Arbeitstag der 2.5. (Dienstag). Nach der geltenden Weisungslage handelt es sich jedoch bei diesem Beispiel um keinen vollen Monat mit der Folge, dass der Monat Mai nicht mit einer Vollzeiterwerbstätigkeit besetzt ist.

3.2.2 Beginn und Ende der Ausbildung

Die **Schulausbildung** beginnt mit dem Eintritt in die Schule und der Teilnahme am Unterricht. Die Schulausbildung endet mit Ablauf des Schuljahres. Sowohl für allgemeinbildende als auch für berufsbildende Schulen ist das Ende des Schuljahres in den meisten Bundesländern auf den **31. Juli** festgesetzt (einige Bundesländer, z. B. Rheinland-Pfalz, haben das Abitur vorgezogen, somit endet das Schuljahr dann am 31.3).

Die grundsätzliche Regelung gilt auch, wenn durch frühere Sommerferien der tatsächliche Schulbesuch früher endet.

Beispiel:

1	Beginn der Sommerferien	16.6.
	Ende des Schuljahrs	31.7.

A. Materielles Kindergeldrecht

Von dieser allgemeinen Regelung gibt es **zwei Ausnahmen:**

Endet die Schulausbildung vor Ablauf des Schuljahres, z. B. mit dem Abitur, wird in zwei Fällen das Kindergeld **nicht** bis einschließlich Juli gezahlt:

- Bei Aufnahme einer Erwerbstätigkeit, die nicht nur vorübergehend ist.
- Bei Einberufung zum gesetzlichen Wehr- oder Zivildienst.

Beginn und Ende eines **Berufsausbildungsverhältnisses** orientieren sich stets an der vertraglich vereinbarten **Ausbildungszeit.** Die Ausbildung endet mit Ablauf des Ausbildungsvertrages. Dieses Ende gilt auch dann, wenn die Abschlussprüfung erst nach Ablauf der vertraglichen Ausbildungszeit abgelegt wird.

Wie sieht es aus, wenn die Abschlussprüfung vor Ablauf der vertraglichen Ausbildungszeit erfolgreich abgelegt wird? Dann endet die kindergeldrechtliche Berücksichtigung mit dem Ende des Monats, in dem das Ergebnis der Prüfung dem Auszubildenden schriftlich mitgeteilt wurde.

Beispiel:

2   Ende laut Vertrag   31.8.
    Prüfung   1.6.
    Mitteilung Ergebnis   10.7.
    → Berücksichtigung bis einschließlich Juli!

Besteht der Auszubildende die Prüfung nicht, kann er verlangen, dass sich das Berufsausbildungsverhältnis bis zur nächsten Wiederholungsprüfung verlängert.

Eine **Verlängerung der Ausbildungszeit** kann sich auch ergeben, wenn die Prüfung erst nach dem ursprünglichen Ende der Ausbildungszeit abgelegt werden soll und Ausbilder und Auszubildender daher die Verlängerung der Ausbildungszeit vereinbaren (mündlich oder schriftlich).

Besucht ein Kind die **Hoch-** bzw. **Fachhochschule,** ist als Beginn der offizielle Semesterbeginn anzusehen. Bei späterem Eintritt beginnt die Ausbildung mit der tatsächlichen Aufnahme des Studiums. Dabei ist Folgendes zu beachten. Ein vollzeiterwerbstätiges Kind befindet sich nicht in Ausbildung, wenn es zwar an einer Hochschule immatrikuliert ist, das Studium aber tatsächlich noch nicht aufgenommen hat. Die Vollzeiterwerbstätigkeit führt zur Nichtberücksichtigung des Kindes, auf die Höhe der Einkünfte und Bezüge daraus kommt es nicht an (s. Urteil des BFH vom 23. November 2001, BStBl II 2002, S. 484) – siehe hierzu die Ausführungen zu dem Punkt „Neuregelung des Ausbildungstatbestandes". Eine Vollzeiterwerbstätigkeit liegt vor, wenn ein Arbeitsverhältnis vertraglich an allen Kalenderta-

3.2 Berufsausbildung – § 32 Abs. 4 S. 1 Nr. 2a EStG

gen eines Monats besteht und über mindestens dreiviertel der branchenüblichen, tariflichen oder allgemein betriebsintern festgesetzten Arbeitszeit abgeschlossen ist.

In akademischen Berufen endet die Ausbildung regelmäßig mit dem Ablegen des Examens oder einer entsprechenden Abschlussprüfung. Dieses gilt als abgelegt, wenn der Prüfungsteilnehmer offiziell von dem Prüfungsergebnis schriftlich unterrichtet worden ist.

Ausnahmen:

- Anschluss eines ergänzenden Studiums
- Anschluss eines Zweitstudiums
- Anschluss eines nach der maßgeblichen Ausbildungs- und Prüfungsordnung vorgeschriebenen Dienstverhältnisses oder Praktikums (z. B. Referendariate für Jurastudenten oder Lehrer)
- Promotion schließt sich an.

Bricht ein Student das Studium ab, gilt die Ausbildung mit Ablauf des Monats als beendet, in dem die Abbruchsentscheidung vom Studierenden tatsächlich vollzogen wird.

Die Ausbildung gilt spätestens mit Ablauf des Monats als beendet, in dem die Exmatrikulation erfolgt.

Die Erteilung der Approbation ist **keine** Ausbildung i. S. d. EStG.

Eine Beurlaubung vom Studium oder Befreiung von der Teilnahme an Vorlesungen ist auch bei fortdauernder Immatrikulation grundsätzlich als tatsächliche Unterbrechung des Studiums anzusehen (z. B. wegen Mitarbeit in der studentischen Selbstverwaltung).

Ausnahmen hiervon sind:

- Unterbrechung zur Durchführung einer zusätzlichen Maßnahme der Berufsausbildung
- Unterbrechung zum Zwecke der Prüfungsvorbereitung
- Unterbrechung infolge Erkrankung oder Mutterschaft (bis zum Ende der gesetzlichen Schutzfrist)
- Unterbrechung der inländischen Hochschulausbildung durch ein Auslandsstudium, wenn das Kind an der ausländischen Hochschule als ordentlich Studierender immatrikuliert ist und das Studium in der gleichen oder einer vergleichbaren Fachrichtung erfolgt.

Eine neben dem Studium ausgeübte berufliche Tätigkeit führt nicht dazu, dass eine Berufsausbildung i. S. d. EStG nicht mehr vorliegt.

A. Materielles Kindergeldrecht

3.3 Übergangszeit zwischen zwei Ausbildungsabschnitten – § 32 Abs. 4 S. 1 Nr. 2b EStG

Kann im Anschluss an eine Ausbildung eine beabsichtigte oder bereits fest vereinbarte weitere Ausbildung nicht unmittelbar begonnen werden, ist die dazwischenliegende Zeit als **Übergangszeit** zu betrachten.

Wenn die Übergangszeit höchstens **4 Kalendermonate** dauert, ist Kindergeld auch für diese Zeit zu zahlen; die neue Ausbildung muss spätestens im Monat nach Ablauf der Viermonatsfrist beginnen.

Beispiel:

Ende des 1. Ausbildungsabschnittes	**4 Monate**	Beginn des 2. Ausbildungsabschnittes
2. Januar	Übergangszeit	30. Juni

Eine Übergangszeit kann auch eintreten, wenn die vorausgegangene Ausbildung abgebrochen wurde.

Nicht nur volle, in sich abgeschlossene Ausbildungsgänge mit unterschiedlichem Berufsziel, sondern auch Teile einer auf einen bestimmten Beruf gerichteten Ausbildung gelten als **Ausbildungsabschnitt.**

Nach dem Sinn der Übergangsregelung sind auch solche Zwischenzeiten zu berücksichtigen, die sich für ein Kind **unvermeidbar** ergeben.

Eine Übergangszeit tritt deshalb auch ein **zwischen einem Ausbildungsabschnitt** und der Ableistung

- des gesetzlichen Wehr- bzw. Zivildienstes einer vom Wehr- oder Zivildienst befreienden Tätigkeit als
- Entwicklungshelfer oder
- eines Dienstes im Ausland nach § 14b Zivildienstgesetz oder
- der Ableistung eines freiwilligen sozialen oder ökologischen Jahres oder des gemeinschaftlichen Aktionsprogramms „Jugend".

Auf Antrag können Übergangszeiten anerkannt werden:

- nach einer Erkrankung
- eines Beschäftigungsverbotes nach dem Mutterschutzgesetz
- einer Behinderung.

Der Antrag kann nur einheitlich für die gesamte Übergangszeit gestellt werden.

3.3 Übergangszeit – § 32 Abs. 4 S. 1 Nr. 2b EStG

► Übergangszeit und Vollzeiterwerbstätigkeit

Mit Urteil vom 15.9.2005, III R 67/04 hat der Bundesfinanzhof entschieden, dass ein Kind, das innerhalb der Übergangszeit nach § 32 Abs. 4 Satz 1 Nr. 2b EStG einer Vollzeittätigkeit nachgeht, nicht zu berücksichtigen ist. Dabei ist es unerheblich, ob das Kind einen berufsqualifizierenden Abschluss erreicht hat. Das Urteil vom 15.9.2005 verdrängt – rückwirkend – die mit Urteilen vom 19.10.2001 (BStBl 2002 II S. 481) und 23.11.2001 (BStBl 2002 II S. 484) erfolgte Rechtsprechung. Nunmehr kann z. B. auch bei Schülern, die sich in einer Übergangszeit befinden und einer Vollzeittätigkeit nachgehen, kein Kindergeld gezahlt werden.

Mit einem neuen Urteil des BFH vom 16. November 2006 III R 15/06 hat der BFH seine Auffassung zur Berücksichtigung von Kindern in einer Vollzeiterwerbstätigkeit gem. § 32 Abs. 4 S. 1 Nr. 2 Buchst. a bis c – also nicht nur Kinder in einer Übergangszeit bzw. ausbildungswillige Kinder § 32 Abs. 4 S. 1 Buchst. b und c EStG – dahingehend abgeändert, dass nicht in jedem Fall einer Vollzeiterwerbstätigkeit der Kindergeldanspruch entfällt.

Nach diesem neuesten Urteil des BFH (**noch nicht veröffentlicht und auch noch nicht in Weisungen umgesetzt, aber im Klageverfahren von Bedeutung, da die Finanzgerichte in ihren Entscheidungen das Urteil in jedem Fall beachten werden**) können Kinder, die einen Tatbestand des § 32 Abs. 4 S. 1 Buchst. a bis c EStG erfüllen und Vollzeiterwerbstätig sind dann Berücksichtigt werden, wenn ihre gesamten Einkünfte und Bezüge den (anteiligen) Jahresgrenzbetrag nicht überschreiten.

Die Prüfungsreihenfolge bei Anwendung dieses Urteils müsste dann künftig wie folgt aussehen: Erst einmal werden alle anspruchsbegründenden Monate berücksichtigt, alle Einkünfte und Bezüge aufaddiert. Unterschreiten die Einkünfte und Bezüge den (anteiligen) Grenzbetrag, kann Kindergeld für alle Anspruchsmonate gewährt werden. Nur beim Überschreiten muss dann geprüft werden, ob Monate dabei sind, in denen der Anspruch durch eine Vollzeiterwerbstätigkeit wieder vernichtet wird. Diese Monate und die Einkünfte sind dann außen vor zu lassen und nur noch mit den geringeren Einkünften zu rechnen. Wird der Grenzbetrag für diese Monate unterschritten, kann Kindergeld für diese Monate gewährt werden. Bleibt der Grenzbetrag auch dann noch überschritten, kann Kindergeld für das gesamte Jahr nicht gewährt werden.

Beispiele:

1 Ein Kind hat bis Juli des Jahres die Schule besucht und beginnt zum 1.10. des Jahres ein Studium. In den Monaten August und September befindet es sich in einer Übergangszeit, während der es eine Vollzeiterwerbstätigkeit an allen Tagen der Monate ausübt. Der Verdienst beläuft sich auf 2000 € brutto. In allen anderen Monaten des Jahres war das Kind ohne eigenes Einkommen.

A. Materielles Kindergeldrecht

Nach der bisher vertretenen Auffassung hätte für diese beiden Monate kein Kindergeldanspruch bestanden.

Nach der neuen Rechtsauffassung des BFH bleibt der Jahresgrenzbetrag von 7680 € mit diesem Verdienst deutlich unterschritten, sodass der KG-Anspruch für alle Monate des Jahres bestehen bleibt. Nach der bisher vertretenen Auffassung hätte für die beiden Monate der Vollzeiterwerbstätigkeit kein Kindergeldanspruch bestanden.

2 Ein Kind hat bis Juli des Jahres die Schule besucht und beginnt zum 1.10. des Jahres ein Studium. Von Januar bis Juli hat das Kind aus einem Nebenjob Einkünfte (unter Berücksichtigung des Werbungskostenpauschbetrages und der gesetzlichen Sozialversicherungsbeiträge in Höhe von mtl. 650 €). In den Monaten August und September befindet es sich in einer Übergangszeit, während der es eine Vollzeiterwerbstätigkeit an allen Tagen der Monate ausübt. Der Verdienst beläuft sich auf 2000 € (unter Berücksichtigung WK und ges. Sozialversicherungsbeiträgen) monatlich. Ab Oktober des Jahres ist das Kind ohne eigenes Einkommen. Das Kind erfüllt grundsätzlich das ganze Jahr durchgehend die Anspruchsvoraussetzungen des § 32 Abs. 4. EStG.

Berechnung:

Einkünfte von Januar bis Juli = 7 × 650 €	=	4550 €
Einkünfte August und September 2 × 2000 €	=	4000 €
Die Gesamteinkünfte betragen somit		8550 €

Damit wäre der Grenzbetrag von 7680 € überschritten und es muss weitergerechnet werden.

Die Monate der Vollzeiterwerbstätigkeit werden jetzt aus den Anspruchsmonaten herausgerechnet; d.h. das Kind erfüllt die Voraussetzungen des § 32 Abs. 4 nur noch für die Monate Januar bis Juli und Oktober bis Dezember = 10 Monate = Einkommensgrenze $^{10}/_{12}$ von 7680 € = 6400 €. Da die Einkünfte des Kindes in diesem Berücksichtigungszeitraum mit insgesamt 4550 € unter der anteiligen maßgeblichen Einkommensgrenze liegen, ist eine Berücksichtigung für die Monate Januar bis Juli und Oktober bis Dezember möglich.

Für die Monate der Vollzeiterwerbstätigkeit ist das Kind nicht berücksichtigungsfähig.

3 Ein Kind hat bis Juli des Jahres die Schule besucht und beginnt zum 1.10. des Jahres ein Studium. Von Januar bis Juli und von Oktober bis Dezember hat das Kind aus einem Nebenjob Einkünfte (unter Berücksichtigung des Werbungskostenpauschbetrages und der gesetzlichen Sozialversicherungsbeiträge in Höhe von mtl. 650 €). In den Monaten August und September befindet es sich in einer Übergangszeit, während der es eine Vollzeiterwerbstätigkeit an allen Tagen der Monate ausübt. Der Verdienst beläuft sich auf 2000 € (unter Berücksichtigung WK und ges. Sozialversicherungsbeiträgen) monatlich. Das Kind erfüllt grundsätzlich das ganze Jahr durchgehend die Anspruchsvoraussetzungen des § 32 Abs. 4 EStG.

3.3 Übergangszeit – § 32 Abs. 4 S. 1 Nr. 2b EStG

Berechnung:
Siehe Beispiel 2.

Wenn nun die Monate der Vollzeiterwerbstätigkeit bei den Anspruchsvoraussetzungen und den Einkünften unberücksichtigt bleiben, erzielt das Kind in insgesamt 10 Monaten noch Einkünfte von 6500 € und überschreitet damit den anteiligen Grenzbetrag von $^{11}/_{12}$ von 7680 € = 6400 €. Eine Berücksichtigung ist somit das ganze Jahr ausgeschlossen.

Eine **Vollzeiterwerbstätigkeit** setzt voraus, dass ein Arbeitsverhältnis vertraglich an allen Kalendertagen eines Monats besteht und über **zumindest dreiviertel der branchenüblichen, tariflichen oder allgemein betriebsintern festgesetzten Arbeitszeit** abgeschlossen ist. Die Höhe der erzielten Einnahmen ist unerheblich. Ggf. muss anhand des Arbeitsvertrages (nach dem Nachweisgesetz müssen die wesentlichen Arbeitsvertragsbestandteile innerhalb eines Monats nach Beginn des Arbeitsverhältnisses schriftlich niedergelegt werden) bzw. anhand anderer geeigneter Unterlagen festgestellt werden, ob die tatsächliche Arbeitszeit zumindest ¾ der Arbeitszeit beträgt.

Zu Problemen bei der Anwendung wird es hier insbesondere auch dann kommen, wenn Arbeitsverträge deshalb nicht alle Kalendertage eines Monats beinhalten, weil der erste/die ersten Tag(e) des Monats auf ein Wochenende bzw. einen Feiertag fällt/fallen. Bsp.: im Mai ist der erste reguläre Arbeitstag der 2.5. (Dienstag). Nach der geltenden Weisungslage handelt es sich jedoch bei diesem Beispiel um keinen vollen Monat mit der Folge, dass der Monat Mai nicht mit einer Vollzeiterwerbstätigkeit besetzt ist.

Beispiel:

4   Ein 18 Jahre altes Kind hat im Juli seine Schulausbildung an einer allgemeinbildenden Schule beendet. Ab dem 1. September beginnt es einen weiteren Ausbildungsabschnitt. Im August steht das Kind in einer Vollzeittätigkeit. Der Monat August stellt eine Übergangszeit zwischen zwei Ausbildungsabschnitten dar (§ 32 Abs. 4 Satz 1 Nr. 2b EStG). Wegen der Vollzeittätigkeit kann aber für August kein Kindergeld gezahlt werden. Die Einkünfte und Bezüge dieses Monats bleiben unberücksichtigt.

Die neue Rechtsprechung zur Anwendung des § 32 Abs. 4 Satz 1 Nr. 2b EStG hat eine weitere Auswirkung im Bereich des öffentlichen Dienstes. Entgeltbestandteile sind an die Zahlung von Kindergeld gekoppelt. In den Fällen, in denen keine Übergangszeit vorliegt, dürfen auch keine kindbezogenen Entgelte gezahlt werden. Im neuen TVöD wurde vereinbart, dass nach einer Unterbrechung der Kindergeldzahlung die kindbezogenen Entgelte auch dann nicht mehr geleistet werden, wenn die Kindergeldzahlung nach der Unterbrechung wieder aufgenommen wird.

A. Materielles Kindergeldrecht

3.4 Unterbrechung der Ausbildung wegen Erkrankung oder Mutterschutz

Muss ein Kind seine Ausbildung wegen Erkrankung unterbrechen oder erkrankt es während der Übergangszeit, ist es für die Dauer der Krankheit weiter zu berücksichtigen, wenn und solange es die Ausbildung zum frühestmöglichen Zeitpunkt fortsetzen will.

Eine unverzügliche Fortsetzung der Ausbildung ist dann als wahrscheinlich anzusehen, wenn sie innerhalb von 6 Monaten wieder aufgenommen werden kann.

Beispiel:

Michael Knabe steht in Ausbildung und erkrankt am 14. Januar (eine rechtliche Bindung zum Ausbildungsbetrieb liegt nicht mehr vor, da der Ausbildungsvertrag aufgelöst wurde). Am 7. Juli ist er wieder gesund und setzt seine Ausbildung in einem neuen Ausbildungsbetrieb fort. Kindergeld kann durchgehend gezahlt werden, denn die Ausbildung ist innerhalb von 6 Monaten nach Ablauf des Monats, in dem Michael erkrankt ist, wieder aufgenommen worden.

Zum Nachweis einer krankheitsbedingten Unterbrechung der Ausbildung ist vom Berechtigten grundsätzlich ein **amtsärztliches Attest** vorzulegen. Aus diesem muss hervorgehen, wann die Ausbildung voraussichtlich fortgesetzt werden kann.

Eine Unterbrechung der Ausbildung liegt im Übrigen nicht vor, wenn die rechtliche Bindung zur Ausbildungsstätte bzw. zum Ausbildenden während der Erkrankung fortbesteht!

Wenn ein Studierender wegen Erkrankung beurlaubt oder von der Belegpflicht befreit ist und das Studium unterbricht, kann er weiterhin berücksichtigt werden, wenn der Berechtigte der Familienkasse eine ärztliche Bescheinigung vorlegt.

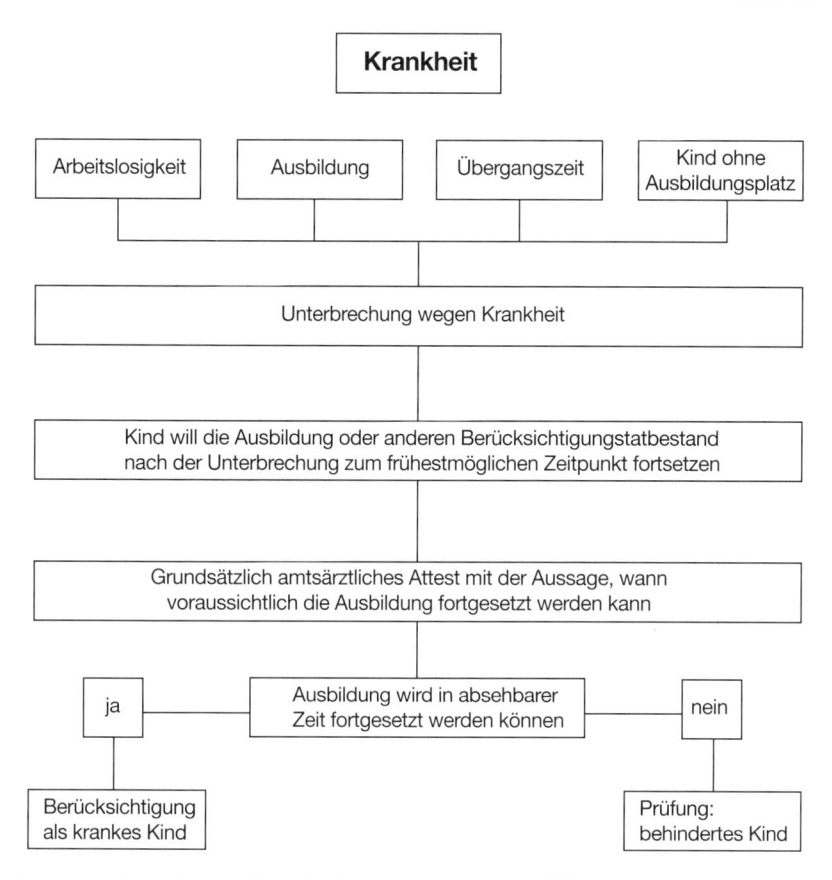

3.4 Unterbrechung der Ausbildung wg. Erkrankung oder Mutterschutz

```
                        Krankheit

Arbeitslosigkeit   Ausbildung   Übergangszeit   Kind ohne
                                                Ausbildungsplatz

           Unterbrechung wegen Krankheit

  Kind will die Ausbildung oder anderen Berücksichtigungstatbestand
  nach der Unterbrechung zum frühestmöglichen Zeitpunkt fortsetzen

  Grundsätzlich amtsärztliches Attest mit der Aussage, wann
  voraussichtlich die Ausbildung fortgesetzt werden kann

        ja    Ausbildung wird in absehbarer    nein
              Zeit fortgesetzt werden können

  Berücksichtigung                         Prüfung:
  als krankes Kind                         behindertes Kind
```

➤ **Besonderheiten gelten für Schwangere und Mütter**

Wird eine Ausbildung wegen einer Schwangerschaft unterbrochen, so ist die werdende Mutter weiter (während der Schutzfristen des Mutterschutzgesetzes) zu berücksichtigen.

Wird die Ausbildung vor Beginn der Mutterschutzfrist unterbrochen, ist die werdende Mutter nur dann als Kind zu berücksichtigen, wenn bei Fortsetzung der Ausbildung Leben oder Gesundheit von Mutter und Kind gefährdet wären. Dies muss durch ein ärztliches Zeugnis nachgewiesen werden.

Lässt sich eine Studentin wegen Schwangerschaft beurlauben, ist die Unterbrechung des Studiums grundsätzlich nur bis einschließlich des Monats unschädlich, in dem die Schutzfrist des § 6 MuSchG endet. Wird das Studium im folgenden Semester fortgesetzt, ist die Zeit vom Ende der Schutz-

A. Materielles Kindergeldrecht

frist bis zum Semesterbeginn anzuerkennen; dabei kommt es nach der neu gefassten DA-FamEStG 63.3.2.7 Abs. 2 nicht mehr darauf an, dass die Zeit zwischen Ende der Erkrankung und Fortsetzung des Studiums längstens vier volle Kalendermonate umfasst.

3.5 Kinder ohne Ausbildungsplatz – § 32 Abs. 4 S. 1 Nr. 2c EStG

Kinder, die das **18.**, aber noch nicht das **25. Lebensjahr** (+ Übergangsregelung) vollendet haben, sind zu berücksichtigen, wenn es ihnen trotz ernsthafter Bemühungen nicht gelungen ist, eine Berufsausbildung zu **beginnen oder fortzusetzen.** Unerheblich ist hierbei, ob ein Kind eine Ausbildung in einem Betrieb, einer Schule oder einer Hochschule im In- oder Ausland anstrebt. Es ist jeder Ausbildungswunsch des Kindes anzuerkennen.

Der Berechtigte muss der Familienkasse die ernsthaften Bemühungen des Kindes um einen Ausbildungsplatz durch geeignete Unterlagen nachweisen oder glaubhaft machen.

Als Nachweis kommen z. B. folgende Unterlagen in Betracht:

- die schriftliche Bewerbung unmittelbar an Ausbildungsstellen **sowie** deren Zwischennachricht oder Ablehnung
- die schriftliche Bewerbung bei der zentralen Vergabestelle von Studienplätzen
- die schriftliche Zusage einer Ausbildungsstelle zum nächstmöglichen Ausbildungsbeginn
- die Registrierung als Bewerber für einen Ausbildungsplatz bei der Berufsberatung des Arbeitsamtes
- die Registrierung für eine berufsvorbereitende Ausbildungsmaßnahme zum nächstmöglichen Beginn.

Das Kind kann für den Zeitraum berücksichtigt werden, in dem es auf einen Ausbildungsplatz wartet. Nimmt das Kind jedoch ernsthafte Bemühungen erst nach Ablauf des Folgemonats nach Wegfall **eines anderen** Berücksichtigungstatbestandes i. S. d. § 32 Abs. 4 S. 1 **Nr. 2** EStG auf, ist es auch erst ab dem Monat der ersten Bewerbung oder Registrierung zu berücksichtigen.

Beispiele:

1   Ein Kind beendet seine schulische Ausbildung mit dem Abitur im Juli (offizielles Schulende). Es beabsichtigt ab Oktober ein Studium aufzunehmen und bewirbt sich deshalb im Juli bei der ZVS. Im September erhält das Kind von der ZVS eine Absage, erklärt aber, dass es sich in jedem Fall zum Sommersemester wieder bewerben möchte.

Das Kind kann durchgehend von August bis September berücksichtigt werden, weil es nach dem Schulabschluss die Ausbildung aufgrund des Vergabe-

3.5 Kinder ohne Ausbildungsplatz – § 32 Abs. 4 S. 1 Nr. 2c EStG

verfahrens der ZVS zunächst nicht fortsetzen konnte. Für den Zeitraum ab Oktober ist das Kind aufgrund der Absage der ZVS und des weiter bestehenden Ausbildungswunsches zu berücksichtigen.

2 Ein Kind beendet seine schulische Ausbildung mit dem Abitur im Juli (offizielles Schulende). Es möchte sich zunächst orientieren und beabsichtigt danach eine Berufsausbildung aufzunehmen. Im Dezember bewirbt sich das Kind schriftlich zum nächsten Ausbildungsjahr bei einem Betrieb und erhält im Januar des folgenden Jahres schriftlich eine Zusage zum Ausbildungsbeginn August. In diesem Fall kann das Kind wie folgt berücksichtigt werden:

- bis einschließlich Juli als Kind in Berufsausbildung
- von Dezember bis Juli des folgenden Jahres als Kind ohne Ausbildungsplatz
- ab August wieder als Kind in Ausbildung.

Von August bis November kann das Kind **nicht** berücksichtigt werden.

Bewirbt sich ein Kind, das unmittelbar vor seiner Bewerbung **keinen** Tatbestand des § 32 Abs. 4 S. 1 **Nr. 2** EStG erfüllt hat (damit reicht es nicht aus, wenn unmittelbar davor die Berücksichtigung als arbeitsloses oder behindertes Kind möglich war; ausgeschlossen ist durch diese Formulierung auch die Gleichbehandlung von Wehr- und Zivildienstleistenden) – z. B. aus einer Erwerbstätigkeit heraus – um einen Ausbildungsplatz, kann es grundsätzlich erst nach Beendigung der Erwerbstätigkeit berücksichtigt werden. Auf den Umfang der Erwerbstätigkeit kommt es nicht an.

Die früher in den DA enthaltene Möglichkeit, nach der die Anspruchsvoraussetzungen für ein Kind ohne Ausbildungsplatz vorlagen, wenn es sich innerhalb von vier Monaten nach Wegfall des letzten kindergeldrechtlichen Berücksichtigungstatbestandes um den folgenden Ausbildungsabschnitt bemühte, ist mit der Neufassung der DA 63.3.4 Abs. 5 entfallen.

In Monaten, in denen ein Kind **im Anschluss** an eine **Ausbildung** einer **Vollzeiterwerbstätigkeit** nachgeht, kann das Kind nicht nach § 32 Abs. 4 S. 1 Nr. 2c EStG berücksichtigt werden.

> **Achtung!**
>
> Mit Urteil vom 15.9.2005, III R 67/04 hat der Bundesfinanzhof entschieden, dass ein Kind, das sich um einen Ausbildungsplatz bemüht, in der Zeit, in der es einer Vollzeittätigkeit nachgeht, **nicht** nach § 32 Abs. 4 Satz 1 Nr. 2c EStG zu berücksichtigen ist. Dabei ist es unerheblich, ob das Kind einen berufsqualifizierenden Abschluss erreicht hat. Das Urteil vom 15.9.2005 verdrängt – **rückwirkend** – die mit Urteilen vom 19.10.2001 (BStBl 2002 II S. 481) und 23.11.2001 (BStBl 2002 II S. 484) erfolgte Rechtsprechung. Nunmehr kann z. B. auch bei Kindern, die die Schulausbildung beendet haben und einen Ausbildungsplatz suchen, ihn aber noch nicht erhalten haben, bei Durchführung einer Vollzeittätigkeit kein Kindergeld gezahlt werden.

A. Materielles Kindergeldrecht

Die neue Rechtsprechung zur Anwendung des § 32 Abs. 4 Satz 1 Nr. 2b EStG hat eine weitere Auswirkung im Bereich des öffentlichen Dienstes. Entgeltbestandteile sind an die Zahlung von Kindergeld gekoppelt. In den Fällen, in denen keine Übergangszeit vorliegt, dürfen auch keine kindbezogenen Entgelte gezahlt werden. Im neuen TVöD wurde vereinbart, dass nach einer Unterbrechung der Kindergeldzahlung die kindbezogenen Entgelte auch dann nicht mehr geleistet werden, wenn die Kindergeldzahlung nach der Unterbrechung wieder aufgenommen wird.

Neues BFH-Urteil v. 16.11.06 III R 15/06 siehe auch unter 3.3

Beispiele:

3   Ein Kind beendet im Juli eine Berufsausbildung und nimmt im erlernten Beruf eine Erwerbstätigkeit auf, die mit Ablauf des Monats Juni des folgenden Jahres endet. Im November bewirbt es sich schriftlich zum nächsten Ausbildungsjahr für eine weitere Berufsausbildung. Im Dezember erhält das Kind die schriftliche Zusage für diese Ausbildung, die im August des folgenden Jahres beginnen soll.

Das Kind kann wie folgt berücksichtigt werden:

- bis einschl. Juli als Kind in Berufsausbildung
- im Juli des folgenden Jahres als Kind ohne Ausbildungsplatz
- ab August des folgenden Jahres als Kind in Berufsausbildung
- von August bis Juni des folgenden Jahres kann es **nicht** berücksichtigt werden.

4   Kind bis Februar **Wehrdienst**, 1.3.–31.8. in Vollzeiterwerbstätigkeit, Bewerbung am 10.6. für Ausbildungsbeginn 1.9. (nächst erreichbarer Termin). Da das Kind in einer Vollzeiterwerbstätigkeit steht, ist eine Berücksichtigung erst ab September (nach Beendigung seiner Erwerbstätigkeit) möglich.

5   Ein Kind beendet seine schulische Ausbildung mit dem Abitur im Juli (offizielles Schulende). Es möchte sich zunächst orientieren und beabsichtigt, danach eine Berufsausbildung aufzunehmen. Im November bewirbt sich das Kind schriftlich zum nächsten Ausbildungsjahr und erhält im Februar des folgenden Jahres eine schriftliche Zusage zum Ausbildungsbeginn August. Im Dezember nimmt es eine bis Juli des folgenden Jahres befristete Vollzeiterwerbstätigkeit auf.

Das Kind kann wie folgt berücksichtigt werden:

- bis Juli als Kind in Berufsausbildung
- für November (Beginn der Bemühungen um einen Ausbildungsplatz) als Kind ohne Ausbildungsplatz, da das Kind auch keiner Vollzeiterwerbstätigkeit nachgeht
- ab August des folgenden Jahres als Kind in Berufsausbildung
- von August bis Oktober keine Berücksichtigung als Ausbildungsplatz suchendes Kind, weil Bemühungen erst im November begonnen wurden und von Dezember bis Juli des folgenden Jahres wegen Ausübung einer Vollzeiterwerbstätigkeit.

3.6 Kinder im freiw. soz./ökolog. Jahr – § 32 Abs. 4 S. 1 Nr. 2d EStG

Eine Berücksichtigung ist auch möglich, wenn das Kind infolge Erkrankung oder wegen eines Beschäftigungsverbots nach den §§ 3 und 6 MuSchG daran gehindert ist, eine Ausbildung zu beginnen oder fortzusetzen.

Kinder ohne Ausbildungsplatz können aber dann nicht mehr berücksichtigt werden, wenn sie sich wegen Kindesbetreuung nicht um einen Ausbildungsplatz bemühen.

3.6 Kinder, die ein freiwilliges soziales Jahr, ein freiwilliges ökologisches Jahr ableisten oder am gemeinschaftlichen Aktionsprogramm „Jugend" sowie an einem anderen Dienst im Ausland gem. § 14b ZDG teilnehmen – § 32 Abs. 4 S. 1 Nr. 2d EStG

Kinder, die das 18., aber noch nicht das 25. Lebensjahr (+ Übergangszeit) vollendet haben, sind zu berücksichtigen, wenn sie ein **freiwilliges soziales Jahr** im Sinne des Gesetzes zur Förderung eines freiwilligen sozialen Jahres oder ein **freiwilliges ökologisches Jahr** im Sinne des Gesetzes zur Ableistung eines freiwilligen ökologischen Jahres ableisten. Ein solches Jahr kann auch im europäischen Ausland abgeleistet werden, wenn der Träger seinen Hauptsitz im Inland hat. Entscheidend hierbei ist, dass die Institution, bei der dieser Dienst abgeleistet wird, als Träger eines solchen Jahres zugelassen ist.

Als Träger des **freiwilligen sozialen** Jahres sind zugelassen:

- die in der Bundesarbeitsgemeinschaft der freien Wohlfahrtspflege zusammengeschlossenen Verbände und ihre Untergliederungen
- die Kirchen
- die Gebietskörperschaften sowie nach Bestimmungen der Länder sonstige Körperschaften des öffentlichen Rechts.

Die Träger des **freiwilligen ökologischen Jahres** werden von der zuständigen Landesbehörde zugelassen und müssen ihren Hauptsitz im Inland haben.

Der Nachweis ist durch eine Bescheinigung der zugelassenen Träger zu erbringen.

Eine **mehrmalige** Ableistung eines freiwilligen sozialen Jahres/freiwilligen ökologischen Jahres bzw. die Ableistung sowohl des einen als auch des anderen nacheinander oder umgekehrt, führt nicht zu einer Berücksichtigung nach § 32 Abs. 4 S. 1 Nr. 2d EStG.

Ab Januar 2000 können auch Kinder berücksichtigt werden, die den mit Beschluss Nr. 1031/2000/EG eingeführten Europäischen Freiwilligendienst (gemeinschaftliches Aktionsprogramm „Jugend") ableisten. Bei diesem Dienst handelt es sich um ein Programm der EU, das es jungen Menschen

A. Materielles Kindergeldrecht

ermöglichen soll, in einem anderen Mitgliedstaat der EU oder einem Drittstaat an Maßnahmen oder Projekten bis zur Dauer von höchstens 12 Monaten teilzunehmen, um dabei soziale, interkulturelle und persönliche Fertigkeiten und Fähigkeiten zu erwerben, die für den weiteren Werdegang nützlich sind und dem Allgemeinwohl dienen. Der Nachweis über die Ableistung des Dienstes ist durch eine Bescheinigung der Europäischen Kommission zu führen.

Anders als beim freiwilligen sozialen Jahr oder ökologischen Jahr können auch mehrere unterschiedliche Europäische Freiwilligendienste nacheinander bis zur vorgesehenen Höchstdauer von **12 Monaten** abgeleistet werden.

Die Berücksichtigung ist auch nicht ausgeschlossen, wenn das Kind bereits ein freiwilliges soziales oder ökologisches Jahr absolviert hat oder nach dem Freiwilligendienst noch solche Dienste ableisten will.

Der Nachweis über die Ableistung des Dienstes kann außer durch eine Bescheinigung der Europäischen Kommission auch durch eine vor oder nach Beendigung des Dienstes ausgestellte Bescheinigung der deutschen Nationalagentur „Jugend für Europa" oder einer (meist inländischen) Entsendeorganisation geführt werden. Aus der Bescheinigung müssen die Personalien des Kindes, die Entsende- und Aufnahmeorganisation, die Dauer des Dienstes sowie die Projektnummer hervorgehen.

Neu ist die vorgesehene Berücksichtigung von volljährigen Kindern während der Ableistung eines „Anderen Dienstes im Ausland" im Sinne von § 14b ZDG. Während die Ableistung eines solchen Dienstes bisher als Verlängerungstatbestand i. S. v. § 32 Abs. 5 EStG behandelt wurde, führt sie nunmehr zur direkten Berücksichtigung des Kindes für den Kindergeldanspruch mit der Konsequenz, dass sie nun nicht mehr als Verlängerungszeit nach Vollendung des 21. bzw. 27. **(ab 2007 = 25. Lebensjahr/bzw. Übergangsregelung)** Lebensjahres geltend gemacht werden kann.

Bei den Anderen Diensten im Ausland i. S. v. § 14b ZDG handelt es sich um Dienste, die auf der Grundlage eines privatrechtlichen Vertrages zwischen anerkannten Kriegsdienstverweigerern und einem vom Bundesministerium für Familie, Senioren, Frauen und Jugend anerkannten, in Deutschland ansässigen Träger durchgeführt werden. Der Dienst muss vor Vollendung des 25. Lebensjahres angetreten werden und dauert zwei Monate länger als der Zivildienst, zzt. also mindestens 13 Monate. Die Anderen Dienste im Ausland sind gemäß § 14b Abs. 1 Nr. 2 ZDG unentgeltlich zu leisten. Die Träger übernehmen in der Regel jedoch die Reisekosten sowie Unterkunft und Verpflegung.

Hat der Dienstleistende keine anderen Einkünfte oder Bezüge aus anderen Quellen, kann ohne weitere Prüfung davon ausgegangen werden, dass der Grenzbetrag der Einkünfte und Bezüge nicht überschritten wird.

Die Ableistung eines Anderen Dienstes im Ausland ist durch eine Bescheinigung des Trägers nachzuweisen.

Der Berücksichtigung wegen eines Anderen Dienstes im Ausland steht nicht entgegen, dass das Kind bereits einen sonstigen in § 32 Abs. 4 Satz 1 Nr. 2d EStG genannten Freiwilligendienst abgeleistet hat. Genauso kann nach Beendigung des Dienstes auch noch ein sonstiger Freiwilligendienst im Sinne von Buchstabe d kindergeldrechtlich berücksichtigt werden.

Die Einbeziehung der Anderen Dienste im Ausland in die Berücksichtigungstatbestände des § 32 Abs. 4 Satz 1 EStG ist nach § 52 Abs. 40 Satz 2 EStG rückwirkend ab Januar 2001 erfolgt.

3.7 Behinderte Kinder – § 32 Abs. 4 S. 1 Nr. 3 EStG

Behinderte Kinder können bei der Kindergeldzahlung ohne **altersmäßige Begrenzung** berücksichtigt werden, wenn die Behinderung Ursache dafür ist, dass sie sich nicht selbst (z. B. durch eigene Erwerbstätigkeit) unterhalten können. Die Behinderung muss allerdings schon **vor** dem 27. Lebensjahr **(ab 2007 = 25. Lebensjahr + Übergangsregelung)** vorgelegen haben.

Behinderungen im Sinne des § 32 Abs. 4 S. 1 Nr. 3 EStG sind von der Norm abweichende

- **körperliche, geistige oder seelische**

Zustände, die längere Zeit andauern und deren Ende nicht absehbar ist.

Zu den Behinderungen können auch Suchtkrankheiten (z. B. Drogenabhängigkeit, Alkoholismus etc.) gehören, wenn sämtliche Therapien erfolglos verlaufen sind. Während einer Therapie kann das Kind **nicht** als „behindertes Kind" berücksichtigt werden, da sonst von vornherein auf die Erfolglosigkeit dieser Therapie abgestellt werden würde. In diesen Fällen wäre zu prüfen, ob das Kind als erkranktes Kind berücksichtigt werden kann.

Ein Kind kann **nicht** als behindertes Kind berücksichtigt werden, wenn es erkrankt ist und die Dauer der Genesungszeit absehbar ist. Dies kann auch ein Jahr sein.

Beispiel:

1   Der 19-jährige Klaus ist querschnittsgelähmt. Dies ist eine Behinderung, die lebenslang andauert und keine Heilung im medizinischen Sinne erwarten lässt.

Die 20-jährige Schwester von Klaus, Stefanie, erleidet beim Skifahren einen Beinbruch. Hierbei handelt es sich nicht um eine Behinderung, weil absehbar ist, dass Stefanie nach Heilung des Knochenbruches wieder gesund sein wird.

A. Materielles Kindergeldrecht

Ein behindertes Kind befindet sich in **Berufsausbildung**, wenn es durch gezielte Maßnahmen auf eine – wenn auch einfache – Erwerbstätigkeit vorbereitet wird, die nicht spezifische Fähigkeiten oder Fertigkeiten erfordert. Eine Berücksichtigung kommt hierbei gemäß § 32 Abs. 4 S. 1 Nr. 2a EStG in Betracht.

Befindet sich ein behindertes Kind in einem Arbeits- oder Trainingsbereich einer Anlern- oder beschützenden Werkstatt, ist auch dieses als Berufsausbildung gem. § 32 Abs. 4 S. 1 Nr. 2a EStG anzusehen.

Die Behinderung eines Kindes ist vom Kindergeldberechtigten nachzuweisen.

Als Nachweis gilt:

- bei einer Behinderung, deren Grad auf mindestens 50 festgestellt ist, ein Ausweis nach dem SGB IX oder durch einen Bescheid der für die Durchführung des Bundesversorgungsgesetzes zuständigen Behörde
- bei einer Behinderung, deren Grad auf weniger als 50, aber mindestens 25 festgestellt ist,

  a) die Bescheinigung der für die Durchführung des Bundesversorgungsgesetzes zuständigen Behörden auf Grund eines Feststellungsbescheides nach § 69 Abs. 1 des SGB IX oder,

  b) wenn dem Kind wegen seiner Behinderung nach den gesetzlichen Vorschriften Renten oder andere laufende Bezüge zustehen, der Rentenbescheid oder ein entsprechender Bescheid (in der Praxis reicht die Vorlage des Rentenbescheides so gut wie nie aus, da im Bescheid keine Aussage zum Grad der Behinderung enthalten ist).

- bei einer Einstufung als Schwerstpflegebedürftiger in Pflegestufe III nach dem SGB XI, dem Bundessozialhilfegesetz oder diesen entsprechenden Bestimmungen der entsprechende Bescheid.

Der Nachweis der Behinderung kann auch in Form einer Bescheinigung bzw. eines Zeugnisses des behandelnden Arztes oder eines ärztlichen Gutachtens erbracht werden; die frühere – deutlich restriktivere – Handhabung wurde mit der Neufassung der DA-FamEStG 2004 aufgegeben. Bei einem Kind, das wegen seiner Behinderung bereits länger als ein Jahr in einer Kranken- oder Pflegeanstalt untergebracht ist, reicht eine Bescheinigung des zuständigen Anstaltsarztes aus. Die Bescheinigung ist nach spätestens fünf Jahren zu erneuern.

Ob das Kind **wegen** seiner Behinderung außerstande ist, sich selbst zu unterhalten, ist nach den Gesamtumständen des Einzelfalles zu beurteilen.

Die körperliche, geistige oder seelische Behinderung **muss ursächlich** dafür sein, dass sich das Kind nicht selbst unterhalten kann. Dies ist nur gegeben,

3.7 Behinderte Kinder – § 32 Abs. 4 S. 1 Nr. 3 EStG

wenn die Behinderung nach ihrer Art und ihrem Umfang keine Erwerbstätigkeit des Kindes zulässt, die die Deckung seines Lebensbedarfs ermöglicht.

Es kommt also darauf an, dass das Kind **wegen seiner Behinderung** nicht oder nicht mehr arbeiten und daher seinen eigenen Unterhalt nicht bzw. nicht mehr sicherstellen kann. Ein Kind, für das ein hoher Grad der Behinderung nachgewiesen wird, ist allerdings nicht automatisch gehindert, einer beruflichen Tätigkeit nachzugehen.

Beispiel:

2 Der 31-jährige erblindete Michael (GdB 100) arbeitet nach entsprechender Ausbildung in der Telefonzentrale einer großen Firma und sichert somit seinen Lebensbedarf. Dieses Kind kann nicht als behindertes Kind im Sinne des Einkommensteuergesetzes angesehen werden.

Der „Kausalzusammenhang" erscheint insbesondere fraglich, wenn

- Kinder über 27 Jahre **(ab 2007: 25 Jahre + Übergangsregelungen)** sich noch in Berufsausbildung befinden,
- Kinder unter 27 Jahre **(ab 2007: 25 Jahre + Übergangsregelungen)** sich in Berufsausbildung befinden, aber nicht berücksichtigt werden können, weil ihre Einnahmen den maßgeblichen Grenzbetrag überschreiten,
- Kinder arbeitslos gemeldet sind und nach Einschätzung der Arbeitsvermittlung für eine arbeitslosenversicherungspflichtige, mindestens 15 Stunden wöchentlich umfassende Beschäftigung unter den üblichen Bedingungen des für ihn in Betracht kommenden Arbeitsmarktes zur Verfügung stehen,
- der Selbstunterhalt aufgrund von Einkünften und Bezügen gesichert ist.

Bei einem über 27 Jahre **(ab 2007: 25 Jahre + Übergangsregelungen)** alten Kind, das wegen seiner Behinderung noch in Schul- oder Berufsausbildung steht, ist in der Regel davon auszugehen, dass es zur Ausübung einer Erwerbstätigkeit nicht in der Lage ist. Es kann unterstellt werden, dass die Behinderung der Grund für die Verzögerung des Ausbildungsabschlusses ist, wenn der Grad der Behinderung 50 oder mehr beträgt.

Wird für ein behindertes Kind Kindergeld beantragt, ist zunächst zu prüfen, ob eine Berücksichtigung wegen Berufsausbildung oder fehlenden Ausbildungs- bzw. Arbeitsplatzes möglich ist. Wenn keine Berücksichtigung nach diesen Tatbeständen in Betracht kommt, sind über die Einkünfte und Bezüge hinaus Nachweise über die Behinderung und das Vermögen des Kindes anzufordern. Der Kindergeldberechtigte kann jedoch vorrangig die Anspruchsvoraussetzungen für eine Berücksichtigung als behindertes Kind, das außerstande ist, sich selbst zu unterhalten, nachweisen.

A. Materielles Kindergeldrecht

Als Regelvermutung ist von der **Ursächlichkeit der Behinderung für die Unfähigkeit zum Selbstunterhalt durch Verwertung der Arbeitskraft** stets dann auszugehen,

- wenn das Kind so hilflos ist, dass es für die gewöhnlichen und regelmäßig wiederkehrenden Verrichtungen des täglichen Lebens in erheblichem Umfang fremder Hilfe dauernd bedarf (Merkzeichen **H** (hilflos) im Schwerbehindertenausweis) oder
- wenn für das Kind eine Einstufung als Schwerstpflegebedürftiger in die Pflegestufe III nach dem SGB XI, BSHG oder entsprechender gesetzlicher Bestimmungen erfolgt ist oder
- wenn der Grad der Behinderung 50 oder mehr beträgt und eine Erwerbstätigkeit unter den üblichen Bedingungen des allgemeinen Arbeitsmarktes ausgeschlossen erscheint (z. B. Unterbringung in einer Werkstatt für Behinderte).

In Zweifelsfällen holt die Familienkasse eine Stellungnahme der Reha/SB-Stelle der für den Wohnort des Kindes zuständigen Agentur für Arbeit darüber ein, ob die Voraussetzungen für eine Mehrfachanrechnung nach § 10 Abs. 1 SchwbG erfüllt sind. Liegen die Voraussetzungen für eine Mehrfachanrechnung vor, ist der Kausalzusammenhang auch dann noch gegeben, wenn das behinderte Kind nach der Stellungnahme der Reha/SB-Stelle eine Erwerbstätigkeit von mehr als 15 Stunden wöchentlich ausüben könnte. Ggf. schaltet die Familienkasse zuvor den ärztlichen oder psychologischen Dienst ein. Nur dann, wenn eine Mehrfachanrechnung nicht möglich ist, wird eine Stellungnahme von der Reha/SB-Stelle erbeten, ob das Kind nach Art und Umfang seiner Behinderung in der Lage ist, eine arbeitslosenversicherungspflichtige Tätigkeit von mindestens 15-stündiger wöchentlicher Dauer unter den üblichen Bedingungen des in Betracht kommenden Arbeitsmarktes auszuüben. Ist das Kind hierzu nicht in der Lage, wird ebenfalls die behinderungsbedingte Unfähigkeit zum Selbstunterhalt unterstellt.

Ein behindertes Kind ist erst dann imstande, sich selbst zu unterhalten, wenn es über eine wirtschaftliche Leistungsfähigkeit (eigene Mittel) verfügt, die zur Abdeckung seines gesamten notwendigen Lebensbedarfs ausreicht.

Dabei setzen sich die kindeseigenen Mittel zusammen aus dem zur Verfügung stehenden Einkommen; d. h. die Summe der Einkünfte abzüglich Werbungskosten, Steuern, Sozialversicherungsbeiträge etc. = **Nettoeinkommen** (s. auch Ermittlung Einkünfte verheiratete Kinder DA 63.3.4.2.5 Abs. 3) und aus Leistungen Dritter. Diese kindeseigenen Mittel sind dem gesamten notwendigen Lebensbedarf gegenüberzustellen. Diese Gegenüberstellung ist grundsätzlich für jeden Kalendermonat getrennt vorzunehmen. In Fällen, in denen die verfügbaren Eigenmittel des Kindes schwanken und dabei den

3.7 Behinderte Kinder – § 32 Abs. 4 S. 1 Nr. 3 EStG

gesamten Monatsbedarf einmal über- und einmal unterschreiten, ist jedoch zu prüfen, ob die im Jahr verfügbaren Mittel den Jahresbedarf unterschreiten. Trifft dies zu, ist davon auszugehen, dass das behinderte Kind außerstande ist, sich selbst zu unterhalten.

Der gesamte notwendige Lebensbedarf besteht aus dem allgemeinen Lebensbedarf (Grundbedarf, der sich am Grenzbetrag des § 32 Abs. 4 Satz 2 EStG orientiert; im Jahre 2002 und 2003 = 7188 €, ab 2004 = 7680 €) und dem individuellen behinderungsbedingten Mehrbedarf.

Zu dem behinderungsbedingten Mehrbedarf gehören in der Regel folgende Positionen:

- bei Kindern, die in einem Heim, einer Anstalt oder gleichartigen Einrichtung (z. B. einer betreuten Wohngruppe) untergebracht sind, die Heimkosten einschließlich zusätzlich gewährter Leistungen wie z. B. Pflegegelder oder Fahrkosten.

  Von den Heimkosten ist jedoch der nach der jeweils gültigen Sachbezugsverordnung anzusetzende Wert für Verpflegung und Taschengeld abzuziehen, weil die Kosten der Verpflegung bereits im Grundbedarf enthalten sind,

- alle mit einer Behinderung unmittelbar und typisch zusammenhängenden Belastungen wie z. B. Kleidungs- und Wäschekosten, Hilfeleistungen, Kosten für Erholungsaufwand, typische Erschwernisaufwendungen,

- Fahrbedarf, dieser ist nach H 186 bis 189 des Amtlichen Einkommensteuerhandbuches (EstH) pauschal zu ermitteln, es sei denn, das Kind ist in einem Heim, einer Anstalt oder gleichartigen Einrichtung untergebracht und der Kostenträger oder ein sonstiger Dritter gewähren Fahrkostenzuschüsse; hier sind die tatsächlich übernommenen Fahrkosten anzusetzen,

- der Bedarf an ergänzenden bzw. zusätzlichen persönlichen Betreuungsleistungen der Eltern, soweit er über die Grundversorgung eines nichtbehinderten Kindes hinausgeht.

Lebt das behinderte Kind im Haushalt seiner Eltern, ist als behinderungsbedingter Mehrbedarf der Pauschbetrag für behinderte Menschen des § 33b Abs. 3 EStG zu Grunde zu legen.

Wird Eingliederungshilfe z. B. für eine teilstationäre Unterbringung in einer Werkstatt für Behinderte (WfB) geleistet, kehrt das Kind aber täglich in den elterlichen Haushalt zurück, so ist zusätzlich zu den Unterbringungskosten in der WfB der Behindertenpauschbetrag des § 33b EStG anzusetzen. Auf der Einkommensseite ist in solchen Fällen der teilstationären Unterbringung in einer WfB aber der Sachbezugswert für Verpflegung anzusetzen.

A. Materielles Kindergeldrecht

Beispiel:

3 Bedarf:
Grundbedarf (7680 € : 12)	640,00 €
Eingliederungshilfe	1206,00 €
Behindertenpauschbetrag bei GdB von 80%	89,00 €
Fahrtkosten	77,00 €
Gesamtbedarf	**2012,00 €**
zu berücksichtigende Einkünfte:	
Fahrtkosten	77,00 €
Eingliederungshilfe	1206,00 €
Sachbezug Mittagessen	63,00 €
z. B. Rente	611,00 €
./. anteilige Pauschbeträge = $^1/_{12}$ v. 180 €	15,00 €
$^1/_{12}$ von 102 €	8,50 €
Einkünfte und Bezüge gesamt:	**1980,50 €**

Damit besteht ein Kindergeldanspruch !!

Lebt das teilstationär in einer WfB untergebrachte Kind hingegen in einem eigenen Haushalt, so kann neben den tatsächlich nachgewiesenen Kosten für die Eingliederungshilfe nicht noch zusätzlich der Behindertenpauschbetrag auf der Bedarfsseite in Ansatz gebracht werden. Wegen des im vorstehenden Beispiel dann um 89,– € geringeren Bedarfs verringert sich der Gesamtbedarf auf 1923 €, weshalb ein KG-Anspruch dann nicht bestehen würde.

§ 33b EStG (Auszug)
Pauschbeträge für Behinderte, Hinterbliebene und Pflegepersonen

(3) Die Höhe des Pauschbetrages richtet sich nach dem dauernden Grad der Behinderung. Als Pauschbeträge werden gewährt bei einem Grad der Behinderung:

	jährlich	monatlich
von 25 und 30	310 €	26 €
von 35 und 40	430 €	36 €
von 45 und 50	570 €	48 €
von 55 und 60	720 €	60 €
von 65 und 70	890 €	75 €
von 75 und 80	1060 €	89 €
von 85 und 90	1230 €	103 €
von 95 und 100	1420 €	119 €

3.7 Behinderte Kinder – § 32 Abs. 4 S. 1 Nr. 3 EStG

Für Behinderte, die infolge ihrer Behinderung hilflos im Sinne des Abs. 6 (Merkzeichen „H" im SB-Ausweis) sind und für Blinde erhöht sich der Pauschbetrag auf 3700 € jährlich = 309 € monatlich.

Zusätzlich können die Eltern auch noch persönliche Betreuungsleistungen, soweit sie über die durch das Pflegegeld abgedeckte Grundpflege und hauswirtschaftlichen Verrichtungen hinausgehen **und** nach **amtsärztlicher** Bescheinigung unbedingt erforderlich sind, geltend machen. Sie werden in Anlehnung an § 15 SGB XI mit einem Stundenbetrag von 8 € angesetzt.

Ist ein Kind **vollstationär** in einem Heim, einer Anstalt oder einer gleichartigen Einrichtung (z. B. betreutes Wohnen, eigener Haushalt auf Kosten eines Dritten) untergebracht, ist bei der Prüfung der Fähigkeit zum Selbstunterhalt wie folgt zu verfahren (Vereinfachungsregelung):

Verfügt ein solches Kind außer über Eingliederungshilfe einschließlich Taschengeld über keine weiteren Einkünfte oder Bezüge sowie einzusetzendes Vermögen, kann davon ausgegangen werden, dass die eigenen Mittel des Kindes nicht ausreichen, sich selbst zu unterhalten.

Hat das Kind außer den genannten Bezügen zwar noch weitere Einkünfte und Bezüge, z. B. Erwerbsunfähigkeitsrente, werden diese aber in vollem Umfang an den Kostenträger ausgezahlt, kann ebenfalls davon ausgegangen werden, dass das Kind über keine ausreichenden Mittel zum Selbstunterhalt verfügt, weil die Einkünfte und Bezüge in diesen Fällen nicht zur Bestreitung des allgemeinen Lebensunterhalts zur Verfügung stehen. Gleiches gilt, wenn das Kind außer über Eingliederungshilfe bzw. Hilfe zur Pflege einschließlich Taschengeld nur noch über Arbeitsentgelt aus einer Beschäftigung in einer Werkstatt für Behinderte (WfB) verfügt, dessen Betrag den Arbeitnehmer-Pauschbetrag 920 € (bis einschl. 2003 = 1044 €) und die sonstigen Abzüge (Lohnsteuer etc). nicht überschreitet. Ansonsten sind die Einkünfte und Bezüge, sowie anrechenbares Vermögen, zu ermitteln und dem Bedarf des Kindes gegenüberzustellen. Diese Gegenüberstellung ist dabei grundsätzlich für **jeden Kalendermonat** getrennt vorzunehmen.

Die Einkünfte und Bezüge sind nach DA 63.4.2. zu ermitteln. **Zu den anzusetzenden Bezügen gehört dabei auch die Hilfe zum Lebensunterhalt (ab Januar 2005: Arbeitslosengeld II)** und das im Rahmen der Eingliederungshilfe gezahlte Taschengeld bzw. die Bekleidungspauschale sowie Pflegegeld und Fahrkostenzuschüsse.

Das dem behinderten Kind wegen einer Beschäftigung im Arbeitsbereich einer WfB gezahlte Arbeitsentgelt zählt zu den Einnahmen aus nichtselbständiger Arbeit, so dass hiervon der Arbeitnehmer-Pauschbetrag von 76,66 € mtl. ($^1/_{12}$ v. 920 €) (bis einschl. 2003 = $^1/_{12}$ v. 1044 € = 87 €) abzuziehen ist (aber nur bis zur Höhe der Bruttoeinnahmen, da der Ansatz des Arbeitnehmer-Pauschbetrages nicht zu negativen Einkünften führen darf).

A. Materielles Kindergeldrecht

Nicht als Zufluss anzusetzen ist der Sachbezugswert für Unterkunft bei behinderten Kindern, die in einem Heim, einer Anstalt oder gleichartigen Einrichtung untergebracht sind.

Hat das Kind eigene Einkünfte und Bezüge und werden diese vom Träger der Heim- bzw. Unterbringungskosten an sich abgezweigt oder auf sich übergeleitet, sind nur die um die abgezweigten bzw. übergeleiteten Beträge reduzierten Leistungen des Trägers als Zufluss anzusetzen. Sie müssen aber als eigene Mittel des Kindes berücksichtigt werden. Gleichermaßen muss verfahren werden, wenn die Eltern z. B. gemäß § 91 Abs. 2 BSHG **rechtmäßig** zu den Unterbringungs- bzw. Heimkosten herangezogen werden. Eine Heranziehung der Eltern ist aber nur in wenigen Fällen (z. B. Kinder unter 21 Jahre oder sehr gute Vermögensverhältnisse der Eltern) möglich.

Bei der Prüfung der Voraussetzungen des § 32 Abs. 4 Satz 1 Nr. 3 EStG ist grundsätzlich auf den **jeweiligen Kalendermonat** abzustellen. Dies bedeutet, dass eine Berücksichtigung als behindertes Kind nur für diejenigen Monate ausgeschlossen ist, in denen die im jeweiligen Kalendermonat zufließenden eigenen Mittel den für den jeweiligen Kalendermonat ermittelten Bedarf übersteigen. Der Bedarf ist dabei zeitanteilig anzusetzen. Zu beachten ist jedoch in den Fällen, in denen die verfügbaren Eigenmittel des Kindes schwanken und dabei den gesamten Monatsbedarf einmal über- und einmal unterschreiten, dass zu prüfen ist, ob die **im Jahr** verfügbaren Mittel den **Jahresbedarf** unterschreiten. Trifft dies zu, ist davon auszugehen, dass das behinderte Kind außerstande ist, sich selbst zu unterhalten.

Beispiele:

4   Karin Knecht ist bereits 37 Jahre alt. Sie wohnt im Haushalt ihrer Eltern, die sie versorgen und pflegen. Karin ist seit Geburt behindert und hat ein GdB 100 und weiterhin das Merkzeichen „H" in ihrem Schwerbehindertenausweis eingetragen.

Die Eltern von Karin bekommen für die häusliche Pflege ein monatliches Pflegegeld nach § 37 SGB XI in Höhe von 409 €. Daneben erhält Karin eine Unfallrente in Höhe von 495 € und zusätzlich eine Erwerbsunfähigkeitsrente in Höhe von monatlich 480 € (Zahlbetrag).

Besteht für Karin im aktuellen Kalenderjahr ein Anspruch auf Kindergeld?

Antwort:

Es ist zu prüfen, ob der gesamte Lebensbedarf des Kindes durch die einzusetzenden unterhaltsdeckenden Mittel gedeckt ist. Der gesamte notwendige Lebensbedarf setzt sich zusammen aus

- dem allgemeinen Lebensbedarf (Grenzbetrag nach § 32 Abs. 4 Satz 2 EStG) und
- dem individuellen behinderungsbedingten Mehrbedarf.

Dem gegenüber stehen die verfügbaren einzusetzenden Mittel des behinderten Kindes.

3.7 Behinderte Kinder – § 32 Abs. 4 S. 1 Nr. 3 EStG

Bei behinderten Kindern, die im Haushalt der Eltern leben, ist als behinderungsbedingter Mehrbedarf der Behinderten-Pauschbetrag gemäß § 33b Abs. 3 EStG zu Grunde zu legen. Ein ggf. gezahltes Pflegegeld nach § 37 SGB XI oder entsprechenden gesetzlichen Vorschriften ist hierauf nicht anzurechnen.

Dieses Pflegegeld ist vielmehr als Betreuungsbedarf anzusetzen.

Für das aktuelle Jahr ergibt sich folgende **monatliche** Berechnung:

Bedarf

Grundbedarf (7680 € : 12)	640,00 €
Behinderungsbedingter Mehrbedarf (Pauschbetrag nach § 33b Abs. 3 EStG)	309,00 €
Pflegegeld	409,00 €
Gesamtbedarf von Karin	1358,00 €
Eigene Mittel von Karin	
Pflegegeld	409,00 €
Unfallrente	454,00 €
EU-Rente	480,00 €
./. Werbungskostenpauschale (102 € : 12)	8,50 €
./. Kostenpauschale (180 € : 12)	15,00 €
Summe der eigenen Mittel von Karin	1360,50 €

Die Gesamtsumme der eigenen einzusetzenden Mittel beträgt 1360,50 € und übersteigt den notwendigen Lebensbedarf von 1358 €. Ein Anspruch auf Kindergeld für das aktuelle Jahr besteht somit **nicht**.

5 Der 40-jährige Heinrich ist seit seiner Geburt schwerstbehindert und lebt deshalb in einem Pflegeheim. Die Kosten der vollstationären Unterbringung in Höhe von monatlich 3835 € werden vom Sozialleistungsträger im Rahmen der Eingliederungshilfe übernommen. Die Eltern von Heinrich können zur Unterbringung ihres Sohnes nichts beitragen, da sie nur eine kleine Rente beziehen. Heinrich arbeitet in der WfB und erhält dafür ein Entgelt in Höhe von 77 € monatlich. Über weitere Einkünfte oder Bezüge verfügt Heinrich nicht.

Besteht für Heinrich Anspruch auf Kindergeld?

Antwort:

Ein behindertes Kind ist dann imstande sich selbst zu unterhalten, wenn es über eine wirtschaftliche Leistungsfähigkeit verfügt, die zur Deckung des gesamten Lebensbedarfs ausreicht.

Zu prüfen wäre, ob die verfügbaren Mittel des Kindes ausreichen, den gesamten Lebensbedarf des Kindes zu decken. Da Heinrich neben der Eingliederungshilfe und den geringen Einkünften aus der WfB (77 € ./. Arbeitnehmer-Pauschbetrag von 76,66 €/monatlich) über keine weiteren Einkünfte und Bezüge verfügt, kann ohne weitere Berechnung davon ausgegangen werden, dass Heinrich außerstande ist, sich selbst zu unterhalten.

A. Materielles Kindergeldrecht

Die detaillierte Berechnung in diesem Fall sähe folgendermaßen aus:

Grundbedarf		640,00 €
Eingliederungshilfe	3835,00 €	
./. Verpflegung nach der Sachbezugs-VO	187,00 €	= 3748,00 €
Gesamtbedarf		= 4388,00 €
Einzusetzende Mittel		
Eingliederungshilfe		= 3835,00 €
Arbeitseinkommen	77,00 €	
./. Arbeitnehmer-Pauschbetrag	76,66 €	= 0,34 €
Summe der einzusetzenden Mittel		= 3835,34 €

Der gesamte Lebensbedarf von Heinrich beträgt 4388 €. Das Kind verfügt aber nur über eigene Mittel in Höhe von 3835,34 €. Sein Lebensbedarf ist somit in Höhe von 552,66 € **nicht** gedeckt. Ein Anspruch auf Kindergeld besteht.

6 Elfriede ist bereits 50 Jahre alt und seit Geburt schwerstbehindert und lebt im Haushalt ihrer alten Eltern, die sie versorgen und pflegen. Bis vor einem Jahr konnte Elfriede noch in der WfB arbeiten; danach verschlimmerte sich ihr Leiden und seitdem ist sie ohne Einkünfte nur zu Hause. Ihre Eltern erhalten ein Pflegegeld aus der Pflegeversicherung in Höhe von 409 € monatlich. Im Juni diesen Jahres erhält Elfriede einen Bescheid des Rentenversicherungsträgers, dass ihr eine Erwerbsunfähigkeitsrente von monatlich 975 € gezahlt wird. Da ihr die Rente rückwirkend ab Januar zuerkannt wurde, erhält sie für die Monate Januar bis Juni im Juli eine Rentennachzahlung von 5850 € und zusätzlich die laufende Rente für Juli in Höhe von 975 €. Ab August wird die Rente laufend gezahlt.

Wie wirkt sich das auf die Kindergeldzahlung aus?

Antwort:

Es ist zu prüfen, ob der gesamte Lebensbedarf des Kindes durch die einzusetzenden unterhaltsdeckenden Mittel gedeckt ist.

Der gesamte notwendige Lebensbedarf setzt sich zusammen aus

- dem allgemeinen Lebensbedarf (Grenzbetrag nach § 32 Abs. 4 Satz 2 EStG und
- dem individuellen behinderungsbedingten Mehrbedarf.

Dem gegenüber stehen die verfügbaren einzusetzenden Mittel des behinderten Kindes.

Bei behinderten Kindern, die im Haushalt der Eltern oder im eigenen Haushalt leben, ist als behinderungsbedingter Mehrbedarf der Behinderten-Pauschbetrag gemäß § 33b Abs. 3 EStG zu Grunde zu legen. Ein ggf. gezahltes Pflegegeld nach § 37 SGB XI oder entsprechenden gesetzlichen Vorschriften ist hierauf nicht anzurechnen. Dieses Pflegegeld ist vielmehr als Betreuungsbedarf anzusetzen.

Die Rentennachzahlung ist auf den Zuflussmonat und die folgenden elf Monate gleichmäßig zu verteilen.

3.7 Behinderte Kinder – § 32 Abs. 4 S. 1 Nr. 3 EStG

Für das aktuelle Jahr ergibt sich folgende Berechnung:
Monate Januar bis Juni diesen Jahres (monatlich)
Bedarf

Grundbedarf	640,00 €
Behinderungsbedingter Mehrbedarf (Pauschbetrag nach § 33b Abs. 3 EStG)	309,00 €
Pflegegeld	409,00 €
Gesamtbedarf von Elfriede	1358,00 €
Eigene Mittel von Elfriede	
Pflegegeld	409,00 €
Summe der eigenen Mittel von Elfriede	409,00 €

Die Gesamtsumme der eigenen einzusetzenden Mittel beträgt 409 € und übersteigt nicht den notwendigen Lebensbedarf von 1358 €. Ein Anspruch auf Kindergeld für die Monate Januar bis Juni besteht.

Ab Monat Juli diesen Jahres
Bedarf

Grundbedarf	640,00 €
Behinderungsbedingter Mehrbedarf (Pauschbetrag nach § 33b Abs. 3 EStG)	309,00 €
Pflegegeld	409,00 €
Gesamtbedarf von Elfriede	1358,00 €
Eigene Mittel von Elfriede	
Pflegegeld	409,00 €
EU-Rente Juli 2006	975,00 €
./. Werbungskostenpauschbetrag	8,50 €
./. Kostenpauschale	15,00 €
Summe der eigenen Mittel für Juli 2006	1360,50 €

Die Gesamtsumme der eigenen einzusetzenden Mittel beträgt 1360,50 € und **übersteigt** ab Juli den notwendigen Lebensbedarf von 1358 €. Ein Anspruch auf Kindergeld ab **Juli** besteht somit nicht.

Auf die Berücksichtigung der Nachzahlung kommt es hierbei nicht mehr an, da allein mit der Rente und dem Pflegegeld der gesamt notwendige Lebensbedarf gedeckt wird.

Eigenes Vermögen des Kindes ist aufgrund neuerer BFH-Rechtsprechung **nicht** zu berücksichtigen (siehe Urteile vom 19.8.2002 – VIII R 51.01 und VIII R 17/02).

A. Materielles Kindergeldrecht

3.8 Ausschluss von über 18 Jahre alten Kindern wegen eigener Einkünfte und Bezüge

Kindergeld für über 18 Jahre alte Kinder soll nur solange gezahlt werden, als ein Kind selber den eigenen Unterhalt **nicht** sicherstellen kann und die Eltern deswegen unterhaltsbelastet sind. Diese Zielsetzung der Kindergeldzahlung wird auch deutlich durch die Entscheidung des Bundesverfassungsgerichts vom 29.5.1990, in der festgestellt wurde, dass der Staat Kinder bei der Besteuerung zu berücksichtigen hat, solange die eigenen **Einkünfte und Bezüge** des über 18 Jahre alten Kindes das **steuerliche Existenzminimum von 7680 €** nicht überschreiten.

Entwicklung der Einkommensgrenzen für über 18-jährige Kinder (§ 32 Abs. 4 Satz 2 EStG)

Jahr	Jahresbetrag	Monatsbetrag
1996 und 1997	12 000 DM	1 000 DM
1998	12 360 DM	1 030 DM
1999	13 020 DM	1 085 DM
2000	13 500 DM	1 125 DM
2001	14 040 DM	1 170 DM
2002/2003	7 188 €	599 €
2004	7 680 €	640 €

Mit Werbungskosten (Arbeitnehmerpauschbetrag):

Jahr	Jahresbetrag	Monatsbetrag
1996 und 1997	14 000 DM	1 166 DM
1998	14 360 DM	1 196 DM
1999	15 020 DM	1 251 DM
2000	15 500 DM	1 292 DM
2001	16 040 DM	1 337 DM
2002/2003	8 232 €	686 €
2004	8 600 €	717 €

Wenn ein Kind **Einkünfte** und/oder **Bezüge** erhält, die höher sind als dieser Grenzbetrag, kann es seinen Unterhalt selbst bestreiten und die Eltern sind in typischer Weise nicht mehr in einer Weise unterhaltsbelastet, dass ihnen ein Leistungsausgleich zugute kommen müsste.

3.8 Eigene Einkünfte und Bezüge des Kindes über 18 Jahre

Damit entfällt die Rechtfertigung für eine Kindergeldzahlung.

Eine Berücksichtigung von über 18 Jahre alten Kindern ist somit ausgeschlossen, wenn sie Einkünfte und Bezüge in Höhe von jeweils mehr als 7680 € (7188 € im Kalenderjahr 2002 oder 2003) haben, die zur Bestreitung des Lebensunterhalts oder der Berufsausbildung bestimmt sind.

Einkünfte und Bezüge, die im Monat der Vollendung des 18. Lebensjahres zufließen, werden nicht erfasst, weil in diesem Monat Anspruch auf Kindergeld nach § 32 Abs. 3 EStG besteht.

Der Jahresgrenzbetrag ermäßigt sich für jeden Monat, in dem die Voraussetzungen des § 32 Abs. 4 Satz 1 Nr. 1 oder 2 EStG nicht vorliegen (= Kürzungsmonate) um ein Zwölftel. **Liegen die Voraussetzungen nach Satz 1 Nr. 1 oder 2 nur in einem Teil des Kalendermonats vor, sind die Einkünfte und Bezüge nur insoweit anzusetzen, als sie auf diesen Teil entfallen.**

Einkünfte und Bezüge des Kindes, die auf Monate entfallen, in denen die Voraussetzungen nach Satz 1 Nr. 1 oder 2 an **keinem Tag vorliegen**, bleiben bei der Berechnung der maßgeblichen Grenze außer Betracht.

Beispiele:

1 Maik, 20 Jahre alt, ist nach dem Abitur, d. h. ab 1.8. auf Weltenbummlertour. Im April des folgenden Jahres kommt er zurück und bewirbt sich um einen Ausbildungsplatz; die Ausbildung beginnt zum 1.8.

   Antwort:

   Im aktuellen Jahr lag die besondere Anspruchsvoraussetzung des § 32 Abs. 4 Satz 1 Nr. 2a EStG nur von Januar bis Juli = 7 Monate vor. Deshalb mindert sich der Jahresbetrag von 7680 € um $^5/_{12}$ auf 4480 €. Im folgenden Jahr erfüllt das Kind die Anspruchsvoraussetzungen des § 32 Abs. 4 S. 1 Nr. 2a und 2c EStG von April bis Dezember. Der Grenzbetrag beläuft sich daher auf $^9/_{12}$ von 7680 € = 5760 €.

2 Timm wird im Oktober 18 Jahre alt. Bis Juli besucht er die Schule, ab August beginnt er eine Ausbildung als Tischler. Wie hoch ist die Einkommensgrenze?

   Antwort:

   Im aktuellen Jahr lagen die besonderen Anspruchsvoraussetzungen des § 32 Abs. 4 Satz 1 Nr. 2 nur für 2 Monate (November/Dezember) vor; d. h. im Umkehrschluss, dass für 10 Monate die besonderen Voraussetzungen nicht vorgelegen haben (Timm war noch keine 18 Jahre alt). Deshalb mindert sich der Jahresbetrag von 7680 € um $^{10}/_{12}$ auf 1280 €.

3 Ein über 18 Jahre altes Kind beendet am 6.7. die Ausbildung zum Industriekaufmann und wird von seinem Lehrbetrieb ab 7.7. als Angestellter übernommen. Für den Monat Juli erhält es noch für 6 Tage Ausbildungsvergütung. Anspruchszeitraum ist der **Januar bis Juli**. In die Berechnung der Einkünfte und Bezüge wird nur die Ausbildungsvergütung bis zum 6.7. einbezogen. Die Vergütung die das Kind ab 7.7 als Angestellter erhält, bleibt bei der Berechnung außer Betracht.

A. Materielles Kindergeldrecht

Dies gilt entsprechend, wenn die Voraussetzungen für eine Berücksichtigung aus anderen Gründen (z. B. Arbeitslosigkeit eines Kindes, das noch nicht das 21. Lebensjahr vollendet hat) nicht während des gesamten Monats vorgelegen haben.

3.8.1 Einkünfte und Bezüge

► Einkünfte

Nach § 2 Abs. 1 EStG unterliegen der Einkommensteuer **sieben Einkunftsarten;** dies sind Einkünfte aus:

- Land- und Forstwirtschaft
- Gewerbebetrieb
- selbständiger Arbeit
- nichtselbständiger Arbeit
- Kapitalvermögen
- Vermietung und Verpachtung
- sonstigen Quellen i. S. d. § 22 EStG

Der Begriff Einkünfte ist im § 2 Abs. 2 EStG definiert. Dies ist bei Einkünften aus:

- Land- und Forstwirtschaft
- Gewerbebetrieb
- selbständiger Arbeit

der sich **nach** Abzug der Betriebsausgaben ergebende Gewinn,

bei Einkünften aus:

- nichtselbständiger Arbeit
- Kapitalvermögen
- Vermietung und Verpachtung
- sonstigen Quellen nach § 22 EStG

der sich **nach** Abzug der **Werbungskosten** (§§ 8 bis 9a EStG) ergebende Betrag.

Erhält ein Kind Einkünfte aus nichtselbständiger Arbeit – hierzu zählen auch Ausbildungsvergütungen – ist mindestens der Arbeitnehmer-Pauschbetrag gemäß § 9a EStG in Höhe von 920 € pro Kalenderjahr als Werbungskosten abzuziehen, bei Nachweis höherer Werbungskosten diese.

Bei den anderen Einkunftsarten und bei den Bezügen gelten zum Teil andere Werbungskostenpauschalen.

3.8 Eigene Einkünfte und Bezüge des Kindes über 18 Jahre

Was insbesondere zu den Einkünften nach § 2 Abs. 1 EStG zählt, entnehmen Sie bitte der nachfolgenden Übersicht.

➤ **Einkünfte:**

Ausbildungsvergütung	./. Werbungskosten, **mindestens 920 €**
Einnahmen aus einer **neben** der Ausbildung oder während einer Übergangszeit oder in den Schul- oder Semesterferien ausgeübten selbständigen oder nichtselbständigen Tätigkeit einschl. steuerpflichtiger Lohnzuschläge sowie Zuwendungen	./. Werbungskosten aus nichtselbständiger Tätigkeit, **mindestens 920 € (bis 2003 1044 €)** bzw. **./. Betriebsausgaben** bei selbständiger Tätigkeit
Einnahmen aus Kapitalvermögen	./. Sparerfreibetrag = 750 € bei verh. Kindern = **1500 € (bis 2006 = 1370/ 2740 €)** ./. Werbungskosten-Pauschbetrag **51 €/ 102 €** verh. Kinder
Einnahmen aus Vermietung und Verpachtung von Grundstücken und Häusern.	./. Werbungskosten = **Einkünfte**
Einnahmen (Sachbezüge und Taschengeld), die im Zusammenhang mit der Ableistung eines freiwilligen sozialen/ ökologischen Jahres erzielt werden.	./. Werbungskosten, **mindestens 920 € (bis 2003 = 1044 €)**
Hinterbliebenenbezüge nach beamten- oder soldatenrechtlichen Vorschriften sowie von berufsständischen Versorgungseinrichtungen.	./. Versorgungsfreibetrag + Zuschlag, höchstens 3900 € ./. Werbungskosten, **mindestens 102 € (bis 2004 = 920 €)** **Ab 2005 gelten andere Beträge** – s. folgende Seite
Übergangsgebührnisse und Ausgleichsbezüge nach §§ 11, 11a Soldatenversorgungsgesetz (SVG).	./. Werbungskosten-Pauschbetrag* = **102 €**
Besteuerungsanteil aus Renten wegen verminderter Erwerbsfähigkeit und Hinterbliebenenrenten aus einer gesetzlichen Rentenversicherung u. nach dem Gesetz über die Alterssicherung f. Landwirte (ALG).	./. Werbungskosten-Pauschbetrag* = **102 €**
Unterhaltsleistungen des geschiedenen oder dauernd getrennt lebenden Ehegatten, wenn zugestimmt wurde, dass dieser die Unterhaltsleistungen als Sonderausgaben geltend machen kann (Realsplitting).	./. Werbungskosten-Pauschbetrag* = **102 €**
Unterhaltsleistungen an ein behindertes Kind aufgrund eines Hofübernahmevertrages (Landwirte).	./. Werbungskosten-Pauschbetrag* = **102 €**
* Die Pauschbeträge dürfen nur bis zur Höhe der Einnahmen abgezogen werden.	

A. Materielles Kindergeldrecht

Seit dem 1.1.2005 haben sich die Regelungen des § 19 Abs. 2 EStG zum Versorgungsfreibetrag erheblich geändert. Dies gilt für alle Jahre ab 2005, damit muss für Zeiten bis einschließlich 2004 noch die zuvor geltende Regelung angewandt werden. Insbesondere gelten jetzt andere Abzugsbeträge, die sich nach dem Beginnjahr des Versorgungsbezuges staffeln und aus Versorgungsfreibetrag und Zuschlag zusammengesetzt sind.

Gestaffelte Abzugsbeträge (auszugsweise):

Jahr des Versorgungsbeginns	Versorgungsfreibetrag		Zuschlag zum Versorgungsfreibetrag in Euro
	In v. H. der Versorgungsbezüge	Höchstbetrag in Euro	
bis 2005	40,0	3000	900
ab 2006	38,4	2880	864
2007	36,8	2760	828

Beispiele:

1. Das Kind erhält aus einer Beamtenversorgung seit Januar 1998 ein Waisengeld in Höhe von mtl. 105,– €. Die Bemessungsgrundlage ist das zwölffache des Versorgungsbezugs im Monat Januar 2005 zzgl. voraussichtlicher Sonderzahlungen, hier also 1260 €. 40% davon sind 504,– € Versorgungsfreibetrag. Der Zuschlage darf höchstens die Differenz von Bemessungsgrundlage zum Versorgungsfreibetrag betragen, max. aber 900,– €, also 1260–504 = 756,– €. Damit würden in diesem Beispiel 1260 Versorgungsfreibetrag und Zuschlag abzuziehen sein. Die Einkünfte aus nichtselbständiger Tätigkeit betragen damit 0, aber die Bezüge des Kindes = 1260,– €.

2. Das Kind erhält aus einer Beamtenversorgung seit Mai 2005 ein Waisengeld in Höhe von mtl. 350,– €. Die Bemessungsgrundlage ist das zwölffache des Versorgungsbezugs im ersten vollen Bezugsmonat zzgl. voraussichtlicher Sonderzahlungen, hier also 4200 €. 40% davon sind 1680 € Versorgungsfreibetrag. Der Zuschlag darf höchstens die Differenz von Bemessungsgrundlage zum Versorgungsfreibetrag betragen, max. aber 900,– €, also 4200–1680 = 2520,– €, höchstens damit 900,–. Für jeden vollen Kalendermonat im Jahr 2005, für den kein Waisengeld gezahlt wird, ermäßigen sich Versorgungsfreibetrag und Zuschlag um je ein Zwölftel. Berechnung Freibetrag: $1680 - {}^4/_{12}$ (= 560,- €) = 1120 €; Berechnung Zuschlag: $900 - {}^4/_{12}$ (= 300,- €) = 600,- €. Damit würden in diesem Beispiel 1720 Versorgungsfreibetrag und Zuschlag abzuziehen sein. Die Einkünfte aus nichtselbständiger Tätigkeit betragen damit 2480 € abzüglich des nunmehr geltenden Werbungskostenpauschbetrages von 102,- € = 2378 €; zudem sind dem Kind Bezüge in Höhe des zuvor errechneten Betrages in Höhe von 1720 € zuzurechnen.

Achtung!

Der einmal ermittelte Betrag des Versorgungsfreibetrages und des Zuschlages dazu bleibt grundsätzlich für alle Monate des Versorgungsbezuges gleich; insbesondere führen regelmäßige Anpassungen des Versorgungsbezuges nicht zu einer Änderung!

3.8 Eigene Einkünfte und Bezüge des Kindes über 18 Jahre

Ebenfalls ab 2005 geändert wurde die Besteuerung der Renten aus der gesetzlichen Rentenversicherung und zwar für alle Renten, die ab 2005 nachgelagert besteuert werden. Das sind vor allem

- Renten (auch Waisen- und Halbwaisenrenten) aus der gesetzlichen Rentenversicherung,
- Renten (auch Waisen- und Halbwaisenrenten aus berufsständischen Versorgungswerken, landwirtschaftlichen Alterskassen) und
- die private Rürup-Rente.

Maßgebend ist nicht mehr der Ertragsanteil, sondern der **Besteuerungsanteil bei Rentenbeginn**. Der andere **steuerfreie Teil** der Jahresrente wird als **persönlicher Rentenfreibetrag** festgeschrieben und gilt in dieser Höhe für die gesamte Laufzeit der Rente.

Für in **2005 bereits bestehende Renten** (Bestandsrenten) beträgt der **Besteuerungsanteil 50 %**.

Für Renten, die ab 2006 beginnen, steigt der Besteuerungsanteil – je nach Jahr des Rentenbeginns (Rentnerjahrgang) – bis zum Jahr 2020 schrittweise um zwei Prozentpunkte jährlich auf 80 % und danach um einen Prozentpunkt jährlich auf 100 % ab dem Jahr 2040.

Das Jahr des Rentenbeginns entscheidet also über die Höhe des Besteuerungsanteils.

z. B.

Jahr des Rentenbeginns	Besteuerungsanteil	Jahr des Rentenbeginns	Besteuerungsanteil
bis 2005	50 %	ab 2006	52 %
2007	54 %	2008	56 %
2009	58 %	2010	60 % usw.

▶ **Bezüge:**

Bezüge sind alle Einnahmen in Geld oder Geldeswert (z. B. Sachbezüge wie Unterkunft und Verpflegung), die **nicht** im Rahmen der einkommensteuerlichen Einkunftsermittlung erfasst werden. Das sind die nicht steuerbaren bzw. nach §§ 3, 3b EStG für steuerfrei erklärten Einnahmen sowie der nach §§ 40, 40a EStG pauschal versteuerte Arbeitslohn.

Was insbesondere zu den Bezügen gehört, entnehmen Sie bitte den nachfolgenden Übersichten.

A. Materielles Kindergeldrecht

Bezüge:

- **Lohnersatzleistungen, wie z. B.:**
  Arbeitslosengeld, Arbeitslosenhilfe bzw. **Alg II ab Januar 2005**, Krankengeld
- Mutterschaftsgeld für die Zeit **vor** der Entbindung
- Verletztengeld aus der gesetzlichen Unfallversicherung
- Renten aus der gesetzlichen Unfallversicherung
- Der **persönliche Jahresrentenfreibetrag** (s. unter Einkommen) bei Renten aus der gesetzlichen Rentenversicherung und nach dem Gesetz über die Alterssicherung für Landwirte (ALG)
- Unterhaltsbeiträge des Sozialamtes, laufende Hilfe zum Lebensunterhalt, soweit das Sozialamt nicht in Vorleistung getreten ist (nur bei behinderten Kindern) – ab Januar 2005 Alg II
- Eingliederungshilfe für behinderte Kinder, soweit sie für den Lebensbedarf des Kindes bestimmt ist und der Sozialhilfeträger sie von den Eltern nicht zurückfordert
- Leistungen der Kinder- und Jugendhilfe nach dem SGB VIII, soweit für den Unterhalt des Kindes bestimmt und die Eltern nicht in Anspruch genommen werden (in der Regel keine Bezüge)
- Sachbezüge und Taschengeld im Rahmen eines au-pair-Verhältnisses im Ausland
- Arbeitnehmer-Sparzulage nach § 13 Vermögensbildungsgesetz
- Nach § 3b EStG steuerfreien Zuschläge für Sonntags-, Feiertags- und Nachtarbeit
- Unterhaltsleistungen des geschiedenen oder dauernd getrennt lebenden Ehegatten, wenn **nicht** einer Berücksichtigung als Sonderausgaben zugestimmt wurde
- Unterhaltsleistungen des Ehegatten eines verheirateten Kindes (grundsätzlich in Höhe der Hälfte der Differenz zwischen den eigenen Einkünften des Kindes und dem Nettoeinkommen des Ehegatten, wobei diesem **mindestens 7680 €** für 2003 (2004 = 7128 €/ab 2005 = 7680 €) als steuerfrei zu belassenes Existenzminimum verbleiben müssen
- Wohngeld

Bei der Ermittlung der Einkommensgrenze nach § 32 Abs. 4 Satz 2 EStG bleiben Bezüge außer Betracht, die für besondere Ausbildungszwecke bestimmt sind (§ 32 Abs. 4 Satz 3 EStG).

3.8 Eigene Einkünfte und Bezüge des Kindes über 18 Jahre

Hierzu gehören z. B.:

- das Büchergeld bei der Begabtenförderung
- bei einem Auslandsstudium die
  - Studiengebühren
  - Reisekosten
  - Zuschläge zum Wechselkursausgleich
  - Zuschläge zur Auslandskrankenversicherung
- bei einem freiwilligen sozialen Jahr bzw. ökologischen Jahr die Reisekosten für höchstens vier Fortbildungsveranstaltungen in das europäische Ausland und zurück.

Bei der Feststellung des Kindeseinkommens sind **grundsätzlich alle** während des gesamten Jahres **zufließenden** Einkünfte und Bezüge zu berücksichtigen. Einkünfte und Bezüge fließen dem Kind zu, wenn es wirtschaftlich darüber verfügen kann.

Laufender Arbeitslohn – hierzu gehören auch die Ausbildungsvergütungen – gilt in dem Kalenderjahr als bezogen, in dem der Lohnabrechnungszeitraum endet. Bezüge, die zwar für das betreffende Kalenderjahr bewilligt worden sind, aber erst später gezahlt werden, sind dem Kalenderjahr zuzuordnen, für das sie bestimmt sind.

Es sind nicht nur monatlich wiederkehrende Einkünfte und Bezüge zu berücksichtigen, sondern auch Einkünfte aus kurzfristiger Erwerbstätigkeit.

Für **Sonderzuwendungen** (d. h. nicht monatlich gezahlte Einkünfte und Bezüge, z. B. Urlaubsgeld, Weihnachtsgeld etc.) gilt:

- Bei der Frage, welchem Kalenderjahr Einnahmen und damit auch Sonderzuwendungen zuzurechnen sind, gilt das strikte steuerrechtliche Zuflussprinzip.
- Nur bei der Frage, welchem Zeitraum innerhalb eines Jahres Sonderzuwendungen zuzurechnen ist, gilt zunächst die wirtschaftliche Zurechnung; d. h. soweit sich Sonderzuwendungen eindeutig nur dem Ausbildungszeitraum zurechnen lassen (z. B. bei anschließender Arbeitslosigkeit oder einem Arbeitgeberwechsel) gehören sie in voller Höhe zu den Einkünften und Bezügen im Ausbildungszeitraum. Dies gilt selbst dann, wenn solche Sonderzuwendungen erst nach Beendigung der Ausbildung zufließen oder z. B. im Falle des Entlassungsgeldes bei Wehr- oder Zivildienstleistenden bereits vor Beginn der kindergeldrechtlichen Berücksichtigungsfähigkeit.
- Nur dann, wenn es um die Frage der Zuordnung auf Zeiträume innerhalb eines Kalenderjahres geht, sich eine eindeutige wirtschaftliche

A. Materielles Kindergeldrecht

Zuordnung aber nicht treffen lässt, gilt wiederum das Zuflussprinzip; d. h. es kommt darauf an, ob die Sonderzuwendung noch während des Ausbildungszeitraumes oder des anschließenden Beschäftigungsverhältnisses ausgezahlt wird.

Damit entfallen Sonderzuwendungen, die während der Berufsausbildung zufließen, aufgrund wirtschaftlicher Zurechnung zeitanteilig auf alle Ausbildungsmonate, wenn in allen Monaten des Jahres Berufsausbildung stattfindet.

Nur dann, wenn das Kind im Laufe des zu betrachtenden Kalenderjahres das 18. Lebensjahr vollendet, wird die Sonderzuwendung gleichmäßig auf alle Ausbildungsmonate verteilt, wenn sie innerhalb der Zeit nach dem Monat der Vollendung des 18. Lebensjahres zufließen.

Beispiele:

3   Annette ist am 20.6.1988 geboren. Sie befindet sich seit 2005 in einer betrieblichen Ausbildung zur Industriekauffrau. Da sie am 19.6.2006 ihr 18. Lebensjahr vollendet, ist der Juni 2006 der letzte Monat, in dem es auf ihr eigenes Einkommen beim Kindergeld nicht ankommt. Sie erhält im Juli 2006 Urlaubsgeld und im Dezember 2006 Weihnachtsgeld.

Anspruchszeitraum ist wegen § 32 Abs. 4 EStG lediglich der Zeitraum Juli bis Dezember. Die Monate Januar bis Juni 2006 sind Kürzungsmonate. Urlaubsgeld und Weihnachtsgeld werden folglich nur zu $^6/_{12}$ bei der Berechnung der Einkünfte und Bezüge berücksichtigt.

4   Kirsten, 20 Jahre alt, beendet am 20.7. ihre Ausbildung und wird im Anschluss als Arbeitnehmerin übernommen. Am 15.7. erhält sie Urlaubsgeld.

Kürzungsmonate sind die Monate August bis Dezember. Das Urlaubsgeld ist eine Sonderzuwendung, die in einem Ausbildungsmonat zugeflossen ist und muss deswegen bei der Ermittlung der Einkünfte und Bezüge in voller Höhe berücksichtigt werden.

5   Kirsten, 20 Jahre alt, beendet am 20.7. ihre Ausbildung und wird im Anschluss als Arbeitnehmerin übernommen. Am 30.7. erhält sie Urlaubsgeld.

Kürzungsmonate sind die Monate August bis Dezember. Das Urlaubsgeld ist eine Sonderzuwendung, die zwar in einem Ausbildungsmonat zugeflossen ist, bei der aber die wirtschaftliche Zurechnung nicht eindeutig festgestellt werden kann. In diesem Fall gilt das Zuflussprinzip. Da im vorliegenden Fall die Sonderzuwendung erst nach Beendigung des Ausbildungsverhältnisses zugeflossen ist, findet sie keine Berücksichtigung bei der Berechnung der Einkünfte und Bezüge.

Abwandlung zu Beispiel 5:

Gleiche Fallkonstellation, allerdings wird das Kind nicht in ein Arbeitsverhältnis übernommen, sondern meldet sich arbeitslos.

Die Zahlung des Urlaubsgeldes ist wirtschaftlich eindeutig der Ausbildung zuzuordnen; daher ist das Urlaubsgeld zu den übrigen Einkünften zu addieren.

3.8 Eigene Einkünfte und Bezüge des Kindes über 18 Jahre

Ein **Verzicht** auf Teile der zustehenden **Einkünfte und Bezüge** ist nach § 32 Abs. 4 Satz 8 EStG kindergeldrechtlich unbeachtlich. Ein solcher unwirksamer Verzicht liegt bereits dann vor, wenn der Arbeitslohn (einschließlich Ausbildungsvergütung) einzelvertraglich unter Bezug auf einen Tarifvertrag, eine Betriebsvereinbarung oder eine andere Kollektivvereinbarung festgelegt war und nachträglich herabgesetzt wird. Dies gilt auch dann, wenn das Kind nicht tarifgebunden und Tarifverträge nicht für allgemeinverbindlich erklärt sind.

Beispiel:

6   Ein Kind stellt fest, dass sein Einkommen nur mit ca. 40 € über der Einkommensgrenze liegt. Daraufhin verzichtet es für **2 Monate** auf die vermögenswirksamen Leistungen in Höhe von 27 € monatlich, die es von seinem Arbeitgeber erhält. Dieser Verzicht ist kindergeldrechtlich unbeachtlich.

Keinen Verzicht stellt dar, wenn Teile der Ausbildungsvergütung vom Arbeitgeber in eine Direktversicherung, einen Pensionsfond oder in eine Pensionskasse geleistet werden. Bei den jeweiligen Beträgen handelt es sich auch nicht um Bezüge.

Zu den Bezügen gehören auch steuerfreie Gewinne:

§ 20 Abs. 4 EStG =	Sparerfreibetrag in Höhe von 750 € (1370 € bis 2006)
§ 19 Abs. 2 EStG =	Versorgungsfreibetrag; höchstens 3072 € (ab 2002) – ab dem Jahr 2005 gelten andere Beträge – s. Seite 61 –
§ 14 EStG =	Freibetrag bei Veräußerungsgewinn aus Land- und Forstwirtschaft
§ 16 Abs. 4 EStG =	Freibetrag bei Veräußerungsgewinn aus Gewerbebetrieb
§ 17 Abs. 3 EStG =	Freibetrag bei Veräußerung von Anteilen an Kapitalgesellschaften
§ 18 Abs. 3 EStG =	Freibetrag bei Veräußerung von Vermögen oder Vermögensteilen, das der selbständigen Arbeit dient

Zu den **Bezügen** zählen außerdem:

- Leistungen nach dem Bundesversorgungsgesetz (BVG) mit Ausnahme der Grundrente, Schwerstbeschädigtenzulage und Pflegezulage
- Geld- und Sachbezüge (Unterkunft und Verpflegung) von Wehr- und Zivildienstleistenden einschließlich Weihnachts- und Entlassungsgeld
- Verdienstausfallentschädigungen nach § 13 Abs. 1 Unterhaltssicherungsgesetz

A. Materielles Kindergeldrecht

- Renten nach dem Gesetz über die Errichtung einer Stiftung „Hilfswerk für behinderte Kinder" (Conterganschäden), **mit Ausnahme** des Betrages, der als Grundrente nach dem BVG zu zahlen wäre
- Leistungen nach § 51 Bundesseuchengesetz (Impfschadenrente), soweit sie nach dem BVG als Einnahmen anzusehen wären

Bezüge im Sinne des § 32 Abs. 4 Satz 2 EStG sind **auch** alle als **Zuschuss** gewährten Zuwendungen in Geld oder Geldeswert, die einem Kind selbst für seinen Lebensunterhalt sowie zur Deckung von Aufwendungen im Zusammenhang mit seiner Ausbildung (z. B. Lernmittel) zufließen. Auf die Herkunft der Mittel kommt es nicht an.

Zu diesen Bezügen gehören somit

- Studienbeihilfen/Stipendien, die von Privatpersonen oder Stiftungen des privaten Rechts gezahlt werden
- Zuschussleistungen nach dem BaföG
- Berufsausbildungsbeihilfe nach § 59 SGB III (Leistungen für den Lebensunterhalt gemäß §§ 65, 66 und 74 Abs. 2 SGB III, Lernmittel und Beiträge zur Kranken- und Pflegeversicherung gemäß § 68 Abs. 2 SGB III sowie Arbeitskleidung gemäß § 68 Abs. 3 SGB III)
- Leistungen zur beruflichen Eingliederung Behinderter nach § 98 SGB III (Ausbildungsgeld gemäß § 104 SGB III, Übergangsgeld gemäß § 160 SGB III, Kosten für Lernmittel und Arbeitsausrüstung gemäß § 109 Abs. 1 Nr. 7 i. V. m. § 113 SGB III)
- Unterhaltsgeld nach § 77 i. V. m. §§ 153 bis 155 SGB III
- Übergangsgeld von Trägern der gesetzlichen Unfall- oder Rentenversicherung oder der Bundesanstalt für Arbeit, soweit sie für berufsfördernde Maßnahmen zur Rehabilitation zustehen
- Eingliederungshilfe nach §§ 419–421 SGB III bei beruflichen Bildungsmaßnahmen oder Deutsch-Sprachlehrgängen
- Landesrechtliche Leistungen zur Aufstockung der Berufsausbildungsbeihilfe oder des Unterhaltsgeldes
- Erziehungsbeihilfe nach § 27 BVG
- Förderungsleistungen nach § 5 Soldatenversorgungsgesetz (SVG)
- ab 2007: Elterngeld nach dem Gesetz zum Elterngeld und für Elternzeit (BEEG) und zwar in Höhe des den anrechnungsfreien (300 €) übersteigenden Betrages.

Von den Bruttobezügen ist eine Kostenpauschale in Höhe von 180 € jährlich abzuziehen. Stehen einem Kind mehrere Bezüge gleichzeitig zu, wird die Kostenpauschale in Höhe von 180 € nur **einmal** in Anzug gebracht.

3.8 Eigene Einkünfte und Bezüge des Kindes über 18 Jahre

Nicht zu berücksichtigende Einkünfte oder Bezüge

- Aufwandsentschädigung nach § 3 Nr. 12 EStG
- steuerfreie Aufwandsentschädigungen für nebenberufliche Tätigkeiten nach § 3 Nr. 26 EStG z. B. Sporttrainer, Lehr-Vortragstätigkeiten etc. bis zur Höhe von insgesamt 1840 € jährlich
- Reisekostenvergütungen/Umzugskostenvergütungen/Trennungsgelder nach § 3 Nrn. 13, 16, 31, 32, 34 EStG
- **Unterhaltsleistungen der Eltern**
- Erziehungsgeld nach dem Bundeserziehungsgeldgesetz (BErzGG) oder landesrechtlichen Vorschriften (bis einschl. 2006)
  ab 2007: Elterngeld nach dem Gesetz zum Elterngeld und für Elternzeit (BEEG) bis zu einer Höhe von insgesamt 300 € im Monat (§ 10 BEEG).
- Mutterschaftsgeld für die Zeit **nach** der Entbindung, **soweit** es auf das Erziehungsgeld angerechnet wird
- Leistungen der **Pflegeversicherung**
- die im Rahmen der Sozialhilfe geleisteten Beträge für die Krankenhilfe
- Leistungen nach bundes- oder landesrechtlichen Vorschriften für Mehrbedarf, der durch einen Körperschaden verursacht ist
- Pflegegeld bzw. -zulage aus der Unfallversicherung gem. § 35 BVG oder § 69 BSHG; Ersatz der Mehrkosten für den Kleider- und Wäscheverschleiß; Blindengeld
- Grundrente und Schwerstbeschädigtenrente nach dem BVG
- Leistungen, die einem Träger einer Bildungsmaßnahme unmittelbar als Kostenerstattung für die Ausbildungsleistung überwiesen werden (sog. Maßnahmekosten/Lehrgangsgebühren/Fernunterrichtsgebühren)
- Fahrkosten nach § 67, § 81 Abs. 1 Nr. 2 i. V. m. § 83 sowie nach § 419 Abs. 1, § 420 Abs. 3 i. V. m. § 83 SGB III
- Reisekosten nach § 109 Abs. 1 Nr. 4 i. V. m. § 110 SGB III
- Kosten für Unterkunft und Verpflegung nach § 109 Abs. 1 Nr. 5 i. V. m. § 111 SGB III, und zwar **soweit** sie den jeweiligen Wert der Sachbezugsverordnung **übersteigen** (d. h. in diesen Fällen ist als Bezüge der Wert der Sachbezugsverordnung heranzuziehen)
- Kinderbetreuungskosten nach § 68 Abs. 3 sowie nach § 81 Abs. 1 Nr. 4 i. V. m. § 85 SGB III und nach § 109 Abs. 1 Nr. 6 SGB III sowie nach §§ 419 Abs. 1, 420 Abs. 3 i. V. m. § 85 SGB III
- Kosten für eine Haushaltshilfe und sonstige Hilfen nach § 109 Abs. 1 Nr. 6 und 8 i. V. m. § 114 SGB III

A. Materielles Kindergeldrecht

Wie werden Renten als Einkünfte und Bezüge des Kindes errechnet?

- Rente wegen verminderter Erwerbsfähigkeit
- Hinterbliebenenrente aus der gesetzlichen Rentenversicherung (z. B. Halbwaisenrenten):

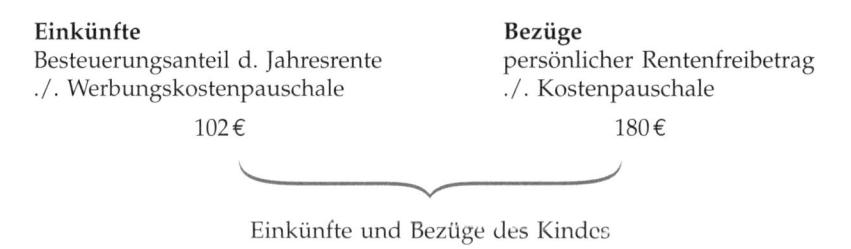

Einkünfte	**Bezüge**
Besteuerungsanteil d. Jahresrente	persönlicher Rentenfreibetrag
./. Werbungskostenpauschale	./. Kostenpauschale
102 €	180 €

Einkünfte und Bezüge des Kindes

- Hinterbliebenenbezüge nach beamten-/soldatenrechtlichen Vorschriften:

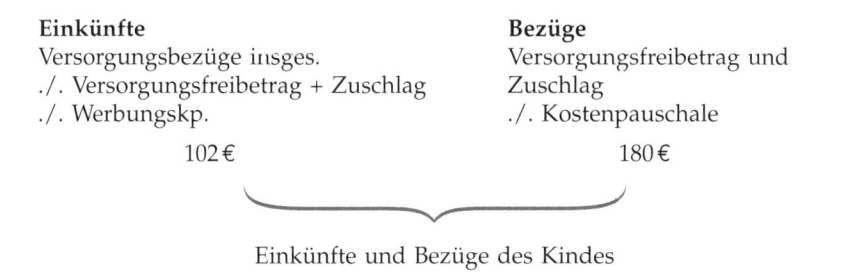

Einkünfte	**Bezüge**
Versorgungsbezüge insges.	Versorgungsfreibetrag und Zuschlag
./. Versorgungsfreibetrag + Zuschlag	./. Kostenpauschale
./. Werbungskp.	
102 €	180 €

Einkünfte und Bezüge des Kindes

- Rente aus der gesetzlichen Unfallversicherung

Einkünfte	**Bezüge**
	gesamte Rente
	./. K.-Pauschb.
0 €	180 €

Einkünfte und Bezüge des Kindes

Bei den Renten aus einer gesetzlichen Rentenversicherung zählt der **persönliche Jahresrentenfreibetrag** und zusätzlich der eigene Beitrag für die Kranken- und Pflegeversicherung zu den **Bezügen**. Dieser Eigenanteil ist aus dem Rentenbescheid ersichtlich.

3.8 Eigene Einkünfte und Bezüge des Kindes über 18 Jahre

Beispiel:

7 Stefan, 22 Jahre alt, befindet sich durchgehend im Studium. Da sein Vater vor einem Jahr verstarb, erhält er eine Halbwaisenrente aus der gesetzlichen Rentenversicherung in Höhe von 350 € netto monatlich. Aus der Rentenmitteilung geht ein Kranken- und Pflegeversicherungsanteil von 33 € monatlich hervor. Über weitere Einkünfte verfügt Stefan nicht. Da er ausschließlich Halbwaisenrente aus einer gesetzlichen Rentenversicherung bezieht, kann das Einkommen vereinfacht wie folgt errechnet werden:

Zahlbetrag der Halbwaisenrente 350 € × 12	=	4200 €
(Besteuerungsanteil der Jahresrente und Persönlicher Rentenfreibetrag)		
+ Eigenanteil z. Kranken- u. Pflegevers. 33 € × 12	=	396 €
Gesamteinkünfte	=	4596 €
./. Werbungskosten-Pauschbetrag (siehe Aufstellung über Einkünfte)	=	−102 €
./. Kostenpauschale (für den Bezügeteil der Rente)	=	−180 €
./. Ges. Sozialversicherungsbeiträge	=	396 €
zu berücksichtigende Einkünfte	=	3918 €

Im vorliegenden Fall muss der Besteuerungsanteil der Rente nicht gesondert berechnet werden, weil Stefan nur Einkünfte aus einer Hinterbliebenenrente der gesetzlichen Rentenversicherung erhält.

Variante zum vorstehenden Beispiel:

Stefan erzielt – zusätzlich zu seiner Rente – aus einer in den Semesterferien ausgeübten Tätigkeit noch eigene Einkünfte in Höhe von:

für Februar und März je Monat	=	1280 €		
für Juli und August je Monat	=	1330 €.		

Danach sieht die **Einkommensberechnung** wie folgt aus:

Besteuerungsanteil der Rente 50 %

Zahlbetrag der Halbwaisenrente = 350 € × 12 = 4200 € × 50 %	=	2100 €		
./. Werbungskosten-Pauschbetrag		102 €	=	1998 €
+ Einkünfte aus Erwerbstätigkeit = 2 × 1280 € und 2 × 1330 €	=	5220 €		
./. Arbeitnehmer-Pauschbetrag	=	920 €	=	4300 €

A. Materielles Kindergeldrecht

+ Bezüge				
Persönlicher Rentenfreibetrag				
4200 € ./. 2100 €	=	2100 €		
+ Eigenant. z. Kranken- u. Pflegevers.				
33 € × 12	=	396 €		
		2496 €		
./. Kostenpauschale f. Bezüge	=	180 €	=	2016 €
Ges. Sozialversicherungsbeiträge	=	396 €	=	1920 €
Gesamtbetrag der Einkünfte und Bezüge			=	8218 €

Das Jahreseinkommen von Stefan übersteigt die maßgebliche Einkommensgrenze von 7680 €. Damit besteht für Stefan kein Anspruch auf Kindergeld.

Renten aus der gesetzlichen **Unfallversicherung** und Leistungen nach dem **Bundesversorgungsgesetz** werden bei der Berechnung **nicht** in **Einkünfte** und **Bezüge** aufgeteilt. Sie zählen in **vollem Umfang nur zu den Bezügen.**

Waisengeld nach **beamten- oder soldatenrechtlichen Vorschriften** gehört dagegen zu den **Einkünften** (nach Abzug des Versorgungsfreibetrages und des Zuschlages) **und Bezügen** (siehe Übersicht).

Beispiel wie zuvor:

Stefan erhält – anstatt Halbwaisenrente aus der gesetzlichen Rentenversicherung – Waisengeld nach beamtenrechtlichen Vorschriften in Höhe von monatlich 570 €.

Berechnung des **Einkommens (für das Jahr 2005)**

Waisengeld = 570 € × 12	=	6840 €		
./. Versorgungsfreibetrag (VersFb)	=	2736 €		
(40 % höchstens aber 3000 €; 6840 € × 40 % = 2736 €)				
./. Zuschlag zum VersFb	=	900 €		
(6840 € − 2736 € = 4104 €, höchstens 900 €)				
./. Arbeitnehmer-Pauschbetrag	=	102 €		
zu berücksichtigende Einkünfte			=	3102 €
Berechnung der **Bezüge:**				
Versorgungsfreibetrag einschl. Zuschlag zum VersFb	=	3636 €		
./. Kostenpauschale	=	180 €		
zu berücksichtigende Bezüge			=	3456 €
Gesamtbetrag der Einkünfte und Bezüge			=	6558 €

Damit kann für Stefan im Jahr 2005 Kindergeld festgesetzt werden, da die Einkünfte und Bezüge die Einkommensgrenze von 7680 € nicht erreichen.

Sollten jetzt aber noch eigene Einkünfte z. B. aus Semesterferienjobs wie im Beispiel davor dazukommen, sieht die Berechnung wie folgt aus:

3.8 Eigene Einkünfte und Bezüge des Kindes über 18 Jahre

Waisengeld = 570 € × 12 ./. VersFb incl. Zuschlag	=	3 102 €
Einkünfte aus Erwerbstätigkeit	=	5 220 €
		8 322 €
./. Arbeitnehmer-Pauschbetrag*	=	920 €
zu berücksichtigende Einkünfte		7 402 €
+ Bezüge wie vor	=	3 456 €
Gesamtbetrag der Einkünfte und Bezüge	=	10 858 €

Die Einkünfte und Bezüge übersteigen damit den maßgeblichen Freibetrag; somit könnte Stefan beim Kindergeldanspruch nicht mehr berücksichtigt werden.

Zufluss von BaföG-Nachzahlungen

Leistungen nach dem BaföG werden nur berücksichtigt, wenn sie als Zuschuss gewährt werden. Insbesondere bei Nachzahlungen und/oder Erstattungen an einen vorleistenden Sozialträger können immer wieder Probleme in der Rechtsanwendung auftreten. Dazu folgender Sachverhalt:

Beispiel:

8   Ein Kind studiert seit dem 1.9. Es beantragte Leistungen nach dem BaföG. Diese wurden auch mit dem Höchstsatz (als Zuschuss) im April des Folgejahres bewilligt. Die BaföG-Nachzahlung für die Monate September bis April erfolgte ebenfalls in diesem Monat, ab Mai wird laufend gezahlt. Wegen eines Erstattungsanspruchs eines vorleistenden Sozialträgers, der Sozialleistungen zum Lebensunterhalt gezahlt hatte, wurde der gesamte Nachzahlungsbetrag allerdings nicht an das Kind geleistet, sondern nach § 104 SGB X an den vorleistenden Sozialträger erstattet.

Ist der an den vorleistenden Sozialträger erstattete Betrag dem Kind dennoch im aktuellen Jahr in voller Höhe als Zufluss zuzurechnen?

Antwort

Ja! Nach der insoweit heranzuziehenden Rechtsprechung des BFH zu § 33a EStG (BFH vom 15.10.1993, III R 74/92) ist auch der an Dritte erstattete Betrag als Zufluss in dem Jahr der Erstattung zuzurechnen. Auch in den Fällen, in denen ein Erstattungsanspruch nicht besteht, wird der Nachzahlungsbetrag in vollem Umfang dem Jahr des Zuflusses zugerechnet.

Zurechnung des Entlassungsgeldes

Das Entlassungsgeld der Wehr-/Zivildienstleistenden ist in vollem Umfang dem der Entlassung folgenden Kalendermonat zuzurechnen. Nach Veröffentlichung des BFH-Urteils VIII R 57/00 zur Anrechnung des Entlassungsgeldes vom 14.5.2002 im Bundessteuerblatt (BStBl 2002 II S. 746 ff.) sind jedoch die darin enthaltenen Grundsätze von der Verwaltung zu beachten.

Danach ist das Entlassungsgeld auf alle Monate des Entlassungsjahres nach Beendigung des Wehr-/Zivildienstes anzurechnen.

A. Materielles Kindergeldrecht

Beispiele:

9 Das Kind beendet zum 31.8. seinen Wehrdienst und kann erst zum 1.4. des folgenden Jahres ein Studium aufnehmen.

Das Entlassungsgeld ist auf die Monate September bis Dezember aufzuteilen. Allerdings ist zu beachten, dass das Entlassungsgeld nach seiner Zweckbestimmung dafür vorgesehen ist, die Zeit bis zur Aufnahme einer Erwerbstätigkeit bzw. Ausbildung zu überbrücken.

Es kann sich also auch folgende Fallgestaltung ergeben:

10 Das Kind beendet zum 31.7. die Ausbildung, anschließend absolviert es vom 1.8. bis 30.4. des Folgejahres den Grundwehrdienst. Danach liegt Ausbildungswilligkeit vor; ab dem 1.10. wird ein Studium aufgenommen.

Während der Ausbildungswilligkeit nimmt das Kind vom 1.7. bis 30.9. eine Vollzeiterwerbstätigkeit auf, so dass nach der BFH-Rechtsprechung während dieser Zeit kein Anspruch auf Kindergeld besteht. Das Entlassungsgeld ist in diesem Fall voll den Übergangsmonaten Mai und Juni zuzurechnen.

3.8.2 Sonderfälle bei der Ermittlung der Einkünfte/Bezüge

- Das Kind ist verheiratet (DA-FamEStG 63.4.2.3 Abs. 2 Nr. Nr. 16 i. V. m. 63.4.2.5 und neuester BFH-Rechtsprechung)
- Das Kind hat selbst ein Kind (DA-FamEStG 63.4.1.1 Abs. 2)

➤ **Besonderheiten bei der Berücksichtigung von verheirateten Kindern**

Spätestens ab dem auf die Eheschließung des Kindes folgenden Monat sind die Eltern grundsätzlich nicht mehr kindergeldberechtigt, da die Unterhaltsverpflichtung dann vorrangig beim Ehepartner liegt. Eine Ausnahme hiervon gilt nur, wenn der Ehepartner des Kindes aufgrund niedrigen Einkommens zum Unterhalt des Kindes nicht in der Lage ist.

In diesem Fall muss der Kindergeldberechtigte einen Neuantrag stellen und die mangelnde Leistungsfähigkeit des Ehepartners des Kindes nachweisen.

Der Monat der Eheschließung gehört zum Anspruchszeitraum, soweit die Ehe nach dem Ersten des jeweiligen Monats geschlossen wird, d. h. dieser Monat gehört nicht zu den „Kürzungsmonaten". Für diesen Monat und die vorhergehenden Monate des Kalenderjahres besteht ein Kindergeldanspruch, sofern ein Berücksichtigungstatbestand i. S. des § 32 Abs. 4 Satz 1 Nr. 1 oder Nr. 2 EStG gegeben ist und der (anteilige) Grenzbetrag in dem Zeitraum bis einschließlich des Vormonats der Eheschließung nicht überschritten ist. Er kann auch nicht wegen Unterhaltsleistungen des Ehepartners an das Kind **rückwirkend** versagt werden (BFH VI R 13/99 v. 2.3.2000).

Beispiel:

1 Ein – im gesamten Kalenderjahr – im Studium befindliches Kind ohne Einnahmen (außer Unterhaltsleistungen seiner Eltern) heiratet am 30. Mai einen gut verdienenden Manager eines großen Konzerns.

3.8 Eigene Einkünfte und Bezüge des Kindes über 18 Jahre

Bis einschließlich Mai ist für das Kind Kindergeld zu zahlen, weil es von Januar bis Mai keine Einkünfte und Bezüge hat. Ab Juni besteht **kein Anspruch** auf Kindergeld mehr.

Wenn allerdings das Nettoeinkommen des Ehegatten des Kindes so gering ist, dass er zum vollen Unterhalt des Kindes nicht in der Lage ist und die Eltern weiterhin für ihr Kind aufkommen müssen (so genannter Mangelfall), ist auch für die Zeit nach der Eheschließung Kindergeld zu zahlen.

Ist in einem Mangelfall das (anteilige) verfügbare Einkommens des Ehepartners höher als die Summe der (anteiligen) Einkünfte und Bezüge des Kindes, ist die Hälfte der Differenz als Unterhaltsleistung zu behandeln und als Bezug des Kindes anzusetzen. Dem Ehegatten muss allerdings nach Abzug der Unterhaltsleistungen und etwaiger vorrangiger Unterhaltsverpflichtungen ein Nettobetrag in Höhe des Existenzminimums (2002 u. 2003 = 7188 € ab 2004 = 7680 €) verbleiben.

Die Berechnung der Unterhaltsleistungen des Ehegatten ist in der DA-FamEStG 63.4.2.5 beschrieben. Für die Berechnung müssen zunächst die Einkünfte und Bezüge des Kindes festgestellt werden. Überschreiten die Einkünfte und Bezüge des Kindes bereits die maßgeblichen Einkommensgrenzen, erübrigt sich eine weitere Berechnung. Danach muss geprüft werden, ob der Ehegatte über ein höheres Nettoeinkommen verfügt. Hierfür ist die Summe aller Einnahmen i. S. d. § 2 EStG sowie der Bezüge zu bilden. Hiervon sind abzuziehen:

- Sozialversicherungsaufwendungen bzw. vergleichbare Vorsorgeaufwendungen,
- tatsächlich gezahlte Steuern (Erstattungen und Vergütungen sind wieder zu addieren),
- Werbungskosten (ggfs. Pauschbetrag) bzw. Betriebsausgaben,
- tatsächlich titulierte Unterhaltszahlungen an nicht in der Haushaltsgemeinschaft lebende gesetzliche Unterhaltsberechtigte.

Beispiele:

2   Die 24-jährige Maria (seit einem Jahr verheiratet) befindet sich noch im Studium und verfügt weder über Einkünfte noch Bezüge. Ihr Ehemann Reiner erhält ein monatliches Nettoeinkommen von 1308 € = 15 696 € jährlich.

Grundsätzlich ist die Hälfte der Differenz zwischen dem (höheren) Nettoeinkommen des Ehegatten und dem Einkommen des Kindes als Unterhaltsleistung anzusehen. Da Maria kein eigenes Einkommen erzielt, gilt die Hälfte von Rainers Einkommen, nämlich 7848 €, als fiktiver Unterhaltsbeitrag. Da Rainer sein Existenzminimum von 7680 € verbleibt, ist der Unterhaltsbeitrag Maria als Bezug zuzurechnen.

A. Materielles Kindergeldrecht

Nach Abzug der anteiligen Kostenpauschale von 180 € belaufen sich Marias Bezüge auf 7668 €. Dieser Betrag überschreitet nicht den Grenzbetrag des § 32 Abs. 4 Satz 2 EStG. Daher liegt hier ein so genannter Mangelfall vor und Marias Eltern können sich über ein monatliches Kindergeld von 154 € freuen.

3 Brigitte, 25 Jahre alt (seit einigen Jahren verheiratet), studiert und verfügt weder über Einkünfte noch Bezüge. Ihr Ehemann Manfred verdient im Monat 1167 € (= 14 004 € jährlich) netto.

Grundsätzlich wäre die Hälfte dieses Nettoeinkommens in Höhe von 7002 € als fiktiver Unterhaltsbeitrag und somit Brigitte als Bezug zuzurechnen. Nach Abzug dieses Betrages läge aber Manfreds (Rest-)Nettoeinkommen um 678 € unter dem Existenzminimum von 7680 €. Der Unterhaltsbeitrag ist deshalb soweit zu kürzen, dass Manfred das monatliche Existenzminimum verbleibt. Danach ergibt sich als anzurechnende Unterhaltsleistung nur ein auf 6324 € gekürzter Betrag.

Nach Abzug der anteiligen Kostenpauschale von 180 € verfügt Brigitte über eigene Einkünfte und Bezüge von 6144 €. Dieser Betrag liegt unter dem Grenzbetrag, folglich liegt ein Mangelfall vor und Brigittes Eltern haben Anspruch auf Kindergeld.

Bei Heirat **während des Jahres der Berücksichtigung** eines Kindes ist wie folgt zu verfahren:

Zunächst ist festzustellen, ob das Kindeseinkommen – unabhängig vom Ehegatteneinkommen – nicht schon allein die Jahreseinkommensgrenze überschreitet. Ist dies der Fall, erübrigt sich eine weitere Berechnung. Wenn das Jahreseinkommen den Grenzbetrag nicht überschreitet sind folgende Überlegungen anzustellen und umzusetzen:

Wie bereits dargestellt gehört der Monat der Eheschließung noch zum Anspruchszeitraum. Für diesen Monat und die vorhergehenden Monate des Kalenderjahres besteht ein Kindergeldanspruch, sofern ein Berücksichtigungstatbestand i. S. d. § 32 Abs. 4 S. 1 Nr. 1 oder Nr. 2 EStG gegeben ist und der (anteilige) Grenzbetrag in dem Zeitraum bis einschließlich des Vormonats der Eheschließung nicht überschritten ist.

Ab dem **Tag nach** der Heirat ist das Ehegatteneinkommen mit in die Berechnung einzubeziehen. Der Monat der Heirat ist ein so genannter geteilter Monat und wird grundsätzlich mit 30 Kalendertagen gerechnet. Das kann zu folgender Situation führen.

Beispiel:

4 Eine im gesamten Kalenderjahr in Berufsausbildung stehende Tochter heiratet am 15.8. Der Schwiegersohn des Berechtigten ist während des gesamten Jahres berufstätig. Er hat ein monatliches **Nettoeinkommen** von 2000 €. Die Tochter hat – **nach Abzug des Eigenanteils an den SV-Beiträgen und des WK-Pauschbetrages** – Einkünfte in Höhe von 400 € monatlich zur Verfügung.

3.8 Eigene Einkünfte und Bezüge des Kindes über 18 Jahre

Die Tochter erfüllt im ganzen Jahr die Voraussetzungen des § 32 Abs. 4 S. 1 Nr. 2a EStG. Die maßgebliche Einkommensgrenze beträgt damit 7680 €. Die Summe der Jahreseinkünfte und Bezüge liegt mit (12 Monate × 400 €) = 4800 € unterhalb des maßgeblichen Grenzbetrages. Zur Beurteilung des Kindergeldanspruches ist damit die (anteilige) Unterhaltsleistung des Ehepartners zu ermitteln.

Zunächst müssen die anteiligen Einkünfte und Bezüge des Kindes in den Tagen und Monaten nach der Heirat ermittelt werden. Dies sind 4 Monate × 400 € = 1600 € plus Heiratsmonat ($^{15}/_{30}$ von 400 €) 200 € = 1800 €.

Anschließend ist das anteilige verfügbare Einkommen des Ehepartners zu errechnen. Es beläuft sich auf 4 Monate × 2000 € = 8000 € plus Heiratsmonat ($^{15}/_{30}$ von 2000 €) 1000 € = 9000 €.

Danach muss die Differenz dieser beiden Beträge ermittelt werden. 9000 € − 1800 € = 7200 €. Die Hälfte hiervon = 3600 € ist grundsätzlich als Unterhaltsleistung des Ehegatten zugunsten des Kindes zu berücksichtigen. Es ist aber vorher noch festzustellen, ob der Ehegatte des Kindes sein eigenes Existenzminimum vom Tag nach der Heirat bis zum Ende des Jahres sicherstellen kann, wenn der errechnete Unterhalt dem Kind zugerechnet wird. Im vorliegenden Fall ist das Existenzminimum von 7680 € vom Tag nach der Heirat = 16.8.2006 bis zum 31.12.2006 zu errechnen. 7680 € × 135 : 360 = 2695,50 €. Sein Einkommen beträgt netto 9000 € minus Unterhalt für das Kind (3600 €) verbleiben ihm 5400 € und somit sein Existenzminimum. Die errechneten 3600 € Unterhalt sind als Bezüge dem Einkommen des Kindes hinzuzurechnen.

Damit verfügt das Kind über Gesamteinnahmen von 4800 € plus 3600 € = 8400 €. Die maßgeblichen Einkünfte und Bezüge des Kindes übersteigen im Gesamtjahr den Grenzbetrag von 7680 €.

Geprüft werden muss nun ein Anspruch für die Monate vor der Heirat. Der maßgebliche Grenzbetrag für den Zeitraum Januar bis August beträgt $^{8}/_{12}$ v. 7680 € = 5120 €.

Einkünfte und Bezüge des Kindes von Januar bis Juli = 7 × 400 € =	2800 €
Anteilige Einkünfte und Bezüge für August = $^{15}/_{30}$ v. 400 € =	200 €
Summe der Einkünfte und Bezüge v. Januar bis August =	3000 €

Der maßgebliche Grenzbetrag von 5120 € wird unterschritten. Für den Zeitraum Januar bis August besteht ein Kindergeldanspruch. Die laufende Kindergeldfestsetzung ist mit Wirkung ab September nach § 70 Abs. 2 EStG aufzuheben.

Das Gleiche gilt entsprechend, wenn das Kind eine eingetragene Lebenspartnerschaft eingeht.

Wenn sich die Leistungsfähigkeit, d. h. die Einkünfte des Ehepartners dauerhaft erhöht, ist die Festsetzung in einem so genannten „Mangelfall" gem. § 70 Abs. 2 EStG aufzuheben und mit dem Vordruck KG 2 ein schriftlicher Bescheid zu erteilen.

A. Materielles Kindergeldrecht

▶ **Ein verheiratetes Kind hat eigenes/eigene Kind/Kinder**

Haben das Kind und sein Ehegatte gemeinsame Kinder (Enkelkinder des Kindergeldberechtigten), so ist die hieraus entstehende Unterhaltsbelastung zu berücksichtigen.

Der anrechenbare Unterhaltsbeitrag für das Kindeskind wird nach folgendem Schema ermittelt:

Höhe des sächl. Existenzminimums je

Kindeskind (Kinderfreibetrag)

304 € monatlich

plus

Betreuungs- und Erziehungs- oder Ausbildungsbedarf

je Kindeskind (bis zur Vollendung des 27. Lebensjahres, ab 2007
25. Lebensjahr + Übergangszeit)

180 € monatlich

minus

gezahltes Kindergeld

Bei der Berücksichtigung eines Kindeskindes bis zur Vollendung des 25. Lebensjahres ergibt sich der Anrechnungsbetrag wie folgt:

	monatlich	jährlich
Kinderfreibetrag	304 Euro	3648 Euro
Betreuungs- und Erziehungs- oder Ausbildungsbedarf	180 Euro	2160 Euro
Summe:	484 Euro	5808 Euro
./. Kindergeld für 1. Kind	154 Euro	1848 Euro
Summe:	330 Euro	3960 Euro
Anteil je Ehepartner	165 Euro	1980 Euro

Beachte!
- Das Kindergeld für das Kindeskind ist auch dann zu berücksichtigen, wenn die Zahlung nicht an das verheiratete Kind erfolgt.
- Der berechnete Betrag ist jeweils zur Hälfte von den Einkünften und Bezügen des verheirateten Kindes und vom errechneten Nettoeinkommen des Ehegatten abzuziehen.

3.8 Eigene Einkünfte und Bezüge des Kindes über 18 Jahre

- Unterhaltsleistungen des Kindes/Ehegatten an ein nicht im Haushalt lebendes Kind sind in der titulierten oder nach einer zivilrechtlichen Vereinbarung tatsächlich gezahlten Höhe vom Gesamtbetrag der Einkünfte und Bezüge abzuziehen.

Beispiel:

5   Die Tochter eines Berechtigten bringt im Dezember ihr erstes Kind zur Welt. Sie ist seit dem Vorjahr verheiratet. Ihre eigenen Einkünfte aus einem Ausbildungsdienstverhältnis belaufen sich (unter Berücksichtigung des Eigenanteils an den SV-Beiträgen und des WK-Pauschbetrages) auf monatlich 600 €. Das Kind hat ansonsten keine weiteren Einkünfte oder Bezüge. Der Ehepartner erzielt Nettoeinkünfte in Höhe von monatlich 1000 €.

Während des gesamten Kalenderjahres lebt das Kindeskind an einem Monat im gemeinsamen Haushalt des Kindes und seines Ehepartners. Für das Kindeskind wird Kindergeld in Höhe von 154 € gezahlt. Die Unterhaltsbelastung beträgt somit 484 € ./. 154 € = 330 €. Hievon wird jedem Ehepartner die Hälfte = 165 € als absetzbare Unterhaltsleistung zugeordnet.

Einkünfte des Kindes 12 × 600 €	=	7200 €
./. anteilige Unterhaltsbelastung	=	165 €
anrechenbare Einkünfte	=	7035 €

Dieser Betrag liegt unterhalb der maßgeblichen Grenze von 7680 €. Damit wird die Ermittlung der Unterhaltsleistung des Ehepartners erforderlich.

Verfügbares Einkommen des Ehepartners 12 × 1000 €	=	12 000 €
./. anteilige Unterhaltsbelastung	=	165 €
anrechenbares verfügbares Einkommen des Ehepartners	=	11 835 €

Die Differenz der anrechenbaren Beträge = 11 835 € ./. 7035 € = 4800 €. Die Hälfte davon ist als Unterhaltsleistung des Ehepartners Bezug des Kindes. Da das Kind außerdem keine eigenen Bezüge erhält, ist an dieser Stelle auch die Kostenpauschale zu berücksichtigen.

Berechnung:

Differenz der anrechenbaren Beträge = 4800 € : 2	=	2400 €
./. Kostenpauschale	=	180 €
Bezug des Kindes	=	2020 €
+ anrechenbare Einkünfte des Kindes	=	7035 €
Summe der Einkünfte und Bezüge des Kindes	=	9255 €

Die Summe der Einkünfte und Bezüge des Kindes übersteigen den Maßgeblichen Grenzbetrag von 7680 €. Es besteht kein Kindergeldanspruch für dieses Jahr.

Dem Ehegatten verbleibt auch unter Berücksichtigung der Unterhaltsleistung sein Existenzminimum von 7680 € (11 835 ./. 2400 € = 9435 €).

A. Materielles Kindergeldrecht

➤ **Ein (unverheiratetes) Kind hat eigene Kinder (Sonderfall DAFamEStG 63.4.1.1 Abs. 2)**

Hat ein zu berücksichtigendes Kind eigene Kinder (= Enkelkinder des Berechtigten), so ist bei der Ermittlung der Einkünfte und Bezüge des Kindes die daraus entstehende Belastung durch den Unterhalt für diese Kinder zu berücksichtigen.

Für ein im Haushalt des Kindes lebendes Kind ist das monatliche Existenzminimum in Höhe des Kinderfreibetrages von monatlich **304 €** zzgl. des Betreuungsfreibetrages von derzeit **180 €** (bei Kindeskindern bis 27 Jahren, ab 2007 25 Jahre + Übergangszeit) zugrunde zu legen.

Hiervon ist das für das Kindeskind **gezahlte Kindergeld** abzuziehen, auch wenn die Zahlung nicht an das Kind erfolgt.

In der Regel ist der andere Elternteil des Kindeskindes ebenfalls unterhaltspflichtig, so dass nur der hälftige Betrag zu berücksichtigen ist.

Im Ergebnis ist damit vom Gesamtbetrag der Einkünfte und Bezüge des Kindes ein Betrag von 484 € ./. 154 € (Kindergeld) = 330 €, davon ½ = 165 € monatlich, d. h. jährlich **1980 €** abzuziehen.

Unterhaltsleistungen des Kindes an ein nicht im Haushalt lebendes Kindeskind sind in der titulierten Höhe vom Gesamtbetrag der Einkünfte und Bezüge abzuziehen.

Beispiel:

6   Der 24-jährige Konstantin ist im ganzen laufenden Jahr in einer beruflichen Ausbildung. Seine („nichteheliche") Tochter Leonie ist am 1.3.2005 geboren und lebt bei der Kindesmutter. Er ist zur Zahlung von Kindesunterhalt in Höhe von 200 € monatlich verpflichtet und kommt dieser Verpflichtung auch regelmäßig nach. Die Ausbildungsvergütung (reduziert um den Eigenanteil an den SV-Beiträgen) von Konstantin beträgt jährlich insgesamt 10 999 €. Höhere Werbungskosten werden nicht geltend gemacht.

Die Berechnung der Einkünfte und Bezüge von Konstantin sieht danach folgendermaßen aus:

Ausbildungsvergütung = 10 999 € ./. Werbungskostenpauschbetrag 920 €, ./. titulierte Unterhaltsansprüche 2400 € = 7679 € zu berücksichtigende Einkünfte und Bezüge. Somit haben die Eltern noch Anspruch auf Kindergeld für Konstantin.

3.8.3 Werbungskosten

Werbungskosten sind **alle Aufwendungen, die durch den Beruf** (Berufsausbildung) **verursacht sind.**

3.8 Eigene Einkünfte und Bezüge des Kindes über 18 Jahre

Als Werbungskosten anzusehen sind insbesondere:
- Aufwendungen für Fahrten zwischen Wohnung und Arbeitsstätte (Neuregelung ab 2007)
- Beiträge zu Berufsverbänden und Gewerkschaften
- Aufwendungen für Arbeitsmittel
- Sonstige Arbeitsmittel
- Werkzeuge
- Aufwendungen für Dienstreisen
- Aufwendungen für doppelte Haushaltsführung
- Arbeitszimmer
- Bewerbungskosten
- Fortbildungskosten
- Gezahlte Kontoführungsgebühren
- Unfallkosten (Neuregelung ab 2007)

➤ **Aufwendungen für Fahrten zwischen Wohnung und Arbeitsstätte/ Ausbildungsstätte/Arbeitsplatz – Regelung gültig bis einschließlich 2006, d. h. 31.12.2006**

Fahrkosten für Fahrten z. B. zur Hochschule sind als besondere Ausbildungskosten zu berücksichtigen.

Für Fahrten zwischen Wohnung und Arbeitsstätte wurde ab dem Kalenderjahr 2001 eine so genannte Entfernungspauschale eingeführt. Danach galt Folgendes:

- für jeden Arbeitstag, an dem der Arbeitnehmer die Arbeitsstätte (Ausbildungsstätte) aufsucht, ist unabhängig vom benutzten Beförderungsmittel (PKW/Motorrad/öffentliche Verkehrsmittel etc.) –
- **0,30 € für jeden vollen Entfernungskilometer**

der Entfernung Wohnung–Arbeitsstätte anzusetzen, höchstens jedoch 4500 €.

Mehr als 4500 € sind nur dann anzusetzen, wenn der Arbeitnehmer (Auszubildende) einen eigenen oder ihm zur Nutzung überlassenen Kraftwagen benutzt.

Durch die Entfernungspauschalen sind sämtliche Aufwendungen, die durch Wege zwischen Wohnung und Arbeitsstätte entstehen, abgegolten.

Aufwendungen für die Benutzung öffentlicher Verkehrsmittel können angesetzt werden, soweit sie den als Entfernungspauschale abziehbaren Betrag übersteigen.

A. Materielles Kindergeldrecht

Werden keine Angaben zur Anzahl der Fahrten gemacht, geht man davon aus, dass die Aufwendungen an 210 Arbeitstagen entstanden sind.

Beispiel:

1 Marina wird zur Bankkauffrau ausgebildet. Sie muss täglich von ihrem Wohnort 40 km (einfache Strecke) zu ihrer Ausbildungsstätte fahren. Für diese Fahrten benutzt sie einen eigenen Wagen, den ihr die Eltern zum 18. Geburtstag geschenkt haben.

Sie beantragt, die Fahrten zwischen Wohnung und Arbeitsstätte als Werbungskosten zu berücksichtigen.

Berechnung:

40 km × 0,30 € × 210 Arbeitstage = 2520 €

Bei der Einkommensberechnung für Marina können nun anstatt des Arbeitnehmer-Pauschbetrages in Höhe von 920 € die errechneten Werbungskosten in Höhe von 2520 € berücksichtigt werden.

Bei einer monatlichen Ausbildungsvergütung von 800 € (reduziert um den Eigenanteil an den SV-Beiträgen) ergibt sich folgende Vergleichsberechnung:

12 × 800 € Ausbildungsvergütung	=	9 600 €
1 Sonderzahlung	=	600 €
jährliche Vergütung	=	10 200 €
./. Arbeitnehmer-Pauschbetrag	=	920 €
zu berücksichtigende Einkünfte	=	9 280 €

Damit könnte Marina bei der Kindergeldzahlung nicht mehr berücksichtigt werden.

Durch die erhöhten Werbungskosten ergibt sich folgende Berechnung:

12 × 800 € Ausbildungsvergütung	=	9 600 €
1 Sonderzahlung	=	600 €
jährliche Vergütung	=	10 200 €
./. errechnete Werbungskosten	=	2 520 €
zu berücksichtigendes Einkommen	=	7 680 €

Durch den Abzug der dem Arbeitnehmer-Pauschbetrag gegenüber höheren Werbungskosten besteht somit für Marina für das laufende Jahr noch ein Anspruch auf Kindergeld.

▶ **Aufwendungen für Fahrten zwischen Wohnung und Arbeitsstätte – Regelung ab 1.1.2007**

Mit dem Steueränderungsgesetz 2007 vom 19.7.2006 (BGBl. I S. 1652) werden diese Regelungen ganz erheblich verändert.

Der Begriff der Betriebsausgaben und der Werbungskosten wird so gefasst, dass künftig hierzu grundsätzlich nicht mehr Aufwendungen für Fahrten zwischen Wohnung und Arbeitsstätte bzw. Wohnung und Betrieb rechnen.

3.8 Eigene Einkünfte und Bezüge des Kindes über 18 Jahre

Der Gesetzgeber weist damit Fahrtkosten nach dem so genannten „Werkstorprinzip" grundsätzlich dem Privatbereich zu. Die Arbeitsstätte wird ausschließlich der Berufssphäre, das Wohnen dagegen dem (steuerlich nicht zu berücksichtigen) Privatbereich zugeordnet.

Zur Vermeidung von Härten für „Fernpendler" wird aber der Abzug von solchen Aufwendungen „wie" Werbungskosten dann zugelassen, wenn die Entfernung, die der Arbeitnehmer täglich zurücklegen muss, mehr als 20 km beträgt; d. h. also ab dem 21. Entfernungskilometer.

Beispiel:

2   Marina wird zur Bankkauffrau ausgebildet. Sie muss täglich von ihrem Wohnort 40 km (einfache Strecke) zu ihrer Ausbildungsstätte fahren. Für diese Fahrten benutzt sie einen eigenen Wagen, den ihr die Eltern zum 18. Geburtstag geschenkt haben.

Sie beantragt, die Fahrten zwischen Wohnung und Arbeitsstätte als Werbungskosten zu berücksichtigen.

Bis einschließlich 2006 kann Marina 40 km × 0,30 € × 210 Arbeitstage = 2520 € als Werbungskosten für Fahrten Wohnung/Arbeitsstätte geltend machen (Berechnung der Einkünfte und Bezüge siehe Beispiel oben).

Ab dem Jahr 2007 sieht die Berechnung wie folgt aus:

20 km × 0,30 € × 219 Arbeitstage = 1260 € also nur noch die Hälfte.

Dadurch ergibt sich folgende Berechnung:

12 × 800 € Ausbildungsvergütung	=	9 600 €
1 Sonderzahlung	=	600 €
jährliche Vergütung	=	10 200 €
./. errechnete Werbungskosten	=	1 260 €
zu berücksichtigendes Einkommen	=	8 940 €

Marina kann damit ab dem Jahr 2007 bei der Kindergeldfestsetzung nicht mehr berücksichtigt werden, da die Einkünfte und Bezüge den Grenzbetrag überschreiten.

Keine Änderung gegenüber der bisherigen Regelung ergibt sich für Familienheimfahrten und für die Regelungen bei behinderten Menschen (Abzugsfähigkeit der tatsächlichen Fahrzeugaufwendungen für die Gesamtwegstrecke wie Werbungskosten). Hierbei handelt es sich ebenfalls um eine „Härtefallregelung".

Mit der Entfernungspauschale werden nunmehr auch die Kosten für die Nutzung des öffentlichen Personennahverkehrs (ÖPNV) abgegolten. Die bisherige Rechtslage, dass über die Entfernungspauschale hinausgehende Kosten bei der Nutzung des ÖPNV ebenfalls als Werbungskosten abgezogen werden können, wird ab dem Jahr 2007 aufgegeben.

A. Materielles Kindergeldrecht

Weiter können neben der Entfernungspauschale keine zusätzlichen Aufwendungen mehr abgezogen werden (z. B. Unfallkosten bei einer Fahrt zwischen Wohnung/Arbeitsstätte).

Der steuerlich anerkennungsfähige Höchstbetrag beträgt weiterhin 4500 € jährlich; höhere Aufwendungen werden „wie Werbungskosten" dann anerkannt, wenn sie durch Nutzung eines PKW entstehen.

Beispiel:

3   Gesine fährt mit der Eisenbahn und der Straßenbahn von ihrem Wohnort zu ihrer Ausbildungsstätte. Die einfache Entfernung beträgt 110 km. Hierfür erwirbt sie jeweils eine Jahreskarte. Die Aufwendungen hierfür betragen 4740 € jährlich. „Wie Werbungskosten" geltend machen kann Gesine dagegen nur 4500 €.

Wenn Gesine täglich mit ihrem PKW zur Ausbildungsstätte fahren würde, sähe die Berechnung wie folgt aus:

110 km ./. 20 km = 90 km × 0,30 € × 220 Arbeitstagen im Jahr = 5940 €.

Gesine kann die ganzen 5940 € „wie Werbungskosten" geltend machen.

Weitere Werbungskosten können geltend gemacht werden für:

➤ **Beiträge zu Berufsverbänden und Gewerkschaften**

➤ **Aufwendungen für Arbeitsmittel (z. B. Fachbücher, Fachzeitschriften, Werkzeuge, typische Berufskleidung etc.).**

Berufskleidung ist nur dann als Werbungskosten absetzbar, wenn sie wegen ihrer Beschaffenheit nur zur beruflichen Verwendung bestimmt ist und wegen der Eigenheit des Berufes nötig ist (z. B. Schutzkleidung wie Arbeitskittel, Sicherheitsschuhe etc.).

Hinweis:

Bei der Prüfung kann eventuell der Geschäftsname auf dem vorgelegten Einkaufsbeleg helfen! ⇒ Fachhandel für Berufskleidung

Nur, **wenn die Anschaffungskosten** für typische Berufskleidung als Werbungskosten abzugsfähig wären, sind es auch die **Reinigungskosten.**

➤ **Sonstige Arbeitsmittel wie z. B. Fachbücher (aber keine allgemeinen Nachschlagewerke!), Computer, Möbel**

Berücksichtigt werden können Kosten, die durch ausbildungsbedingte oder berufliche Nutzung eines privat angeschafften PC entstehen. Bei der Berücksichtigung eines privat angeschafften Computers sind die entsprechenden Aufwendungen in Höhe des **ausbildungsbedingten bzw. beruflichen Nutzungsanteils** zum Abzug zugelassen, sofern der Umfang dieser

3.8 Eigene Einkünfte und Bezüge des Kindes über 18 Jahre

Nutzung **nachgewiesen oder glaubhaft** gemacht wird. Der Kaufpreis ist dabei gleichmäßig auf 3 Jahre zu verteilen.

Beispiel:

4   Ein Kind ist in der Berufsausbildung zum Mediengestalter. Im Rahmen der Prüfung der Einkünfte und Bezüge legen Ihnen die Kindergeldberechtigten eine Erklärung zu den Werbungskosten vor. Aus der Erklärung ist zu entnehmen, dass sich das Kind im Dezember einen PC mit Drucker und allem Zubehör für 1500 € gekauft hat. Das Kind erklärt, dass es den PC im Rahmen seiner Ausbildung zu 60 % nutzen muss. Diese Erklärung bei dem Ausbildungsberuf „Mediengestalter" erscheint Ihnen glaubhaft. Die Anschaffungskosten des PC sind nun wie folgt zu berücksichtigen:

Im Jahr der Anschaffung oder Herstellung vermindert sich für dieses Jahr der Absetzungsbetrag um jeweils $1/12$ für jeden vollen Monat, der dem Monat der Anschaffung oder Herstellung vorangeht.

Von 1500 € 60 % = 900 € : 3 Jahre Nutzungsdauer = 300 € jährlich.

Im Kaufjahr können daher $1/12$ von 300 € = 25 €, in den beiden folgenden Jahren jeweils 300 € und in einem weiteren Jahr $11/12$ von 300 € = 275 € als Werbungskosten geltend gemacht werden.

Wenn das Kind nicht selbst, sondern z. B. die Eltern den PC gekauft und dem Kind geschenkt haben, können trotzdem die anteiligen Aufwendungen beim Kind berücksichtigt werden. In diesen Fällen ist allerdings dem zuständigen Finanzamt eine Kontrollmitteilung zu übersenden, damit sichergestellt werden kann, dass die Aufwendungen nicht mehrmals berücksichtigt werden (beim Kind und dem Käufer des PC).

▶ **Werkzeuge**

Werkzeuge sind nur als Werbungskosten absetzbar, wenn sie nahezu ausschließlich zur Erledigung der beruflichen Aufgaben dienen (ggf. detaillierte Angaben zur beruflichen Tätigkeit anfordern bzw. um Mitteilung bitten, zu welchem Zweck und in welchem Umfang das Arbeitsmittel eingesetzt wird; hilfreich ist z. B. auch eine Bescheinigung des Arbeitgebers).

▶ **Reparatur und Wartung der als Werbungskosten anzuerkennenden Arbeitsmittel**

Die Reparatur und Wartung der als Werbungskosten anzuerkennenden Arbeitsmittel sind in voller Höhe als Werbungskosten abzugsfähig.

Die Absetzung von Werbungskosten beim Kauf von Computern oder Büromöbeln etc. kann vereinfacht wie folgt berechnet werden:

- sofern die Anschaffungskosten unter 409 € netto (ohne MwSt.) liegen, können die Kosten in voller Höhe im Jahr des Kaufs als Werbungskosten abgesetzt werden.

A. Materielles Kindergeldrecht

- Liegen die Anschaffungskosten über 409 € (ohne MwSt.) und ist von einer Nutzungsdauer von mehr als einem Jahr auszugehen, so sind die Anschaffungskosten auf die voraussichtliche Nutzungsdauer zu verteilen.

Nutzungsdauer für technische Geräte	=	ca. 5 Jahre*
Nutzungsdauer für Möbel	=	ca. 10 Jahre
*ab Kaufjahr 1997	=	4 Jahre, PC = 3 Jahre

Für die Abschreibung im Kaufjahr gilt:

Im Jahr der Anschaffung des Arbeitsmittels kommt es auf den Kaufmonat an, denn der Absetzungsbetrag vermindert sich in diesem Jahr um jeweils $1/12$ für jeden vollen Monat, der dem Monat der Anschaffung vorangeht.

➤ **AfA bei gebraucht gekauften Gegenständen**

Die Anschaffungs- bzw. Herstellungskosten von Arbeitsmitteln von **mehr als netto 410 Euro** sind auf die Kalenderjahre der voraussichtlichen gesamten Nutzungsdauer des Arbeitsmittels zu verteilen (vgl. § 9 Abs. 1 S. 3 Nr. 7 i. V. m. § 6 Abs. 2 S. 1 und § 7 Abs. 1 S. 1 EStG). Unter der Nutzungsdauer ist dabei derjenige Zeitraum zu verstehen, in dem das Arbeitsmittel erfahrungsgemäß verwendet oder genutzt werden kann (BFH-Urteil vom 19. November 1997, BStBl II 1998 S. 59).

Bei gebraucht angeschafften Arbeitsmitteln ist nach der BFH-Rechtsprechung auf die Restnutzungsdauer abzustellen.

Wie sich bereits aus dem Begriff der Restnutzungsdauer ergibt, kann bei gebraucht angeschafften Arbeitsmitteln grundsätzlich nur derjenige Zeitraum anerkannt werden, für den diese nach Art und Beschaffenheit noch genutzt werden können. Genauso wie die AfA-Tabellen des Bundesministeriums der Finanzen als Hilfsmittel für die Schätzung der Nutzungsdauer eines Wirtschaftsgutes bzw. Arbeitsmittels dienen können, können sie aus hiesiger Sicht auch der Schätzung der Restnutzungsdauer zu Grunde gelegt werden.

Der Berechtigte kann hiervon abweichend jedoch darlegen, dass und für welchen Zeitraum das gebraucht angeschaffte Arbeitsmittel noch genutzt werden kann (BFH-Urteil vom 3. Juli 1980, BStBl II 1981, S. 255). So kann er beispielsweise geltend machen, dass der gebraucht angeschaffte Computer noch für die restliche Dauer der Ausbildung seines Kindes nutzbar ist. Bei diesem Sachverhalt ist dann als Restnutzungsdauer die vom Berechtigten glaubhaft gemachte Restnutzungsdauer bei der Festsetzung der AfA zu Grunde zu legen.

3.8 Eigene Einkünfte und Bezüge des Kindes über 18 Jahre

➤ Dienstreise

Eine Dienstreise liegt vor, wenn der Arbeitnehmer
- aus beruflichen Gründen
- außerhalb seiner Wohnung **und** seiner regelmäßigen Arbeitsstätte
- vorübergehend beruflich tätig ist.

Dauert diese auswärtige Tätigkeit an derselben Tätigkeitsstätte länger als 3 Monate, können als Dienstreise nur die ersten 3 Monate anerkannt werden. Nach Ablauf von 3 Monaten wird die auswärtige Tätigkeitsstätte zur regelmäßigen Arbeitsstätte. Wenn sich die Tätigkeitsstelle ständig ändert (z. B. Einsatzwechseltätigkeit), liegt keine Dienstreise vor.

Die Dienstreise kann nur für die ersten 3 Monate der vorübergehenden auswärtigen Tätigkeit anerkannt werden.

Beispiel:

Kind nimmt vom 1.4. bis 15.9. an einem überbetrieblichen Lehrgang teil. Eine Dienstreise kann anerkannt werden vom 1.4. bis 30.6. (danach – bei einem eigenen Haushalt – evt. Anerkennung einer doppelten Haushaltsführung).

Der Lauf der Dreimonatsfrist wird nicht unterbrochen, wenn das Kind wegen Urlaub oder Krankheit die Dienstreise unterbrechen muss (unabhängig von der Dauer).

Beispiel:

Vorübergehende auswärtige Tätigkeit vom 3.3. bis 30.8. Eine Dienstreise kann anerkannt werden vom 3.3. bis 2.6. Das Kind ist arbeitsunfähig erkrankt vom 10.4. bis 16.5. Die Dreimonatsfrist läuft dessen ungeachtet nur bis 2.6.

Liegen andere Unterbrechungen vor, beginnt die Frist allerdings neu zu laufen, wenn diese Unterbrechungen mindestens 4 Wochen dauern.

Beispiel:

Vorübergehende auswärtige Tätigkeit vom 3.3. bis 30.8. Eine Dienstreise kann anerkannt werden vom 3.3. bis 2.6. Das Kind muss wegen eines personellen Engpasses für die Zeit vom 8.4. bis 15.5. (mehr als 4 Wochen) an seiner regelmäßigen Arbeitsstätte arbeiten. Die Dreimonatsfrist beginnt erneut zu laufen vom 16.5. bis 15.8.. Eine Dienstreise kann somit anerkannt werden vom 3.3. bis 7.4. und vom 16.5. bis 15.8.

Blockunterricht

Wird die Berufsschule als Blockunterricht besucht, ist grundsätzlich eine Dienstreise anzuerkennen. Die Dreimonatsfrist ist zu beachten.

A. Materielles Kindergeldrecht

Beispiel:

Blockunterricht vom 1.3.–30.6. Die Fahrten erfolgen mit dem eigenen PKW. Dienstreise liegt vor vom 1.3.–31.5. Pro gefahrenem Kilometer werden 0,30 € und ggf. die Verpflegungsmehraufwendungen berücksichtigt. Ab 1.6. kann für die Fahrten lediglich noch die Entfernungspauschale gewährt werden. Verpflegungsmehraufwendungen sind nicht mehr zu berücksichtigen.

Wöchentlicher Besuch der Berufschule

Der wöchentliche ein- oder zweimalige Besuch der Berufsschule stellt jeweils eine eigenständige Dienstreise dar. Eine Begrenzung auf 3 Monate kommt nicht in Betracht.

„Dreiecks"-Fahrten zwischen Wohnung, Berufsschule und Ausbildungsstätte bis 2006; ab 2007 die Neuregelung der Fahrten Wohnung–Arbeitsstätte beachten.

Bei „Dreiecks"-Fahrten zwischen Wohnung, Berufsschule und Ausbildungsstätte kann eine Dienstreise nur anerkannt werden für die Zeit vom Verlassen der Wohnung bis zum Beginn der Tätigkeit im Ausbildungsbetrieb.

Beispiel:

Der Auszubildende verlässt morgens um 7.00 Uhr die Wohnung, um zur Berufsschule zu fahren. Ankunft an der Berufsschule um 7.30 Uhr (gefahrene Kilometer 30 km). Um 13.00 Uhr verlässt er die Berufsschule und fährt zum Ausbildungsbetrieb (gefahrene Kilometer 20 km). Um 13.30 Uhr kommt er im Ausbildungsbetrieb an. Dort arbeitet er bis 17.00 Uhr und kehrt zur Wohnung zurück (Ankunft an der Wohnung um 17.30 Uhr; 14 km).
Berechnung der absetzungsfähigen Kosten:
Dienstreise von 7.00–13.30 Uhr (endet am Ausbildungsbetrieb)

gefahrene Kilometer (30 km + 20 km) × 0,30 €
Keine Verpflegungsmehraufwendungen, da nicht mindestens 8 Stunden
Pendelfahrt vom Ausbildungsbetrieb zur Wohnung
14 km × 0,15 €

Anzusetzen ist grundsätzlich nur die Entfernungspauschale. In diesem Fall aber nur die Hälfte der Entfernungspauschale, da der Weg nur einfach zurückgelegt wird (die Entfernungspauschale soll grundsätzlich Hin- und Rückfahrt abdecken).

Welche Kosten können berücksichtigt werden?

- Fahrtkosten
- Verpflegungsmehraufwendungen
- Übernachtungskosten
- Reisenebenkosten

3.8 Eigene Einkünfte und Bezüge des Kindes über 18 Jahre

Fahrtkosten

Es werden berücksichtigt:

- die Fahrten zwischen Wohnung oder regelmäßiger Ausbildungsstätte und der auswärtigen Tätigkeitsstätte einschließlich aller Zwischenheimfahrten
- Fahrten am auswärtigen Beschäftigungsort zwischen Unterkunft und Tätigkeitsstätte

Bei Benutzung der öffentlichen Verkehrsmittel werden die tatsächlichen Kosten und bei Benutzung des eigenen PKW wird die Pauschale von 0,30 € berücksichtigt.

Verpflegungsmehraufwendungen

Ein Ansatz tatsächlicher Kosten kommt nicht in Betracht. Es kann pro Kalendertag der Abwesenheit von der Wohnung die entsprechende Pauschale berücksichtigt werden:

- mindestens 8 Stunden, aber weniger als 14 Stunden = 6 €
- mindestens 14 Stunden, aber weniger als 24 Stunden = 12 €

Die Abwesenheitsdauer wird berechnet vom Verlassen der Wohnung an, wenn die Dienstreise von der Wohnung aus angetreten wird (ansonsten von der regelmäßigen Ausbildungsstätte an, wenn die Dienstreise von dort aus angetreten wird). Gleiches gilt für die Rückkehr von der Dienstreise.

Übernachtungskosten

Nur die tatsächlich nachgewiesenen Kosten sind abzugsfähig (Miete, Hotelkosten). Ist im Rechnungsbetrag des Hotels Frühstück enthalten, muss ein Betrag von 4,50 € pro Tag von den Übernachtungskosten in Abzug gebracht werden.

Reisenebenkosten

Z. B. Gepäckkosten, Parkplatzgebühren, Kosten für berufliche Telefonate und Schriftverkehr. Nicht berücksichtigt werden können z. B. Ausgaben für Reiseausrüstung (Koffer) oder Bekleidungskosten.

> **Achtung!!**
> Erstattungen des Arbeitgebers sind von den geltend gemachten Werbungskosten abzuziehen. Sind die Erstattungsleistungen des Arbeitgebers höher als die geltend gemachten Werbungskosten, handelt es sich hierbei um steuerpflichtige Einkünfte.

A. Materielles Kindergeldrecht

▶ **Aufwendungen für doppelte Haushaltsführung**

Aufwendungen für doppelte Haushaltsführung in Form von

- Fahrtkosten
- Verpflegungsmehraufwendungen und
- Aufwendungen für die Zweitwohnung (z. B. Kosten für die Anmietung eines möblierten Zimmers, Hotelkosten, Kosten einer Gemeinschaftsunterkunft)

können anerkannt werden.

Als Voraussetzung für die Anerkennung gilt Folgendes:

Verheiratete und Alleinstehende mit eigenem Hausstand

- Die Zweitwohnung am auswärtigen Beschäftigungsort muss ausschließlich ausbildungsbedingt notwendig sein.
- Der Lebensmittelpunkt muss am bisherigen Wohnort verbleiben.
  (Sofern mindestens ein- bis zweimal monatlich eine Familienheimfahrt durchgeführt wird, kann eine Beibehaltung des Lebensmittelpunktes am bisherigen Wohnort unterstellt werden).
- Am bisherigen Wohnort muss ein eigener Hausstand unterhalten werden.
  (Das Besitzen einer eigenen Wohnung reicht nicht aus! In der Wohnung muss vielmehr ein **regelmäßiger Haushalt** geführt werden, der von dem Kind wesentlich bestimmt oder mitbestimmt wird).

Alleinstehende ohne eigenen Hausstand

Bei Alleinstehenden ohne eigenen Hausstand, die am bisherigen Wohnort ihren Lebensmittelpunkt beibehalten, aber z. B. noch in der Wohnung ihrer Eltern leben, werden die **ersten drei Monaten** der auswärtigen Tätigkeit wie eine **Dienstreise** behandelt.

Ab dem vierten Monat nach Beginn der Beschäftigung am auswärtigen Arbeitsort sind weitere Aufwendungen (Doppelte Haushaltsführung/ Dienstreise) nicht mehr berücksichtigungsfähig.

Welche Aufwendungen sind bei der Berücksichtigung der doppelten Haushaltsführung abzugsfähig?

- **Fahrtkosten zwischen Zweitwohnung und Arbeitsplatz**
  Abzugsfähig als Werbungskosten ist die Entfernungspauschale (s. Aufwendungen für Fahrten zwischen Wohnung und Arbeitsstätte). Gilt auch ab Januar 2004 weiter, da Fahrten zwischen Wohnung und Arbeitsstätte ja stets berücksichtigungsfähig sind (aber Neuregelung ab 2007 beachten) – siehe dort.

3.8 Eigene Einkünfte und Bezüge des Kindes über 18 Jahre

- **Fahrtkosten für eine tatsächlich durchgeführte Familienheimfahrt pro Woche**

  Abzugsfähig als Werbungskosten ist die Entfernungspauschale (für PKW z. B. 0,40 €/km) ohne Begrenzung auf 5112 € jährlich bzw. bei Benutzung öffentlicher Verkehrsmittel die Höhe der Kosten für eine Fahrkarte. Ab Januar 2004 können „Heimfahrten" als Fahrten zwischen Wohnung und Arbeitsstätte (aber Neuregelung ab 2007 beachten) berücksichtigt werden, wenn der Mittelpunkt des Lebensinteresses weiterhin am bisherigen Wohnort verblieben ist; dazu ist es erforderlich, mindestens zweimal im Monat an den angestammten Ort zurückzukehren.

- **Fahrtkosten für die erste Fahrt zu Beginn und die letzte Fahrt am Ende der doppelten Haushaltsführung (ab Januar 2004 nur als Fahrt zwischen Wohnung und Arbeitsstätte ansetzen, wenn die im letzten Absatz genannten Bedingungen erfüllt sind)**

  - Bei Benutzung öffentlicher Verkehrsmittel, die tatsächlichen Aufwendungen für Fahrkarte, Zuschläge, Platzreservierung)
  - Bei Benutzung eines PKW/Motorrades etc. die tatsächlichen nachgewiesenen Kosten (Belege von Benzinrechnungen und etwaigen Nebenkosten) oder Berücksichtigung über die Kilometerpauschalen:

  PKW: = pro gefahrenen Kilometer 0,30 €

  Motorrad: = pro gefahrenen Kilometer 0,12 €

Verpflegungsmehraufwendungen können nur für die ersten **drei Monate** nach Aufnahme der auswärtigen Ausbildung am neuen Wohnort berücksichtigt werden, und zwar für jeden Kalendertag der Abwesenheit vom bisherigen Wohnort.

Berücksichtigungsfähig sind bei einer Abwesenheit von:

Mindestens 8 Stunden	6 €
Mindestens 14 Stunden	12 €
24 Stunden	24 €.

Bei einem Auszubildenden, der vorübergehend von seiner regelmäßigen Ausbildungsstätte an auswärtige Ausbildungsstätten abgeordnet wird, ist **jeweils für die ersten drei Monate** der Verpflegungsmehraufwand zu berücksichtigen.

Aufwendungen für die Zweitwohnung

Als Werbungskosten können berücksichtigt werden:

- Miete, Strom-, Wasser-, Reinigungs- und ähnliche Nebenkosten für eine angemessene Wohnungsgröße (Richtlinie: ca. bis zu 60 qm für einen Alleinstehenden).

A. Materielles Kindergeldrecht

- einfaches Mobiliar und einfache Haushaltsgegenstände, die ein Alleinstehender unbedingt zum Leben braucht (z. B. Geschirr, Bettzeug, Kühlschrank, Radio oder Fernsehgerät).

➤ **Arbeitszimmer**

(für die Berechnung der Werbungskosten in Fällen der Familienkasse kaum relevant)

➤ **Bewerbungskosten**

z. B. – Inseratkosten
- Telefonkosten
- Portokosten
- Fotokopierkosten
- Reisekosten anlässlich einer Vorstellung

➤ **Fortbildungskosten**

➤ **Gezahlte Kontoführungsgebühren**

➤ **Unfallkosten (nur noch bis einschließlich 2006)**

Die Überschrift zu DA 63.4.2.8 wird wie folgt geändert (Schreiben BfF v. 17. Juni 2005)

➤ **Besondere Ausbildungskosten und Pflichtbeiträge zur gesetzlichen Sozialversicherung**

Nach einem Urteil des BFH vom 14. November 2000 VI R 62/97, veröffentlicht im BStBl II 2001 S. 491 können besondere Ausbildungskosten (Kosten die nicht im Rahmen der Werbungskosten berücksichtigt werden können) bei der Berechnung der Einkünfte und Bezüge gem. § 32 Abs. 4 EStG berücksichtigt werden, z. B.:

- Studiengebühren im In- oder Ausland (die üblichen Semester- oder Rückmeldegebühren zählen nicht hierzu)
- Anschaffungskosten für Fachliteratur
- Fahrtkosten zur Ausbildungsstätte; z. B. Universität, Fachhochschule etc.
- Kosten für Studienfahrten
- Sprachschulgebühren etc.

Aufwendungen für die Unterbringung und Verpflegung im In- und Ausland sind im Grenzbetrag nach § 32 Abs. 4 Satz 2 EStG bereits enthalten und können daher nicht abgezogen werden. Somit scheidet eine Berücksichtigung nach den Grundsätzen der doppelten Haushaltführung ebenfalls aus. Ansonsten sind die Grundsätze zur Ermittlung der Werbungskosten z. B.

3.8 Eigene Einkünfte und Bezüge des Kindes über 18 Jahre

Aufwendungen Fahrten Wohnung/Arbeitsstätte (Neuregelung ab 2007 beachten), sinngemäß anzuwenden.

Die besonderen Ausbildungskosten können nach folgendem Schema im Rahmen der Einkünfte- und Bezüge-Ermittlung berücksichtigt werden:

1. Ermittlung der steuerpflichtigen Einnahmen abzüglich der nachgewiesenen Werbungskosten oder des Werbungskostenpauschbetrages (§§ 9, 9a EStG) bzw. der Betriebsausgaben (§ 4 EStG).
2. Ermittlung der Bezüge abzüglich der Kostenpauschale von 180 €.
3. Berechnung der **Summe aller Einkünfte und Bezüge**.
4. Ermittlung der nachgewiesenen besonderen Ausbildungskosten (Ersatzleistungen – wie z. B. das Büchergeld bei Stipendien, nicht als Bezug angesetzte Ausbildungshilfen s. DA 63.4.2.6 Abs. 4 S. 4, sind von den geltend gemachten Aufwendungen abzuziehen).
5. Die ermittelten Einkünfte und Bezüge abzüglich der ermittelten besonderen Ausbildungskosten ergeben die Summe der zu berücksichtigenden Einkünfte und Bezüge, die dem Grenzbetrag gem. § 32 Abs. 4 Satz 2 gegenüberzustellen sind.

Nachfolgend hierzu einige Beispiele:

Beispiele:

1 Markus studiert an einer staatlich anerkannten Akademie Industriedesign. Da ihn seine Eltern nicht finanziell unterstützen können, verdient sich Markus durch Studentenjobs (nichtselbständige Tätigkeiten) seinen Lebensunterhalt. Seine Bruttoeinnahmen (nach Abzug seines Eigenanteils an den SV-Beiträgen) betragen im Jahr voraussichtlich 9900 €. Von diesen Einkünften muss er jährliche Studiengebühren in Höhe von 3800 € bezahlen.

Von seinen Bruttoeinnahmen verbleiben nach Abzug des Werbungskostenpauschbetrages von 920 € noch Einkünfte in Höhe von 8980 €. Damit lägen die Einkünfte und Bezüge von Markus über dem maßgeblichen Grenzbetrag von 7680 €. Nach Abzug der Studiengebühren von 3800 € betragen die zu berücksichtigenden Einkünfte nur noch 5180 € und liegen damit unter dem maßgeblichen Grenzbetrag; er löst somit noch einen Anspruch auf Kindergeld aus.

2 Hans wohnt in Hannover bei seinen Eltern und studiert in Düsseldorf. Er hat im Jahr Einnahmen von 10 330 € aus verschiedenen Studentenjobs. Die Miete für seine Wohnung in Düsseldorf beträgt jährlich 6100 €. Des Weiteren muss er Studentenwerksbeiträge in Höhe von 50 € und Beiträge zur Kranken- und Pflegeversicherung in Höhe von 600 € entrichten. Für studienbezogene Fachliteratur muss er 200 € aufwenden. Die Heimfahrten nach Hannover zu seinen Eltern kosten ihn jährlich 1200 €. Die Jahreskarte für Fahrten zwischen seiner Düsseldorfer Wohnung und der Universität kostet 300 €.

Die Aufwendungen für die auswärtige Wohnung und die Versicherungsbeiträge können nicht berücksichtigt werden. Die Mietkosten gehören zu den Kos-

A. Materielles Kindergeldrecht

ten der allgemeinen Lebensführung und die Versicherungsbeiträge sind im Jahresgrenzbetrag des § 32 Abs. 4 Satz 2 EStG bereits enthalten.
Nach Abzug des Werbungskostenpauschbetrages von 920 € verbleiben 9410 €. Die Bücher für das Studium, die Studentenwerksbeiträge und sämtliche Fahrtkosten können als besondere Ausbildungskosten nach § 32 Abs. 4 Satz 3 EStG von den Einkünften abgezogen werden. Insgesamt können 1750 € an besonderen Ausbildungskosten berücksichtigt werden. Danach verbleiben noch Einkünfte von 7660 €, so dass ein Anspruch auf Kindergeld für das Jahr besteht.

3   Claudia studiert in Hannover Tiermedizin. Da ihre Eltern nicht vermögend sind, erhält sie Bafögleistungen in Höhe von je 280 € als Zuschuss und Darlehen. Außerdem jobbt sie nebenbei in der Tierklinik der Universität und erzielt Einnahmen in Höhe von 7200 € jährlich. Für ihr Studium benötigt sie Fachliteratur im Wert von 300 € jährlich. Sie fährt mit ihrem PKW zur Universität und zur Arbeit; und zwar an 150 Tagen von ihrer Wohnung zur Universität 30 km (einfache Entfernung) und an 210 Tagen von ihrer Wohnung zu ihrer Arbeitsstätte 30 km (einfache Entfernung).

Berechnung der Einkünfte und Bezüge 2006:

Einnahmen aus nichtselbständiger Tätigkeit	7200 €	
./. Werbungskosten: 30 km × 0,30 € × 210 Tage =	1890 €	
Einkünfte		= 5310 €
Bezüge: Bafög-Zuschuss 280 € × 12	3360 €	
./. Kostenpauschale	180 €	= 3180 €
Einkünfte und Bezüge		8490 €
./. besondere Ausbildungskosten: Fachliteratur 30 km × 0,30 € × 150 Tage	300 € 1350 €	1650 €
zu berücksichtigende Einkünfte und Bezüge		6840 €

Ohne Berücksichtigung der besonderen Ausbildungskosten würde Claudia, da die Einkünfte und Bezüge den maßgeblichen Grenzbetrag von 7680 € übersteigen, nicht bei der Kindergeldfestsetzung berücksichtigt werden. Durch die Berücksichtigung der besonderen Ausbildungskosten unterschreiten die Einkünfte und Bezüge den maßgeblichen Grenzbetrag deutlich. Eine Berücksichtigung ist daher möglich.

Ab dem Jahr 2007 sieht die Berechnung folgendermaßen aus:

Einnahmen aus nichtselbständiger Tätigkeit	7200 €	
./. Werbungskosten: 30 km ./. 20 km = 10 × 0,30 € × 210 Tage = 630 € (aber mindestens AN-Pauschbetrag)	920 €	
Einkünfte		= 6280 €
Bezüge: Bafög-Zuschuss 280 € × 12	3360 €	
./. Kostenpauschale	180 €	= 3180 €

3.8 Eigene Einkünfte und Bezüge des Kindes über 18 Jahre

Einkünfte und Bezüge		9460 €
./. besondere Ausbildungskosten: Fachliteratur 30 km ./. 20 km = 10 × 0,30 € ×150 Tage	300 € 450 €	750 €
zu berücksichtigende Einkünfte und Bezüge		8710 €

Die Einkünfte und Bezüge überschreiten den maßgeblichen Grenzbetrag. Eine weitere Berücksichtigung ab dem Jahr 2007 ist daher nicht mehr möglich.

Das Bundesverfassungsgericht (BVerfG) hat mit Beschluss vom 11. Januar 2005 – 2 BvR 167/02 – entschieden, dass die Einbeziehung von gesetzlichen Pflichtbeiträgen zur Sozialversicherung des Kindes in die Bemessungsgrundlage für den Jahresgrenzbetrag gemäß § 32 Abs. 4 Satz 2 EStG zu Lasten der unterhaltsverpflichtenden Eltern gegen den allgemeinen Gleichheitssatz des Art. 3 Abs. 1 GG verstößt.

In Höhe der **Arbeitnehmeranteile der gesetzlichen Pflichtbeiträge zur Sozialversicherung** (Renten-, Kranken-, Pflege-, und Arbeitslosenversicherung). Die vom Arbeitgeber abgeführt werden und deshalb nicht in den Verfügungsbereich des Arbeitnehmers gelangen, können Einkünfte des Kindes keine Minderung der Unterhaltslasten und somit auch keine Erhöhung der Leistungsfähigkeit der unterhaltsverpflichteten Eltern bewirken.

Der volle Beitrag zur Krankenversicherung beträgt zzt. je nach Krankenkasse ca. 13–15%; er wird zu ½ vom AG und AN aufgebracht. Ab 1.7.2005 werden die Gesamtbeiträge um 0,9%-Punkte gesenkt. Der AN-Anteil erhöht sich aber um diese 0,9% (§ 241a SGB V).

Der volle Beitrag zur Arbeitslosenversicherung beträgt zzt. 6,5%; er wird zu ½ vom AG und AN aufgebracht. Ab 2007 wird der volle Beitrag zur Arbeitslosenversicherung auf 4,3% gesenkt.

Der volle Beitrag zur Rentenversicherung beträgt zzt. 19,5%, ab 2007 19,9%; er wird zu ½ vom AG und AN aufgebracht.

Der volle Beitrag zur Pflegeversicherung beträgt zzt. 1,7%; er wird zu ½ vom AG und AN aufgebracht. Nach Ablauf des Monats in dem der AN das 23. Lebensjahr vollendet, steigt der AN-Anteil um 0,25% auf 1,10% statt 0,85% (§ 55 Abs. 3 SGB XI).

Als Nachweisführung kann nach Ablauf des Jahres die vom Arbeitgeber bescheinigten SV-Beiträge des Kindes herangezogen werden.

Der Steuerbescheid ist als Nachweis nicht geeignet, da dieser die Sonderausgaben ausweist, die neben dem Eigenanteil am SV-Beitrag auch andere Versicherungsbeträge (z. B. LV) umfassen.

A. Materielles Kindergeldrecht

Während und/oder zu Beginn des laufenden Jahres kann der vom Ausbilder/Arbeitgeber ausgefüllte Vordruck KG 4 als Nachweis gelten. Grundsätzlich gilt also:

- Berechnung der Beiträge nach den vorgelegten Lohn-/Gehaltsnachweisen
- Berechnung nach den Eintragungen des Arbeitgebers im KG 6
- Ansonsten eigene Berechnung auf der Basis der gesetzlichen Beitragssätze

Beispiel für die Berechnung der SV-Beiträge in einem geteilten Monat:

Ein 19 jähriges Kind beendet seine Ausbildung mit erfolgreicher Prüfung am 15.6. und wird vom ausbildenden Betrieb ab 16.6. in ein Arbeitsverhältnis übernommen. Die Ausbildungsvergütung vom 1.6. bis 15.6. beträgt 400,– € brutto, ab 16.6. erhält das Kind eine monatliche Vergütung von 1500,– €; für Juni werden 750,– € gezahlt. Der gesamte Beitragssatz an der Sozialversicherung beträgt 42,4 %. Für den Monat Juni führt der Betrieb 487,60 € an die Beitragseinzugsstelle ab; davon entfallen 243,80 € auf das Kind.

Kindergeldrechtlich relevant sind nur die Tage des Ausbildungsverhältnisses. Da die Voraussetzungen zur Berücksichtigung des Kindes nicht den gesamten Monat vorliegen, ist nach § 32 Abs. 4 S. 6 EStG nur die Ausbildungsvergütung von Bedeutung. Die auf diese entfallenden SV-Beiträge müssen von der Ausbildungsvergütung im Juni abgezogen werden. Der SV-Anteil des Kindes beträgt 21,2 % von 400,– €. Dies entspricht 84,80 €, die neben den Werbungskosten von der Ausbildungsvergütung abzuziehen sind.

Nach dem Beschluss des BVerfG ist aber weiterhin Bemessungsgrundlage für die Ermittlung des Jahresgrenzbetrages der steuerliche Begriff der Einkünfte (§ 2 Abs. 2 EStG).

In § 63.4.2.8 der DA-Fam-EStG wurde deshalb ein neuer Abs. 3 eingefügt:

„Zur gesetzlichen Sozialversicherung (Renten-, Kranken-, Pflege-, und Arbeitslosenversicherung) des Kindes geleistete Pflichtbeiträge sind bei der Ermittlung der Bemessungsgrundlage für den Grenzbetrag nach § 32 Abs. 4 Satz 2 EStG zu berücksichtigen (Beschluss des BVerfG vom 11.1.2005 – 2 BvR 167/02). Die berücksichtigungsfähigen Beträge sind nach Ermittlung der Einkünfte und Bezüge abzuziehen."

Beispiel:

4   Ein Kind erzielt im Jahr 2006 nach Berücksichtigung erhöhter Werbungs- und Ausbildungskosten aus einem studentischen Nebenjob Einkünfte und Bezüge von insgesamt 8700 €.

3.8 Eigene Einkünfte und Bezüge des Kindes über 18 Jahre

Der Grenzbetrag wäre überschritten und damit bestünde kein Kindergeldanspruch.

Auf der vorgelegten Steuerkarte bzw. Lohnsteuerbescheinigung oder den Gehaltsabrechnungen ist aber ersichtlich, dass insgesamt 1900 € Pflichtbeiträge zur gesetzlichen Sozialversicherung abgeführt worden sind.

Folgende Berechnung ist durchzuführen:

8700 € ./. 1900 € = 6800 €.

Damit ist der Grenzbetrag des § 32 Abs. 4 Satz 2 EStG nicht überschritten.

Es besteht somit für das Jahr 2006 ein Kindergeldanspruch.

Auf die Verfahrensrechtliche Darstellung für eine rückwirkende Korrektur von Ablehnungsentscheidungen bzw. erneute Beantragung für zurückliegende Zeiten wird hier verzichtet. Sie wird ausführlich im Verfahrensteil dieses Lehrbuches dargestellt.

3.8.4 Zeitanteilige Berücksichtigung von Einkünften und Bezügen bei der Prognose

Da zu Beginn eines Kalenderjahres die Einkünfte und Bezüge eines Kindes sowie die Werbungskosten noch nicht abschließend festgestellt werden können befinden wir uns im „Prognosezeitraum".

Aus Vereinfachungsgründen sind deshalb die maßgeblichen Einkünfte und Bezüge so zu ermitteln, dass von der Summe der im Berücksichtigungszeitraum zufließenden Einkünfte und Bezüge für jeden Kalendermonat dieses Zeitraumes ein Zwölftel des Jahresbetrages der Werbungskosten bzw. der Kostenpauschale abgezogen wird. Werden jedoch tatsächlich höhere Werbungskosten geltend gemacht, können natürlich auch diese entsprechend ihres tatsächlichen Anfalls in Abzug gebracht werden.

Nach Ablauf des Kalenderjahres ist die tatsächliche Höhe der Einkünfte und Bezüge des Kindes festzustellen.

Beispiele:

1. Ein Kind vollendet im Juni das 18. Lebensjahr. Es befindet sich aber schon das gesamte Jahr in Berufsausbildung. Die Einkünfte und Bezüge sind in diesem Fall von Juli bis Dezember zu ermitteln. Bei den Einkünften aus nichtselbständiger Arbeit (Ausbildungsvergütung) sind $^{6}/_{12}$ des Arbeitnehmerpauschbetrages in Höhe von 920 € = 460 € in Abzug zu bringen.

2. Ein Kind vollendet im Juli das 18. Lebensjahr. Bis Juli war es in Schulausbildung, ab August beginnt es eine Ausbildung zum Bankkaufmann. Da in diesem Fall Einkünfte nur in Monaten erzielt wurden, in denen die besonderen Anspruchsvoraussetzungen des § 32 Abs. 4 Satz 1 Nr. 2a EStG vorlagen (August bis Dezember), kann der volle Arbeitnehmerpauschbetrag berücksichtigt werden.

A. Materielles Kindergeldrecht

3.8.5 Zeitanteilige Berücksichtigung von Einkünften und Bezügen bei der abschließenden Prüfung

Liegen die besonderen Anspruchsvoraussetzungen des § 32 Abs. 4 Satz 1 Nr. 1 oder 2 EStG nicht während des gesamten Kalenderjahres vor und erzielt das Kind Einkünfte und Bezüge nicht nur während des Anspruchszeitraumes, sind diese nur insoweit zu berücksichtigen, als sie auf den Anspruchszeitraum entfallen. Dabei ist grundsätzlich der Jahresbetrag der Einkünfte und Bezüge auf die Zeiten innerhalb und außerhalb des Anspruchszeitraumes aufzuteilen.

Die Einkünfte und Bezüge sind dabei wie folgt aufzuteilen:

- Einkünfte aus nichtselbständiger Arbeit, sonstige Einkünfte i. S. v. § 22 EStG sowie Bezüge nach dem Verhältnis der in den jeweiligen Zeiträumen zugeflossenen Einnahmen; der Arbeitnehmer-Pauschbetrag und die Kostenpauschale sind dabei zeitanteilig auf die Monate zu verteilen, in denen entsprechende Einkünfte/Bezüge erzielt wurden;
- Andere Einkünfte auf jeden Monat des Kalenderjahres mit einem Zwölftel des Jahresbeitrages; wegen des Zusammenhangs mit den Einkünften aus Kapitalvermögen sind auch Bezüge in Höhe des Sparer-Freibetrages auf jeden Monat des Kalenderjahres mit einem Zwölftel aufzuteilen.

Höhere Werbungskosten sind nach dem Verhältnis der Bruttoeinnahmen auf die Zeiten innerhalb und außerhalb des Anspruchszeitraumes aufzuteilen. Der Berechtigte kann jedoch nachweisen, dass eine andere Aufteilung wirtschaftlich gerechtfertigt ist.

Beispiel:

Ein Kind macht seine Berufsausbildung in einer vom Wohnort des Kindes 50 km entfernten Stadt. Das Kind beendet seine Ausbildung am 30.6. und nimmt unmittelbar darauf, d.h. am 1.7., eine Beschäftigung bei einem anderen Arbeitgeber auf. Der Weg zur Arbeit beträgt danach nur noch 5 km.

Rechnung:

105 Arbeitstage à 50 km ./. 20 km = 30 km × 0,30 € = 945,00 €

105 Arbeitstage à 5 km ./. 20 km = 0 × 0,30 € = 0,00 €

Gesamt: = 945,00 € : 12 × 6 = 472,50 €

Somit entfallen auf die Zeit der Ausbildung 945 € anstatt 472,50 € Werbungskosten und es wäre damit für den Kindergeldberechtigten wirtschaftlicher.

3.9 Verzögerungszeiten – § 32 Abs. 5 EStG

Unter bestimmten Voraussetzungen können drei Gruppen von männlichen Kindern, nämlich zum einen arbeitslos gemeldete Kinder über das 21. Lebensjahr hinaus, zum anderen in Schul- oder Berufsausbildung befind-

3.9 Verzögerungszeiten – § 32 Abs. 5 EStG

liche Kinder oder Kinder, die sich in einer Übergangszeit zwischen zwei Ausbildungsabschnitten befinden (§ 32 Abs. 4 S. 1 Nr. 1 oder Nr. 2 Buchstabe a und b EStG) über das 25. Lebensjahr + Übergangsregelungen) hinaus berücksichtigt werden.

Bei diesen männlichen Kindern gibt es drei Lebenssituationen, die eine Verlängerung der Berücksichtigung über das 21. bzw. 27. Lebensjahr **(ab 2007: 25. Lebensjahr + Übergangszeit)** hinaus möglich machen. Dies triff zu auf männlich Kinder, die

a) den gesetzlichen Grundwehrdienst oder Zivildienst geleistet haben, oder

b) sich anstelle des gesetzlichen Grundwehrdienstes freiwillig für die Dauer von nicht mehr als drei Jahren zum Wehrdienst verpflichtet haben, oder

c) eine vom gesetzlichen Grundwehrdienst oder Zivildienst befreiende Tätigkeit als Entwicklungshelfer im Sinne des § 1 Abs. 1 des Entwicklungshelfer-Gesetzes ausgeübt haben.

Für männliche Kinder ohne Ausbildungsplatz ist kein Verlängerungstatbestand mehr vorgesehen, da solche Kinder ab Januar 1996 bis zur Vollendung des 27. Lebensjahres **(ab 2007 nur noch bis zum 25. Lebensjahr + Übergangszeit)** berücksichtigt werden können.

Als Verlängerungstatbestand kann nicht nur der in Deutschland abgeleistete Wehr- oder Zivildienst berücksichtigt werden, sondern auch ein entsprechender Dienst im Ausland (§ 32 Abs. 5 Satz 2 EStG).

Während der Zeit der Ableistung eines der in § 32 Abs. 5 EStG genannten Dienste ist eine kindergeldrechtliche Berücksichtigung grundsätzlich nicht möglich.

Eine Berücksichtigung ist aber trotz Erfüllung eines Verlängerungstatbestandes **nicht möglich**, wenn Einkünfte oder Bezüge die nach § 32 Abs. 4 Satz 2 oder 4 EStG maßgebliche Grenze überschreiten.

Als Dauer der Verzögerungszeit gilt bei:

- dem gesetzlichen Grundwehr- oder Zivildienst

  die geleistete Zeit

- der freiwilligen Verpflichtung

  höchstens die Zeit des gesetzlichen Grundwehrdienstes, bei anerkannten Kriegsdienstverweigerern höchstens die Zeit des gesetzlichen Zivildienstes

A. Materielles Kindergeldrecht

- einer Entwicklungshelfertätigkeit

  höchstens die Zeit des gesetzlichen Grundwehrdienstes, bei anerkannten Kriegsdienstverweigerern höchstens die Zeit des gesetzlichen Zivildienstes

Wird der Dienst im Ausland abgeleistet, kann er nur bis zur Dauer des deutschen gesetzlichen Grundwehr- bzw. Zivildienstes berücksichtigt werden. Hingegen wird der in einem anderen EU- bzw. EWR-Staat abgeleistete Wehr- oder Zivildienst in vollem zeitlichen Umfang berücksichtigt, auch wenn er länger als der vergleichbare deutsche Dienst gedauert hat.

Beispiele:

1 Die am 3.3.2006 27 Jahre alt gewordene Inge Strolch steht noch voraussichtlich ein Jahr in Ausbildung. Die Eltern begehren die Zahlung von Kindergeld für ihre Tochter über das 27. Lebensjahr hinaus. Zur Begründung führen sie an, dass ihre Tochter ein Jahr als Entwicklungshelferin in Mittelamerika gearbeitet hat.

   Frage: Kann für Inge über das 27. Lebensjahr hinaus Kindergeld festgesetzt werden?

   Antwort: Nein.

   Verzögerungszeiten nach § 32 Abs. 5 Satz 1 sind nur dann von Bedeutung, wenn ein männliches Kind eine vom Wehr- und Zivildienst befreiende Tätigkeit als Entwicklungshelfer ausgeübt hat. Inge hatte nicht die Verpflichtung, Wehr- oder Zivildienst abzuleisten. Eine Verlängerung der Berücksichtigung über das 27. Lebensjahr hinaus ist daher nicht möglich.

2 Das Kind Otto übte eine Tätigkeit als Entwicklungshelfer über 3 Jahre aus, die es anstelle des gesetzlichen Zivildienstes ableistete. Die Zivildienstzeit hätte 18 Monate umfasst. Otto kann daher für maximal 18 Monate über die Vollendung des 27. Lebensjahres hinaus berücksichtigt werden bis einschl. 2006 (danach 25. Lebensjahr + Übergangszeiten), vorausgesetzt, dass er auch nach Vollendung des 27. Lebensjahres in Ausbildung steht.

Die Ausbildung muss nicht bereits vor Vollendung des 27. Lebensjahres bzw. 25. Lebensjahres begonnen worden sein und über diesen Zeitpunkt hinaus andauern. Auch brauchen die abgeleisteten Dienste nicht der Grund für das Andauern der Ausbildung über das 27. Lebensjahr bzw. 25. Lebensjahres hinaus zu sein. Entscheidend ist lediglich, dass sich der normale Endzeitpunkt der Berücksichtigung verschiebt, weil das Kind noch in Ausbildung steht.

Beispiel 3 (bis einschl. 2006):

Alfons hat eine abgeschlossene Berufsausbildung zum technischen Zeichner. Nachdem er neben seiner Erwerbstätigkeit in diesem Beruf das Abendgymnasium besucht und im Oktober sein Fachabitur erlangt hat, beschließt er, Architektur zu studieren. Die Zentrale Vergabestelle für Studienplätze teilt ihm im Januar mit, dass er sein Studium am 1.4. an der Technischen Universität Karlsruhe beginnen kann.

Am 1.4. nimmt er das Architekturstudium auf. Allerdings hat Alfons bereits am 17.1. sein 27. Lebensjahr vollendet. Er hat aber in der ehemaligen DDR seinen Wehrdienst bei der Nationalen Volksarmee von 18 Monaten Dauer abgeleistet. Dieser Wehrdienst ist nach § 32 Abs. 5 Satz 3 EStG dem gesetzlichen Grundwehrdienst gleichgestellt und in vollem zeitlichem Umfang zu berücksichtigen. Alfons könnte also für maximal 18 Monate über den Monat Januar hinaus berücksichtigt werden. Alfons hat jedoch das Studium erst am 1.4 aufgenommen. Die Verzögerungszeit kann sich nur dann auswirken, wenn sich ein Kind noch in Ausbildung befindet. In den Monaten Februar und März haben die kindergeldrechtlichen Voraussetzungen nicht vorgelegen, so dass diese ersten beiden Monate der Verzögerungszeit verbraucht sind, ohne einen Kindergeldanspruch auszulösen. Somit verbleiben nur noch 16 Monate, für die Kindergeld gezahlt werden kann. Eine Berücksichtigung über das 27. Lebensjahr hinaus als ausbildungswilliges Kind ist nicht möglich, weil für Kinder ohne Ausbildungsplatz, die ohnehin bis zur Vollendung des 27. Lebensjahres berücksichtigt werden, kein Verlängerungstatbestand vorgesehen ist.

4. Zusammentreffen mehrerer Ansprüche – § 64 EStG

4.1 Anspruchskonkurrenz

Wie Sie sicherlich wissen, können Kinder bei **mehreren** Berechtigten **berücksichtigt** werden.

Für **jedes Kind** wird aber nur **an einen Berechtigten** Kindergeld gezahlt (§ 64 Abs. 1 EStG).

4.2 Haushaltsaufnahme bei nur einem Elternteil

Bei geschiedenen oder getrennt lebenden Eltern erhält das Kindergeld **vorrangig** der Elternteil, der das Kind in **seinen Haushalt** aufgenommen hat (**so genanntes „Obhutsprinzip"**).

Auf ein innehaben des „Sorgerechts" kommt es nach den Bestimmungen des EStG nicht mehr an.

Der Ausgleich beim **„barunterhaltspflichtigen"** Elternteil wird in diesen Fällen über das zivilrechtliche Unterhaltsrecht, d. h., durch Kürzung des Unterhalts in Höhe des halben Kindergeldes vorgenommen.

4.3 Gemeinsamer Haushalt von Eltern

Lebt das Kind im **gemeinsamen** Haushalt von Eltern (auch Adoptiveltern), einem Elternteil und dessen Ehegatten, Großeltern oder Pflegeeltern, können diese untereinander den vorrangigen Berechtigten bestimmen. Im Antrag auf Kindergeld ist diese **Berechtigtenbestimmung** (Einverständniserklärung) vorgesehen.

A. Materielles Kindergeldrecht

Auszug aus dem Antrag:

Ich versichere, dass ich alle Angaben wahrheitsgetreu gemacht habe. Mir ist bekannt, dass ich alle Änderungen, die für den Anspruch auf Kindergeld von Bedeutung sind, unverzüglich der Familienkasse des Arbeitgebers mitzuteilen habe. Das Merkblatt über Kindergeld habe ich erhalten und von seinem Inhalt Kenntnis genommen.

Ich bin damit einverstanden, dass dem Antragsteller / der Antragstellerin das Kindergeld gezahlt wird.

...., den ....

....	....
(Unterschrift des Antragstellers/der Antragstellerin)	*(Unterschrift des gemeinsam mit dem/der Antragsteller/Antragstellerin in einem Haushalt lebenden Ehegatten oder anderen Elternteils)*

Fehlt die Unterschrift des anderen Elternteils ist keine Berechtigtenbestimmung getroffen worden.

Können sich die Eltern für ein im Haushalt lebendes Kind nicht einigen, wer das Kindergeld erhalten soll, so muss das Vormundschaftsgericht beim zuständigen Amtsgericht auf Antrag den vorrangig Anspruchsberechtigten bestimmen.

Diesen Antrag kann stellen, wer ein berechtigtes Interesse an der Zahlung des Kindergeldes hat (§ 64 Abs. 2 Satz 4 EStG).

Dazu gehören die Anspruchsberechtigten und auch Abzweigungsempfänger wie das Jugendamt, wenn ein Kind z. B. nur für kurze Zeit auswärtig untergebracht wird. Die Familienkasse hat dieses Recht nicht.

Der Beschluss des Vormundschaftsgerichts wird nach § 16 Abs. 1 Finanzgerichtsgesetz (FGG) mit der Bekanntgabe an alle Beteiligten wirksam. Wird eine vormundschaftsgerichtliche Berechtigtenbestimmung durch einen neuen Beschluss aufgehoben, entfaltet dieser Beschluss Rechtswirkung nur für die Zukunft. Für die zurückliegende Zeit ist das Kindergeld an den bisherigen Berechtigten mit befreiender Wirkung ausgezahlt worden.

4.4 Gemeinsamer Haushalt von Eltern und Großeltern

Lebt ein Kind im gemeinsamen Haushalt von einem Elternteil und von Großeltern, so wird das Kindergeld **vorrangig dem Elternteil** gezahlt. Dieser kann jedoch schriftlich auf seinen **Vorrang** zu Gunsten eines Großelternteils **verzichten**. Leben beide Großelternteile in einem Haushalt, können diese wieder untereinander einen Berechtigten bestimmen.

Die Berechtigtenbestimmung und der Vorrangverzicht bleiben bis zum Widerruf wirksam. Sie verlieren ihre Gültigkeit nur, wenn das Kind den Haushalt auf Dauer verlässt. Der Widerruf muss schriftlich oder zur Niederschrift erfolgen und entfaltet grundsätzlich nur für die Zukunft Wirkung.

4.5 Kind lebt außerhalb des Haushalts der Eltern

Hierzu gehören die Fälle,

- in denen das Kind eine eigene Wohnung hat,
  (Vorsicht! Die Zugehörigkeit zu einem Haushalt wird durch eine nur zeitweilige auswärtige Schul- oder Berufsausbildung nicht unterbrochen).
- in einem Heim untergebracht ist,
- bei Pflegeeltern lebt und nicht als Pflegekind berücksichtigt werden kann, weil es z. B. am familienähnlichen Band fehlt, das Obhuts- und Pflegeverhältnis zu den Eltern noch besteht.
- sich wechselweise bei Vater und Mutter aufhält (gemeinsam ausgeübtes Sorgerecht).
  Diese Fälle hat der BFH nunmehr mit Urteil vom 23.3.2005, III R 91/03 geregelt. Er hat entschieden, dass für die Fälle § 64 Abs. 2 EStG eine einfache Berechtigtenbestimmung zwischen den leiblichen Eltern ausreicht. Einzige Voraussetzung ist die, dass sich das Kind in etwa dem gleichen zeitlichen Umfang in den jeweiligen Haushalten der Eltern aufhält. Können sich die Eltern nicht einigen, muss eine vormundschaftsgerichtliche Berechtigtenbestimmung herbeigeführt werden.

Sie haben sicherlich schon bemerkt, dass es sich hier nur um eine **Anspruchskonkurrenz** zwischen den Eltern (auch Adoptiveltern) handeln kann. Andere Berechtigte können nicht auftreten, weil eine Berücksichtigung an der fehlenden Haushaltsaufnahme (Stief-/Großeltern) oder an den sonstigen Voraussetzungen (Pflegeeltern) scheitern würde.

In diesen Fällen erhält derjenige Elternteil das Kindergeld, der dem Kind **laufend Barunterhalt** zahlt. Zahlen **beide** Elternteile Barunterhalt, steht das Kindergeld demjenigen zu, der laufend den **höheren** Barunterhalt anzahlt. Einmalige oder nur gelegentlich höhere finanzielle Zuwendungen an das Kind sind für die Bestimmung des Vorranges unerheblich. Sach- und Betreuungsleistungen, wie z. B. Kochen, Wäsche waschen, Übernahme der Kosten für Steuer und Versicherung des Autos, bleiben unberücksichtigt.

Zahlungen, die von einem unterhaltsverpflichteten Elternteil direkt z. B. an den Vermieter, die Stadtwerke, die Krankenkasse oder einen sonstigen Gläubiger des Kindes überwiesen werden, können als Barunterhalt berücksichtigt werden.

A. Materielles Kindergeldrecht

Bei der Beurteilung – wer von den beiden leiblichen Eltern denn den höheren Barunterhalt zahlt –, muss das an das Kind weitergeleitete Kindergeld bei der Feststellung der Höhe des Barunterhalts außer Betracht bleiben (BFH Urteil vom 2.6.2005 III R 66/04).

> **Beispiel:**
>
> Das volljährige Kind Kirsten lebt in einer eigenen Wohnung am Studienort. Zwischen den geschiedenen Eltern ist umstritten, wer das Kindergeld erhalten soll. Die Mutter zahlt an das Kind monatlich 150 € und leitet – da sie zzt. die Kindergeldberechtigte ist – das Kindergeld in Höhe von 154 € per Dauerauftrag an Kirsten weiter, insgesamt also 304 €. Der Vater zahlt an Kirsten regelmäßig einen monatlichen Barunterhalt von 300 €.
>
> Wem ist das Kindergeld zu gewähren?
>
> Aus dem Gesetzeswortlaut des § 64 Abs. 3 Satz 2 EStG ergibt sich nicht eindeutig, ob das von einem Elternteil an das Kind weitergeleitete Kindergeld bei diesem als Barunterhalt berücksichtigt werden kann. Mit dem o.g. Urteil des BFH wurde diese Fallgestaltung aber geklärt, so dass in diesem Fall der Vater von Kirsten vorrangig Kindergeldberechtigter wird, da er Kirsten den höheren Barunterhalt zahlt.

Werden von beiden Elternteilen gleich hohe Barleistungen erbracht oder zahlen die Eltern beide keinen Unterhalt, so können sie unter sich wiederum den Berechtigten bestimmen.

Wird eine Berechtigtenbestimmung nicht getroffen, so muss vom Vormundschaftsgericht auf Antrag ein vorrangig Anspruchsberechtigter bestimmt werden. Diese Berechtigtenbestimmung ist so lange bindend, bis es zu einer Änderung in den tatsächlichen Verhältnissen kommt.

Wird z. B. ein Kind wieder in den Haushalt eines Elternteils aufgenommen, ist die Entscheidung des Vormundschaftsgerichts gegenstandslos. Kindergeld wird somit an den Elternteil gezahlt, der das Kind in seinen Haushalt aufgenommen hat.

4.6 Besonderheiten beim Berechtigtenwechsel

Wird der Familienkasse eine Änderung der Berechtigtenbestimmung angegeben, so ist die Festsetzung des Kindergeldes nach § 70 Abs. 2 EStG sofort aufzuheben. Ergibt sich dadurch beim neuen Kindergeldberechtigten ein höherer Kindergeldanspruch, z. B. durch die Berücksichtigung weiterer (Zähl-)Kinder, ist der Unterschiedsbetrag vom Monat der Änderung an gegenüber dem nunmehr vorrangigen Berechtigten festzusetzen.

Der eher zufällige Zeitpunkt der Zahlungseinstellung darf natürlich bei einem höheren Anspruch keine Rolle spielen. Hier kommt es auf den Eingang der schriftlichen Erklärung über die Änderung der Bestimmung bei der Familienkasse an.

4.6 Besonderheiten beim Berechtigtenwechsel

Die Zahlung eines Unterschiedsbetrages für die Zeit vor der Änderung unter Berücksichtigung der Kinder, für die der bisherige Berechtigte Kindergeld bezogen hat, kommt nicht in Betracht, weil der Anspruch insoweit durch Erfüllung gegenüber dem bisherigen Berechtigten erloschen ist.

Beispiel:

1 Jan Mück ist jahrelang zur See gefahren. Vor ein paar Jahren hat er geheiratet und lebt mit seiner Frau Gesine und dem gemeinsamen dreijährigen Sohn Nils in Bremen. Früher hatte Jan in jedem Hafen eine Braut. Das ist nicht immer ohne Folgen geblieben und so überweist er pünktlich jeden Monat die Alimente für seine Kinder Hinner (9) Klaas (8) und Pit (7) an deren Mütter in Hamburg, Lübeck und Bremen. Jan wollte nicht als Chauvi gelten und hat deshalb nach der Geburt von Nils darauf bestanden, dass seine Frau das Kindergeld bekommt. Von seinen beiden anderen „Mücken" hat er bis jetzt seiner Frau nichts erzählt. In einem Zeitungsartikel liest er eines Tages etwas über so genannte „Zählkinder". Daraufhin beichtet er seiner Frau sein Geheimnis. Die beiden beschließen, bei der Familienkasse die Berechtigtenbestimmung zu ändern und stellen den entsprechenden Antrag am 15. Mai (Eingang bei der Familienkasse).

Was haben Sie als Familienkasse nun zu veranlassen?

Antwort:

Die Kindergeldfestsetzung für Nils wird gegenüber Frau Gesine Mück ab Juni gem. § 70 Abs. 2 EStG aufgehoben. Herr Mück erhält einen Bescheid über die Festsetzung des Kindergeldes für das Kind Nils ab Juni in Höhe von 179 € monatlich, weil durch die Berücksichtigung der drei älteren Zählkindern Nils als viertes Kind einen Kindergeldanspruch von 179 € auslöst. Für den Monat Mai wird der Differenzbetrag in Höhe von 25 € nachgezahlt.

Nur wenn noch kein Kindergeld für ein Zahlkind gezahlt worden ist, kann eine Berechtigtenbestimmung auch rückwirkend geändert werden.

Beispiel:

2 Bis zum Ende der Schulausbildung, d. h. bis zur Aufhebung der Festsetzung mit Ablauf des Monats Juli hat die Mutter das Kindergeld bezogen. Nach Aufnahme des Studiums im Oktober wird der Vater, bei dem noch drei weitere ältere Kinder aus 1. Ehe als Zählkinder berücksichtigt werden können, zum Berechtigten bestimmt. In diesem Fall wirkt sich die geänderte Bestimmung nicht etwa erst ab Oktober aus, sondern der Vater erhält Kindergeld in Höhe von 179 € bereits ab August.

Dieselben Regelungen wie bei einem Wechsel der Berechtigtenbestimmung gelten übrigens auch, wenn ein Elternteil zugunsten der Großeltern auf seinen Vorrang verzichtet oder wenn ein solcher Verzicht wieder rückgängig gemacht wird.

A. Materielles Kindergeldrecht

Geht die alleinige oder vorrangige Berechtigung auf eine andere Person über, weil z. B. bei Trennung der Eltern sich das Kind im Haushalt der Mutter befindet oder bei Auszug des Kindes aus dem Haushalt der Mutter der Vater den höheren Barunterhalt zahlt, so ist die Festsetzung gegenüber dem nunmehr nachrangig Berechtigten nach § 70 Abs. 2 EStG vom Zeitpunkt der Änderung der Verhältnisse an aufzuheben. Ist die Änderung erst im Laufe des Monats eingetreten, ist die Aufhebung vom folgenden Monat an vorzunehmen. Eventuell darüber hinaus gezahltes Kindergeld ist gem. § 37 Abs. 2 Abgabenordnung (AO) vom nachrangig Berechtigten zu erstatten.

Von einer Erstattung ist jedoch abzusehen, wenn der bisher vorrangig Berechtigte nachweisen kann, dass er das Kindergeld an den nunmehr vorrangig gewordenen Berechtigten weitergeleitet hat. Der Erstattungsanspruch gilt. Dadurch gilt die Weiterleitung als erfüllt.

Folgende Voraussetzungen müssen erfüllt sein:

a) Die Vorlage einer schriftlichen Erklärung des allein/vorrangig Berechtigten über die Weiterleitung mit dem dafür vorgesehenen **Vordruck KG 14.** Für die Vorlage der Bestätigung ist eine Frist von einem Monat zu setzen.

b) Die Angabe der Familienkasse, bei der der nunmehr allein/vorrangig Berechtigte den Kindergeldantrag gestellt hat.

Wenn aber der neue Berechtigte weniger Kindergeld beanspruchen kann (z. B. bei ihm erstes – vorher viertes Kind), gilt der Erstattungsanspruch auch nur in Höhe des ihm zustehenden Kindergeldes als erfüllt. Der Unterschiedsbetrag ist dann vom nachrangig Berechtigten zu erstatten.

Im umgekehrten Fall (z. B. jetzt viertes – vorher erstes Kind) kann die Differenz im Rahmen der vierjährigen Verjährungsfrist des § 169 Abs. 2 Nr. 2 AO nachgezahlt werden. Die seit 1998 weggefallene Ausschlussfrist des § 66 Abs. 3 EStG (nur 6 Monate rückwirkend) ist in Weiterleitungsfällen aufgrund einer entsprechenden Entschließung des Deutschen Bundestages – auch nicht für Zeiträume vor Juli 1997 – anzuwenden.

Zunächst muss also nun geprüft werden, für welche Monate eine Weiterleitung erfolgt ist, denn der Erstattungsanspruch ist nur für die Monate erfüllt, in denen das Kindergeld weitergeleitet worden ist.

Liegt eine Bestätigung über die vollständige Weiterleitung des Kindergeldes vor, ist in dem schriftlich bekannt zu gebenden Festsetzungsbescheid der Hinweis aufzunehmen, dass der festgesetzte Anspruch für die Monate in denen eine Weiterleitung erfolgt ist, erloschen ist.

Eine Weiterleitung kann nur dann anerkannt werden, wenn der bisherige Berechtigte eine entsprechende Erklärung des neuen alleinigen/vorrangigen Berechtigten auf dem dafür vorgesehenen Vordruck vorlegt.

4.6 Besonderheiten beim Berechtigtenwechsel

KG 14
Bestätigung zur Vorlage bei der Familienkasse

Für die Monate von _____ 20_____ *bis* _____ 20_____ *hat die oben genannte Familienkasse das Kindergeld für meine Kinder*

1. _____
2. _____
3. _____
4. _____

nicht an mich, sondern an Herrn/Frau _____ *ausgezahlt.*

Ich bestätige hiermit **unwiderruflich***, dass diese/dieser das Kindergeld nicht für sich behalten, sondern weitergeleitet hat.*

Ich sehe daher meinen Anspruch auf Kindergeld für den o. g. Zeitraum als erfüllt an.

Einen Antrag auf Kindergeld habe ich am _____ 19_____ *bei der folgenden Familienkasse gestellt:*

Bezeichnung der Familienkasse _____

Straße/Postfach: _____

PLZ, Ort: _____

Telefonnummer (falls bekannt): _____

Kindergeldnummer (falls bekannt): _____

_____ _____
(Ort/Datum) *(Unterschrift)*

A. Materielles Kindergeldrecht

Dazu einige praktische Beispiele:

Die geänderten Verhältnisse sind durch Dritte (z. B. Datenabgleich mit den Meldebehörden) bekannt geworden. Die Zahlung wurde eingestellt, auf die erfolgte Anhörung kommen nun folgende Stellungnahmen:

Beispiele:

3 „Es ist zwar richtig, dass ich mich von meiner Familie getrennt habe. Das Kindergeld habe ich aber selbstverständlich immer an meine Frau überwiesen. Sie hat das auch auf dem entsprechenden Formular bestätigt."

4 „Meine geschiedene Frau hat das Kindergeld jeden Monat bei mir abgeholt. Das steht auch auf dem Antrag, den sie gestern bei Ihnen abgegeben hat."

5 „Mein Sohn wohnt bei seiner Mutter. Da er volljährig ist, habe ich das Kindergeld immer direkt an ihn weitergegeben. Er wird morgen anrufen und es bestätigen."

6 „Von meinem Anwalt weiß ich, dass mir das halbe Kindergeld zusteht, weil ich Unterhalt zahle. Meine getrennt lebende Ehefrau hat von mir die andere Hälfte erhalten. Eine entsprechende Erklärung von ihr ist beigefügt."

7 „Ich habe meiner Exfrau das Kindergeld jeden Monat gegeben und zwar bar auf die Hand, wenn ich unsere Tochter besucht habe. Jetzt will sie das nicht unterschreiben. Sie sagt nie die Wahrheit, wenn es um Geld geht. Sie können meinen Schwager fragen, wenn Sie mir nicht glauben. Ich habe mit der Sache nichts zu tun. Von dem Geld sieht meine Tochter sowieso keinen Pfennig. Das bringt sie alles mit ihrem neuen Freund durch."

8 „Das Kindergeld habe ich immer auf das Konto meiner Frau überwiesen. Da sie meine Schreiben ungeöffnet zurückgehen lässt und sofort auflegt, wenn ich sie anrufe, kann ich Ihnen keine Bestätigung bringen. Als Nachweis füge ich daher meine Kontoauszüge bei. Sie können daraus ersehen, dass ich jeden Monat 154 € überwiesen habe".

Handelt es sich hierbei um „Weiterleitungen", die anerkannt werden können?

Antworten:

Zu Beispiel 1:

Hier kann die „Weiterleitung" ohne weiteres anerkannt werden.

Zu Beispiel 2:

Die Erklärung „muss" auf dem dafür vorgesehenen Vordruck (KG 14) abgegeben werden. Der nunmehr vorrangig gewordene Berechtigte bestätigt auf diesem Vordruck, dass er seinen Anspruch als erfüllt ansieht.

Zu Beispiel 3:

*Hier würde eine „Weiterleitung" nur dann vorliegen, wenn die Erklärung (KG 14) von der neuen vorrangig Berechtigten, also der Mutter, abgegeben wird und zwar **schriftlich**.*

Zu Beispiel 4:

Eine „teilweise Weiterleitung" gibt es nicht; es gilt das Prinzip „alles oder nichts". Der ehemalige Berechtigte muss das gesamte Kindergeld erstatten. Wegen der Anrechnung des

4.7 Vorgehensweise bei Uneinigkeit über den Anspruchsvorrang

Kindergeldes auf den Unterhalt sollte er seinen Anwalt aufsuchen. Das ist eine Angelegenheit des Zivilrechts.

Zu Beispiel 5:

Familiäre Streitigkeiten müssen zivilrechtlich geklärt werden. Da keine Bestätigung vorgelegt werden kann, ist das Kindergeld zu erstatten.

Zu Beispiel 6:

Die Kontoauszüge reichen nicht aus, auch wenn eindeutig aus ihnen hervorgeht, dass es sich tatsächlich um weitergeleitetes Kindergeld handelt. Es muss der dafür vorgesehene Vordruck (KG 14) vorgelegt werden. Der nunmehr vorrangig gewordene Berechtigte bestätigt auf diesem Vordruck, dass er seinen Anspruch als erfüllt ansieht.

4.7 Vorgehensweise bei Uneinigkeit über den Anspruchsvorrang

Dazu hat sich das Bundesamt für Finanzen erstmalig ganz aktuell in der DA-Fam EStG 2004 geäußert:

(1) In Fällen, in denen der vorrangige Kindergeldanspruch zwischen mehreren Berechtigten streitig ist, ist das gesamte Verfahren von einer Familienkasse zu führen. In einem solchen Fall zieht diejenige Familienkasse, bei der zuerst Einspruch eingelegt wird, den anderen Berechtigten gemäß § 174 Abs. 5 i. V. m. Abs. 4 AO zu ihrem Verfahren hinzu. Die Hinzuziehung ist ein Verwaltungsakt. Sie ist allen Beteiligten schriftlich bekannt zu geben und mit einer Rechtsbehelfsbelehrung zu versehen. Der Sachverhalt wird während des Einspruchsverfahrens von der Familienkasse in vollem Umfang überprüft. Bei der Sachverhaltsaufklärung ist die Argumentation aller Beteiligten zu berücksichtigen. DA 67.2.4 gilt entsprechend. Die Entscheidung der Familienkasse entfaltet rechtliche Wirkung gegenüber allen Beteiligten. Die andere Familienkasse ist entsprechend zu informieren.

(2) Kommt die Familienkasse aufgrund ihrer Prüfungen zu dem Ergebnis, dass dem Einspruchsführer das Kindergeld vorrangig zusteht, so ändert sie ihre Festsetzung nach § 172 Abs. 1 Nr. 2 Buchstabe a AO und hilft dem Einspruch ab. Nach Absprache mit der für den nachrangig Berechtigten zuständigen Familienkasse nimmt sie dann die laufende Kindergeldzahlung auf. Die andere Familienkasse richtet sich nach der im Einspruchsverfahren getroffenen Entscheidung. Gegebenenfalls hebt sie ihre Kindergeldfestsetzung zu Ungunsten des nachrangig Berechtigten nach § 174 Abs. 2 AO auf und fordert einen überzahlten Betrag zurück.

(3) Die Einspruchsentscheidung der das Rechtsbehelfsverfahren führenden Familienkasse ergeht mit Wirkung gegen alle Beteiligten. Daher muss der Bescheid über den Einspruch allen Beteiligten mit Rechtsbehelfsbelehrung bekannt gegeben werden. Ist einer der Berechtigten mit dem Inhalt der Einspruchsentscheidung nicht einverstanden, so kann er gegen die Familienkasse Klage erheben, die die Einspruchsentscheidung erlassen hat. Die Klage hat sich dann gegen den ursprünglichen Bescheid über die Kindergeldfestsetzung in der Fassung der Einspruchsentscheidung zu richten. Sofern einer der Beteiligten Klage vor dem Finanzgericht erhebt, ist die Familienkasse des hinzugezogenen Berechtigten hiervon zu unterrichten.

A. Materielles Kindergeldrecht

5. Andere Leistungen für Kinder – § 65 EStG

§ 65 Abs. 1 EStG dient dem allgemein maßgeblichen Grundsatz, dass Doppelleistungen gleicher Zweckbestimmung zu vermeiden sind. Ein Kindergeldanspruch ist ausgeschlossen, wenn andere kindbezogene innerstaatliche oder ausländische Familienleistungen gezahlt werden.

Zu den Ausschlussleistungen nach § 65 EStG zählen:

- (altrechtliche) **Kinderzulagen** aus der gesetzlichen **Unfallversicherung**
- (altrechtliche) **Kinderzuschüsse** aus den gesetzlichen **Rentenversicherungen**
- **Ausländische Leistungen** für Kinder, die dem Kindergeld oder der Kinderzulage bzw. dem Kinderzuschuss vergleichbar sind.
- Leistungen für Kinder, die von einer **zwischen- oder überstaatlichen Einrichtung** gewährt werden und dem Kindergeld vergleichbar sind.

5.1 Kinderzulage aus der gesetzlichen Unfallversicherung oder Kinderzuschuss aus den gesetzlichen Rentenversicherungen

§ 65 Abs. 1 Satz 1 Nr. 1 EStG bestimmt, dass Kindergeld dann nicht gezahlt werden darf, wenn eine Kinderzulage oder ein Kinderzuschuss gezahlt wird oder dem Grunde nach zusteht; dies gilt auch dann, wenn die sonstigen kindergeldrechtlichen Voraussetzungen vorliegen.

Bei den Kinderzulagen aus der gesetzlichen Unfallversicherung und den Kinderzuschüssen aus den gesetzlichen Rentenversicherungen handelt es sich um auslaufende Leistungen (rentenrechtliche Bestandsschutzfälle). Derartige Ansprüche entstanden bereits vor dem 1.1.1984.

Für die genannten Leistungen gelten strengere Anforderungen als heute für das Kindergeld. So besteht nach § 270 SGB VI i. V. m. § 1262 RVO ein Anspruch auf einen Kinderzuschuss zu einer Rente wegen Berufsunfähigkeit oder wegen Erwerbsunfähigkeit in der Regel nur bis zur Vollendung des 25. Lebensjahres eines Kindes (z. B. im Falle einer Berufsausbildung). Ein volljähriges Kind, das sich in Ausbildung befindet, wird nicht berücksichtigt, wenn seine Ausbildungsvergütung die monatliche Bruttoeinkommensgrenze von 385 € (750 DM bis 2001) übersteigt. Das Gleiche gilt bei Bezug von Unterhaltsgeld und Übergangsgeld von monatlich mehr als 315 € (610 DM bis 2001).

Die Höhe der Leistungen unterschreitet den Anspruch auf Kindergeld. Der Kinderzuschuss beläuft sich z. B. auf 938,12 € jährlich, also 78,18 € monatlich. Gemäß § 65 Abs. 2 EStG besteht in diesem Fall bei einem ersten Kind (154 € Kindergeld) Anspruch auf den Unterschiedsbetrag in Höhe von 75,82 € monatlich.

5. Andere Leistungen für Kinder – § 65 EStG

Besteht nicht für alle Tage eines Kalendermonats Anspruch auf eine Kinderzulage aus der gesetzlichen Unfallversicherung oder auf einen Kinderzuschuss aus den gesetzlichen Rentenversicherungen, ergibt sich für diesen Monat ein Anspruch auf Kindergeld. Kindergeld ist festzusetzen, wenn die Anspruchsvoraussetzungen an mindestens einem Tag des Kalendermonats vorgelegen haben (§ 66 Abs. 2 EStG).

Beispiel:

Die Erwerbsunfähigkeitsrente eines Kindergeldberechtigten ruhte für den Zeitraum von einigen Monaten. Deshalb ruhte auch die Kinderzulage, es bestand darauf also kein Rechtsanspruch. Für diesen Zeitraum hatte der Kindergeldberechtigte Anspruch auf Kindergeld.

Als der Ruhenstatbestand am 15. eines Monats endet, wird mit Wirkung ab dem darauf folgenden Tag auch wieder Kinderzulage gezahlt. Da bis zum 15. des Monats nicht die Voraussetzungen des § 65 Abs. 1 Nr. 1 vorliegen, ist noch für diesen Monat Kindergeld zu zahlen. Die Kindergeldfestsetzung ist ab dem Folgemonat aufzuheben.

Beachte!

Seit dem 1.1.1984 werden zu Neurenten keine Kinderzulagen bzw. keine Kinderzuschüsse mehr gezahlt. Bedeutung hat diese Vorschrift deshalb nur noch in den seltenen Fällen, in denen ein Rentenanspruch vor dem 1.1.1984 eine Kinderzulage oder einen Kinderzuschuss auslöst.

§ 65 Abs. 1 Satz 1 Nr. 1 EStG wird künftig weiter an Bedeutung verlieren, weil die betroffenen Rentenfälle nach und nach abnehmen.

5.2 Leistungen für Kinder, die im Ausland gewährt werden und dem Kindergeld vergleichbar sind

Nach § 65 Abs. 1 Satz 1 Nr. 2 EStG ist deutsches Kindergeld nicht zu zahlen, wenn für dieses Kind gleichzeitig eine ausländische Leistung gewährt wird oder zu gewähren wäre, die ihrer Art nach dem Kindergeld, der Kinderzulage aus der gesetzlichen Unfallversicherung oder dem Kinderzuschuss aus den gesetzlichen Rentenversicherungen vergleichbar ist.

Solche ausländischen Leistungen sind z. B.:

- schweizerische kantonale Familienzulagen,
- Kinderrenten zu Alters- und Invalidenrenten in Liechtenstein und der Schweiz,
- staatliche Kinderzuschläge für türkische Staatsbedienstete,
- in den Mitgliedstaaten der EU bzw. des EWR gezahlte Familienleistungen.

A. Materielles Kindergeldrecht

Eine ausführliche Übersicht über vergleichbare Leistungen ist im BStBl 2002 I S. 241 ff. veröffentlicht.

5.3 Leistungen für Kinder, die von einer zwischen- oder überstaatlichen Einrichtung gewährt werden und dem Kindergeld vergleichbar sind

Ein weiterer Ausschlusstatbestand für die Zahlung von deutschem Kindergeld stellt nach § 65 Abs. 1 Satz 1 Nr. 3 EStG der Anspruch auf eine Leistung für Kinder dar, die von einer zwischen- oder überstaatlichen Einrichtung gezahlt wird oder zu zahlen wäre.

Eine solche Leistung stellen z. B. die Kinderzulagen dar, die Beamten der Europäischen Gemeinschaften als Dienstbezüge, zum Ruhegehalt oder zu einem Witwengeld gezahlt werden.

Die **Zahlung** von Kindergeld für ein Kind ist grundsätzlich **ausgeschlossen**, wenn für das Kind einer Person eine der in § 65 Abs. 1 EStG genannten Leistungen **zusteht**. Dieser Ausschluss wirkt allgemein, d. h. nicht nur gegenüber der Person, der selbst die Ausschlussleistung zusteht, sondern grundsätzlich auch gegenüber jeder anderen Person, zu der das betreffende Kind in einem Kindschaftsverhältnis im Sinne des § 63 Abs. 1 i. V. m. § 32 EStG steht.

Dabei kommt es **nicht** auf die **tatsächliche Zahlung** der anderen Leistung an. Entscheidend ist allein, ob ein **Rechtsanspruch** auf die andere Leistung besteht und dieser zumutbarerweise realisiert werden kann.

Der Ausschluss nach § 65 EStG bezieht sich ausschließlich auf die **Zahlung** des Kindergeldes, nicht jedoch auf die Berücksichtigungsfähigkeit der betreffenden Kinder. Kinder, für die eine Ausschlussleistung i. S. von § 65 EStG zusteht, sind deshalb bei der Festsetzung des Kindergeldes als **Zählkinder** zu berücksichtigen.

5.4 Teilkindergeld nach § 65 Abs. 2 EStG

Besteht für ein Kind ein Anspruch auf Zahlung einer Kinderzulage aus der gesetzlichen Unfallversicherung

oder

eines Kinderzuschusses aus der gesetzlichen Rentenversicherung in geringerer Höhe als der entsprechende Kindergeldsatz, ist von der Familienkasse der Unterschiedsbetrag als sog. **Teilkindergeld** zu zahlen.

Die Höhe der Kinderzulage aus der gesetzlichen Unfallversicherung hängt von der Höhe der monatlichen Rente ab. Im Allgemeinen beträgt die Kinderzulage etwa 10% dieser Rente. Der Kinderzuschuss zu Renten aus der

5. Andere Leistungen für Kinder – § 65 EStG

gesetzlichen Rentenversicherung wird immer in Höhe von 78,18 € monatlich gezahlt. Die Differenz zum (Gesamt-)Kindergeld muss sich pro Monat auf mindestens 5 € belaufen, niedrigere Beträge sind nicht auszuzahlen.

Dagegen sieht § 65 Abs. 2 EStG kein Teilkindergeld vor, wenn für ein Kind eine Leistung im Sinne von § 65 Abs. 1 Satz 1 Nr. 2 oder 3 EStG zusteht, die niedriger ist als der Kindergeldsatz für dieses Kind. Stehen für ein Kind jedoch Familienleistungen eines anderen EU- oder EWR-Staates zu, kommt die Zahlung von Unterschiedsbeträgen nach über- und zwischenstaatlichem Recht in Betracht.

5.5 Bescheiderteilung

Sowohl für die Festsetzung von Kindergeld als auch für die Ablehnung eines begehrten Anspruchs ist der **Vordruck KG 2b** zu verwenden. Dieser Vordruck steht unter der Anschrift www.bzst.bund.de im Internet zur Verfügung. Die Internetseite des Bundeszentralamtes für Steuern bevorratet unter dem Stichwort *Kindergeld (Fachaufsicht) – Familienkasse – Formulare* – viele der für den täglichen Gebrauch benötigten Vordrucke.

Bei dem Vordruck KG 2b handelt es sich um einen Universalvordruck, der – wie bereits dargestellt – für alle Festsetzungen von Kindergeld verwendet werden soll. Außerdem ist der Vordruck neben der Ablehnung eines Anspruchs auf Kindergeld auch für die Aufhebung einer Kindergeldfestsetzung zu nutzen. Durch die Verwendung des KG 2b erübrigen sich – fast immer – individuell zu erstellende Bescheide.

Da mit dem Bescheidvordruck möglichst viele Tatbestände beschieden werden sollen, beinhaltet er eine Fülle von Eingabemöglichkeiten.

Besonderes Augenmerk ist der Begründung zu geben. Bei der Festsetzung von Kindergeld ist eine Begründung allerdings nur notwendig, wenn dem Antrag nicht oder nur zum Teil entsprochen werden kann. Dies ist unter anderem der Fall, wenn bei der Kindergeldfestsetzung nicht für alle im Antrag aufgeführten Kinder Kindergeld gezahlt werden kann – z. B. beantragt ein Berechtigter auch die Festsetzung des Kindergeldes für ein Kind, für das in einem anderen Staat eine dem Kindergeld vergleichbare Leistung zusteht; dieses Kind kann nur als **Zähl**kind berücksichtigt werden. Für ein **Zähl**kind kann jedoch kein Kindergeld festgesetzt werden. Ist dem Antrag des Berechtigten im **vollen** Umfang zu entsprechen, ist eine Begründung dagegen nicht erforderlich.

Anders verhält es sich bei Ablehnungen oder Aufhebungen. In diesen Fällen kommt der Begründung eine wichtige Bedeutung zu. Häufig macht der Berechtigte das Einlegen eines Einspruchs davon abhängig, wie die Negativentscheidung dargestellt, also begründet wird. Grundlage für die Begründungen sind stets die maßgeblichen Rechtsnormen und deren Interpretation.

A. Materielles Kindergeldrecht

Der Bescheidvordruck KG 2b lässt insgesamt nicht viel Raum für eine ausführliche Begründung; ggf. ist diese daher auf einem separaten Blatt detailliert darzustellen.

6. Höhe des Kindergeldes – § 66 EStG

6.1 Höhe des Kindergeldes – § 66 Abs. 1 EStG

§ 66 Abs. 1 bestimmt die Höhe des Kindergeldes. Es beträgt:

- 154 € für das erste Kind
- 154 € für das zweite Kind
- 154 € für das dritte Kind
- 179 € für das vierte und jedes weitere Kind

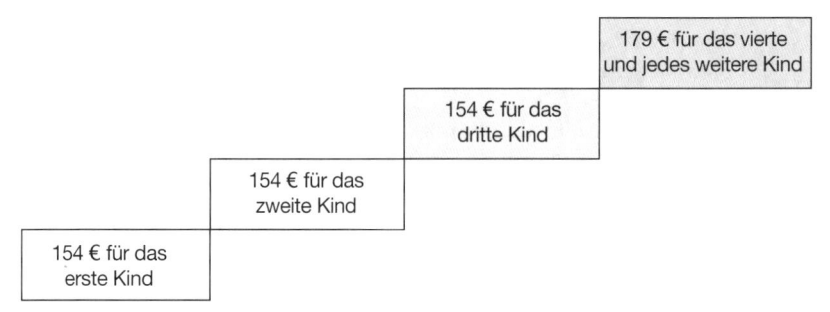

Die Kindergeldsätze haben sich seit 1970 wie folgt entwickelt:

Ab	Monatliches Kindergeld nach dem BKGG a. F. in DM für das			
	1. Kind	2. Kind	3. Kind	4. und jedes weitere Kind
1.9.1970	–	25[1]	60	60 bzw. 70[2]
1.1.1975	50	70	120	120
1.1.1978	50	80	150	150
1.1.1979	50	80	200	200
1.7.1979	50	100	200	200
1.1.1981	50	120	240	240
1.1.1982	50	100	220	240
1.1.1983	50	70–100[3]	140–220[3]	140–240[3]
1.1.1990	50[4]	70–130[3]	140–220[3]	140–240[3]
1.1.1992	70	70–130[3]	140–220[3][5]	140–240[3][5]
1.1.1996	200	200	300	350
1.1.1997	220	220	300	350
1.1.1999	250	250	300	350
1.1.2000	270	270	300	350
1.1.2002	154 €	154 €	154 €	179 €

6.1 Höhe des Kindergeldes – § 66 Abs. 1 EStG

1) Bei Berechtigten mit nur zwei Kindern Anspruch abhängig vom Jahreseinkommen im Berechnungsjahr.
2) 70 DM für das 5. und jedes weitere Kind.
3) Seit 1.1.1983 war die Höhe des Kindergeldes für das 2. und jedes weitere Kind vom Jahreseinkommen im Berechnungsjahr abhängig; ggf. Minderung des Kindergeldes bis auf die Sockelbeträge von 70 bzw. 140 DM.
4) Vom 1.1.1991 bis 31.12.1991 wurde in den neuen Bundesländern ein Zuschlag von 15 DM für Einkindfamilien gezahlt.
5) Ab 1.1.1994 wurde der Sockelbetrag für das 3. und jedes weitere Kind von monatlich 140 DM auf monatlich 70 DM ohne weitere Minderungsstufen abgesenkt bei Berechtigten, deren Einkommen einen besonderen Freibetrag überschritt.

Welches Kind nach der Ordnungszahl als erstes oder weiteres Zahlkind bei einer Person zu berücksichtigen ist, bestimmt sich nach dem Lebensalter (Geburtsdatum) des Kindes.

Dies gilt für alle Kinder im Sinne des EStG. Das älteste Kind ist stets das erste Kind. In dieser Reihenfolge werden auch diejenigen Kinder mitgezählt, für die der Kindergeldberechtigte nur deshalb keinen Anspruch auf Kindergeld hat, weil für sie der Anspruch **vorrangig** einem anderen Elternteil zusteht oder weil wegen Vorliegens eines Ausschlusstatbestandes nach § 65 oder entsprechender Vorschriften des über- oder zwischenstaatlichen Rechts der Anspruch auf Kindergeld ausgeschlossen ist **(Zählkinder)**.

Beispiel:

1 Das Ehepaar Paulus hatte bisher für vier Kinder Anspruch auf Kindergeld in Höhe von 641 € (154 € + 154 € + 154 € + 179 €). Im August wird das älteste Kind 18 Jahre alt; es arbeitet als Friseurin. Ab September steht der Familie Paulus nur noch Kindergeld in Höhe von 462 € (154 € + 154 € + 154 €) zu, weil die jüngeren Kinder in der Ordnungszahl vorrücken, d. h. das bisher zweite Kind wird erstes Kind, das bisher dritte Kind wird zweites und das bisher vierte Kind wird drittes Kind.

Beim Kindergeld wird stets zwischen **Zahl**- und **Zähl**kindern unterschieden. Wie es die Begriffe schon sagen:

Für die einen wird Kindergeld ge**zahlt**, die anderen werden beim Kindergeldanspruch lediglich mitge**zählt**.

Wie kann man aus dem EStG herleiten, dass es Zahl- und Zählkinder gibt?

§ 63 Abs. 1 Satz 1 spricht davon, dass Kinder **berücksichtigt werden können**. § 64 Abs. 1 und § 65 Abs. 1 Satz 1 sprechen hingegen davon, dass Kindergeld **gezahlt** werden kann.

Als Folge dieser sprachlichen Unterscheidung muss es Kinder geben, die zwar berücksichtigt werden, für die aber nicht gezahlt wird. Genau das sind **Zählkinder!**

A. Materielles Kindergeldrecht

Die Unterscheidung zwischen Zahl- und Zählkindern hat folgenden Hintergrund: Nach § 66 Abs. 1 sind die Kindergeldsätze für die Kinder unterschiedlich hoch. Die Kinder sind dabei in der Reihenfolge ihrer Geburt zu berücksichtigen. **Zählkinder** können dafür sorgen, dass **Zahlkinder** auf eine höhere Ordnungszahl „geschoben" werden und somit höhere Kindergeldsätze auslösen. Mit diesem System wollte der Gesetzgeber der Tatsache gerecht werden, dass auch durch Zählkinder beim Elternteil eine Unterhaltslast verursacht wird, die über die höheren Kindergeldsätze jüngerer Zahlkinder ausgeglichen werden soll.

Beispiel:

2 Bei Herrn Meier können vier Kinder bei der Kindergeldzahlung berücksichtigt werden. Das nach dem Alter zweite und dritte Kind sind Zählkinder, für die die geschiedene Ehefrau des Herrn Meier vorrangig das Kindergeld erhält. Er bekommt also für das 1. Kind 154 €, für das 2. Kind 0 €, für das 3. Kind 0 €, für das 4. Kind 179 € = 333 €. Bekäme er Kindergeld nur unter Berücksichtigung von Zahlkindern, erhielte er lediglich 308 € im Monat. Der Zählkindvorteil beträgt somit 25 € im Monat. Er teilt nun der Familienkasse mit, dass sein zweitältestes Kind (Zählkind) die Ausbildung beendet hat und damit nicht mehr zu berücksichtigen ist.

Frage: Wie hoch ist jetzt sein Kindergeldanspruch?

Antwort:

1. Kind	=	154 €
2. Kind	=	0 €
3. Kind	=	154 €
somit noch		308 €

Frage: Wenn das zweitälteste Kind zwar weiterhin in Ausbildung steht, die Ausbildungsvergütung aber die maßgebliche Einkommensgrenze überschreitet, kann dieses Kind beim Kindergeldanspruch für die weiteren Kinder des Berechtigten als Zählkind berücksichtigt werden?

Antwort:

Dieses Kind erfüllt nicht die Voraussetzungen des § 63 Abs. 1 i. V. mit § 32 Abs. 4 EStG, weshalb es nicht einmal mehr als Zählkind berücksichtigt werden kann. Die Berücksichtigungsfähigkeit ist aber Voraussetzung für den Ansatz als Zählkind. Nur Kinder, für die nach §§ 64 oder 65 EStG die Zahlung von Kindergeld ausgeschlossen ist, können Zählkinder sein.

Zu diesem Komplex lesen Sie bitte das nachstehende Beispiel:

Martin und Susanne Kelling haben ein recht bewegtes Leben hinter sich, als sie in jeweils zweiter Ehe zueinander fanden. Martin Kelling hat aus seiner ersten Ehe mit Martina Kelling ein Kind: Marvin, 24 Jahre alt. Marvin studiert in Freiburg und hat dort seine eigene Bude. Mit seinem Vater hat er sich total überworfen und deshalb jeglichen Kontakt zu ihm abgebrochen. Er lebt von 485 € monatlich BAföG (halb Zuschuss, halb Darlehen) und 108 € Wohngeld. Seiner Mutter schreibt er immer seitenlange Briefe, denn sie lebt im indischen Poona.

Auch Susanne Kelling war bereits in erster Ehe verheiratet und hat aus dieser Ehe das Kind Florian Taylor, 16 Jahre alt, in den gemeinsamen Haushalt der

6.1 Höhe des Kindergeldes – § 66 Abs. 1 EStG

Kellings eingebracht. Der Kindesvater von Florian ist der stadtbekannte Bauunternehmer Hans Taylor, der bekannt ist für sein Motto: „Geld spielt keine Rolle". Deshalb zahlt er auch monatlich 1000 € Unterhalt für Florian. Dann sind da noch die Nesthäkchen, die Zwillinge Jessica und Julian, beide 6 Jahre alt, die gemeinsamen ehelichen Kinder der Kellings.

Aufgabe:

Da Geld bekanntlich doch eine erhebliche Rolle spielt, überlegen die Kellings mit Ihnen gemeinsam, wer zum Kindergeldberechtigten bestimmt werden soll. Gehen Sie bei Ihren Überlegungen insbesondere von den §§ 63, 64 und 66 EStG aus.

Lösungsvorschlag:

Herr Kelling sollte von Frau Kelling zum vorrangig Kindergeldberechtigten bestimmt werden, weil Kindergeld dann in Höhe von 641 € gezahlt werden kann, statt ansonsten insgesamt 616 € an beide Elternteile für ihre jeweiligen (leiblichen) Kinder.

Begründung:

Nach § 62 Abs. 1 Nr. 1 EStG kommen als Anspruchsberechtigte in Betracht:

– Martin Kelling

– Susanne Kelling

– Hans Taylor

nicht aber:

– Martina Kelling, denn sie lebt auf Dauer im Ausland und erfüllt somit nicht die territorialen Voraussetzungen.

Bei Martin Kelling könnten die Kinder wie folgt berücksichtigt werden:

1. Marvin Kelling, 24 Jahre, gem. § 63 Abs. 1 Satz 1 Nr. 1 EStG i. V. m. § 32 Abs. 1 Nr. 1 EStG als im ersten Grade verwandtes Kind. Da Marvin bereits über 18 Jahre alt ist, müssen die besonderen Anspruchsvoraussetzungen des § 32 Abs. 4 erfüllt sein. Marvin studiert, wird also für einen Beruf ausgebildet – § 32 Abs. 4 Satz 1 Nr. 2a EStG. Seine Bezüge liegen im Jahr unter der maßgeblichen Einkommensgrenze des § 32 Abs. 4 Satz 2.

Berechnung:

485 € BAföG : 2 = 242,50 € Zuschuss × 12 = 2910 € + 12 × 108 € Wohngeld = 1296 €, ergibt zusammen 4206 € ./. 180 € Kostenpauschale = 4026 €.

2. Florian Taylor, 16 Jahre, gem. § 63 Abs. 1 Satz 1 Nr. 2, als Kind des anderen Ehegatten (Stiefkind) und in seinen Haushalt aufgenommen.

3. Jessica + Julian Kelling, beide 6 Jahre alt und gem. § 63 Abs. 1 Nr. 1 i. V. m. § 32 Abs. 1 Nr. 1 als eigene ehelichen Kinder.

Bei Susanne Kelling könnte das Kind **Marvin** nicht berücksichtigt werden, denn es gehört nicht zu ihrem Haushalt, sondern lebt dauerhaft in einer eigenen Wohnung. **Florian, Jessica + Julian** könnten bei ihr aber berücksichtigt werden (§ 63 Abs. 1 Satz 1 Nr. 1 i. V. m. § 32 Abs. 1 Nr. 1).

Beim Vater Hans Taylor könnte lediglich das Kind **Florian** Taylor gem. § 63 Abs. 1 Satz 1 Nr. 1 i. V. m. § 32 Abs. 1 Nr. 1 EStG als Zählkind berücksichtigt werden, wenn er weitere jüngere Zahlkinder hätte.

A. Materielles Kindergeldrecht

§ 64 EStG regelt, wer von mehreren Anspruchsberechtigten tatsächlich das Kindergeld gezahlt bekommt. Für Marvin gibt es nur einen einzigen Anspruchsberechtigten, nämlich Herrn Kelling, weshalb er das Kindergeld erhält (§ 64 Abs. 1 EStG).

Für Florian gibt es gleich drei mögliche Anspruchsberechtigte. Nach § 64 Abs. 2 EStG soll Kindergeld vorrangig derjenige erhalten, der das Kind in seinen Haushalt aufgenommen hat. Damit scheidet Herr Taylor bereits aus (seine Unterhaltszahlung wäre erst dann relevant, wenn Florian nicht im Haushalt irgendeines Berechtigten leben würde).

Nach § 64 Abs. 2 Satz 2 EStG haben die Kellings untereinander die Möglichkeit, frei den vorrangig Anspruchsberechtigten zu bestimmen.

Für Jessica und Julian besteht nach § 64 Abs. 2 EStG ebenfalls die Möglichkeit der Berechtigtenbestimmung.

Nach § 66 Abs. 1 EStG sind die Kindergeldsätze für die einzelnen Kinder unterschiedlich hoch. Die Höhe der Sätze bestimmt sich danach, an welcher Stelle das bei diesem Elternteil zu berücksichtigende Kind in der Reihenfolge der Geburten steht.

Wenn Martin Kelling für alle Kinder das Kindergeld beziehen würde (was ja möglich ist), ergäbe sich folgende Berechnung:

Marvin	=	154 €
Florian	=	154 €
Jessica	=	154 €
Julian	=	179 €
		641 €

Susanne Kelling hingegen könnte für die Kinder Florian, Jessica und Julian zusammen nur 3 × 154 € = 462 € Kindergeld erhalten. Daneben würde Martin Kelling für das Kind Marvin 154 € (als sein erstes Kind) erhalten, beide Ehegatten zusammen also 616 €.

Herr Martin Kelling sollte deshalb zum Berechtigten für alle vier Kinder bestimmt werden.

6.2 Beginn und Ende des Kindergeldanspruchs – § 66 Abs. 2 EStG

6.2.1 Beginn des Kindergeldanspruchs

Das Kindergeld wird vom **Beginn** des Monats an gezahlt, in dem alle Anspruchsvoraussetzungen erfüllt sind.

Ein Anspruch besteht grundsätzlich für **jeden Monat**, in dem wenigstens an **einem Tag** die Anspruchsvoraussetzungen vorgelegen haben.

Beispiel:

1   Ein Kind wird am **31.7.** um **23:59** Uhr geboren, also in der letzten Minute des letzten Juli-Tages. Ein Anspruch auf Kindergeld ist für den gesamten Monat Juli gegeben. Ist es ein erstes Kind, werden für Juli 154 € gezahlt.

6.2 Beginn und Ende des Kindergeldanspruchs – § 66 Abs. 2 EStG

Die Geburt eines Kindes ist nicht der einzige Anlass, durch den eine Verbindung zwischen Eltern und Kindern zustande kommt. Auch durch die Annahme als Kind (Adoption) oder die Haushaltsaufnahme werden Kindschaftsverhältnisse zu den Berechtigten begründet und somit die Anspruchsvoraussetzungen erfüllt.

Das Gleiche gilt für Berechtigte, die mit der Einreise in das Bundesgebiet zusammen mit ihren Kindern erstmals einen Wohnsitz oder gewöhnlichen Aufenthalt in Deutschland begründen.

Für die Berechnung und Bestimmung von Fristen und Terminen gelten gem. § 108 Abs. 1 AO die Vorschriften der §§ 187–193 BGB.

Die Berechnung und Bestimmung von Fristen und Terminen ist von Bedeutung insbesondere bei den im § 32 Abs. 3 und 4 EStG aufgeführten Altersgrenzen. Kinder, die am ersten Tag eines Monats geboren sind, vollenden ihr 18. Lebensjahr mit Ablauf des Monats, der dem Geburtsmonat vorangeht. Der Tag der Geburt wird bei der Fristberechnung mitgerechnet (§ 187 Abs. 2 BGB).

Beispiel:

2   Das Kind Rolf ist am 1.9.1990 geboren. Das 18. Lebensjahr wird mit Ablauf des 31.8.2008 vollendet. Sollte Rolf anschließend nicht eine der in § 32 Abs. 4 EStG genannten besonderen Bedingungen erfüllen, könnte er nur bis einschließlich August 2008 berücksichtigt werden und einen Kindergeldanspruch auslösen.

Übersteigen die Einkünfte und Bezüge eines über 18 Jahre alten Kindes die maßgebliche Einkommensgrenze nach § 32 Abs. 4 Satz 2 EStG, ist der Kindergeldanspruch für **das gesamte Kalenderjahr** bzw. den Berücksichtigungszeitraum in einem Kalenderjahr ausgeschlossen. Dies gilt auch dann, wenn dem Kind Einkünfte und Bezüge nur während **einzelner Monate** zugeflossen sind.

Beispiel:

3   Gerald, 22 Jahre, befindet sich seit seinem 20. Lebensjahr durchgehend im Studium. Gerald ist Motorradfan. Um sich möglichst bald eine eigene Maschine kaufen zu können, arbeitet Gerald während der Semesterferien.

Er erzielt im Jahr folgende Einnahmen aus nichtselbständiger Arbeit (nach Abzug des Eigenanteils an den SV-Beiträgen):

Februar	1570 €
März	2070 €
Juli	1670 €
August	1670 €
September	1670 €
Gesamteinnahmen	8650 €
./. Arbeitnehmer-Pauschbetrag	920 €
Einkünfte	7730 €

A. Materielles Kindergeldrecht

Da die Einkünfte die maßgebliche Einkommensgrenze gem. § 32 Abs. 4 Satz 2 (7680 €) übersteigen, haben die Eltern von Gerald für ihn das ganze Kalenderjahr keinen Anspruch auf Kindergeld. Ihnen entgehen also durch 50 € (über der Einkommensgrenze) an Einkommen ihres Sohnes Gerald 1848 € an Kindergeld bzw. möglicherweise ein noch höherer Nutzen aus dem steuerlichen Kinderfreibetrag. Hinzu kommt für sie der Verlust des Nutzens aus dem steuerlichen Freibetrag für den Betreuungs- und Erziehungs- oder Ausbildungsbedarf nach § 32 Abs. 6 und der kindbezogenen Ermäßigung der Kirchensteuer und des Solidaritätszuschlags. Sofern der kindergeldberechtigte Elternteil im öffentlichen Dienst tätig ist, kommt der Verlust von Besoldungs- und Beihilfeleistungen hinzu, die vom Kindergeldanspruch abhängen, verbunden mit der finanziellen Mehrbelastung für eine eigenständige Krankenversicherung von Gerald.

Gerald wäre deshalb besser beraten gewesen, wenn er lediglich Einnahmen in Höhe von 8600 € erzielt hätte und seine Eltern gebeten hätte, ihm den Betrag von 50 € für den Kauf seines Motorrads zu schenken. Von seinen wirtschaftlich denkenden Eltern hätte er diesen Zuschuss auch sicher erhalten.

6.2.2 Ende des Kindergeldanspruchs

Das Kindergeld wird bis zum **Ende des Monats** gewährt, in dem die Anspruchsvoraussetzungen wegfallen.

Ein Anspruch besteht bis zum **Ablauf des Monats**, in dem noch wenigstens an **einem Tag** die Anspruchsvoraussetzungen vorgelegen haben.

Beispiel:

1   Ein Kind bricht am 1.5. seine Berufsausbildung ab. Die Einkünfte lagen unterhalb der maßgeblichen Einkommensgrenze. Für den gesamten Monat Mai ist dieses Kind noch beim Kindergeldanspruch des Berechtigten zu berücksichtigen.

Im Übrigen siehe hierzu die Ausführungen zu Punkt 6.2.1 – „Beginn des Anspruchs".

Beispiel:

2   Ein Kind ist am 1.3.1983 geboren und wird sich voraussichtlich noch bis mindestens 30.4.2009 in einer Ausbildung (Studium) im Sinne von § 32 Abs. 4 S. 1 Nr. 2a befinden. Ein Verzögerungstatbestand im Sinne von § 32 Abs. 5 Nr. 2 liegt nicht vor.

Frage: Bis wann besteht bei Vorliegen der sonstigen Voraussetzungen Anspruch auf Kindergeld?

Antwort: Gemäß § 32 Abs. 4 S. 1 Nr. 2a in Verbindung mit § 32 Abs. 5 Satz 1 besteht Anspruch auf Kindergeld bis zur Vollendung des 27. Lebensjahres **(ab 2007 = 25. Lebensjahr)**. Da das Kind am 1.3.1983 geboren ist, vollendet es sein 25. Lebensjahr am 28.2.2008. Gemäß § 66 Abs. 2 ist Kindergeld bis einschließlich Februar 2008 zu gewähren.

6.3 Rückwirkung des Kindergeldanspruchs

6.3.1 Rückwirkung des Kindergeldantrages in den Jahren 1996 und 1997 – § 66 Abs. 3 EStG a. F.

In den Jahren 1996 und 1997 wurde Kindergeld rückwirkend nur für die letzten sechs Monate vor Beginn des Monats gezahlt, in dem der Antrag auf Zahlung von Kindergeld bei der **zuständigen Familienkasse** eingegangen war.

Der rechtzeitigen Antragstellung kam somit eine wichtige Bedeutung zu. Für die Einhaltung der sechsmonatigen Ausschlussfrist war bei postalischer Übersendung des Kindergeldantrages **nicht** das Datum des Poststempels, sondern der **tatsächliche** Eingang bei der **zuständigen** Familienkasse maßgebend.

Der Antrag musste bis zum letzten Tag (24 Uhr) des letzten Monats der Ausschlussfrist eingegangen sein.

Endete die Frist jedoch an einem Sonnabend, Sonntag oder gesetzlichen Feiertag, so war der Antrag auch dann noch rechtzeitig gestellt, wenn er am ersten folgenden Werktag des nächsten Monats einging (§ 108 Abs. 3 AO).

Beim Wechsel eines Kindergeldberechtigten von der zuständigen Familienkasse des **öffentliche Dienstes** zu einer Familienkasse der **Agentur für Arbeit** und umgekehrt ist keine neue Antragstellung nötig. Die Zahlung ist vom nunmehr zuständigen Träger der Kindergeldzahlung weiterzuführen; die mit einem Neuantrag verbundene Ausschlussfrist wirkte sich hier nicht aus.

6.3.2 Regelung ab Januar 1998

Mit Art. 29 des 1. SGB III ÄndG. wurde die Vorschrift des § 66 Abs. 3 EStG ab Januar 1998 aufgehoben; damit ist die besondere sechsmonatige Ausschlussfrist für rückwirkende Kindergeldzahlungen entfallen. Künftig kann Kindergeld gemäß **§ 169 Abs. 2 Nr. 2 AO im Rahmen der Festsetzungsverjährung bis längstens** vier Jahre rückwirkend festgesetzt werden.

Beispiel:

Markus Müller, 20 Jahre alt, hatte im Mai 2001 seine Schulausbildung mit dem Abitur abgeschlossen. Ab 1.6.2001 leistete er den zehnmonatigen Grundwehrdienst ab. Zu Beginn des Sommersemesters, d. h. ab 1.4.2002 nimmt Markus ein Betriebswirtschaftsstudium an der Universität in Hannover auf. Außer BAföG (130 € Zuschuss/130 € Darlehen) verfügt er über keine weiteren Einkünfte oder Bezüge.

Im August 2006 beantragt der Vater von Markus bei der Familienkasse die Weiterzahlung des Kindergeldes. Er gibt an, dass er bisher vergessen habe, diesen Antrag

A. Materielles Kindergeldrecht

zu stellen und bittet darum, Kindergeld für Markus für die Zeit vom Beginn seines Studiums an zu zahlen. (Durchgehende Immatrikulationsbescheinigungen und eine Erklärung zu den Einkünften und Bezügen sind vorgelegt.)

Nach § 169 Abs. 2 Nr. 2 AO beträgt die Festsetzungsfrist für Steuervergütungen vier Jahre. Sie beginnt gemäß § 170 Abs. 1 AO mit Ablauf des Kalenderjahres, in dem der Antrag auf Kindergeld gestellt wurde. Die Antragstellung erfolgte im Jahr 2006. Die Festsetzungsfrist beginnt somit am 31.12.2005 und endet mit dem 1.1.2002.

Der Kindergeldanspruch ist für 2002, 2003, 2004 und 2005 noch innerhalb der jeweils maßgebenden Festsetzungsfrist geltend gemacht worden. Kindergeld kann demnach ab April 2002 festgesetzt und gezahlt werden.

6.3.3 Übergangsvorschrift

Werden mit einem **nach dem 1. Januar 1998** gestellten Antrag noch Kindergeldansprüche für die **Jahre 1996 und 1997** geltend gemacht, ist § 66 Abs. 3 im Rahmen der Übergangsvorschrift des § 52 Abs. 62 EStG anzuwenden, so dass Kindergeld rückwirkend längstens bis **einschließlich Juli 1997** festgesetzt und gezahlt werden kann.

6.4 Zahlungszeitraum – § 66 Abs. 2 EStG

6.4.1 Allgemeines

Bis zum 31.12.2006 galt § 71 EStG. Der Gesetzestext lautete: *„Das Kindergeld wird monatlich ausgezahlt."* Mit dem **Gesetz zur Anspruchsberechtigung von Ausländern wegen Kindergeld, Erziehungsgeld und Unterhaltsvorschuss** wurde § 71 EStG zum 1.1.2007 aufgehoben. Dafür wurde § 66 Abs. 2 dahingehend ergänzt, dass nach dem Wort „wird" das Wort „monatlich" eingefügt wurde. Der Gesetzgeber hat demnach den Regelungsinhalt des § 71 EStG nach § 66 Abs. 2 EStG verschoben.

§ 66 Abs. 2 bestimmt kurz und knapp, dass das Kindergeld **monatlich** gezahlt wird. Dies kann man sich bildlich derart vorstellen, dass sich vom gegebenen Daueranspruch auf Kindergeld monatlich ein einzelner Zahlungsanspruch abspaltet.

Bereits im § 31 Satz 3 EStG ist festgelegt, dass das Kindergeld im laufenden Kalenderjahr als monatliche Steuervergütung gezahlt wird. § 66 Abs. 2 EStG wiederholt diesen Grundsatz nur. Diese Regelung gilt für alle Kindergeldberechtigten. Während es die Familienkassen der Agenturen für Arbeit abhängig von der Endziffer der Kindergeldnummer in der Regel an zehn verschiedenen Überweisungstagen im Monat auskehren, erhalten es die MitarbeiterInnen öffentlich-rechtlicher Arbeitgeber i. S. v. § 72 EStG zusammen mit ihrem Lohn, Gehalt o. Ä. innerhalb des Monats.

6.4 Zahlungszeitraum – § 66 Abs. 2 EStG

§ 66 Abs. 2 EStG beinhaltet keine genaue Fälligkeitsbestimmung hinsichtlich des Zahlungsanspruchs des Berechtigten. Damit ist auf die Regelung des § 220 Abs. 2 AO zurückzugreifen, wonach der Anspruch grundsätzlich mit seiner Entstehung fällig wird. Mit der Fälligkeit wird dabei der Zeitpunkt umschrieben, ab dem der Kindergeldberechtigte die Zahlung von der Familienkasse verlangen kann. An den Begriff der Fälligkeit knüpfen sich weitere Rechtsfolgen wie z. B. die Zahlungsverjährung.

Die Zahlung des Kindergeldes ist erst nach einer Festsetzung möglich (§ 218 Abs. 1 Satz 1 AO), die wirksam bekannt gegeben werden muss (vgl. dazu die Regelungen im steuerrechtlichen Festsetzungsverfahren). Für diesen Fall bestimmt § 220 Abs. 2 Satz 2 AO, dass Fälligkeit erst mit der Bekanntgabe der Kindergeldfestsetzung eintritt.

> **Beispiel:**
>
> 1   Kindergeld für ein Kind wird mit Bescheid vom 18.3. des Jahres ab Januar des Jahres festgesetzt. Der Bescheid vom 18.3. gilt gemäß § 122 Abs. 2 Nr. 1 AO als am 21.3. zugegangen. Genau mit diesem Tag ist der Kindergeldanspruch für die Monate Januar bis März des Jahres fällig. Der Berechtigte ist somit befugt, die unverzügliche Auszahlung des Kindergeldes von der Familienkasse zu verlangen.

Beim Kindergeld handelt es sich um einen Anspruch, der nicht einmalig für einen gesamten Anspruchszeitraum entsteht, sondern vielmehr um eine Leistung, deren Anspruchsvoraussetzungen Monat für Monat aufs Neue erfüllt werden müssen.

Die monatlichen Ansprüche auf Kindergeld entstehen nach § 38 AO für Zeiten nach dem Monat der Bekanntgabe der Festsetzung jeweils am 1. des Monats. § 220 Abs. 2 Satz 1 AO verbindet die Entstehung des Anspruchs mit der Fälligkeit, die damit ebenfalls am 1. des jeweiligen Monats eintritt.

> **Beispiel:**
>
> 2   Der Kindergeldanspruch für den Monat Oktober wird am 1.10., der für November am 1.11. des Jahres usw. fällig.

Wie bereits dargestellt, wird nur in einem geringen Teil aller Zahlfälle das Kindergeld genau mit dem Tag der Fälligkeit auch tatsächlich ausgezahlt; meistens wird das Kindergeld erst später im Monat, häufig sogar erst am Monatsende, gezahlt. Insoweit entsteht eine Diskrepanz zwischen Fälligkeit und Erfüllung des Anspruchs. Dies ist jedoch für die Familienkasse unschädlich, da die AO für den Fall der Zahlung des Kindergeldes durch die Familienkasse nach Fälligkeit keinerlei finanzielle Sanktion (z. B. in Form von Zinsansprüchen) gegenüber der Familienkasse vorsieht.

A. Materielles Kindergeldrecht

Auch ist die Fälligkeitsregelung des § 220 AO nicht so zu verstehen, dass genau zu diesem Zeitpunkt eine Auszahlung erfolgen muss; dies dürfte ohnehin nur in sehr wenigen Fällen erfüllbar sein. Dem Kindergeldberechtigten wird im Falle der Rückzahlung von Kindergeld ebenfalls eine bestimmte Frist eingeräumt, innerhalb derer er die Zahlung ohne für ihn nachteilige Rechtsfolgen leisten kann. Zudem muss bei einem Verwaltungsverfahren, bei dem Monat für Monat über 10 Millionen Einzelzahlungen geleistet werden, eine etwas spätere Auszahlung hingenommen werden, um das Verfahren für die Familienkassen insgesamt an die dortigen Erfordernisse nach gleichmäßiger Verteilung der Zahlung über den Monatszeitraum anzupassen.

Kindergeldberechtigten im Zuständigkeitsbereich der Familienkassen der Agenturen für Arbeit, die an einer frühen monatlichen Zahlung des Kindergeldes interessiert sind, kann ggf. auch dadurch geholfen werden, dass ihnen eine Kindergeldnummer mit der Endziffer 0 oder 1 zugeordnet wird; infolgedessen erhalten sie ihr Kindergeld bereits zu Beginn des Monats. Berechtigte bei öffentlich-rechtlichen Arbeitgebern müssen den jeweiligen Gehaltszahlungsrhythmus allerdings akzeptieren, ihnen kann das Kindergeld nur damit zusammen überwiesen werden.

Durch die Fälligkeit wird bestimmt, wann die Zahlungsverjährung beginnt, die Aufrechnungsvoraussetzungen vorliegen usw.

Vorauszahlungen des Kindergeldes sind nicht möglich. Nach § 32 Abs. 3 EStG ist Kindergeld vom Monat der Geburt des Kindes bis zum Monat der Vollendung des 18. Lebensjahres zu zahlen. Daraus ergibt sich für manchen Berechtigten die Frage, ob er für diesen Zeitraum (216 Monate) das Kindergeld nicht in einer Summe verlangen kann. Das würde dazu führen, dass „auf einen Schlag" 33 264,– € (216 × 154 €) Kindergeld gezahlt werden würden. Eine solche Kapitalisierung ist infolge der monatlich eintretenden Fälligkeit des Kindergeldanspruchs nicht unzulässig (siehe auch Nr. 71.1 Satz 2 der DA-FamEStG).

§ 66 Abs. 2 EStG enthält keine Regelung zum Zahlungsweg. Darum gilt § 224 Abs. 3 Satz 1 AO; danach sind Zahlungen unbar zu leisten. Der Berechtigte muss also grundsätzlich für die Auszahlung des Kindergeldes ein Konto bei einem Geldinstitut angeben. Durch die unbare Zahlung sollen die mit der Auszahlung des Kindergeldes verbundenen Verwaltungskosten möglichst gering gehalten werden. Anfallende Kontoführungsgebühren sind vom Empfänger der Kindergeldzahlung selbst zu tragen.

Der Kindergeldberechtigte soll grundsätzlich ein Konto bei einem Geldinstitut benennen. Allerdings kann Kindergeld auch auf Spar- oder Bausparkonten überwiesen werden. Der Berechtigte muss nicht der Kontoinhaber sein, sollte in der Regel aber über das Konto verfügen können. Eine Erstattung

6.4 Zahlungszeitraum – § 66 Abs. 2 EStG

von (anteiligen) Kontoführungsgebühren durch die Familienkasse ist nicht möglich.

Unter den Begriff „unbar(e)" Zahlung fällt nach § 224 Abs. 3 Satz 3 AO auch die **Zahlungsanweisung zur Verrechnung.** Außerdem ist es möglich, Kindergeld im Wege der Zustellung durch die **Post bar** auszuzahlen. Beide vorgenannten Zahlungswege verursachen erhebliche Kosten. Diese Kosten können nicht auf den Berechtigten abgewälzt werden. Entgegen dieser Rechtslage werden von den Familienkassen der Agentur für Arbeit die Kosten aber doch den Berechtigten in Rechnung gestellt (siehe Runderlass [= Weisung] der Bundesagentur für Arbeit vom 9.1.2001, mit dem eine solche Verwaltungsanweisung getroffen wurde und seither auch angewandt wird).

§ 224 Abs. 3 AO selbst enthält nur eine Aussage zur grundsätzlichen Möglichkeit von unbaren wie baren Zahlungen, nicht aber zur Kostentragung. Allgemein klärt sich diese Frage durch § 270 BGB. Nach § 270 Abs. 1 BGB hat die Familienkasse Geld auf ihre Gefahr und ihre Kosten dem KG-Berechtigten an dessen Wohnsitz zu übermitteln.

Eine Regelung, nach der die Kosten für Zahlungsanweisungen zur Verrechnung und Postbarzahlungen dem Zahlungsempfänger von der Leistung abgezogen werden, enthält § 337 SGB III nur für den sozialrechtlichen Zuständigkeitsbereich der Arbeitsverwaltung. Eine Übernahme – wie geschehen – dieser Bestimmung in den steuerrechtlichen Zuständigkeitsbereich der Familienkassen der Agenturen für Arbeit verbietet sich ohne ausdrückliche gesetzliche Grundlage in den Steuergesetzen.

Es kann nicht vom Berechtigten verlangt werden, die Unmöglichkeit der Einrichtung eines Kontos nachzuweisen, obwohl die – entsprechend noch anzuwendende – Nr. 71.2 Abs. 3 DA-FamEStG dies verlangt. Es bleibt der Dispositionsfreiheit des Berechtigten überlassen, sich ein Konto einzurichten oder nicht. Demnach kann die Familienkasse auch keinen Abrechnungsbescheid nach § 218 Abs. 2 AO (KG 93) zur Durchsetzung des vermeintlichen Anspruchs auf Kostenabwälzung erlassen; ebenso liegen die Voraussetzungen für eine Aufrechnung nach § 226 AO nicht vor.

Mit der monatlichen Zahlung wird der Kindergeldanspruch des Berechtigten erfüllt und insoweit nach § 47 AO zum Erlöschen gebracht. Die Erfüllungswirkung (und damit Erlöschen des Anspruchs) gegenüber dem Berechtigten als Kindergeld-Anspruchsinhaber tritt auch ein, wenn die Familienkasse das Kindergeld bzw. Teile davon nach § 74 EStG oder § 76 EStG an einen Dritten auszahlt.

Bei Überweisung oder Zahlungsanweisung gilt gem. § 224 Abs. 3 Satz 3 AO als Tag der Zahlung der 3. Tag nach Hingabe oder Absendung des Überwei-

A. Materielles Kindergeldrecht

sungsauftrages an das Geldinstitut. Fällt der dritte Tag nach Hingabe oder Absendung des Überweisungsauftrages auf einen Samstag, Sonntag oder Feiertag, wird der nächstfolgende Werktag als Tag der Zahlung angenommen (entsprechende Anwendung des § 108 Abs. 3 AO).

Beispiel:

3   Ein Überweisungsauftrag wird am 18.10. (Mittwoch) an das Geldinstitut gegeben. Die Zahlung gilt damit am 21.10. (Sonnabend) als bewirkt. Eine Verlängerung der Fiktion auf den nächstfolgenden Werktag erfolgt, weshalb der Zahlungsanspruch auf Kindergeld am 23.10. erloschen ist.

Die Familienkasse trägt die Gefahr des Verlustes bzw. der Fehlleitung der Zahlung. Erst dann, wenn das Kindergeld dem Konto des Berechtigten gutgeschrieben, die Zahlungsanweisung zur Verrechnung dem Empfänger zugestellt oder die Postbarzahlung tatsächlich ausgezahlt wurde, ist sie von ihrer Zahlungspflicht befreit.

In Zweifelsfällen ist durch einen Nachforschungsauftrag der Verbleib des Geldes zu ermitteln. Dabei wird gerade bei Zahlungsanweisungen zur Verrechnung immer wieder festgestellt werden, dass diese von einem Familienangehörigen, in der Regel dem anderen Elternteil, eingelöst wurden. Da in diesem Fall feststeht, dass die Zahlungsanweisung ordnungsgemäß mit Zustellung durch den Briefträger in den Bereich des Kindergeldberechtigten gelangt ist, kommt eine erneute Auszahlung nicht in Betracht.

Wünscht der Berechtigte die Zahlung auf ein Konto, über das er nicht verfügungsberechtigt ist, so gehen darauf geleistete Zahlungen zu seinen Lasten. Im Bereich des Kindergeldes wird es sich dabei insbesondere um Konten des anderen Elternteils oder von volljährigen Kindern des Berechtigten handeln, denen er das Kindergeld direkt zufließen lassen will. Es ist nicht Sache der Familienkasse nachzuprüfen, ob der Berechtigte über das angegebene Konto verfügungsberechtigt ist. Daher muss er sich auf solch ein Konto geleistete Zahlungen als empfangen zurechnen lassen. Wird später festgestellt, dass Zahlungen zu Unrecht erfolgt sind, ist der Berechtigte rückzahlungspflichtig.

Gleiches gilt für den Fall, dass der Empfänger selbst eine falsche Bankverbindung in den Antrag einträgt oder später mitteilt. Wird Kindergeld wegen einer später mitgeteilten Kontoänderung noch auf ein vorher maßgebliches Konto überwiesen, so ist auch damit eine Zahlung wirksam erfolgt und der Zahlungsanspruch erloschen.

Ist derjenige Elternteil, der in der Vergangenheit Kindergeld beantragt und bezogen hat, aus der Familienwohnung ausgezogen, ohne die Familienkasse davon zu unterrichten, so bewirkt die Überweisung des Kindergeldes

6.4 Zahlungszeitraum – § 66 Abs. 2 EStG

auf das (noch) gemeinsame Konto der Ehegatten keine Erfüllung des Kindergeldanspruchs im Verhältnis zum anderen – vorrangig berechtigten – Elternteil. Eine Leistungsbeziehung besteht in diesen Fällen ausschließlich zum bisherigen Kindergeldberechtigten. Nur wenn der vorrangig gewordene Elternteil eine sog. Weiterleitungserklärung mittels Vordruck KG 14 abgibt, ist der Kindergeldanspruch auch erfüllt worden.

Beim Tod des Berechtigten erledigt sich die ihm gegenüber ergangene Festsetzung auf andere Weise – siehe § 124 Abs. 2 AO. Für den Monat des Versterbens erfüllt der Kindergeldberechtigte jedoch noch die Anspruchsvoraussetzungen für den Bezug des Kindergeldes. Das ihm für diesen Monat zustehende Kindergeld geht im Wege der Gesamtrechtsnachfolge nach § 45 AO auf die Rechtsnachfolger über.

Gleiches gilt, wenn über einen Kindergeldantrag des verstorbenen Berechtigten noch nicht entschieden wurde.

Beispiel:

4   Der Berechtigte hatte mit Antrag vom 6.2. des Jahres Kindergeld für seine Tochter Lotte ab Januar des Jahres begehrt. Die Ermittlungen zum Bestehen des Anspruchs zogen sich über einen längeren Zeitraum hin; daher wurde erst am 13.7. des Jahres positiv über den Antrag entschieden. Der Antragsteller ist am 2.7. des Jahres verstorben.

Die Kindergeldfestsetzung (nur für die Monate Januar bis Juli des Jahres) muss gegenüber den Erben als Gesamtrechtsnachfolger vorgenommen werden. Gegenüber diesen erfolgt auch die Auszahlung.

6.4.2 Bescheiderteilung

Im Zusammenhang mit dem Zahlungszeitraum ergibt sich grundsätzlich keine Notwendigkeit einer Bescheiderteilung. Wenn Kindergeld festgesetzt wird, ist der Vordruck **KG 2b** zu verwenden. Dieser sieht lediglich die Angabe vor, dass Kindergeld entweder für einen bestimmten Zeitraum oder ab einem bestimmten Monat gezahlt wird. Eine Angabe, in welchem Zahlungsrhythmus das Kindergeld überwiesen wird, ist im Festsetzungsbescheid nicht vorgesehen.

Sollte die/der Kindergeldberechtigte einen von § 66 Abs. 2 EStG abweichenden Zahlungsintervall verlangen, z. B. Vorschusszahlungen oder Kapitalisierungen, ist das Begehren mit einem individuell zu erstellenden Bescheid abzulehnen. In diesem sollte kurz und bündig auf die gesetzliche Intention des § 66 Abs. 2 EStG verwiesen werden.

A. Materielles Kindergeldrecht

7. Antrag – § 67 EStG

7.1 Antragstellung – § 67 Satz 1 EStG

Die Antragstellung gehört **nicht** zu den **materiell-rechtlichen** Anspruchsvoraussetzungen. Das bedeutet, dass das Entstehen des Kindergeldanspruchs nicht von dem Einreichen eines Antrages abhängt. Die Antragstellung ist aber eine entscheidende verfahrensrechtliche Voraussetzung. Mit der Antragstellung wird das **steuerliche Verfahren** eingeleitet und damit auch der Beginn der Zahlung. Dies ist wichtig für in die Vergangenheit reichende Ansprüche. Wird kein Antrag gestellt, kann trotz Vorliegens der materiell-rechtlichen Voraussetzungen kein Kindergeld gezahlt werden. Wird die Antragstellung verspätet vorgenommen, kann dies unter Umständen dazu führen, dass Ansprüche bereits verjährt sind und Kindergeld rückwirkend nicht in vollem Umfang gezahlt werden darf.

Für den Anspruchsberechtigten ist es also sehr wichtig, dass er das Kindergeld rechtzeitig beantragt. Obwohl Eltern in verschiedenster Form über das Erfordernis einer Antragstellung informiert werden, kommt es immer wieder vor, dass Anträge nicht rechtzeitig gestellt werden und Kindergeldansprüche verjähren und damit vollständig untergehen.

Die **Auskunfts- und Beratungspflicht** der Familienkassen ist in § 89 AO geregelt. Danach **soll** die Familienkasse nach § 89 Satz 1 AO die Abgabe von Erklärungen, die Stellung von Anträgen oder die Berichtigung von Erklärungen und Anträgen anregen, wenn diese offensichtlich nur versehentlich oder aus Unkenntnis unterblieben oder unrichtig abgegeben oder gestellt worden sind. Soll bedeutet nicht muss. Im Unterschied zum sozialrechtlichen KG besteht keine Verpflichtung zu einer umfassenden Beratung über alle rechtlich zulässigen Gestaltungsmöglichkeiten zur Ausschöpfung des höchstmöglichen Kindergeldanspruchs. Wenn der Familienkasse jedoch eine notwendige Antragstellung auffällt, hat sie auf diese hinzuweisen. Dies ist z. B. dann der Fall, wenn der im gemeinsamen Haushalt lebende Ehegatte des Antragstellers Kinder hat, die zwar beim Antragsteller selbst nicht berücksichtigt werden können, jedoch beim Ehegatten einen höheren Kindergeldanspruch auslösen.

Beispiel:

Herr und Frau Frey haben ihr erstes Kind, Evelyn, bekommen. Frau Frey reicht den Kindergeldantrag bei der Familienkasse ein. Für sie ergibt sich ein Anspruch in Höhe von 154 € im Monat. Herr Frey hat aus seiner ersten Ehe drei Kinder, für die seine frühere Ehefrau das Kindergeld erhält. Beantragt er nun das KG für sein jüngstes Kind Evelyn, führt die Berücksichtigung der beiden älteren Kinder aus erster Ehe als sog. Zählkinder zu einem erhöhten Kindergeld von 179 € monatlich. Die Familienkasse muss das Ehepaar Frey darauf hinweisen, dass eine Antragstellung durch Herrn Frey günstiger wäre.

7.1 Antragstellung – § 67 S. 1 EStG

Gemäß § 67 Satz 1 EStG ist das Kindergeld **schriftlich** zu beantragen. Ein Antrag gilt auch als schriftlich gestellt, wenn er als **Telefax** bei der Familienkasse eingeht. Allerdings müssen wesentliche Angaben (Name und Vorname sowie Anschrift) einschließlich der Unterschrift des Antragstellers gut erkennbar sein. Das Erfordernis der Schriftform bedeutet nicht, dass der Antragsteller einen bestimmten Antragsvordruck verwenden muss. Rechtswirksam ist das Kindergeld auch dann beantragt worden, wenn der Antragsteller seinen Antrag auf einem – extrem formuliert – Bierdeckel geschrieben bei der Familienkasse einreicht. Mit der Antragstellung wird ein förmliches Steuerfestsetzungsverfahren eingeleitet, in dessen Rahmen die Familienkasse alle entscheidungserheblichen Tatsachen ermitteln muss. Aus diesem Grund ist ein Vordruck (KG 1) entwickelt worden, den der Antragsteller ausfüllen soll, damit über seinen Anspruch rechtmäßig und möglichst schnell entschieden werden kann.

Sofern der Antragsteller noch nicht volljährig ist, muss für die Beantragung von Kindergeld für eigene Kinder die Einwilligung bzw. Genehmigung des gesetzlichen Vertreters in schriftlicher Form vorliegen (§ 79 AO).

Der Antrag kann auch von einem Bevollmächtigten gestellt werden. Der schriftliche Nachweis der Vollmacht ist aber nur bei begründeten Zweifeln zu verlangen; bei Steuerberatern ist grundsätzlich von einer ordnungsgemäßen Bevollmächtigung auszugehen.

Eine Antragstellung ist **nicht** in allen Fällen erforderlich. So ist sie entbehrlich, wenn

- ein Berechtigter aus dem Zuständigkeitsbereich einer Familienkasse in den einer anderen überwechselt.
- sich die Rechtsgrundlage für den Kindergeldanspruch ändert (z. B. vom Steuerrecht zum Sozialrecht oder umgekehrt).

Bei einem Zuständigkeitswechsel soll allerdings das Vorliegen aller Anspruchsvoraussetzungen erneut geprüft werden. Zu diesem Zweck ist der Antragsvordruck dann lediglich als **Fragebogen** zu verwenden.

Nach § 67 Satz 1 EStG ist der Antrag auf KG bei der zuständigen Familienkasse zu stellen. Die örtliche Zuständigkeit ist in § 19 Abs. 1 AO geregelt. Sie richtet sich in erster Linie nach dem Wohnsitz des Berechtigten. Hat der Berechtigte keinen Wohnsitz im Inland, bestimmt sich die Zuständigkeit nach dem Ort seines gewöhnlichen Aufenthalts. Hat ein Berechtigter einen zweiten oder mehrere inländische Wohnsitze, ist für die Zuständigkeit derjenige Wohnsitz maßgebend, an dem sich der Berechtigte vorwiegend aufhält. Bei mehreren Wohnsitzen eines verheirateten – nicht dauernd getrennt lebenden – Berechtigten ist der Familienwohnsitz maßgebend.

A. Materielles Kindergeldrecht

Trotz aller Gewissenhaftigkeit kann es passieren, dass eine unzuständige Familienkasse das KG festgesetzt hat. Handelt es sich dabei lediglich um die **örtliche Unzuständigkeit**, wird die tatsächlich örtlich zuständige Familienkasse die Entscheidung übernehmen und das Verfahren fortführen.

Setzt eine **sachlich unzuständige** Familienkasse Kindergeld fest, führt dieser Fehler nach § 125 Abs. 1 AO nur in besonders schweren Fällen zur Nichtigkeit der Entscheidung. Die Nichtigkeit hat dann zur Folge, dass die getroffene Entscheidung unwirksam ist (§ 124 Abs. 3 AO).

◁ Beachte!

Sofern statt der Familienkasse eines öffentlichen Arbeitgebers die Arbeitsagentur – Familienkasse – Kindergeld festgesetzt hat, handelt es sich in der Regel nicht um einen besonders schweren Fall. Die zuständige Familienkasse hebt den Bescheid der sachlich unzuständigen Stelle daher regelmäßig nicht auf, sondern übernimmt die Auszahlung aufgrund der erfolgten materiell rechtmäßigen Festsetzung. Sie ist auch zuständig, falls eine Korrektur der erfolgten Festsetzung notwendig ist, einschließlich evtl. damit verbundener Erstattungs- und Nachzahlungsansprüche.

7.2 Antragstellung im berechtigten Interesse – § 67 Satz 2 EStG

Antragsberechtigt ist gemäß § 67 Satz 2 EStG zunächst der Kindergeldberechtigte selber. Aber nicht immer wird von diesem der erforderliche Antrag gestellt. Es kommt vor, dass Anspruchsinhaber von einer Antragstellung absehen – z. B. weil sie mit ihrem Kind im Streit leben, oder weil das Kind in einem Heim untergebracht ist und von einem Jugend- oder Sozialhilfeträger betreut und unterhalten wird. Um wirtschaftliche Nachteile für das Kind oder den Unterhaltsgewährenden zu vermeiden, hat der Gesetzgeber in § 67 Satz 2 EStG den Kreis der Antragsberechtigten um die Personen und Stellen erweitert, die ein **berechtigtes Interesse** an der Leistung des Kindergeldes haben. Berechtigtes Interesse bedeutet in diesem Zusammenhang nicht ein allgemeines menschliches Interesse Dritter an der tatsächlichen Inanspruchnahme des Kindergeldes und geht auch weiter als das rechtliche Interesse. Es umfasst auch wirtschaftliche Interessen.

Antragsberechtigt sind deshalb außer dem Kind selbst insbesondere alle Personen, die einem zu berücksichtigenden Kind gegenüber unterhaltsverpflichtet sind oder auch nur tatsächlich Unterhalt zahlen.

Allein durch die Antragstellung im berechtigten Interesse wird der Antragsteller nicht zum Anspruchsberechtigten. Es müssen stets die Anspruchsvoraussetzungen in der Person des benannten Berechtigten erfüllt sein. Es handelt sich also lediglich um eine verfahrensrechtliche Rechtsstellung. Bei Anträgen im berechtigten Interesse ist der Anspruchsinhaber gleichwohl verpflichtet, an der Sachverhaltsaufklärung mitzuwirken.

7.3 Feststellung der Anspruchsvoraussetzungen, Mitwirkungspflichten, Akteneinsicht

Durch die Beantragung von KG wird ein Steuerverfahren in Gang gesetzt, an dessen Ende ein Festsetzungsbescheid (Bewilligung oder Ablehnung von KG) erlassen wird. Den Familienkassen obliegt es, aufgrund der erfolgten Antragstellung den vorliegenden Sachverhalt zu prüfen und über den Anspruch zu entscheiden. Bei dieser Sachverhaltsaufklärung gilt im Steuerrecht – genauso wie im Sozialrecht – der Untersuchungsgrundsatz (§ 88 AO). Das heißt, dass die Familienkassen alle notwendigen Maßnahmen zu ergreifen haben, um die entscheidungserheblichen Tatsachen aufzuklären. Nach § 88 Abs. 1 Satz 3 AO bestimmen sie Art und Umfang der Ermittlungen nach den Umständen des Einzelfalles.

Bei der Sachverhaltsaufklärung sind die Familienkassen nicht verpflichtet, den Sachverhalt auf alle möglichen Fallgestaltungen zu erforschen. Hieraus folgert, dass es für die Familienkassen nicht ein Muss ist, die evtl. für den Anspruchsberechtigten – und ggf. dessen Ehegatten – kindergeldrechtlich günstigste Sachverhaltsvariante herauszufinden.

Im Regelfall reichen die im KG-Antrag gemachten Angaben für eine zügige und rechtmäßige Entscheidung über den Anspruch aus. Sollte es sich als notwendig erweisen, über das im Antragsvordruck enthaltene Fragevolumen hinaus Ermittlungen anzustellen, so z. B. durch Rückfragen beim Antragsteller oder Ermittlungen bei dritten Personen oder Stellen der Sachverhalt aufzuklären. Hierbei ist zu beachten, dass einerseits nur die erforderlichen Angaben erfragt bzw. ermittelt werden dürfen, andererseits ist die Fragestellung so gezielt, präzise und umfassend durchzuführen, dass bei derselben Person oder Stelle nicht erneut angefragt werden muss. Bei Rückfragen gegenüber Dritten ist u. a. darauf zu achten, dass nicht gegen das Steuergeheimnis des § 30 AO verstoßen wird.

Die Antragstellung nach § 67 EStG löst für den Antragsteller Mitwirkungspflichten aus. Diese bestimmen sich nach den §§ 90 bis 95 der AO. Daneben gibt es Sonderregelungen, die im § 68 EStG beschrieben werden – hierzu später mehr.

Der Antragsteller hat nach § 93 Abs. 1 Satz 1 AO alle für die Feststellung des Sachverhaltes erheblichen Auskünfte zu erteilen. Dies gilt sowohl für das Antragsverfahren als auch für die Dauer der Kindergeld-Festsetzung. Der Antragsteller hat selbst **kein Auskunftsverweigerungsrecht.** Aus seiner Nichtmitwirkung können also nachteilige Schlüsse gezogen werden.

Der Antragsteller ist im Zusammenhang mit seinen Mitwirkungspflichten auch verpflichtet, notwendige Beweisurkunden der Familienkasse vorzulegen. Dieses Erfordernis ergibt sich aus § 97 Abs. 2 der AO.

A. Materielles Kindergeldrecht

Beweisurkunden sind Schriftstücke, die von einer zuständigen Person oder Stelle – z. B. Standesamt – ausgestellt sind und aus deren Inhalt sich die zu beweisende Tatsache ergibt. Als Beweisurkunden sind auch auf mechanischem Weg angefertigte Bescheinigungen (z. B. Immatrikulationsbescheinigungen) anzuerkennen. Auf fotomechanischem Weg angefertigte nicht beglaubigte (nicht bestätigte) Ablichtungen von Originalurkunden **können** anerkannt werden. Dies gilt auch für die Übersendung von Dokumenten per Telefax. Bei bestimmten Beweisurkunden – wie z. B. Geburtsurkunden – sind nur Originale und amtlich beglaubigte Ablichtungen hiervon anzuerkennen.

Kann in einem KG-Fall nicht konkret festgestellt werden, ob die Anspruchsvoraussetzungen zum Bezug von KG vorliegen, ist dem KG-Antrag nicht zu entsprechen; es ist ein Ablehnungsbescheid zu erteilen. Die Feststellungslast trifft dabei nicht die Familienkasse, sondern den Antragsteller. Ein Ablehnungsbescheid ist nicht nur in den Fällen zu erteilen, in denen der Antragsteller bzw. KG-Berechtigte nicht mitwirkt, sondern auch in den Fällen, in denen der Antragsteller/KG-Berechtigte zwar mitgewirkt hat, sich aber aus anderen Gründen nicht zweifelsfrei feststellen lässt, dass ein KG-Anspruch besteht.

Folgen fehlender Mitwirkung können sich nicht nur im Rahmen einer Antragstellung ergeben. Auch in laufenden Fällen ist es häufig notwendig, dass der Anspruchsberechtigte mitwirkt. Dies ist z. B. der Fall, wenn die Familienkasse eine Erklärung über die Einkünfte und Bezüge eines über 18 Jahre alten Kindes benötigt. Die notwendige Reaktion der Familienkasse bei fehlender Mitwirkung hängt immer vom individuellen Fall ab. Sie entscheidet, ob eine KG-Festsetzung für die Vergangenheit oder Zukunft korrigiert werden muss; z. B. von ursprünglich 308 € mtl. für zwei Kinder auf 154 € mtl. für ein Kind – und ob KG für einen Korrekturzeitraum zu erstatten ist.

Kommt der Antragsteller bzw. Anspruchsberechtigte seinen Mitwirkungspflichten innerhalb der einmonatigen Einspruchsfrist nach, entscheidet die Familienkasse sofort über den nunmehr vorliegenden Sachverhalt. Wird die Mitwirkung erst nach der eingetretenen Bestandskraft des Aufhebungs- bzw. Korrekturbescheides nachgeholt, ist dies als Neuantrag nach § 67 EStG oder als Antrag auf Änderung der Ablehnungsentscheidung zu werten.

7.4 Bescheiderteilung

Grundsätzlich ist für die Bescheiderteilung der **Vordruck KG 2b** zu verwenden. Dieser Vordruck steht unter der Anschrift www.bzst.bund.de im Internet zur Verfügung. Die Internetseite des Bundeszentralamtes für Steuern bevorratet unter dem Stichwort *Kindergeld (Fachaufsicht) – Familienkasse – Formulare* – viele der für den täglichen Gebrauch benötigten Vordrucke.

Bei dem Vordruck KG 2b handelt es sich um einen Universalvordruck, der für alle Festsetzungen von Kindergeld verwendet werden soll. Außerdem ist der Vordruck neben der Ablehnung eines Anspruchs auf Kindergeld auch für die Aufhebung einer Kindergeldfestsetzung zu nutzen. Durch die Verwendung des KG 2b erübrigen sich – fast immer – individuell zu erstellende Bescheide.

Da mit dem Bescheidvordruck möglichst viele Tatbestände beschieden werden sollen, beinhaltet er eine Fülle von Eingabemöglichkeiten.

Im Bereich des § 67 EStG wird es Situationen geben, in denen eine Bescheiderteilung erst gar nicht zum Zuge kommt. § 67 EStG verlangt die Beantragung von Kindergeld. Wird ein Antrag nicht gestellt, kann Kindergeld auch nicht festgesetzt werden; ohne Festsetzung gibt es aber auch keinen Festsetzungsbescheid.

Wird Kindergeld vom Berechtigten beantragt oder erfolgt eine Beantragung im berechtigten Interesse, ist über den Kindergeldanspruch nach den individuell auf die Situation des Berechtigten vorhandenen familiären Gegebenheiten zu entscheiden und es sind die entsprechenden Bescheide zu erteilen.

8. Besondere Mitwirkungspflichten – § 68 EStG

8.1 Allgemeines

Ergänzend zu den allgemeinen Vorschriften der §§ 90, 93 ff. AO regelt § 68 EStG **besondere Mitwirkungspflichten** im Rahmen des kindergeldrechtlichen Steuerverhältnisses. Nach § 68 Abs. 1 EStG hat derjenige, der Kindergeld beantragt oder erhält, Änderungen in den Verhältnissen, die für die Leistung erheblich sind oder über die im Zusammenhang mit der Kindergeldzahlung Erklärungen abgegeben worden sind, sofort der zuständigen Familienkasse mitzuteilen. Sofort bedeutet grundsätzlich **ohne schuldhaftes Zögern**. Anzustreben ist, dass eine Änderung bei der nächsten Verarbeitung der Kindergelddaten bereits berücksichtigt werden kann und somit sichergestellt wird, dass Kindergeld stets in der zustehenden Höhe gezahlt wird; die Mitwirkungspflichten eines Beteiligten im steuerlichen Verwaltungsverfahren sollen also sicherstellen, dass es nicht zu Überzahlungen kommt.

Die Veränderungsanzeige **muss** bei der **zuständigen** Familienkasse eingehen. Sollte sie bei einer anderen Familienkasse oder Stelle eingehen, gilt sie als **nicht** eingereicht. Diese gesetzliche Mitteilungspflicht bezieht sich jedoch nur auf die Änderung **tatsächlicher Umstände**, rechtliche Änderungen braucht der Berechtigte nicht mitzuteilen.

A. Materielles Kindergeldrecht

Beispiele:

1 Ein Kindergeldberechtigter erhält Kindergeld für seine beiden minderjährigen Kinder. Diese leben bei ihm in seinem Haushalt. Zu Beginn des nächsten Monats sollen die Kinder in den Haushalt der allein lebenden Mutter aufgenommen werden. Diese tatsächliche Änderung hat der Kindergeldberechtigte sofort mitzuteilen.

2 Ein Kindergeldberechtigter hat durch die Zeitung erfahren, dass das Kindergeld verringert werden soll. Ein solche rechtliche Änderung muss er nicht mitteilen.

Erheblich sind Veränderungen, wenn sie sich auf den Kindergeldanspruch auswirken, z. B. die Berücksichtigung eines über 18 Jahre alten Kindes betreffen. Für den Berechtigten ist allerdings die Erheblichkeit einer Veränderung nicht immer ohne weiteres erkennbar. Deshalb enthält die Vorschrift noch eine Alternative: Sobald der Berechtigte im Zusammenhang mit dem Kindergeld eine **Erklärung abgegeben** hat, muss er diesbezügliche Änderungen mitteilen.

Die Mitwirkungspflicht des Berechtigten beginnt mit der Antragstellung und endet im Allgemeinen mit Ablauf des Monats, für den letztmals Kindergeld gezahlt worden ist. Ist der Berechtigte bis zu diesem Zeitpunkt seiner Verpflichtung zur Anzeige anspruchsbeeinflussender Veränderungen nicht nachgekommen, so besteht die Mitteilungspflicht auch über das Leistungsende hinaus. Veränderungen müssen auch nach Beendigung des Kindergeldbezuges noch mitgeteilt werden, wenn sie sich **rückwirkend** auf den Anspruch auswirken.

Beispiel:

3 Kindergeld wurde für ein volljähriges Kind bis Juli des Jahres gezahlt. Im Oktober erhält dieses Kind rückwirkend ab Januar Geldleistungen, die kindergeldrechtlich relevant sind. Der Kindergeldberechtigte muss diese Änderung der Familienkasse angeben.

Der Berechtigte ist auch dann mitwirkungspflichtig, wenn der Antrag auf Kindergeld nicht von ihm selbst, sondern von einem Bevollmächtigten oder einer anderen Person oder Stelle aus berechtigtem Interesse gestellt worden ist, oder wenn das Kindergeld ganz bzw. teilweise an Dritte ausgezahlt wird.

Verstöße gegen die Mitteilungspflicht können eine Straftat im Sinne von § 370 Abs. 1 Nr. 2 AO oder eine Ordnungswidrigkeit gemäß § 378 Abs. 1 i. V. m. § 370 Abs. 1 Nr. 2 AO darstellen und entsprechend verfolgt bzw. geahndet werden. Es ist Sache der zuständigen Familienkasse zu beurteilen, ob eine relevante Veränderung unverzüglich mitgeteilt worden ist. Dabei ist im Einzelfall auch zu berücksichtigen, ob und in welchem Umfang der Betroffene eine verspätete oder gar unterlassene Anzeige zu vertreten hat.

8 Besondere Mitwirkungspflichten – § 68 EStG

§ 68 Abs. 1 Satz 2 EStG beinhaltet auch eine Mitwirkungspflicht von Kindern, die das 18. Lebensjahr vollendet haben. Die Mitwirkung von volljährigen Kindern nach § 68 Abs. 1 Satz 2 setzt ein „Verlangen" der Familienkasse voraus. Dann besteht die Pflicht des Kindes, an der Aufklärung des für die Kindergeldzahlung maßgebenden Sachverhalts mitzuwirken. Ein solches Verlangen der Familienkasse erfolgt also nicht automatisch in allen denkbaren Fällen.

Es ist einleuchtend, dass volljährige Kinder, die häufig außerhalb des Haushalts der antragstellenden Personen oder der das Kindergeld erhaltenen Personen leben, besondere Sachverhaltskenntnisse, insbesondere über die eigene Ausbildungs- und Einkommenssituation haben, deren Offenbarung im Sinne eines effektiven Verwaltungsverfahrens liegt.

Den auskunftsverpflichtenden Kindern steht **kein Auskunftsverweigerungsrecht** nach § 101 AO zu. Die Mitteilungspflicht bezieht sich allerdings nur auf Auskünfte zur Sachverhaltsfeststellung sowie die Vorlage der in diesem Zusammenhang notwendigen Nachweise. Eine Verpflichtung der Kinder, leistungserhebliche Änderungen in ihren Verhältnissen von sich aus mitzuteilen, besteht jedoch nicht. Die Kinder müssen nur dann mitwirken, wenn ein Nachweis der anspruchserheblichen Tatsachen anderweitig nur schwer zu erbringen ist und eigene Bemühungen des Antragstellers bzw. Kindergeldempfängers nicht zum Ziel geführt haben oder keinen Erfolg versprechen (§ 93 Abs. 1 Satz 2 AO).

Kommen die Kinder ihrer Mitwirkungspflicht nicht in dem gesetzlich bestimmten Umfang nach, kann diese nach § 328 AO durch Androhung und spätere Festsetzung eines Zwangsgeldes durchgesetzt werden.

Auch Arbeitgeber bzw. Ausbilder eines volljährigen Kindes sind nach **§ 68 Abs. 2 EStG** mitwirkungspflichtig. § 68 Abs. 2 verlangt vom Arbeitgeber lediglich eine Bescheinigung. Hieraus folgt, dass die Familienkasse keine weiteren begründenden oder nachweisenden Unterlagen (z. B. den Ausbildungsvertrag oder den Arbeitsvertrag oder Lohnabrechnungen) vom Arbeitgeber einfordern kann. Will sie diese Unterlagen einsehen, so hat sie diese beim Berechtigten oder (nach § 68 Abs. 1 Satz 2 EStG) ggf. beim Kind einzufordern. Diese Pflicht beschränkt sich also nur auf die für die Entscheidung über den Kindergeldanspruch erforderlichen Bescheinigungen über den Arbeitslohn bzw. die Ausbildungsvergütung sowie einen evtl. auf der Lohnsteuerkarte eingetragenen Freibetrag.

Die Familienkasse darf vom Arbeitgeber auch keine Daten für Zeiträume verlangen, in denen eine kindergeldrechtliche Berücksichtigung nicht mehr in Betracht kommt. Insbesondere wenn das Kind nach § 32 Abs. 4 EStG nicht mehr zu berücksichtigen ist, etwa weil die Ausbildung abgeschlossen ist, steht der Familienkasse nicht zu, den Arbeitgeber rechtserheblich zur Mit-

A. Materielles Kindergeldrecht

teilung des für den Rest des Jahres gezahlten Arbeitslohns aufzufordern. Auch diese Angaben kann sich die Familienkasse beim Berechtigten oder (nach § 68 Abs. 1 Satz 2 EStG) ggf. beim Kind beschaffen, wenn sie für die Festsetzung – etwa wegen der anteiligen Aufteilung der Werbungskosten bzw. des Arbeitnehmerpauschbetrages – erforderlich sind.

Ebenso wenig darf die Familienkasse Arbeitgeber zur Auskunft heranziehen, wenn es um Arbeitslohn für andere Personen als die in § 63 EStG bezeichneten Kinder geht. Insbesondere die Einkünfte des Ehegatten eines verheirateten Kindes können nicht auf dieser Rechtsgrundlage in Erfahrung gebracht werden.

In diesen Fällen kann die Familienkasse zwar beim Ehegatten des Kindes Angaben erbitten, durchsetzen kann sie dieses Auskunftsersuchen jedoch nicht, weil der Ehegatte eines verheirateten Kindes insoweit als Schwiegersohn oder Schwiegertochter des Berechtigten nach § 101 AO ein Auskunftsverweigerungsrecht hat. Es finden dann die allgemeinen Regelungen zur Feststellungslast Anwendung, was bedeutet, dass der nichtaufklärbare Sachverhalt zu Lasten des Berechtigten (vgl. dazu insbesondere DAFamEStG 67.6.4) geht.

Die Regelung des § 68 Abs. 2 EStG gilt für alle Arbeitgeber. Der Arbeitgeber braucht nicht von sich aus tätig zu werden, sondern erst **auf Verlangen der Familienkasse**. Kann sich die Familienkasse die erforderlichen Informationen auf einfachere Weise beschaffen, ist davon auszugehen, dass die Inanspruchnahme des Arbeitgebers unverhältnismäßig ist. Ist eine Bescheinigung vom Arbeitgeber bzw. Dienstherrn unrichtig ausgestellt, kann nach § 379 Abs. 1 Nr. 1 AO eine Ordnungswidrigkeit vorliegen.

Nach **§ 68 Abs. 3 EStG** hat die das Kindergeld auszahlende Stelle auf Antrag des Berechtigten eine Bescheinigung über das im Kalenderjahr ausgezahlte Kindergeld zu erteilen. Eine solche Bescheinigung kann im Rahmen der Einkommensteuer-Veranlagung durch das Finanzamt erforderlich werden; insbesondere wenn das Finanzamt bei der Festsetzung der Einkommensteuer den Kinderfreibetrag abgezogen hat. In einem solchen Fall erhöht sich die Einkommensteuer um das für das Veranlagungsjahr gezahlte Kindergeld.

Nach der Neuregelung der Vorschrift durch das Gesetz zur Familienförderung enthält die Bescheinigung das „für das Kalenderjahr" gezahlte Kindergeld. Hieraus folgt, dass eine Bescheinigung erst nach Ablauf des Kalenderjahres ausgestellt werden kann, wenn der ausgezahlte Betrag feststeht. Eine Bescheinigung in die Zukunft ist nicht möglich, da nicht bestätigt werden kann, dass sich in der Zukunft keine Änderungen an der Kindergeldfestsetzung ergeben werden. Dauert das Festsetzungsverfahren noch an, weil z. B. über einen Einspruch noch nicht entschieden ist oder weil eine Einkom-

8 Besondere Mitwirkungspflichten – § 68 EStG

mensprüfung noch nicht abgeschlossen ist, sollte der Abschluss des Festsetzungsverfahrens abgewartet werden.

§ 68 Abs. 3 EStG bezieht sich auf das für das Kalenderjahr ausgezahlte Kindergeld. Damit sind auch die Beträge zu bescheinigen, die tatsächlich nicht an den Berechtigten gezahlt (überwiesen) wurden, sondern ggf. im Wege der Aufrechnung – § 75 EStG – nicht ausgezahlt wurden oder wegen einer Abzweigung § 74 EStG oder einer Pfändung § 76 EStG an Dritte überwiesen wurden.

Kindergeldbescheinigung (§ 68 Abs. 3 EStG) für 2006

Für das Jahr 2006 wurde Herrn/Frau ..., wohnhaft ..., folgendes Kindergeld gezahlt:

Kind A, geboren am ...	1540,00 €
Kind B, geboren am ...	1848,00 €
Kind C, geboren am ...	462,00 €
Insgesamt	3850,00 €

Keine Kindergeldbescheinigung nach § 68 Abs. 3 EStG sind sog. „Vorausbescheinigungen", in denen z. B. für Zwecke des nachrangigen Berechtigten Informationen zum Kindergeldbezug angefordert werden.

Beispiel:

4 Der Berechtigte bittet für seinen Ehegatten um eine Bescheinigung, dass für das gemeinsame Kind Kindergeld festgesetzt wurde und um Angabe, für welchen Zeitraum.

Eine solche Bescheinigung auf Verlangen des Berechtigten ist schlichtes Verwaltungshandeln und kann wie folgt formuliert werden:

Formulierungsbeispiel:

Bescheinigung:
Für das Kind ..., geboren am ..., erhält Herr/Frau ... Kindergeld nach Maßgabe des EStG.
Unter dem Vorbehalt des Gleichbleibens der Sach- und Rechtslage gilt die Festsetzung des Kindergeldes bis zum ... (alternativ: zur Vollendung des 18. Lebensjahres des Kindes).
Im Auftrag

§ 68 Abs. 4 EStG regelt eine Ausnahme von der Verpflichtung zur Wahrung des Steuergeheimnisses (§ 30 AO). Danach dürfen die Familienkassen den die Bezüge im öffentlichen Dienst anweisenden Stellen Vergleichsmitteilungen nicht nur zum Zweck der Kindergeldfestsetzung übersenden, sondern auch, soweit Kindergelddaten für die Festsetzung kindergeldabhängiger Leistungen des Besoldungs-, Versorgungs- und Tarifrechts benötigt werden.

A. Materielles Kindergeldrecht

8.2 Bescheiderteilung

Grundsätzlich ist für die Bescheiderteilung der **Vordruck KG 2b** zu verwenden. Dieser Vordruck steht unter der Anschrift www.bzst.bund.de im Internet zur Verfügung. Die Internetseite des Bundeszentralamtes für Steuern bevorratet unter dem Stichwort Kindergeld (Fachaufsicht) – Familienkasse – Formulare – viele der für den täglichen Gebrauch benötigten Vordrucke.

Bei dem Vordruck KG 2b handelt es sich um einen Universalvordruck, der für alle Festsetzungen von Kindergeld verwendet werden soll. Außerdem ist der Vordruck neben der Ablehnung eines Anspruchs auf Kindergeld auch für die Aufhebung einer Kindergeldfestsetzung zu nutzen. Durch die Verwendung des KG 2b erübrigen sich – fast immer – individuell zu erstellende Bescheide.

Da mit dem Bescheidvordruck möglichst viele Tatbestände beschieden werden sollen, beinhaltet er eine Fülle von Eingabemöglichkeiten.

Im Bereich des § 68 EStG wird eine Bescheiderteilung mit dem Vordruck KG 2b kaum vorkommen; geht es doch mehr um die Sachverhaltsaufklärung und weniger um die Entscheidung über einen Antrag. Denkbar ist jedoch, dass eine laufende Festsetzung aufgehoben werden muss, weil der Familienkasse Informationen bekannt wurden, deren Bestätigung (oder auch Widerlegung) von dem Kindergeldberechtigten erbeten wird, dieser sich aber nicht äußert. Werden zum Beispiel für ein studierendes Kind von dem Berechtigten weitere Immatrikulationsbescheinigungen angefordert, die von diesem aber nicht vorgelegt werden, hat die Familienkasse vom ungünstigsten Fall auszugehen; in der Regel ist dann die Kindergeldfestsetzung für die Vergangenheit von dem Monat an aufzuheben, ab dem eine Immatrikulationsbescheinigung fehlt.

Eine Bescheiderteilung ergibt sich möglicherweise dann, wenn wegen Verstöße gegen die Mitteilungspflicht Ordnungswidrigkeitenverfahren eingeleitet werden müssen und entschieden werden. Solche Bescheide müssen unter Beachtung der entsprechenden Regelungen und Weisungen (z. B. Dienstanweisung zur Durchführung von Steuerstraf- und Ordnungswidrigkeitenverfahren – DA-FamBuStra) erstellt werden.

9. Festsetzung und Zahlung des Kindergeldes an Angehörige des öffentlichen Dienstes – § 72 EStG

Nach § 72 EStG wird das Kindergeld für die Angehörigen des öffentlichen Dienstes von ihren Dienstherren oder Arbeitgebern festgesetzt und ausgezahlt.

9. Angehörige des öffentlichen Dienstes – § 72 EStG

Die Vorschrift des **§ 72 EStG erfasst** Personen, die

- in einem öffentlich-rechtlichen Dienst-, Amts- oder Ausbildungsverhältnis stehen mit Ausnahme der Ehrenbeamten oder
- Versorgungsbezüge nach beamten- oder soldatenrechtlichen Vorschriften oder Grundsätzen erhalten oder
- Arbeitnehmer des Bundes, eines Landes, einer Gemeinde, eines Gemeindeverbandes oder einer sonstigen Körperschaft, einer Anstalt oder Stiftung des öffentlichen Rechts sind, einschließlich der zu ihrer Berufsausbildung Beschäftigten
- Beamte oder Versorgungsempfänger der Deutschen Post AG, Deutschen Postbank AG und Deutschen Telekom AG sind, nicht hingegen deren Angestellte und Arbeiter.

Nicht erfasst von § 72 Abs. 1 EStG werden Personen, die ihre Bezüge oder ihr Arbeitsentgelt

- von einem Dienstherrn oder Arbeitgeber im Bereich der Religionsgemeinschaften des öffentlichen Rechts oder
- von einem Spitzenverband der Freien Wohlfahrtspflege, einem diesem unmittelbar oder mittelbar angeschlossenen Mitgliedsverband oder einer einem solchen Verband angeschlossenen Einrichtung oder Anstalt erhalten (§ 72 Abs. 3 EStG).

Daneben ist das Arbeitsamt – Familienkasse – weiterhin für die Festsetzung von Kindergeld an Personen zuständig, die **nicht länger als für sechs Monate** in den Kreis der in § 72 Abs. 1 Nr. 1 bis 3 und Abs. 2 bezeichneten Personen eintreten.

Wer gehört zum Personenkreis des § 72 Abs. 1 Nr. 1 EStG?

Frage:	Antwort
a) Beamte	ja
b) Beamte auf Widerruf (z. B. Verwaltungsinspektoranwärter/-innen)	ja
c) Berufssoldaten und Soldaten auf Zeit	ja
d) Richter des Bundes	ja
e) ehrenamtliche Richter	nein
f) nicht vollbeschäftigte Beamte	ja
g) Personen, die § 72 Abs. 1 Nr. 1 zuzuordnen sind, aber unter Fortfall der Dienstbezüge beurlaubt sind	ja
h) Beamte bei der Deutschen Telekom AG	ja

A. Materielles Kindergeldrecht

Wer gehört zum Personenkreis des § 72 Abs. 1 Nr. 2 EStG?

Frage:	Antwort:
a) Ruhegehaltsempfänger	ja
b) Empfänger von Witwengeld/Witwergeld	ja
c) Empfänger von Übergangsgebührnissen nach § 17 des Bundespolizeibeamtengesetzes und § 11 des Soldatenversorgungsgesetzes	ja
d) wie c), denen jedoch für den gesamten Bezugszeitraum die Übergangsgebührnisse in einer Summe gezahlt werden	nein

Wer gehört zum Personenkreis des § 72 Abs. 1 Nr. 3 EStG?

Frage:	Antwort:
a) Arbeiter	ja
b) Angestellte	ja
c) Angestellte in der Fernsprechauskunft der Deutschen Telekom AG	nein
d) Auszubildende im Sinne des BBiG	ja
e) Heimarbeiter, die im öffentlichen Dienst beschäftigt sind	nein
f) ausländische Stipendiaten, die als Lehrer, Dozenten, Professoren oder Wissenschaftler an einer deutschen Universität tätig sind	nein
g) Personen, die im Rahmen von Arbeitsbeschaffungsmaßnahmen nach den §§ 91 ff. AFG im öffentlichen Dienst beschäftigt sind	nein

Bei einem Wechsel der Zuständigkeit für die Festsetzung und Zahlung des Kindergeldes gilt Folgendes:

Scheidet ein Berechtigter **im Laufe eines Monats** aus dem Kreis der in § 72 Abs. 1 Nr. 1 bis 3 EStG bezeichneten Personen aus oder tritt er **im Laufe eines Monats** in diesen Kreis ein, so wird das Kindergeld **für diesen Monat** von der Stelle festgesetzt und gezahlt, die bis zum Ausscheiden oder Eintritt des Berechtigten zuständig war. Das gilt nicht, soweit die Zahlung von Kindergeld für ein Kind in Betracht kommt, das erst nach dem Ausscheiden oder Eintritt bei dem Berechtigten zu berücksichtigen ist. Ist in diesen Fällen des Zuständigkeitswechsels das Kindergeld bereits für einen folgenden Monat gezahlt worden, so muss der für diesen Monat Berechtigte die Zahlung gegen sich gelten lassen.

9. Angehörige des öffentlichen Dienstes – § 72 EStG

> **Wichtig!**
>
> Bei einem Zuständigkeitswechsel darf die Festsetzung von der ursprünglich zuständigen Familienkasse **nicht aufgehoben** werden, die neu zuständige Familienkasse darf das Kindergeld auch **nicht neu festsetzen**. Die neu zuständige Familienkasse **übernimmt die Festsetzung** der vorher zuständigen Familienkasse. Es sind keine Bescheide zu erstellen. Die Kindergeldakte soll an die nunmehr zuständige Familienkasse abgegeben werden.

Stellt ein Berechtigter, der Angehöriger des öffentlichen Dienstes ist, bei der Agentur für Arbeit – Familienkasse – einen Antrag auf Kindergeld und ist daraus erkennbar, dass ein bestimmter öffentlich-rechtlicher Dienstherr oder Arbeitgeber zuständig ist, ist der Antrag, da er bei einer **unzuständigen** Familienkasse gestellt wurde, **unverzüglich** an diesen weiterzuleiten.

Zuständigkeit der Agentur für Arbeit – Familienkassen – für bestimmte Angehörige des öffentlichen Dienstes

Gemäß § 72 Abs. 9 EStG ist die Agentur für Arbeit – Familienkassen – für die Festsetzung und Auszahlung des Kindergeldes für Angehörige des öffentlichen Dienstes zuständig, wenn über- oder zwischenstaatliches Recht Anwendung findet. Wann dies der Fall ist, wurde durch Neufassung der DA 72.3 Abs. 1 präzisiert.

Ab sofort sind die Familienkassen der Agentur für Arbeit auch dann für Elternteile im öffentlichen Dienst zuständig, wenn die Fallumstände außer der Staatsangehörigkeit der Elternteile zu einem anderen EU-EWR-Staat oder Vertragsstaat (Jugoslawien, Bosnien-Herzegowina, Mazedonien, Marokko, Schweiz, Türkei und Tunesien) keine sonstigen Berührungspunkte zum über- oder zwischenstaatlichen Recht (z. B. Erwerbstätigkeit des Ehegatten in einem anderen EU-/EWR- oder Vertragsstaat) aufweisen.

> **Beispiel:**
>
> Ein jugoslawischer Staatsangehöriger, der zusammen mit seiner Ehefrau und den gemeinsamen Kindern in Deutschland wohnt, ist bei einem Arbeitgeber des öffentlichen Dienstes beschäftigt. Da er schon seit Jahren in Deutschland lebt, ist er bereits im Besitz einer Aufenthaltsberechtigung. Sein Kindergeldanspruch hängt also somit **nicht** von einer Erwerbstätigkeit im Sinne des deutsch-jugoslawischen Abkommens über soziale Sicherheit ab.

Bisher war, in diesen Fällen, für die Festsetzung und Auszahlung des Kindergeldes die Familienkasse des öffentlichen Arbeitgebers zuständig, da der Kindergeldberechtigte im Besitz einer Aufenthaltsberechtigung war und sämtliche Kinder bei ihm in Deutschland ihren Wohnsitz hatten.

Ab sofort ist nach § 72 Abs. 9 EStG i. V. mit DA 72.3 Abs. 1 für die Festsetzung und Auszahlung des Kindergeldes die Agentur für Arbeit – Familien-

A. Materielles Kindergeldrecht

kasse – zuständig, obwohl der einzige Berührungspunkt zum deutschjugoslawischen Abkommen über soziale Sicherheit nur in der Staatsangehörigkeit des Berechtigten besteht.

Die weiteren Änderungen der DA 72.3 Abs. 1 entnehmen Sie bitte dem Schreiben des Bundesamtes für Finanzen vom 2. Mai 2001 – St I 4 – S 2479 – 5/2001.

10. Zahlung des Kindergeldes in Sonderfällen – § 74 EStG

Das Kindergeld wird grundsätzlich an die Person ausgezahlt, die anspruchsberechtigt ist (§§ 62, 70 EStG). Der Anspruchsinhaber ist im Normalfall also auch der Zahlungsempfänger.

Es gibt aber auch Sachverhalte, bei denen der Gesetzgeber von dieser Regel abweicht und bestimmt, dass das Kindergeld an andere Personen oder Stellen auszuzahlen ist. Diese „Zahlung des Kindergeldes in Sonderfällen" ist in § 74 EStG geregelt. Danach kommt eine Auszahlung an Dritte in Betracht, wenn

- der Berechtigte seiner Unterhaltspflicht nicht nachkommt – selbst wenn er unterhaltsrechtlich nicht leistungsfähig ist – (Abs. 1).
- Träger von Sozialleistungen Erstattungsansprüche gegen die Familienkasse geltend machen (Abs. 2).

10.1 Auszahlung an Dritte bei Verletzung der Unterhaltspflicht durch den Berechtigten (Abzweigung) – § 74 Abs. 1 EStG

10.1.1 Allgemeines

Das Kindergeld kann – für Zahlkinder und anspruchserhöhende Zählkinder – abgezweigt werden, wenn der Berechtigte

- seiner Unterhaltspflicht nicht nachkommt, obwohl er dazu gesetzlich verpflichtet ist.
- mangels Leistungsfähigkeit nicht unterhaltspflichtig ist (und keinen Unterhalt zahlt oder einen Betrag, der niedriger ist als das anteilige Kindergeld).
- nur zur Zahlung von Unterhalt in Höhe eines Betrages verpflichtet ist, der geringer ist als das anteilige Kindergeld.
- tatsächlich keinen Unterhalt leistet und zivilrechtlich auch nicht dazu verpflichtet ist (BFH-Urteil vom 16. April 2002 VIII R 50/01).

Die Familienkasse muss dabei regelmäßig nicht prüfen, ob eine unterhaltsrechtliche Leistungsfähigkeit des Berechtigten besteht. Es kommt allein

10.1 Auszahlung an Dritte – § 74 Abs. 1 EStG

darauf an, ob tatsächlich dauerhaft kein Unterhalt gezahlt wird. Einmalige oder nur unwesentliche Abweichungen bleiben außer Betracht.

10.1.2 Voraussetzungen für die Abzweigung

10.1.2.1 Allgemeines

Die Abzweigung verfolgt die Intention der schnellen und unbürokratischen Hilfe mit dem Ziel, das Kindergeld an die Person oder Stelle auszuzahlen, die für den Unterhalt des Kindes aufkommt.

Die Familienkasse kann mit § 74 Abs. 1 EStG erheblich in familiäre Verhältnisse eingreifen. § 74 Abs. 1 EStG ist als Soforthilfe gedacht. Ein Kind, das seinen Unterhaltsanspruch von den Eltern nicht erfüllt bekommt, vermeidet durch § 74 Abs. 1 EStG ein langwieriges und kostenintensives Verfahren, bis das zustehende Kindergeld durch eine Pfändung in seine Verfügungsgewalt gelangt.

Als Soforthilfe kann eine Auszahlung nach § 74 Abs. 1 EStG nur die aktuellen und zukünftigen Unterhaltsansprüche betreffen. Für zurückliegende Unterhaltsverletzungen kann die Regelung aber nicht angewendet werden. Sofern Unterhaltsansprüche aus der Vergangenheit stammen und nicht erfüllt wurden, kann nur eine Pfändung des Kindergeldes nach § 76 EStG betrieben werden.

Bei Vorliegen der Voraussetzungen des § 74 Abs. 1 EStG wird das Kindergeld zur Sicherung des Unterhalts des Kindes frühestens ab dem Monat der beantragten Auszahlung an denjenigen, der den Unterhalt gewährt oder an das Kind selbst, abgezweigt.

Mit der Auszahlung des Kindergeldes an Dritte wird nicht in die unterhaltsrechtlichen Verhältnisse eingegriffen. Unterhaltsansprüche bleiben demnach unberührt. Die Abzweigung wirkt aber tatsächlich, indem das Kindergeld nicht der Berechtigte, sondern eine andere Person oder eine Stelle ausgezahlt erhält. Durch die Auszahlung des Kindesgeldes an das Kind selbst, erhält damit diejenige Person das Kindergeld, die auch den Unterhaltsanspruch hat.

10.1.2.2 Kindergeld und Unterhaltsrecht

Durch § 62 EStG wird bestimmt, dass Anspruchsinhaber des Kindergeldes eine natürliche Person ist. Diese muss mit einem Kind in einem Eltern-Kind-Verhältnis stehen (§ 63 Abs. 1 EStG). Daraus folgt, dass Inhaber des Anspruchs auf Kindergeld ein Elternteil ist. Es ist nicht möglich, den Kindergeldanspruch dem Kind zuzuordnen. Auch wenn die Eltern das Kind nicht unterhalten, erwirbt das Kind dadurch keinen originären Anspruch auf Kindergeld. Das gilt auch dann, wenn das Kind nicht (mehr) im Haus-

A. Materielles Kindergeldrecht

halt der Eltern lebt. Der Anspruch auf Kindergeld verlangt weder das Vorhandensein eines Unterhaltsanspruchs noch die Zahlung von Unterhalt (siehe Urteil des BFH vom 28.1.2004, VIII R 21/02). § 64 Abs. 3 Satz 3 EStG bestimmt, dass selbst dann, wenn kein Elternteil dem Kind eine Unterhaltsrente zahlt, diese dennoch den Berechtigten untereinander bestimmen.

Die Familienkasse muss das Kindergeld an den Berechtigten auszahlen. Damit schaut das Kind „in die Röhre". Allein die Regelung des § 64 EStG führt also zu Entscheidungen, die im Einzelfall nicht gerecht sind. Durch § 74 Abs. 1 EStG gelingt es jedoch, das Kindergeld auch an Andere auszuzahlen, die den Unterhalt des Kindes sicherstellen; dazu gehört auch das Kind selbst.

Das Kindergeld ist nach § 1612b Abs. 2 BGB auf den Barunterhalt anzurechnen. Lebt ein Kind bei keinem Elternteil im Haushalt, sind grundsätzlich beide Elternteile zum Barunterhalt verpflichtet (siehe § 1606 Abs. 3 Satz 1 BGB). Wer das Kindergeld erhält, wenn die Eltern getrennt leben, bestimmt sich nach § 64 Abs. 3 EStG. Das Kindergeld wird in solchen Fällen zwar kindergeldrechtlich an einen Elternteil ausgezahlt, zivilrechtlich jedoch auf beide Eltern aufgeteilt (es handelt sich dabei um einen Ausgleich nach § 1612b Abs. 2 BGB). Dieser Ausgleich führt dazu, dass der Elternteil, der das Kindergeld erhält, dem Kind das halbe Kindergeld zusätzlich zu dem Unterhalt zahlen muss. Der andere Elternteil kann das hälftige Kindergeld von seinem zu leistenden Unterhalt abziehen.

Unterhaltsrechtlich erfolgt keine Anrechnung des Kindergeldes, wenn der Unterhaltspflichtige nicht in der Lage ist, Unterhalt in Höhe von 135 % des Regelbetrages nach der Regelbetrag-Verordnung zu leisten (§ 1612b Abs. 5 BGB). Das Barexistenzminimum des Kindes ist nur dann gesichert, wenn der Barunterhaltspflichtige seinen Anteil am Kindergeld bis zur Höhe des 1,35-fachen Regelbetrags für den Unterhalt des Kindes einsetzt.

Die Beträge basieren auf der Regelbetrag-Verordnung. Sie ergeben sich für die alten Bundesländer aus der Düsseldorfer Tabelle (Stand 1.7.2003 Teil A und dazu Anmerkungen 2 und 20) und aus der Berliner Tabelle für die neuen Bundesländer.

Altersstufe in Jahren	1,35-facher Regelbetrag alte Bundesländer (in €)	1,35-facher Regelbetrag neue Bundesländer (in €)
0–5	269	248
6–11	326	300
12–17	384	354
Ab 18	442	442

10.1 Auszahlung an Dritte – § 74 Abs. 1 EStG

Wird Unterhalt in einer Höhe geleistet, die geringer ist als das Kindergeld, weil ein Berechtigter nicht leistungsfähig ist, wird das Kindergeldes auf den Unterhalt nicht angerechnet (§ 1612b Abs. 5 BGB).

10.1.2.3 Gesetzliche Unterhaltspflicht

Eine Auszahlung des Kindergeldes nach § 74 Abs. 1 EStG ist grundsätzlich nur möglich, wenn gegenüber dem Kind, für das Kindergeld gezahlt wird, eine gesetzliche Unterhaltspflicht besteht. Die gesetzliche Unterhaltspflicht von Eltern gegenüber ihren Kindern ergibt sich aus dem bürgerlichen Recht (§ 1601 ff. BGB). Ein Anspruch auf Unterhalt besteht, wenn ein Kind

- wirtschaftlich noch nicht selbständig ist (Unterhaltsanspruch dem Grunde nach), z. B. weil das Kind seine Berufsausbildung noch nicht abgeschlossen hat,
- seinen Unterhaltsbedarf nicht selbst decken kann und deshalb bedürftig ist (Bedürftigkeit) und
- seine Eltern zur Leistung von Unterhalt in der Lage sind (Leistungsfähigkeit).

Eine gesetzliche Unterhaltspflicht liegt nur dann vor, wenn

- ein Unterhaltsanspruch dem Grunde nach gegeben ist,
- auf Seiten des Unterhaltsberechtigten Bedürftigkeit vorliegt und
- eine Leistungsfähigkeit seitens des Leistungsverpflichteten vorhanden ist.

10.1.2.4 Unterhaltsanspruch dem Grunde nach

Ob gegenüber Kindern eine Unterhaltspflicht besteht, regeln die §§ 1601 ff. BGB. Zum 1.7.1998 wurde das Kindschaftsrechts einer Reform unterzogen. Seit dieser wird nicht mehr zwischen ehelichen, nichtehelichen, für ehelich erklärten und Adoptiv-Kindern unterschieden. Es gibt nur noch folgende Unterscheidung:

- minderjährige und volljährige Kinder,
- verheiratete und unverheiratete Kinder und
- Kinder, deren Eltern miteinander verheiratet sind oder nicht.

Zu beachten ist, dass ein adoptiertes Kind mit der Adoption in der Regel das Verwandtschaftsverhältnis zu den leiblichen Eltern verliert. Das verwandtschaftliche Verhältnis der leiblichen Eltern verlagert sich auf die Adoptiveltern. Eine Ausnahme davon stellt die Volljährigenadoption dar.

Bei einem **verheirateten** Kind tritt die Unterhaltspflicht der Eltern nur noch dann ein, wenn der Ehegatte selbst nicht leistungsfähig ist. Eine Unterhaltspflicht kann sich auch für die Großeltern ihren Enkeln gegenüber ergeben.

A. Materielles Kindergeldrecht

> **Beachte!**
>
> Dem Grunde nach nicht zum Unterhalt verpflichtet sind Stiefeltern gegenüber den Kindern ihres Ehegatten und Pflegeeltern gegenüber ihrem Pflegekind. In solchen Fällen ist eine Abzweigung stets ausgeschlossen.

Beispiel

Ein volljähriges „Stiefkind" lebt im gemeinsamen Haushalt mit dem leiblichen Elternteil und dem „Stiefelternteil", der das Kindergeld aufgrund einer entsprechenden Berechtigtenbestimmung erhält. Der Stiefeltemteil leistet zum Familienunterhalt keine Barleistungen. Das volljährige Kind wendet sich nunmehr an die zuständige Familienkasse und möchte das ihm zustehende Kindergeld ausgezahlt bekommen.

Die Familienkasse lehnt das Abzweigungsbegehren mit der richtigen Begründung ab, der Stiefelternteil als Berechtigter ist dem Kind gegenüber dem Grunde nach nicht zum Unterhalt verpflichtet, da beide nicht in gerader Linie miteinander verwandt sind.

Eine bedeutsame Voraussetzung für eine Auszahlung nach § 74 Abs. 1 Satz 1 EStG besteht darin, dass die Eltern grundsätzlich zum Unterhalt verpflichtet sind. Nach § 63 Abs. 1 i. V. m. § 32 Abs. 1 EStG werden allerdings auch Kinder berücksichtigt, denen gegenüber eine Unterhaltsverpflichtung der Eltern dem Grunde nach nicht gegeben ist. Andererseits ergibt sich für Kinder mit Unterhaltsanspruch nicht automatisch ein Anspruch auf Kindergeld (siehe Urteil des BFH vom 28.1.2004, VIII R 21/02).

Für nachfolgend genannte Beispielszeiträume bei volljährigen Kindern besteht zwar Anspruch auf Kindergeld nach § 32 Abs. 4 Satz 1 EStG, aber dem Grunde nach kein Anspruch auf Unterhalt:

- Ein Kind, das bereits eine Berufsausbildung abgeschlossen hat, absolviert eine weitere Ausbildung (sogenannte Zweitausbildung).
- Ein Kind leistet einen anderen Dienst im Ausland nach § 14b Zivildienstgesetz.
- Ein Kind leistet ein freiwilliges soziales Jahr; unerheblich ist, ob es sich dabei um ein Jahr im Sinne des Gesetzes zur Förderung eines freiwilligen sozialen Jahres handelt.
- Ein Kind wartet auf einen Studienplatz.
- Ein Kind schließt an ein abgeschlossenes Hochschulstudium ein Promotionsstudium an.

10.1.2.5 Verletzung der Unterhaltspflicht

Eine Auszahlung des Kindergeldes an das Kind oder die Unterhalt gewährende Person oder Stelle nach § 74 Abs. 1 Satz 1 oder 4 EStG kommt nur in

10.1 Auszahlung an Dritte – § 74 Abs. 1 EStG

Betracht, wenn der Kindergeldberechtigte seine Unterhaltspflicht verletzt. Dies gilt auch, wenn der Berechtigte mangels Leistungsfähigkeit nicht zum Unterhalt verpflichtet ist oder nur zu einem geringeren Betrag als dem anteiligen Kindergeld zum Unterhalt verpflichtet wurde (§ 74 Abs. 1 Satz 3 EStG). Daraus folgt, das bei einer nur gelegentlichen Verletzung der Unterhaltspflicht eine Abzweigung des Kindergeldes nicht gerechtfertigt ist. Um eine Abzweigung vornehmen zu können, muss es sich um eine **andauernde Unterhaltspflichtverletzung** handeln. Das abzweigungsbegehrende Kind muss den Unterhalt von den Eltern verlangt haben. Es ist allerdings nicht erforderlich, dass der strafrechtliche Tatbestand einer vorsätzlichen Unterhaltspflichtverletzung im Sinne von 170b StGB erfüllt ist.

10.1.2.6 Unterhaltsbedarf des Kindes

Der Unterhaltsbedarf eines Kindes umfasst den gesamten Lebensbedarf einschließlich der Kosten einer angemessenen Vorbildung zu einem Beruf.

Die genaue Höhe des Kindesunterhalts ermitteln die Familiengerichte anhand so genannter Richtsätze, die in allgemein zugänglichen Tabellen dargestellt sind. Für die Anwendung des § 74 Abs. 1 EStG reichen die Düsseldorfer Tabelle (für das alte Bundesgebiet) und die Berliner Tabelle (für das Beitrittsgebiet und für Fälle, in denen nicht alle Beteiligten im Beitrittsgebiet wohnen) aus. Die darin ausgewiesenen Richtsätze gelten für eine gegenüber **einem** Ehegatten und **zwei** Kindern unterhaltspflichtige Person. Sofern sich die Zahl der unterhaltsberechtigten Personen erhöht oder verringert, sind die dargestellten Richtsätze zu verringern oder zu erhöhen – Näheres ergibt sich aus den entsprechenden Tabellen.

Für den Bereich des Kindergeldes sind Detailkenntnisse nicht unbedingt notwendig. In vielen Fällen wird die Abzweigung von volljährigen Kindern begehrt, die nicht mehr im elterlichen Haushalt leben. Für diese Fälle sieht die Düsseldorfer Tabelle für die alten Bundesländer einen Regelbedarf von 600,– € vor, die Berliner Tabelle (neue Bundesländer) einen Regelbedarf von 555,– € (diese Beträge können nicht mehr durch Gewährung bzw. Nichtgewährung des Kindergeldes erhöht oder gesenkt werden). In den anderen Fällen, in denen z. B. für minderjährige Kinder die Abzweigung begehrt wird, liegen im Allgemeinen aussagekräftige Entscheidungen von Gerichten oder Behörden (z. B. Jugendämtern) zur Höhe des Unterhalts vor.

10.1.2.7 Unterhaltsrechtliche Bedürftigkeit des Kindes

Nach § 1602 Abs. 1 BGB liegt eine unterhaltsrechtliche Bedürftigkeit des Kindes dann vor, wenn das Kind nicht in der Lage ist, sich selbst zu unterhalten. Zunächst müssen die Kinder selbst und ggf. deren Ehegatte oder Lebenspartner ihr gesamtes Einkommen und Vermögen einsetzen, bevor

A. Materielles Kindergeldrecht

der Kindergeldberechtigte in Anspruch genommen werden kann. Eigene Mittel des Kindes (Einkünfte und Bezüge) können zur Deckung seines Unterhaltsbedarfs angerechnet werden. Im Verhältnis minderjähriger unverheirateter Kinder zu ihren Eltern gilt dies allerdings mit der Einschränkung, dass der Vermögensstamm nicht zu verwerten ist. Von Bedürftigkeit ist stets dann auszugehen, wenn dem Kind bereits laufende Leistungen nach dem SGB II oder SGB XII gewährt werden.

Liegt eine Unterhaltsverpflichtung des Kindergeldberechtigten nicht vor, weil das Kind unterhaltsrechtlich leistungsfähig ist und seinen Unterhalt daher selber decken kann, sind die Voraussetzungen des § 74 Abs. 1 Satz 1 und 4 EStG nicht erfüllt. In diesen Fällen verbleibt das Kindergeld in jedem Falle den Eltern. Diesen dient es primär der zutreffenden Besteuerung. Daher kann es vorkommen, dass Eltern Kindergeld erhalten, obwohl sie es tatsächlich nicht für das Kind verwenden.

Die beschriebene Situation kann sich insbesondere bei volljährigen Kindern ergeben. Der Grenzbetrag nach § 32 Abs. 4 Satz 2 EStG mit 7680 € ist höher als der Bedarf nach den Unterhaltstabellen. Dieser beläuft sich nach der Düsseldorfer Tabelle, Stand 1.1.2002, Anmerkung 7, für ein Kind mit eigenem Haushalt in den alten Bundesländern auf 600 € monatlich (7200 € jährlich), für ein Kind in den neuen Bundesländern laut Anmerkung 4 der Berliner Tabelle auf 555 € monatlich (6660 € jährlich).

Beispiel

Die 22-jährige Tochter von Frau Hahn wohnt mit ihrem Freund, der 15 Jahre älter und noch verheiratet ist, in einer eigenen Wohnung. Die Tochter steht in Ausbildung und erhält nach Abzug ihres Eigenanteils an den SV-Beiträgen eine Ausbildungsvergütung von 710,- € monatlich. Frau Hahn ist mit dem Freund der Tochter nicht einverstanden. Das gezahlte Kindergeld leitet die Mutter daher nicht an die Tochter weiter. Ihre – zutreffende – Argumentation ist, dass die Tochter ausreichende Mittel zur Bestreitung ihres Lebensunterhaltes zur Verfügung hat. Die Tochter wendet sich daraufhin an die Familienkasse und beantragt die Auszahlung des Kindergeldes an sich.

Die Familienkasse muss den Antrag des Kindes ablehnen. Die Voraussetzungen des § 74 Abs. 1 Satz 1 oder 3 EStG liegen nicht vor. Weil sich das Kind selber unterhalten kann, besteht keine Bedürftigkeit und somit auch keine Unterhaltspflicht seitens der Mutter.

10.1.2.8 Leistungsfähigkeit der Eltern

Ob Eltern leistungsfähig sind, bestimmt sich nach dessen Einkommensverhältnissen. Unter Beachtung der unterhaltsrechtlichen Tabellen (Düsseldorfer bzw. Berliner Tabelle) ist den Eltern ein Selbstbehalt zu belassen. Nur dann, wenn über den Eigenbedarf hinaus noch Mittel zur Bestreitung des Unterhalts zur Verfügung stehen, sind die Eltern leistungsfähig und somit unterhaltspflichtig.

10.1 Auszahlung an Dritte – § 74 Abs. 1 EStG

In welcher Form Eltern den Unterhalt für ihr unverheiratetes Kind erbringen, ob z. B. durch Gewährung von Sachleistungen (Naturalunterhalt wie Unterkunft und Verpflegung) oder durch Zahlung von Barunterhalt, können die Eltern selber bestimmen.

Eltern dürfen sich weigern, ihrem Kind Barunterhalt zu leisten, wenn sie ihm statt dessen Naturalunterhalt in ihrer eigenen Wohnung gewähren möchten. Grundsätzlich kommen die Eltern ihrer Unterhaltspflicht damit nach. Nur bei Vorliegen besonderer Gründe, wird der Verweis der Eltern, Naturalunterhalt zu gewähren, abgelehnt werden können und durch einen Anspruch auf Barunterhalt ersetzt. Ein Grund für die Ablehnung des Naturalunterhalts kann darin liegen, dass es dem Kind nicht zugemutet werden kann, in die Wohnung der Eltern zurückzukehren. Wenn das Kind darauf verwiesen werden kann, den im elterlichen Haushalt bereitgestellten Unterhalt in Anspruch zu nehmen, ist eine Abzweigung ausgeschlossen.

Durch die Gewährung von Naturalunterhalt gegenüber seinem Kind erfüllt der Berechtigte grundsätzlich seine Unterhaltspflicht. Eine Abzweigung ist in diesem Fall ausgeschlossen. Das Kindergeld steht diesem Elternteil zur Bestreitung des Naturalunterhalts des Kindes zur Verfügung.

Beispiel

Der 22-jährige Frank ist aus dem Haushalt seiner Eltern ausgezogen. Er verlangt von seinen Eltern Barunterhalt. Die Eltern sagen dem Sohn, dass er weiterhin bei ihnen wohnen kann und im Haushalt der Eltern mit allem Nötigen versorgt wird (Naturalunterhalt). Frank ist damit überhaupt nicht einverstanden. Er beantragt bei der Familienkasse, das an den Vater gezahlte Kindergeld an sich auszuzahlen. Dass der Sohn sich auf die eigenen Füße stellen will, spielt unterhaltsrechtlich keine Rolle. Die Eltern können ihn zu Recht auf den Naturalunterhalt verweisen. Die Familienkasse muss den Antrag auf Abzweigung ablehnen, weil der Kindergeldberechtigte seine Unterhaltspflicht nicht verletzt. Die Voraussetzungen des § 74 Abs. 1 Satz 1 EStG liegen somit nicht vor.

10.1.2.9 Keine Unterhaltspflicht mangels Leistungsfähigkeit

Der Kindergeldberechtigte muss Unterhalt nur dann gewähren, wenn er über ausreichend Mittel verfügt, die es ermöglichen, seinen eigenen Bedarf zu decken und darüber hinaus noch andere Personen zu unterhalten. Reichen die Mittel nur dazu aus, gerade den eigenen Bedarf zu decken, ist der Berechtigte mangels Leistungsfähigkeit nicht unterhaltsverpflichtet.

Das Kindergeld kann dennoch nach § 74 Abs. 1 Satz 3, 1. Alternative EStG abgezweigt werden, wenn der Berechtigte gegenüber dem Kind mangels Leistungsfähigkeit nicht unterhaltspflichtig ist. Durch diese Rechtsnorm wird sicher gestellt, dass das Kindergeld auch dann dem Kind zugute kommt, wenn wegen eines Mangelfalls kein Unterhalt gezahlt werden

A. Materielles Kindergeldrecht

muss. Ob ein Mangelfall vorliegt, ergibt sich aus den Unterhaltstabellen (z. B. Düsseldorfer Tabelle).

Beispiel

Die Kindergeldberechtigte bezieht laufend Kindergeld in Höhe von 154,– € mtl. für ihren Sohn Ludwig. Dieser ist vor einigen Monaten aus der Wohnung der Mutter ausgezogen, weil diese wegen ihrer klammen finanziellen Mittel immer „rumnervte". Tatsächlich verfügt die Kindergeldberechtigte über ein Einkommen, das gerade das eigene Existenzminimum deckt. Da Ludwig auch jeden Euro vertragen kann, möchte er das Kindergeld selber erhalten. Er stellt bei der Familienkasse einen entsprechenden Antrag.

Wegen der nicht ausreichenden Leistungsfähigkeit ist die Kindergeldberechtigte nicht zum Unterhalt verpflichtet. Das Kindergeld kann dennoch nach § 74 Abs. 1 Satz 3 EStG an den Sohn ausgezahlt werden, weil in diesem Fall vom „fiktiven" Bestehen eines Unterhaltsanspruchs in Höhe des anteiligen Kindergeldes ausgegangen wird.

Kann das Kind mit eigenen Mitteln seinen Bedarf decken, verletzt der Unterhaltspflichtige seine Unterhaltspflicht nicht, obwohl er keinen Unterhalt leistet. § 74 Abs. 1 Satz 3 1. Alternative EStG ist in einem solchen Fall nicht anwendbar.

10.1.2.10 Unterhaltspflicht geringer als das auszuzahlende Kindergeld

Bei nicht ausreichender Leistungsfähigkeit ist es möglich, dass der Berechtigte gegenüber dem Kind nur Unterhalt in Höhe eines Betrages zu leisten braucht, der geringer ist als das für die Auszahlung in Betracht kommende Kindergeld. In solch einem Fall kann das Kindergeld nach § 74 Abs. 1 Satz 3 2. Alternative EStG an das Kind oder die Unterhalt gewährende Person oder Stelle abgezweigt werden.

Für die geringe Höhe des Unterhalts muss entscheidend sein, dass eine geringe Leistungsfähigkeit des Berechtigten ursächlich ist. Ist für die geringe Höhe des Unterhalts das eigene Einkommen und damit die eigenen Leistungsfähigkeit des Kindes verantwortlich, und kann das Kind seinen angemessenen Bedarf insoweit mit eigenen Mitteln decken, liegen die Voraussetzungen des § 74 Abs. 1 Satz 3, 2. Alternative EStG nicht vor. In diesem Fall ist der Berechtigte nicht zu einem höheren Unterhalt verpflichtet.

Beispiel

Der Kindergeldberechtigte erhält Kindergeld für seine drei Kinder in Höhe von 462 € monatlich. Da ein volljähriges Kind bereits in einer eigenen Wohnung lebt, muss der Berechtigte diesem Kind monatlich 70 € an Unterhalt zahlen. Eine höhere Unterhaltszahlung scheitert an der geringen Leistungsfähigkeit des Berechtigten. Die Unterhaltsverpflichtung wird von dem Berechtigten laufend erfüllt.

10.1 Auszahlung an Dritte – § 74 Abs. 1 EStG

Der Kindergeldberechtigte leistet laufend nur Unterhalt in einer Höhe, die geringer ist als das Kindergeld, das hier 154 € monatlich beträgt. Unter Beachtung des § 1612b BGB ist eine Anrechnung des Kindergeldes auf den Unterhalt im vorliegenden Fall ausgeschlossen. Bei einem volljährigen Kind beläuft sich der Unterhaltsbedarf auf 555 € (neue Bundesländer) bzw. 600 € (alte Bundesländer) mtl. Dieser Bedarf ist ungedeckt.

Damit ist eine Abzweigung von 154 € aus dem Kindergeldanspruch des Berechtigten trotz der Erfüllung der Unterhaltspflicht möglich.

10.1.3 Höhe der Abzweigung

Die Höhe der Abzweigung errechnet sich wie bei einer Pfändung (§ 76 EStG). Sie entspricht dem Betrag, der bei gleichmäßiger Verteilung des Kindergeldes auf jedes Kind entfällt.

Eine Besonderheit ergibt sich bei der Berücksichtigung von **Zähl**kindern. Allerdings nur bei den Zählkindern, die eine **anspruchserhöhende** Wirkung haben. In einem solchen Fall ist die Berechnung des auf das jeweilige Kind entfallenden Anteils nach § 76 Satz 2 Nr. 2 EStG vorzunehmen. Danach ist zunächst die Höhe des Kindergeldes festzustellen, das sich ohne das **Zähl**kind/die **Zähl**kinder ergeben würde. Dieser Betrag ist auf alle **Zahl**kinder zu verteilen. Anschließend ist festzustellen, um welchen Betrag sich das Kindergeld durch die Berücksichtigung des **Zähl**kindes/der **Zähl**kinder erhöht. Dieser Betrag, der **Zählkindvorteil** genannt wird, ist dann auf **alle** Kinder zu verteilen.

Beispiel:

Für die Kinder

Alois	9 Jahre alt, Zahlkind	154 € mtl.
Brunhilde	7 Jahre alt, Zählkind	–
Christina	4 Jahre alt, Zählkind	–
Dorle	2 Jahre alt, Zahlkind	179 € mtl.
	insgesamt	333 € mtl.

wird Kindergeld gezahlt. Bei der Verteilung des Kindergeldanteils, der auf jedes Zahlkind entfällt, sind Brunhilde und Christina herauszunehmen. Dadurch ergibt sich folgendes Bild:

Alois	154 € mtl.
Dorle	154 € mtl.
insgesamt	308 € mtl.

verteilt zu gleichen Anteilen ergibt einen Zahlkindanspruch von 154 € je Kind monatlich.

Im nächsten Berechnungsschritt ist festzustellen, wie hoch die Differenz zu dem tatsächlich gezahlten Kindergeld ist.

In dem genannten Beispiel beträgt der Unterschiedsbetrag 25 € monatlich. Dieser Differenzbetrag wird Zählkindvorteil genannt und auf **alle** Kinder verteilt, die bei

A. Materielles Kindergeldrecht

dem Berechtigten zu berücksichtigen sind. Bezogen auf das Beispiel errechnet sich ein Anteil von 6,25 € mtl. je Kind.

Bei der Verteilung des dem Berechtigten insgesamt zustehenden Kindergeldanspruchs ergibt sich das für ein Zahlkind abzweigbare Kindergeld aus dem Betrag, der ohne den Zählkindvorteil auf dieses Kind entfallen würde zuzüglich seines Anteils an dem Zählkindvorteil. Der für ein Zählkind auszuzahlende Betrag besteht in seinem Anteil an dem Zählkindvorteil. Bezogen auf dieses Beispiel ergibt sich folgende Aufteilung:

Alois	160,25 € mtl.	Christina	6,25 € mtl.
Brunhilde	6,25 € mtl.	Dorle	160,25 € mtl.

10.1.4 Abzweigungsempfänger

Anteiliges Kindergeld kann abgezweigt werden an

– Personen oder Stellen, die dem Kind Unterhalt gewähren.
– ein volljähriges Kind, das für sich selbst sorgt.
– ein minderjähriges Kind, wenn es von einem Amtsvormund (nicht von den Eltern) vertreten wird.

Auf eine Unterhaltsverpflichtung des Dritten kommt es nicht an. Entscheidend sind die tatsächlichen Verhältnisse.

Beispiel:

Die 52-jährige Ute Kurz bezieht Kindergeld für ihre volljährige Tochter. Diese hat einen eigenen Haushalt. Sie studiert im 3. Semester Biologie. Frau Kurz zahlt ihr keinen Unterhalt. Für die Lebenshaltungskosten und die Kosten der Ausbildung kommt allein Herr Schnabel, der Bruder von Frau Kurz, auf.

Das Kindergeld könnte in diesem Fall an Herrn Schnabel (weil er für den Unterhalt aufkommt) oder an das Kind (da es volljährig ist und für sich selbst sorgt) abgezweigt werden.

10.1.5 Verfahren

Die Antragstellung im Hinblick auf eine Abzweigung ist an keine bestimmte Form gebunden. Der Antrag kann „irgendwie" gestellt werden. Es ist der Schriftweg einschließlich Fax möglich, aber auch die mündliche oder telefonische Antragstellung.

Eine Abzweigung von Kindergeld ist nur möglich, wenn es vorher festgesetzt worden ist.

Sofern das Kindergeld noch nicht beantragt wurde, kann der Abzweigungsbegehrende den Antrag auf Kindergeld nach § 67 Satz 2 EStG im berechtigten Interesse stellen.

10.1 Auszahlung an Dritte – § 74 Abs. 1 EStG

Wird die Auszahlung des Kindergeldes von dem anderen leiblichen Elternteil an sich verlangt, weil das Kind in seinem Haushalt lebt oder zahlt der andere Elternteil die höhere Unterhaltsrente, ist eine Auszahlung im Wege einer Abzweigung nicht möglich. In solchen Fällen steht dem anderen Elternteil das Kindergeld entsprechend der gesetzlichen Regelungen des § 64 Abs. 2 Satz 1 bzw. § 64 Abs. 3 EStG vorrangig zu. Dieser vorrangig berechtigte Elternteil muss statt des Antrages auf Abzweigung einen Antrag auf Festsetzung des Kindergeldes an sich stellen.

Die Träger der Sozial- oder Jugendhilfe können ebenfalls das Kindergeld im Wege der Abzweigung erhalten. Dies wird dann der Fall sein, wenn die Voraussetzungen für eine Erstattung nach § 74 Abs. 2 EStG nicht vorliegen. Außerdem dürfen die Eltern keinen Unterhalt zahlen.

Die Familienkasse muss die unterhaltsrechtlichen Gegebenheiten individuell prüfen. Dies kann zum Teil recht arbeits- und daher auch zeitintensiv sein.

Sofern vom Abzweigungsbegehrenden ein Unterhaltstitel vorgelegt wird, ist die darin festgestellte Unterhaltshöhe für die Entscheidung der Familienkasse grundsätzlich maßgeblich. Ein Unterhaltstitel ist beispielsweise gegeben, wenn ein Gerichtsurteil vorgelegt wird, aus dem sich die konkrete Unterhaltsverpflichtung des Kindergeldberechtigten ergibt; ein anderer Unterhaltstitel kann eine notarielle Unterhaltsvereinbarung sein. Der Unterhaltstitel entbindet die Familienkasse im Allgemeinen von weitergehenden Prüfungen in Bezug auf das Vorliegen der Unterhaltspflicht und das Vorhandensein der unterhaltsrechtlichen Bedürftigkeit seitens des Abzweigungsbegehrenden bzw. der unterhaltsrechtlichen Leistungsfähigkeit auf Seiten des Unterhaltsverpflichteten.

Sofern sich die wirtschaftlichen Bedingungen des Unterhaltsverpflichteten wesentlich (signifikant) verschlechtert haben (mehr als 10% weniger als vorher), ist eine Bindung an den Unterhaltstitel nicht mehr gegeben. Dies ist vom Unterhaltsverpflichteten geltend zu machen; die Familienkasse hat keine Verpflichtung, solche Überprüfungen der wirtschaftlichen Lage des Kindergeldberechtigten vorzunehmen.

Sofern der Unterhaltstitel keine Wirkung entfaltet oder es liegt kein Unterhaltstitel vor, ist die Höhe des Unterhaltsbedarfs des Kindes nach der Düsseldorfer bzw. der Berliner Tabelle zu beurteilen.

Bevor eine Abzweigung vorgenommen wird, muss der Kindergeldberechtigte angehört werden. Die Anhörung auf der Grundlage des § 91 AO dient dazu, dem Berechtigten rechtliches Gehör zu verschaffen. Er kann im Rahmen der Anhörung Argumente und Nachweis vorbringen, die eine Abzweigung nicht möglich machen.

A. Materielles Kindergeldrecht

Während der Anhörungsfrist, die im Allgemeinen zwei Wochen beträgt, wird zur Auszahlung fälliges Kindergeld noch an den Kindergeldberechtigten ausgezahlt. Nur wenn sich nach Ablauf der Anhörung aufgrund des Vortrags des Berechtigten Zweifel an einer Auszahlung an den Dritten ergeben, ist das fällig werdende Kindergeld zunächst einzubehalten.

§ 74 Abs. 1 Satz 1 EStG formuliert eine Abzweigung an einen Dritten mit dem Wort „kann". Die Familienkasse hat einen Ermessensspielraum. Dieser spricht beispielsweise gegen eine Abzweigung, wenn die Unterhaltspflichtverletzung nur einmaliger Natur war. Liegen allerdings die tatbestandlichen Voraussetzungen für eine Abzweigung vor, ist das Wort „kann" wie ein „ist" zu interpretieren. In solchen Fällen ist das Ermessen der Familienkasse auf Null reduziert.

Sofern über den Kindergeldanspruch bereits anderweitig verfügt wird, kann eine Abzweigung – auch bei tatbestandsmäßigem Vorliegen der Voraussetzungen – nicht erfolgen. Eine anderweitige Verfügung liegt vor, wenn die Familienkasse bereits gegen den laufenden Anspruch auf Kindergeld mit eigenen Ansprüchen auf Erstattung aufrechnet (§ 75 EStG) oder das Kindergeld nach § 76 EStG gepfändet ist.

Grundsätzlich kann das Kindergeld erst ab dem Monat der Antragstellung auf Auszahlung an einen Dritten überwiesen werden. Dies ist aber auch ausnahmsweise auch für die Vergangenheit möglich, wenn die Unterhaltsverpflichtungen in der Vergangenheit nicht erfüllt wurden und über den Kindergeldanspruch für der Vergangenheit ebenfalls noch nicht entschieden wurde.

Wird bei Eingang eines Abzweigungsantrages noch gar kein Kindergeld gezahlt, liegen aber innerhalb der Anhörungsfrist alle notwendigen Unterlagen für eine Bewilligung des Kindergeldes vor, ist die Festsetzung des Kindergeldes grundsätzlich erst nach Anhörung des Berechtigten vorzunehmen. Das nicht von dem Auszahlungsbegehren erfasste Kindergeld ist allerdings sofort an den Berechtigten auszuzahlen.

Durch eine Abzweigung wird lediglich eine andere Person oder Stelle Zahlungsempfänger. Inhaber des Kindergeldanspruchs bleibt weiterhin der Berechtigte.

Sind die Anspruchsvoraussetzungen in der Person des Berechtigten weggefallen, endet auch die Auszahlung von Kindergeld an eine dritte Person oder Stelle. Das gilt auch dann, wenn das Kind weiterhin von dem Dritten unterhalten wird.

10.1.6 Bescheide

Abzweigungsbescheide ergehen als Verwaltungsakt mit Doppelwirkung (im Erhebungsverfahren). Durch die Auszahlung an einen Dritten wird der

10.2 Erstattungsansprüche der Träger von Sozialleistungen

Kindergeldberechtigte belastet und der Abzweigungsempfänger begünstigt. Umgekehrt verhält es sich, wenn die Entscheidung über die Abzweigung aufgehoben oder geändert wird.

Wird dem Antrag auf Abzweigung nicht entsprochen, hat die Entscheidung allerdings keinen Doppelcharakter. Der Dritte wird zwar belastet, der Auszahlungsanspruch des Kindergeldberechtigten aber nicht berührt.

Alles Nähere über die Bescheiderteilung lesen Sie in dem **Abschnitt B "Steuerliches Festsetzungs- und Erhebungsverfahren"** in dieser Broschüre.

10.2 Erstattungsansprüche der Träger von Sozialleistungen

10.2.1 Allgemeines

Für die Erstattungsansprüche der Sozialleistungsträger gelten nach § 74 Abs. 2 EStG die §§ 102 bis 109 und 111 bis 113 des Zehnten Buches Sozialgesetzbuch (SGB X) entsprechend.

Eine Erstattung des Kindergeldes ist danach in zwei Fällen möglich:

- nach Vorleistung durch den Sozialleistungsträger (z. B. bei Geringverdienern durch die SGB II-Stelle)
- als laufende Erstattung gem. § 104 Abs. 1 S. 4 SGB X (z. B. bei im Heim untergebrachten behinderten minderjährigen Kindern).

Hat ein Sozial- oder Jugendhilfeträger entweder

- dem Berechtigten,
- ihm zusammen mit seinen Kindern oder
- den Kindern allein

Leistungen ohne Anrechnung des Kindergeldes als Einkommen gewährt, so steht dem Träger ein Erstattungsanspruch aus den Kindergeldzahlungen nach § 104 SGB X zu.

10.2.2 Vorleistung des Sozialleistungsträgers

Wenn ein Sozialleistungsträger (i. d. R. die SGB II-Stelle) Kindergeld vorgeleistet – d. h. nicht angerechnet – hat, kann er von der Familienkasse die Erstattung dieser Beträge verlangen (§ 104 Abs. 1 S. 1–3 SGB X). Folgende Voraussetzungen müssen dabei erfüllt sein:

- Die Sozialleistung ist gegenüber der anderen – gleichartigen – Leistung nachrangig (trifft auf die Leistungen nach dem SGB II zu).
- Vor Eingang des Erstattungsanspruchs hat die Familienkasse das Kindergeld für den gleichen Zeitraum noch nicht an den Berechtigten ausgezahlt.

A. Materielles Kindergeldrecht

Der Erstattungsanspruch gemäß § 104 SGB X setzt also voraus, dass ein Anspruch auf Leistungen gegen einen vorrangig zur Leistung verpflichteten Träger besteht (hier: Familienkasse) und der nachrangige Träger (hier: z. B. SGB II-Stelle) insoweit Leistungen nicht zu erbringen hatte. Grundgedanke dieser Regelung ist, dass durch den Erstattungsanspruch der Zustand wieder hergestellt werden soll, der vorgelegen hätte, wenn die vorrangige Leistung von Anfang an entsprechend der vom Gesetzgeber gewollten Rangordnung zeitgerecht zugeflossen wäre. Das Sozialleistungssystems stellt mit dem Erstattungsanspruch sicher, dass die gesetzlich vorgesehene Lastenverteilung zwischen den Sozialleistungsträgern gewährleistet wird. Zu beachten ist, dass das Kindergeld eine Steuervergütung und keine Sozialleistung ist; es wird aber durch die Vorschrift des § 74 Abs. 2 EStG erreicht, dass im Bereich Kindergeld die gleiche Erstattungssystematik Anwendung findet.

Eine Erstattung kommt nur für den Zeitraum in Betracht, in dem auch ein Anspruch auf Kindergeld bestanden hat (Kongruenz der Ansprüche). Ein Erstattungsanspruch nach § 104 SGB X besteht grundsätzlich nur für vergangene Zeiträume, weil die Leistungsverpflichtung des (nachrangigen – subsidiären) Sozialleistungsträgers von dem Zeitpunkt an entfällt, von dem die Familienkasse die laufende Zahlung des Kindergeldes an den Berechtigten aufnimmt.

Die Höhe des Erstattungsanspruchs hängt neben dem zeitlichen Umfang der Vorleistung auch von der Höhe des für diesen Zeitraum zustehenden Kindergeldes ab. Wurden nur für einzelne Kinder des Berechtigten Leistungen erbracht, kann nur aus dem auf die jeweiligen Kinder anteilig entfallenden Kindergeld eine Erstattung vorgenommen werden.

Der Erstattungsanspruch nach § 104 SGB X entsteht mit der Auszahlung der Leistung des Sozial- bzw. Jugendhilfeträgers. Im Allgemeinen wird dieser durch ein entsprechendes Schreiben des Sozialleistungsträgers geltend gemacht. Allerdings gibt es keine Formvorschrift für die Geltendmachung eines Erstattungsanspruchs; jede Mitteilungsform ist für die Familienkasse rechtswirksam. Es genügt beispielsweise, dass der Kindergeldberechtigte schriftlich oder mündlich erwähnt, dass er Sozialleistungen erhält. Die Familienkasse darf dann bereits die Zahlung nicht an den Kindergeldberechtigten aufnehmen. Der Sozialleistungsträger muss befragt werden, ob und ggf. in welcher Höhe er einen Erstattungsanspruch geltend macht.

Unter bestimmten Voraussetzungen kann der Sozialleistungsträger auch eine laufende Erstattung aus der Kindergeldzahlung verlangen. Dies ist nach § 104 Abs. 1 Satz 4 SGB X dann möglich, wenn der jeweilige Träger vom Berechtigten oder vom Kind einen Aufwendungsersatz oder Kostenbeitrag verlangt.

10.2 Erstattungsansprüche der Träger von Sozialleistungen

Insbesondere bei einer Unterbringung des Kindes auf Kosten des Sozialleistungsträgers in einer Einrichtung (z. B. nach § 94 Abs. 3 SGB VIII) sind laufende Erstattungsansprüche denkbar, wenn der Berechtigte oder das Hilfe empfangende Kind zum Aufwendungsersatz bzw. Kostenbeitrag verpflichtet ist. Sowohl ein Aufwendungsersatz als auch ein Kostenbeitrag können nur verlangt werden, wenn bestimmte Voraussetzungen gegeben sind und der Sozialleistungsträger diesen per Verwaltungsakt festgesetzt hat.

Sobald ein Träger der Sozial- oder Jugendhilfe bzw. die SGB II-Bearbeitungsstelle vorgeleistet hat, gilt der Anspruch auf Kindergeld des Berechtigten als erfüllt. Man spricht dann von der **Erfüllungsfiktion** des § 107 SGB X. Die Vorschrift des § 107 SGB X ist ein zentrales Element der Erstattungsvorschriften. Durch die Erfüllungsfiktion des § 107 SGB X wird eine doppelte Zahlung von Sozialleistung und Kindergeld vermieden.

Die Erfüllungsfiktion tritt bereits zu dem Zeitpunkt ein, indem der Erstattungsanspruch entstanden ist. Die Erfüllungsfiktion umfasst den Anspruch in der Höhe der gewährten Sozialleistung. Es kommt weder auf die Geltendmachung des Erstattungsanspruchs bei der zuständigen Familienkasse noch auf die Erfüllung des Erstattungsanspruches durch die Familienkasse an. Die Erfüllungsfiktion ist auch dann eingetreten, wenn eine Erstattung der vorgeleisteten Sozialleistung wegen der in den §§ 106, 111 und 113 SGB X nicht zum Tragen kommt. Eine nochmalige Auszahlung des Betrages an den Berechtigten ist dann nicht möglich.

Beispiel:

Eine Kindergeldberechtigte erhält laufend Leistungen nach dem SGB II (in Ergänzung ihres kleinen Gehalts). Bei der Familienkasse stellt sie einen Antrag auf Kindergeld. Das Kind ist bereits sieben Monate alt. In dem Antrag auf Kindergeld weist die Berechtigte darauf hin, dass ihr von der SGB II-Stelle Leistungen gewährt werden. Die Familienkasse fragt daraufhin dort nach und bittet um Bezifferung des Erstattungsanspruchs. Gleichzeitig wird mitgeteilt, dass die Zahlung des Kindergeldes mit dem nächsten Monat aufgenommen wird.

Erst nach über einem Jahr reagiert die SGB II-Stelle. Es wird ein Erstattungsanspruch in Höhe von 100 € monatlich (entsprechend der an die Berechtigte erbrachten Leistung) geltend gemacht. Dieser umfasst die Monate von der Geburt des Kindes bis zu dem Monat vor Beginn der laufenden Kindergeldzahlung.

Der Anspruch auf Erstattung ist in diesem Fall ausgeschlossen. Er hätte innerhalb eines Jahres ab dem Zeitpunkt der Anfrage der Familienkasse geltend gemacht werden müssen – § 111 SGB X.

Die Familienkasse kann nun an die Kindergeldberechtigte das Kindergeld nachzahlen; allerdings nur 54 € monatlich. Die von der SGB II-Stelle gezahlten Leistungen gelten aufgrund der Erfüllungsfiktion als Kindergeld. Da dieses bereits gezahlt wurde, verbleiben 100 € monatlich bei der Familienkasse.

A. Materielles Kindergeldrecht

10.2.3 Bescheide/Mitteilungen

Bei einer Entscheidung nach § 104 SGB X werden die Festsetzung (Verwaltungsakt) und die Erstattung (sonstiger Steuer-Verwaltungsakt) des Kindergeldes in der Regel zeitgleich erfolgen. Der Sozialleistungsträger (Erstattungsempfänger) erhält eine Mitteilung der Familienkasse, mit der die Entscheidung über den Erstattungsanspruch dargestellt wird. Daneben wird eine Durchschrift des Festsetzungsbescheides übersandt.

Von der Familienkasse wird gegenüber dem Sozialleistungsträger kein Verwaltungsakt erlassen. Die Familienkasse stellt fest, ob die Voraussetzungen für eine Erstattung nach dem SGB X erfüllt sind.

Demzufolge ist die Mitteilung an den Sozialleistungsträger kein Bescheid. Diesem wird lediglich mitgeteilt, ob und ggf. in welchem Umfang (Zeitraum, Höhe) eine Erstattung erfolgt.

Im Verhältnis zum Kindergeldberechtigten ist die Erstattungsentscheidung ein sonstiger Steuer-Verwaltungsakt.

10.2.4 Laufende Erstattung nach § 104 Abs. 1 Satz 4 SGB X

In besonders gelagerten Fällen kann der Sozialleistungsträger auch eine laufende Erstattung aus der Kindergeldzahlung verlangen. Dies ist gegeben, wenn der jeweilige Träger vom Berechtigten oder vom Kind einen Aufwendungsersatz oder Kostenbeitrag nach § 104 Abs. 1 Satz 4 SGB X verlangen kann.

Eine Erstattung an einen Jugendhilfeträger kommt nach § 74 Abs. 2 EStG i. V. m. § 104 Abs. 1 Satz 1 SGB X nur in Betracht, wenn es sich um zweckgleiche Leistungen handelt. Bei der Leistung des Jugendhilfeträgers und dem Kindergeld handelt es sich nicht um zweckgleiche Leistungen. Das gleiche gilt für die Eingliederungshilfe; auch bei dieser ist mit dem Kindergeld eine Zweckgleichheit nicht gegeben.

Wird vom Kindergeldberechtigten oder dem Kind durch den Sozialleistungsträger in den Fällen des § 104 Abs. 1 Sätze 1 und 3 SGB X mit bestandskräftigem Bescheid Aufwendungsersatz verlangt oder ein Kostenbeitrag erhoben, besteht für die Familienkasse eine Erstattungspflicht nach § 74 Abs. 2 EStG i. V. m. § 104 Abs. 1 Satz 4 SGB X. Nunmehr ist dies in § 94 Abs. 3 SGB VIII auch ausdrücklich dargestellt. Danach hat der KG-Berechtigte zumindest in Höhe des Kindergeldes einen Kostenbeitrag zu erbringen.

Wird der geforderten Kostenbeitrag von den Eltern nicht gezahlt, kann sich der Träger der Jugendhilfe das Kindergeld für dieses Kind gemäß § 74 Abs. 2 EStG i. V. m. § 104 Abs. 1 Abs. 1 Satz 4 SGB X von der Familienkasse erstatten lassen.

Von eigenen Bemühungen um die Erhebung des Kostenbeitrags abzusehen und von der Familienkasse von vornherein die Erstattung zu fordern, ist für den Träger der Jugendhilfe allerdings nicht möglich. Die Regelung setzt voraus, dass der Kostenbeitrag gegenüber den zahlungspflichtigen Eltern benannt und per Bescheid verlangt worden ist. Außerdem müssen die Eltern eine Zahlungsaufforderung erhalten haben, dieser aber nicht nachgekommen sein.

11. Aufrechnung – § 75 EStG

11.1 Allgemeines

Das Kindergeld wird aus Steuermitteln finanziert. Daher müssen Außenstände möglichst zeitnah realisiert werden. Grundsätzlich muss der Zahlungsempfänger den geforderten Rückzahlungsbetrag unverzüglich (grundsätzlich innerhalb einer maximal einmonatigen Zahlungsfrist i. S. d. § 220 Abs. 2 Satz 1 Halbsatz 2 AO) und in einer Summe zurückzahlen. Es ist alleinige Angelegenheit des Zahlungsempfängers, den Rückzahlungsbetrag aufzubringen. Die Familienkasse muss sich keine Gedanken darüber machen, ob und wie der Kindergeldberechtigte den zurückzuzahlenden Kindergeldbetrag begleichen kann.

Aufrechnung ist die wechselseitige Tilgung zweier sich gegenüber stehender Forderungen. Über § 226 Abs. 1 AO sind die Vorschriften des bürgerlichen Rechts sinngemäß anwendbar. Die Regelungen des BGB sind die §§ 387 ff. und 406 ff.

Nach § 387 BGB müssen für eine Aufrechnung folgende Voraussetzungen nebeneinander gegeben sein:

Gegenseitigkeit der sich gegenüberstehenden Forderungen,

Gleichartigkeit dieser Forderungen,

Erfüllbarkeit (also Entstehung) der Hauptforderung, gegen die aufgerechnet werden soll (also der Kindergeld- oder Gehaltsanspruch) und

Fälligkeit der Gegenforderung, mit der aufgerechnet werden soll (der Rückzahlungsanspruch).

Liegen die vorstehenden vier Voraussetzungen nebeneinander vor, ist die Aufrechnungslage (§ 389 BGB) gegeben.

Weiterhin muss die Aufrechnung gegenüber dem Rückzahlungsschuldner erklärt werden.

Die Aufrechnung führt dazu, dass die sich gegenüberstehenden Forderungen erlöschen (§ 47 AO).

A. Materielles Kindergeldrecht

Die Aufrechnung nach § 75 EStG entspricht § 51 Abs. 2 SGB I und § 23 Abs. 2 BKGG a. F. Sie wurde geschaffen, um eine einfache Möglichkeit zur Realisierung von Rückzahlungsansprüchen auch nach der Systemumstellung im Kindergeldbereich zum 1.1.1996 für die Familienkassen zu erhalten.

11.2 Aufrechnung nach § 75 Abs. 1 EStG

Mit § 75 Abs. 1 EStG wird der Familienkasse die Möglichkeit eröffnet, zu Unrecht gezahltes Kindergeld mit laufend zu zahlendem Kindergeld aufzurechnen. Eine Aufrechnung kommt nur mit dem Rückzahlungsanspruch in Betracht.

Nach § 75 EStG ist die Aufrechnung ebenfalls mit steuerlichen Nebenleistungen zulässig, wenn sie in unmittelbarem Zusammenhang mit der Rückzahlungsforderung der Familienkasse stehen. In der Praxis wird dies insbesondere dann der Fall sein, wenn wegen verspäteter Erfüllung der Zahlungsverpflichtungen Säumniszuschläge festgesetzt werden müssen oder infolge einer Stundung Stundungszinsen anfallen; Gleiches gilt für Aussetzungs- oder Hinterziehungszinsen.

Aufgerechnet werden darf nur mit laufenden Kindergeldansprüchen; darunter ist der jeweils am 1. Tag des Kalendermonats fällig werdende Anspruch für sämtliche Zahlkinder des Berechtigten zu verstehen. Dazu zählen auch Nachzahlungen, die sich z. B. als Folge rückwirkender Antragstellung oder im Rahmen des Einspruchs- oder Klageverfahrens ergeben. Aufgerechnet werden somit sämtliche weiterhin zustehenden Kindergeldansprüche des Berechtigten (bzw. des Berechtigten im Sinne des § 75 Abs. 2 EStG), die ab dem Eintritt der Aufrechnungslage fällig werden.

Es darf aber nicht mit den Leistungen anderer Sozialleistungsträger aufgerechnet werden, insbesondere nicht mit Arbeitslosengeld und Arbeitslosengeld II. Dies gilt vor allem auch für die Familienkassen der Arbeitsagenturen. Hier fehlt es an der für eine Aufrechnung erforderlichen Gegenseitigkeit. Gläubiger der einen Forderung ist die Familienkasse als Bundesfinanzbehörde, während Schuldner der anderen Forderung die Arbeitsverwaltung als Sozialleistungsträger ist. Eine Aufrechnung mit solchen Leistungen ist nur zulässig, wenn der Kindergeldberechtigte ausdrücklich die Aufrechnung nach zivilrechtlichen Grundsätzen erklärt.

Die Aufrechnung erfolgt im Steuerrecht durch **einseitige zugangsbedürftige Willenserklärung** der Familienkasse gegenüber dem Berechtigten. Sie stellt anders als im Sozialrecht **keinen** anfechtbaren Verwaltungsakt dar (Urteil des Bundesfinanzhofs vom 4.2.1997, BStBl. II 1997 S. 479).

Die Familienkasse muss dem Berechtigten daher lediglich – ohne eine Rechtsbehelfsbelehrung – mitteilen, dass sie ihre Erstattungsforderung gegen das laufend zu zahlende Kindergeld aufrechnet.

11.3 Aufrechnung nach § 75 Abs. 2 EStG

Erhebt der Berechtigte Einwände gegen die Aufrechnung und sind diese unbegründet, erlässt die Familienkasse einen **Abrechnungsbescheid** nach § 218 Abs. 2 AO (Vordruck KG 93). Der Berechtigte kann dagegen Einspruch erheben.

Nach § 75 Abs. 1 EStG ist eine Aufrechnung höchstens bis zur Hälfte des laufenden Kindergeldanspruchs zulässig. Darüber hinausgehende Aufrechnungen sind nur mit Einwilligung des Berechtigten zulässig (Aufrechnungserklärung nach zivilrechtlichen Grundsätzen).

Daneben ist als weitere Bedingung zu beachten, dass die Aufrechnung nicht zum Eintritt von Hilfebedürftigkeit nach den Vorschriften des SGB XII führt. Dies soll verhindern, dass die Rückzahlungsforderung der Familienkasse letztlich durch andere Sozialleistungen gedeckt wird. Unter den Begriff „hilfebedürftig" fallen sowohl der erstmalige Eintritt von Hilfebedürftigkeit als auch die Erhöhung eines bereits bestehenden Hilfebedarfs.

Für die Frage, ob Hilfebedürftigkeit eintritt, ist nur die Hilfe zum Lebensunterhalt maßgeblich; dies sind die Regelbedarfssätze des § 28 SGB XII, die Kosten für Unterkunft und Heizung (§ 29 SGB XII), ein evtl. bestehender Mehrbedarf (§ 30 SGB XII) und ggf. Kosten für Kranken- und Pflegeversicherung (§ 32 SGB XII) und Altersvorsorge (§ 33 SGB XII). Im Wesentlichen entsprechen diese Leistungen denen des Arbeitslosengeldes II nach dem SGB II. Nicht einzubeziehen sind einmalige Bedarfe (z. B. § 31 SGB XII), die Hilfen zur Gesundheit (§§ 47–52 SGB XII), Eingliederungshilfe für behinderte Menschen (§§ 53–60 SGB XII), die Hilfe zur Pflege (§§ 61–66 SGB XII) und die Hilfe zur Überwindung besonderer sozialer Schwierigkeiten (§§ 67–69 SGB XII). Einkommen und Vermögen des Berechtigten ist anzurechnen.

Einzubeziehen in die Berechnung sind nur die Personen, mit denen der Rückzahlungspflichtige in sozialhilferechtlicher Hinsicht in einer Bedarfsgemeinschaft lebt. Dazu gehören nur der Ehegatte, der Partner in einer eheähnlichen Gemeinschaft, eine gleichgeschlechtliche Partnerschaft und die minderjährigen unverheirateten Kinder. Nur diese Personen werden sowohl auf der Bedarfsseite als auch auf der Einkommens- und Vermögensseite in die Betrachtung einbezogen.

11.3 Aufrechnung nach § 75 Abs. 2 EStG

Gemäß § 75 Abs. 2 EStG kann der Rückzahlungsanspruch mit einem späteren Kindergeldanspruch des mit dem Rückzahlungspflichtigen in Haushaltsgemeinschaft lebenden (aktuellen) Berechtigten aufgerechnet werden, wenn es sich um laufendes Kindergeld für ein Kind handelt, das bei beiden berücksichtigt werden kann oder konnte. Das ansonsten bei der Aufrechnung erforderliche Prinzip der Gegenseitigkeit wird damit durchbrochen. Hintergrund für diese Regelung ist, dass sich Eltern ansonsten der Realisie-

A. Materielles Kindergeldrecht

rung des Rückzahlungsanspruchs durch Aufrechnung durch die ihnen im § 64 EStG zugestandene Möglichkeit des Berechtigtenwechsels entziehen könnten. Der Begriff „Haushaltsgemeinschaft" ist wie der Begriff „gemeinsamer Haushalt" im § 64 Abs. 1 EStG auszulegen.

Beispiel:

Eine frühere Berechtigte hat für ein Kind aus erster Ehe zu Unrecht Kindergeld bezogen. In zweiter Ehe lebt sie mit ihrem jetzigen Ehemann, einem gemeinsamen Kind sowie ihrem Kind aus erster Ehe in einem gemeinsamen Haushalt. Das Kindergeld für beide Kinder bezieht der Ehemann.

Weil das Kind, für das Kindergeld zu Unrecht gezahlt worden ist, sowohl zur Erstattungspflichtigen als auch zum jetzigen Berechtigten (Stiefvater) in einem Kindschaftsverhältnis steht, kann die noch offene Erstattungsforderung mit dem Kindergeldanspruch des Ehemannes aufgerechnet werden.

11.4 Änderung ab 2007

Durch das Steueränderungsgesetz ergibt sich ab Januar 2007 eine zu beachtende Änderung.

Der Gesetzestext **ab 2007** lautet:

„(1) Mit Ansprüchen auf Rückzahlung von Kindergeld kann die Familienkasse gegen Ansprüche auf laufendes Kindergeld bis zu deren Hälfte aufrechnen, soweit der **Leistungs**berechtigte **nicht nachweist, dass er dadurch** hilfebedürftig im Sinne der Vorschriften des Zwölften Buches Sozialgesetzbuch über die Hilfe zum Lebensunterhalt oder im Sinne der Vorschriften des Zwölften Buches Sozialgesetzbuch über die Leistungen zur Sicherung des Lebensunterhalts wird."

In der Gesetzesbegründung wird dazu ausgeführt, dass es sich dabei um eine Anpassung der Vorschrift an § 12 Bundeskindergeldgesetz (BKGG) in Verbindung mit § 51 des Ersten Buches Sozialgesetzbuch (SGB I) handelt. Mit Newsletter vom September 2006 hat das Bundeszentralamt für Steuern (BZSt) dazu angemerkt, dass durch die Änderung des § 75 Abs. 1 EStG **der Berechtigte in Zukunft nachzuweisen hat, dass bei Aufrechnung der Eintritt der Hilfebedürftigkeit gegeben ist.**

11.5 Aufrechnung nach § 226 AO

Für Kindergeldberechtigte, die das Kindergeld nach § 72 EStG über die Familienkassen im **öffentlichen Dienst** erhalten, ist außer § 75 EStG auch § 226 AO von Bedeutung.

§ 226 AO ermöglicht den öffentlich-rechtlichen Arbeitgebern, die gemäß § 72 EStG für ihre Mitarbeiter als Familienkasse selbst das Kindergeld festsetzen und auszahlen, die Aufrechnung von überzahltem Kindergeld mit Besoldungs-, Vergütungs-, Versorgungs- und Lohnansprüchen. Dies ergibt sich

12. Pfändung – § 76 EStG

aus § 226 Abs. 1 AO, der die Vorschriften des bürgerlichen Rechts für sinngemäß anwendbar erklärt; dies sind die §§ 387 bis 396 und 406 ff. BGB. § 226 Abs. 1 AO erlaubt die Aufrechnung mit oder gegen sämtliche Ansprüche aus dem Steuerschuldverhältnis (§ 37 Abs. 1 AO), bezieht also auch die Ansprüche auf steuerliche Nebenleistungen (§ 3 Abs. 3 AO) mit ein. Ausgeschlossen ist damit eine Aufrechnung mit Bußgeldern, Strafen und Kosten für Bußgeld- oder Strafverfahren.

Unzulässig ist gemäß § 394 BGB eine Aufrechnung gegen eine unpfändbare (Haupt-)Forderung. Da es sich bei dem Gehaltsanspruch (der Hauptforderung) in der Regel nicht um eine solche unpfändbare Forderung handelt, stehen der Aufrechnung eines Kindergeld-Rückzahlungsanspruchs (der Gegenforderung) gegen den Gehaltsanspruch keine Bedenken entgegen.

Die Aufrechnung mit Gehaltsansprüchen findet ihre Grenzen in den Pfändungsfreibeträgen, wie sie sich aus der Tabelle zu § 850c ZPO ergeben.

11.6 Bescheiderteilung

Wie bereits unter Punkt 15.2 dargestellt wird die Aufrechnung von der Familienkasse gegenüber dem rückzahlungspflichtigen Kindergeldberechtigten schriftlich erklärt. Dabei handelt es sich nicht um einen Verwaltungsakt.

Sollte der Berechtigte die Aufrechnung nicht akzeptieren, handelt es sich nicht um einen Einspruch. In solch einem Fall ist ihm gegenüber ein Abrechnungsbescheid nach § 218 Abs. 2 AO (siehe Vordruck KG 93) zu erlassen. Gegen diesen kann der Berechtigte Einspruch erheben.

12. Pfändung – § 76 EStG

12.1 Allgemeines

Die Pfändung ist die staatliche Beschlagnahme und Auszahlungsanordnung von Geldforderungen zugunsten eines Gläubigers. Das Kindergeld kann gepfändet werden. Nach § 76 ist eine Pfändung von Kindergeld jedoch nur dann zulässig, wenn sie sich

- auf gesetzliche Unterhaltsansprüche eines **Kindes** bezieht **und**
- **dieses Kind** bei der Festsetzung des Kindergeldes berücksichtigt wird.

Eine **Pfändung von Kindergeld** wegen **Unterhaltsansprüche anderer Personen** (z. B. Ehegatten) oder wegen **anderer Ansprüche** ist nicht zulässig.

Im Unterschied zu einer Auszahlung nach § 74 Abs. 1 EStG wegen **laufender** Unterhaltsansprüche sollen mit einer (meist gerichtlich vorgenomme-

A. Materielles Kindergeldrecht

nen) Pfändung meist rückständige titulierte und vollstreckungsfähige Unterhaltsansprüche verwirklicht werden

Die Pfändung wegen Unterhaltsansprüchen eines Kindes kann aber nur erfolgen, wenn dieses Kind bei der Festsetzung des Kindergeldes als Zahlkind oder als **anspruchserhöhendes** Zählkind berücksichtigt wird.

Beispiel:

Frau Göbel ist geschieden. Sie erhält Kindergeld für ihre eheliche 18 Jahre alte Tochter **Patrizia** und für ihre nichtehelichen Töchter **Maria, Pauline** und **Franziska** (12, 8 und 4 Jahre alt).

Patrizia lebt mit ihrem Freund in einer gemeinsamen Wohnung. Sie wird beim Kindergeldanspruch ihrer Mutter als Zählkind berücksichtigt. Das Kindergeld für Patrizia erhält ihr Vater, der es an seine Tochter im Rahmen von Unterhaltszahlungen weitergibt. Frau Göbel ist zwar auch zum Unterhalt verpflichtet. Sie kommt dieser Verpflichtung jedoch seit geraumer Zeit nicht nach, weil sie nicht damit einverstanden ist, dass ihre Tochter bereits mit einem Freund zusammenlebt.

In solch einem Fall ist eine Pfändung des Kindergeldes möglich. Patrizia ist zwar „nur" ein Zählkind; allerdings erhöht sich durch ihre Berücksichtigung der Kindergeldanspruch der Mutter von 462 € auf 487 € monatlich. Dieser Zählkindvorteil ist gleichmäßig auf alle vier zu berücksichtigenden Kinder zu verteilen. Danach ergäbe sich ein pfändbarer Betrag von 6,25 € im Monat.

Anders verhält es sich in folgendem

Beispiel:

Hier geht es um Herrn Göbel, den geschiedenen Ehemann von Frau Göbel. Er hat ebenfalls drei Kinder; nämlich die 18 Jahre alte Tochter **Patrizia** aus erster Ehe, den Sohn **Maximilian** (9 Jahre alt) aus zweiter Ehe und den nichtehelichen Sohn **Florian** (2 Jahre alt).

Die Kinder Patrizia und Maximilian sind Zahlkinder. Für das Kind Florian erhält die Kindesmutter das Kindergeld. Für Florian ist Herr Göbel zum Unterhalt verpflichtet, zahlt jedoch seit Monaten keinen. Die Kindesmutter versucht im Wege der Pfändung des Kindergeldes wenigstens einen Teil der rückständigen Unterhaltsleistung für Florian zu erhalten.

Herr Göbel erhält für Patrizia und Maximilian monatlich 308 € Kindergeld. **Florian** steht in der Rangfolge der Geburten an letzter Stelle. Seine Berücksichtigung als Zählkind kann sich deshalb nicht anspruchserhöhend auf den Kindergeldanspruch von Herrn Göbel auswirken. Eine Pfändung von Kindergeld nach § 76 ist daher nicht möglich.

Eine Pfändung kann nur zugunsten eines Kindes erfolgen, dem gegenüber der Berechtigte gesetzlich unterhaltsverpflichtet ist. Eine gesetzliche Unterhaltsverpflichtung besteht gemäß §§ 1601–1615 o des Bürgerlichen Gesetzbuches (BGB) nur gegenüber:

12. Pfändung – § 76 EStG

- eigenen Kindern (ehelich und nichtehelich)
- Adoptiv- und
- Enkelkindern.

Keine gesetzliche Unterhaltspflicht besteht daher gegenüber

- Kindern des Ehegatten (Stiefkindern)
und
- Pflegekindern.

Im Falle einer Pfändung gibt es den **(Pfändungs-)Gläubiger** des Berechtigten **(der Berechtigte ist Pfändungsschuldner)** und die **Familienkasse als Drittschuldner** im Sinne der §§ 829 und 845 der Zivilprozessordnung (ZPO). Zuständig ist nach § 46 Abs. 7 AO diejenige Familienkasse, die über den Kindergeldanspruch zu entscheiden hat. Ein Pfändungs- und Überweisungsbeschluss wird nicht wirksam, wenn er der unzuständigen Familienkasse zugestellt worden ist. Das gilt auch dann, wenn er von dort an die zuständige Familienkasse weitergeleitet wurde. Ein solcher Beschluss muss stets ordnungsgemäß zugestellt worden sein, nur dann kann er Rechtswirkung entfalten.

Ist ein Pfändungs- und Überweisungsbeschluss wirksam zugestellt worden und ändert sich im nachhinein die **örtliche** Zuständigkeit der Familienkasse muss die neu zuständig gewordene Familienkasse auch die Pflichten des Drittschuldners übernehmen und den Pfändungs- und Überweisungsbeschluss (weiter) ausführen.

Ist in einem Pfändungs- und Überweisungsbeschluss der gepfändete Betrag konkret beziffert, ist dieser Betrag staatlich beschlagnahmt und (an den Gläubiger des Beschlusses) zu überweisen. Das Kindergeld darf nicht mehr an den Berechtigten ausgezahlt werden; wird es gleichwohl ausgezahlt, ist nicht mit schuldbefreiender Wirkung erfüllt worden. Wenn das gepfändete Kindergeld abstrakt unter Hinweis auf § 76 EStG bestimmt ist, muss die Familienkasse den auszuzahlenden Betrag selbst errechnen und das Ergebnis sowohl dem Pfändungsgläubiger als auch dem Berechtigten mitteilen.

Eine vorherige Anhörung des Berechtigten ist nach § 91 Abs. 2 AO nicht erforderlich. Die Durchführung eines Pfändungs- und Überweisungsbeschlusses erfolgt nicht durch Verwaltungsakt. Sind der Berechtigte und/oder der Pfändungsgläubiger mit dem von der Familienkasse errechneten Betrag nicht einverstanden, können sie ihre Einwände geltend machen. Die Familienkasse wird diese prüfen und den pfändbaren Teil des Kindergeldes ggf. neu berechnen. Sofern die Einwände nicht berechtigt waren, ist der auszuzahlende Betrag sowohl gegenüber dem Berechtigten als auch dem Pfändungsgläubiger durch einen Abrechnungsbescheid nach § 218 Abs. 2 AO festzusetzen. Beide können den Abrechnungsbescheid mit Einspruch anfechten.

A. Materielles Kindergeldrecht

Bei einer wirksamen Pfändung ist eine Änderung der Berechtigtenbestimmung nicht möglich, wenn sie in der erkennbaren Absicht erfolgt, hierdurch die Pfändung zu vereiteln (§ 42 AO). Von einer solchen Absicht ist auszugehen, wenn die beiden Elternteile in einem gemeinsamen Haushalt leben, für ihren Kindergeldanspruch dieselben Kinder zu berücksichtigen sind und die Änderung somit bei dem anderen Elternteil keinen höheren Kindergeldanspruch auslösen würde.

12.2 Höhe des pfändbaren Kindergeldes

§ 76 Satz 2 EStG bestimmt die Höhe des pfändbaren Kindergeldes. Danach gilt folgendes:

Wird das Kindergeld zugunsten eines Zahlkindes gepfändet und sind für den Kindergeldanspruch nur Zahlkinder zu berücksichtigen, so ist der Gesamtanspruch des Kindergeldes durch die Zahl aller Zahlkinder zu teilen. Der auf ein Kind entfallende Betrag ist das pfändbare Kindergeld (s. § 76 Satz 2 Nr. 1).

Beispiel:

Das 22 Jahre alte Kind Ingo lebt in einer eigenen Wohnung. Für ihn erhält sein Vater Udo Neun das Kindergeld. Herr Neun zahlt – trotz Unterhaltsverpflichtung – keinen Unterhalt an Ingo. Außerdem erhält Herr Neun noch Kindergeld für seine drei Töchter Lotte, Luise und Lisbeth. Insgesamt erhält er Kindergeld in Höhe von 641 € monatlich.

Verlangt das Kind Ingo Unterhalt im Rahmen einer Pfändung des Kindergeldanspruchs seines Vaters ist der auf dieses Kind entfallende Anteil wie folgt zu ermitteln:

Alle bei Herrn Neun zu berücksichtigenden Kinder sind Zahlkinder; daher ist die Summe das monatlichen Gesamtkindergeldes auf diese Kinder gleichmäßig zu verteilen:

641 € : 4 Kinder = 160,25 € je Kind.

Eine andere Berechnung ergibt sich, wenn Zählkinder zur **Erhöhung** des Kindergeldanspruchs beitragen. Dann ist nach § 76 Satz 2 Nr. 2 EStG zunächst die Höhe des Anteils für ein Zahlkind zu errechnen, ohne dass die anspruchserhöhenden Zählkinder berücksichtigt werden.

Beispiel:

Für die Kinder

Alois, 9 Jahre alt,	Zahlkind	154 € mtl.
Benno, 7 Jahre alt,	Zählkind	–
Clarissa, 2 Jahre alt,	Zählkind	–
Doris, 2 Jahre alt,	Zahlkind	179 € mtl.
	insgesamt	333 € mtl.

wird Kindergeld gezahlt.

12.2 Höhe des pfändbaren Kindergeldes

Bei der Verteilung des Kindergeldanteils, der auf jedes Zahlkind entfällt, bleiben Benno und Clarissa unberücksichtigt. Dadurch ergeben sich folgende Kindergeldanteile:

Alois	154 € mtl.
Doris	154 € mtl.
insgesamt	308 € mtl.

Verteilt zu gleichen Anteilen ergibt dies einen monatlichen Zahlkindanspruch von 154 € je Kind.

Im einem weiteren Berechnungsschritt ist die Differenz zwischen dem ermittelten Zahlkindanspruch und dem tatsächlich gezahlten Kindergeld festzustellen. Sie beläuft sich hier auf 25 € monatlich. Dieser Differenzbetrag wird **Zählkindvorteil** genannt und auf **alle** Kinder verteilt, die bei dem Berechtigten zu berücksichtigen sind. Es errechnet sich folglich für die Kinder Alois, Benno, Clarissa und Doris ein anteiliger Zählkindvorteil von 6,25 € monatlich je Kind.

Bei der Verteilung des dem Berechtigten insgesamt zustehenden Kindergeldanspruchs ergibt sich das für ein **Zahl**kind pfändbare Kindergeld aus dem Betrag, der ohne den Zählkindvorteil auf dieses Kind entfallen würde zuzüglich seines Anteils an dem Zählkindvorteil. Der für ein **Zähl**kind pfändbare Betrag besteht lediglich in seinem **Anteil an dem Zählkindvorteil**. Es ergibt sich ein pfändbarer Betrag für

Alois	in Höhe von	160,25 € mtl.
Benno		6,25 € mtl.
Clarissa		6,25 € mtl.
Doris		160,25 € mtl.

Als Drittschuldner ist die Familienkasse an den Inhalt des Pfändungs- und Überweisungsbeschlusses gebunden. Erhöht oder verringert sich der Kindergeldanspruch, bleibt gleichwohl der im Pfändungs- und Überweisungsbeschluss bestimmte Betrag weiterhin maßgebend. Es ist Sache des Gläubigers, einen geänderten Beschluss herbeizuführen.

Nach Zustellung eines Pfändungs- und Überweisungsbeschlusses hat die Familienkasse innerhalb von zwei Wochen eine sog. **Drittschuldnererklärung** nach § 840 ZPO gegenüber dem Pfändungsgläubiger abzugeben.

In dieser Erklärung ist anzugeben:

- ob und inwieweit die Forderung als begründet anerkannt wird und Zahlungsbereitschaft besteht;
- ob andere Personen ggf. welche Ansprüche an die Forderung geltend machen;
- ob und wegen welcher Ansprüche die Forderung bereits für andere Gläubiger gepfändet ist.

Es ist grundsätzlich nicht die Aufgabe der Familienkasse, im Falle der Zustellung eines Pfändungs- und Überweisungsbeschlusses, die Rechtmäßigkeit der Forderungen zu prüfen, auf denen die Pfändung beruht.

A. Materielles Kindergeldrecht

Daher sind die im Pfändungs- und Überweisungsbeschluss angegebenen Beträge grundsätzlich auch an den Pfändungsgläubiger auszuzahlen. Wird allerdings Kindergeld erkennbar wegen anderer Forderungen als Unterhaltsansprüche eines Zahl- oder Zählkindes gepfändet, ist wegen der fehlenden gesetzlichen Grundlage dagegen vorzugehen.

Die Familienkasse muss dann den **Rechtsbehelf** der **Erinnerung** oder des **Einspruchs** einlegen. Welche Form des Rechtsbehelfs zu wählen ist, richtet sich nach der Stelle, die den Pfändungs- und Überweisungsbeschluss erlassen hat.

Gegen Pfändungs- und Überweisungsbeschlüsse von Amtsgerichten ist gemäß § 766 ZPO **Erinnerung** einzulegen. Handelt es sich um Pfändungs- und Einziehungsverfügungen, die im Rahmen von Verwaltungsvollstreckungsverfahren erlassen worden sind, muss die Familienkasse **Einspruch** erheben.

Wegen der offensichtlichen Unrechtmäßigkeit solcher Pfändungen muss das gepfändete Kindergeld auch nicht vorläufig einbehalten werden.

Sollte in einem Pfändungs- und Überweisungsbeschluss ein Betrag beziffert worden sein, der sich als höher erweist, als das nach § 76 Satz 2 EStG sich errechnende anteilige Kindergeld, ist von der Familienkasse nur dann der entsprechende Rechtsbehelf einzulegen, wenn durch eine zu hohe Pfändung Ansprüche Dritter, die ebenfalls Anspruch auf das Kindergeld erheben, nicht voll erfüllt werden könnten.

12.3 Bescheiderteilung

Sobald Kindergeld mit einem Pfandbeschlag belegt ist, hat die Familienkasse als Drittschuldner die im Pfändungs- und Überweisungsbeschluss bestimmten Pflichten zu erfüllen (Drittschuldnerfunktion). Die Familienkasse trifft gegenüber dem Berechtigten keine eigenen Entscheidungen; das gilt selbst dann, wenn im Pfändungs- und Überweisungsbeschluss der mit dem Pfandbeschlag belegte Teil des Kindergeldes unter Hinweis auf § 76 EStG von der Familienkasse selbständig ermittelt werden muss. Die Durchführung der Pfändung erfolgt somit nicht durch Verwaltungsakt. Der Berechtigte wird auf die Auszahlung (Beginn und monatliche Höhe) des gepfändeten Kindergeldes an den im Pfändungs- und Überweisungsbeschluss bezeichneten Pfändungsgläubiger hingewiesen.

Sofern der Berechtigte und/oder der Pfändungsgläubiger mit dem von der Familienkasse errechneten Betrag nicht einverstanden sind, können sie ihre Einwände geltend machen. Sofern die Einwände nicht berechtigt sind, ist der auszuzahlende Betrag sowohl gegenüber dem Berechtigten als auch dem Pfändungsgläubiger durch einen Abrechnungsbescheid nach § 218

Abs. 2 AO (Vordruck KG 93) festzusetzen. Beide können den Abrechnungsbescheid mit Einspruch anfechten.

13. Pfändungsschutz – § 76a EStG

Das Kindergeld unterliegt seit längerem einem besonderen Pfändungsschutz. Eine unmittelbare Pfändung des Anspruchs auf Kindergeld kann nach § 76 EStG nur wegen **gesetzlicher Unterhaltsansprüche** eines Kindes erfolgen. In der Vergangenheit haben die Familienkassen als verantwortliche Drittschuldner darauf geachtet, dass Pfändungen wegen anderer als Unterhaltsansprüche nicht zur Geltung kamen. Dieser Schutz war allerdings dann nicht möglich, wenn ein Gläubiger eine Pfändung gegen das Konto eines Kindergeldberechtigten erwirkt hatte.

Daher ist der Schutz der Kindergeldbezieher erweitert worden. Auch wenn das Kindergeld bereits auf das Konto des Berechtigten bei einem Geldinstitut überwiesen wurde, wird es ihm trotz Pfändungsmaßnahmen seiner Gläubiger zur Verfügung stehen.

Dazu ist § 76a EStG als Pfändungsschutzvorschrift eingeführt worden. Damit wird ermöglicht, das Kindergeld innerhalb von sieben Tagen seit der Gutschrift vom Konto abzuheben, selbst wenn ein Gläubiger durch eine Pfändung auf das Konto zugegriffen hat (sog. Schonfrist).

Erhält der Berechtigte laufende Kindergeldleistungen, gilt ein Pfändungsschutz in Höhe des Betrags des Kindergeldes auch über diese sieben Tage hinaus bis zum nächsten Zahlungstermin. Dies gilt entsprechend auch für Bargeldbeträge, die Empfänger laufender Kindergeldzahlungen besitzen.

Auch Kinder, denen das Kindergeld von der Familienkasse unmittelbar überwiesen wird, kommen gegenüber ihren Gläubigern in den Genuss des neuen Pfändungsschutzes. Dies ist der Fall, wenn Kinder wegen ihrer gesetzlichen Unterhaltsansprüche den Kindergeldanspruch des Berechtigten gepfändet haben oder von der Möglichkeit einer sog. Abzweigung des Kindergeldes Gebrauch machen.

Bei einem Pfandbeschlag des Kontos des Kindergeldberechtigten ist auf Folgendes zu achten:

Eine Kontenpfändung ist nur möglich, wenn die Identität von Pfändungsschuldner, Kontoinhaber und Kindergeldberechtigtem vorliegt. Die Gutschrift auf dem Konto kann durch das Kreditinstitut nur erfolgen, wenn der Kontoinhaber mit dem Zahlungsempfänger der Kindergeldüberweisung identisch ist. Der Pfandbeschlag kommt nur dann zur Wirkung, wenn der Pfändungsschuldner auch der Kontoinhaber ist.

A. Materielles Kindergeldrecht

Für die Kontenpfändung bedeutsam ist die Frage, ob das Kindergeld auf der Grundlage des EStG als steuerlicher Familienleistungsausgleich oder als sozialrechtliches Kindergeld nach dem BKGG geleistet wird.

Mit der Zahlung auf das Konto des Kindergeldberechtigten ist der Kindergeldanspruch gegen die zahlende Familienkasse für den jeweiligen Monat erloschen. In Höhe der Kontogutschrift entsteht für den Kindergeldberechtigten gegenüber dem Kreditinstitut ein Auszahlungsanspruch als Forderung. Grundlage dafür ist der Girovertrag (§ 700 Abs. 1 Satz 1 i. V. m. § 488 Abs. 1 Satz 2 BGB).

Das BKGG – als Grundlage des **sozialrechtlichen Kindergeldes** – gilt als besonderer Teil des Sozialgesetzbuches (siehe § 68 Nr. 9 SGB I und § 18 BKGG). Als laufende Geldleistung, kann Kindergeld gemäß § 54 Abs. 4 SGB 1 grundsätzlich wie Arbeitseinkommen gepfändet werden. Diese Rechtsnormen wenden sich direkt an die Familienkasse; nicht an ein Kreditinstitut.

In dem Fall der Pfändung eines Auszahlungsanspruchs bei einem Kreditinstitut, der durch die Kontogutschrift der Kindergeldüberweisung entstanden ist, findet § 55 Abs. 1 Satz 1 SGB I Anwendung. Danach gilt, dass eine Geldleistung, die auf das Konto des Berechtigten bei einem Geldinstitut überwiesen wird, für die Dauer von sieben Tagen seit der Gutschrift der Überweisung unpfändbar ist.

Dadurch kann der Kindergeldberechtigte innerhalb von 7 Tagen seinen Anspruch auf Auszahlung des Kindergeldes realisieren. Damit wird auch der Sozialzweck der Leistungen nach dem Sozialgesetzbuch und der einbezogenen besonderen Teile (und damit des Kindergeldes) verwirklicht.

§ 68 SGB I gilt nicht für den X. Abschnitt des EStG. Daher kann für das **steuerliche Kindergeld** auch nicht § 55 Abs. 1 Satz 1 SGB I zur Anwendung kommen.

Das Kindergeldrecht wurde zum 1.1.1996 aus dem sozialrechtlichen BKGG in das steuerrechtliche EStG verschoben. Seit dieser Neuregelung des Kindergeldrechts wird das Kindergeld im Allgemeinen nach dem X. Abschnitt des EStG als Steuervergütung gewährt. Zahlenmäßig stellt sich das Verhältnis der Kindergeldansprüche nach dem EStG zu denen nach dem BKGG so dar, dass etwa 99,5% aller Kindergeldansprüche nach dem EStG abgewickelt werden. Daraus ergibt sich, dass bei der Mehrheit der Bezieher von Kindergeld keine Schutzfrist für den Auszahlungsanspruch aufgrund einer Kindergeldüberweisung gegenüber dem Kreditinstitut bestand; das gutgeschriebene Kindergeld ist hier sofort der Pfändung unterworfen war.

Durch die Einfügung des § 76a in das EStG gelten nun die Pfändungsschutzregelungen des § 55 SGB I inhaltlich auch für die Kindergeldansprüche, die sich aus dem EStG ergeben. Damit wird eine Regelungslücke geschlossen.

13. Pfändungsschutz – § 76a EStG

Kindergeldberechtigte müssen keine Sorge mehr haben, dass auf ein Bankkonto überwiesenes Kindergeld an einen Pfändungsgläubiger überwiesen wird. In der Vergangenheit haben sich Kindergeldberechtigte das Kindergeld per Scheck an die heimatliche Adresse schicken lassen, um Kontenpfändungen zu umgehen. Dieses Verfahren kostete sowohl für die Berechtigten als auch für die Familienkassen Mehraufwand, der von den Berechtigten zudem auch noch bezahlt werden musste. Durch den Kontenpfändungsschutz des § 76a EStG kann seit Ende Dezember 2006 auf diese Praxis verzichtet werden.

B. Steuerliches Festsetzungs- und Erhebungsverfahren

1. Überblick über das steuerrechtliche Verwaltungsverfahren

In diesem Kapitel wird die Unterscheidung von Festsetzungs- und Erhebungsverfahren sowie die zeitliche Abfolge der Verfahrensschritte in der Familienkasse beschrieben.

Die Durchführung des Besteuerungsverfahrens ist die wichtigste Aufgabe der Finanzämter. Gegenstand des Steuerverfahrensrechts sind im Wesentlichen die Vorschriften zur Durchsetzung von Ansprüchen aus dem Steuerschuldverhältnis.

Es hat zum Ziel, die Steueransprüche zu verwirklichen, d. h.

- Besteuerungsgrundlagen **ermitteln**,
- Steuern (Höhe des Kindergeldes) **festsetzen**,
- anschließend **erheben** (im Falle des Kindergeldes also regelmäßig auszuzahlen),
- erforderlichenfalls **beitreiben**.

Die Familienkassen sind gemäß § 5 Abs. 1 Nr. 11 FVG als Bundesfinanzbehörden tätig. Im Verwaltungsverfahren haben sie über den Anspruch des Kindergeldberechtigten im Sinne des § 62 EStG zu befinden. Die Familienkasse setzt als Bundesfinanzbehörde keine Steuern fest. Ihre Aufgabe besteht darin, durch die Festsetzung des richtigen Kindergeldes als Steuervergütung die zutreffende Besteuerung des Einkommens des Berechtigten durch Freistellung des Existenzminimums des bei ihm zu berücksichtigenden Kindes zu bewirken – vgl. § 31 Satz 3 EStG. Im Steuerrecht gilt nach § 85 AO der Grundsatz „der Gesetzmäßigkeit und der Gleichmäßigkeit".

Die Vorschriften der Abgabenordnung strukturieren die zeitliche Abfolge der einzelnen Verfahrensabschnitte und die Beziehung untereinander. In der Abgabenordnung gibt es eine strikte Trennung zwischen

- Festsetzungsverfahren

und

- Erhebungsverfahren

In der Praxis ist die Trennung von besonderer Bedeutung.

B. Steuerliches Festsetzungs- und Erhebungsverfahren

▶ **Festsetzungsverfahren**

Ziel des Verfahrens, einschließlich der Bekanntgabe, ist die Titulierung des Anspruches auf Kindergeld oder anderer Ansprüche aus dem Steuerschuldverhältnis gemäß § 37 Abs. 1 AO. Dieses Ziel erreicht die Familienkasse durch Erlass entsprechender Verwaltungsakte (= Kindergeldbescheide).

▶ **Erhebungsverfahren**

Das Erhebungsverfahren ist eine eigenständige Verfahrensstufe mit eigenen Rechtsvorschriften. Die Verwirklichung/Erfüllung des im Festsetzungsverfahren titulierten Anspruches ist das Ziel dieses Verfahrens. Der Steuervergütungsanspruch „Kindergeld" wird durch Zahlung der Familienkasse oder Rückzahlung durch den Berechtigten erfüllt.

Nachfolgend werden sowohl die Regelungen des Festsetzungsverfahrens dargestellt, als auch die des Erhebungsverfahrens, soweit sie für den Bereich Kindergeld relevant sind.

1. Überblick über das steuerrechtliche Verwaltungsverfahren

Zeitliche Abfolge der Verfahrensabschnitte in der Familienkasse

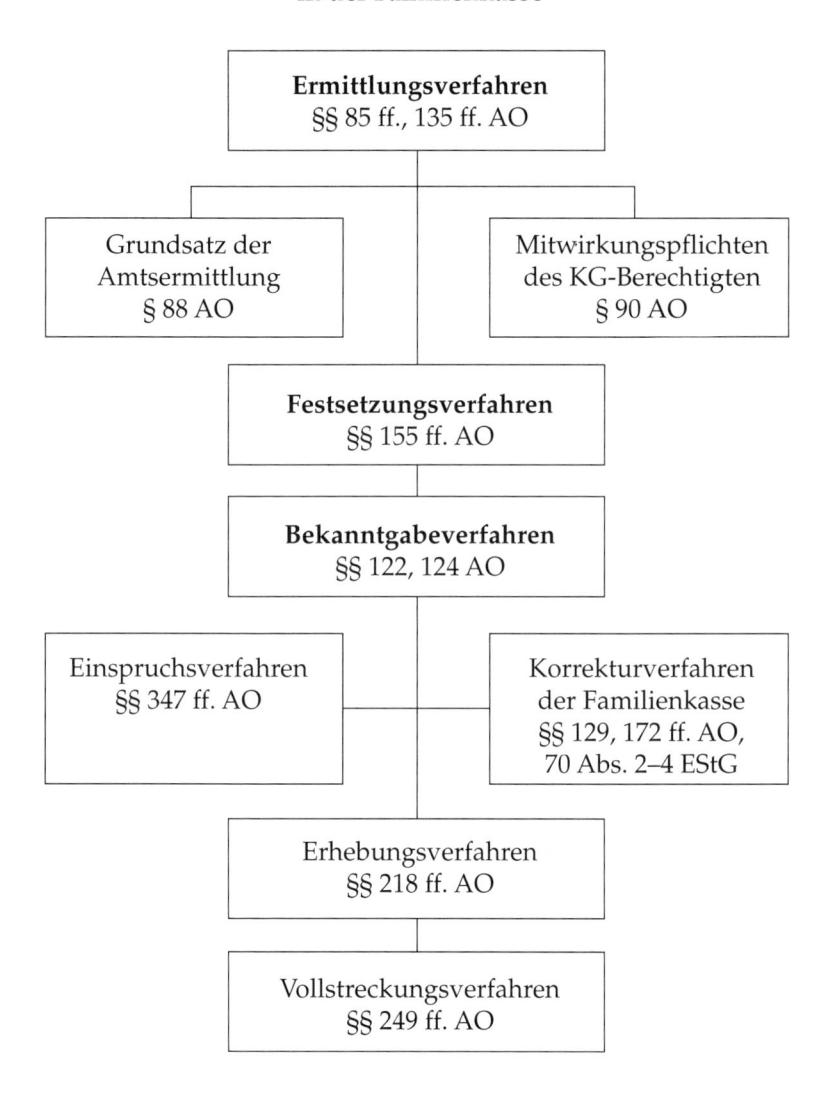

```
┌─────────────────────────────┐
│    Ermittlungsverfahren     │
│     §§ 85 ff., 135 ff. AO   │
└─────────────────────────────┘
        │
   ┌────┴─────────────────────┐
┌──┴──────────────┐   ┌───────┴──────────────┐
│  Grundsatz der  │   │  Mitwirkungspflichten│
│  Amtsermittlung │   │  des KG-Berechtigten │
│     § 88 AO     │   │        § 90 AO       │
└─────────────────┘   └──────────────────────┘

┌─────────────────────────────┐
│   Festsetzungsverfahren     │
│        §§ 155 ff. AO        │
└─────────────────────────────┘

┌─────────────────────────────┐
│    Bekanntgabeverfahren     │
│        §§ 122, 124 AO       │
└─────────────────────────────┘

┌──────────────────┐      ┌──────────────────────┐
│ Einspruchsverfahren │   │   Korrekturverfahren │
│    §§ 347 ff. AO    │   │   der Familienkasse  │
│                     │   │  §§ 129, 172 ff. AO, │
│                     │   │     70 Abs. 2–4 EStG │
└──────────────────┘      └──────────────────────┘

┌─────────────────────────────┐
│     Erhebungsverfahren      │
│        §§ 218 ff. AO        │
└─────────────────────────────┘

┌─────────────────────────────┐
│   Vollstreckungsverfahren   │
│        §§ 249 ff. AO        │
└─────────────────────────────┘
```

B. Steuerliches Festsetzungs- und Erhebungsverfahren

2. Verwaltungsakte

Im Kapitel 2 wird das Wesen von Verwaltungsakten beschrieben, aufgezeigt, welche Arten von Verwaltungsakten es gibt und zwischen Kindergeldbescheiden und sonstigen Verwaltungsakten unterschieden.

Die Rechtshandlungen einer Behörde werden hauptsächlich durch Verwaltungsakt ausgeführt. Der Verwaltungsakt verdeutlicht oder konkretisiert die in den Gesetzen geregelten Rechte und Pflichten des Bürgers.

Die Ermittlung des Sachverhaltes und das anschließende Festsetzungsverfahren dienen dazu, über Ansprüche aus dem Steuerschuldverhältnis nach § 37 AO zu entscheiden. Im Kindergeld handelt es sich um die als Steuervergütung konzipierte Leistung „Kindergeld" i. S. von § 31 Satz 3 EStG. Die Bundesfinanzbehörde „Familienkasse" setzt gemäß § 6 Abs. 2 Nr. 6 AO die Zahlung mittels Steuervergütungsbescheid fest, der dem Gläubiger der Steuervergütung (Kindergeldberechtigter) gemäß § 43 Satz 1 AO gegenüber inhaltlich bestimmt und geltend gemacht wird. Das geschieht durch Verwaltungsakte, auch bezeichnet als Verfügungen oder Bescheide.

Der Begriff des Verwaltungsaktes im Sinne der Abgabenordnung als „Steuerverwaltungsakt" ist in § 118 Satz 1 AO definiert:

„Der Verwaltungsakt ist jede Verfügung, Entscheidung oder andere hoheitliche Maßnahme, die eine Behörde zur Regelung eines Einzelfalles auf dem Gebiet des öffentlichen Rechts trifft und die auf unmittelbare Rechtswirkung nach außen gerichtet ist."

Diese Legaldefinition enthält eine Reihe von Begriffsmerkmalen, die nebeneinander vorliegen müssen, um den Tatbestand des Verwaltungsaktes zu erfüllen:

a) hoheitliche Maßnahme

b) einer Behörde

c) auf dem Gebiet des öffentlichen Rechts

d) zur Regelung

e) eines Einzelfalles

f) mit direkter Außenwirkung.

> **Beachte!**
> Die Familienkassen verschicken täglich eine größere Anzahl von Schreiben an die Kindergeldberechtigten, mit denen lediglich fehlende Unterlagen, Nachweise oder Ähnliches angefordert werden. Diese so genannten Anforderungsschreiben, z. B. Schul- oder Ausbildungsbescheinigung und Erklärung zu den Einkünften und Bezügen des Kindes, sind in der Regel keine Verwaltungsakte. Mit der Vor-

2.1 Arten des Verwaltungsaktes

lage bzw. dem Einreichen der Unterlagen soll nicht der Wille der Familienkasse durchgesetzt werden. In diesen Fällen kann die Familienkasse bereits auf die Möglichkeit einer Ablehnung als Folge der fehlenden Mitwirkung hinweisen.

Ausnahme:

Soll der Inhalt des Schreibens auch wirklich durchgesetzt werden, handelt es sich bei dieser Aufforderung um einen Verwaltungsakt.

2.1 Arten des Verwaltungsaktes

Verwaltungsakte teilt man nach verschiedenen, einander zum Teil überschneidenden Merkmalen ein. Die Unterscheidung nach diesen einzelnen Kriterien ist wegen der Rechtsfolgen von Bedeutung.

Begünstigende Verwaltungsakte begründen (rechtsgestaltend) oder bestätigen (rechtsfeststellend) Rechte und Pflichten oder rechtlich erhebliche Vorteile.

Beispiel:

1
- Festsetzung für ein Kind für die Dauer der Ausbildung,
- Abzweigung des Kindergeldes an einen Sozialleistungsträger – für ihn begünstigend.

Belastende Verwaltungsakte verlangen ein Tun, Dulden, Unterlassen oder stellen eine derartige Verpflichtung fest.

Belastend sind ferner Verwaltungsakte, die eine beantragte begünstigende Entscheidung oder Feststellung ganz oder teilweise ablehnen, Rechte beschränken oder entziehen. Sie bedürfen stets einer gesetzlichen Grundlage.

Beispiel:

2
- Ablehnung aus materiellrechtlichen Gründen (z. B. wegen Überschreitens des für die Einkünfte und Bezüge des Kindes maßgebenden Grenzbetrages, aber auch wegen des Zieles nachteiliger Schlüsse infolge fehlender Mitwirkung des Berechtigten)
- Ablehnung eines Antrages auf Korrektur der Kindergeldfestsetzung
- Abzweigung des Kindergeldes an einen Sozialleistungsträger – belastend für Kindergeldberechtigten
- Widerruf begünstigender Verwaltungsakte

Feststellende Verwaltungsakte werden auch als deklaratorische, rechtsbestätigende oder rechtsbestimmende Verwaltungsakte bezeichnet und stellen rechtserhebliche Eigenschaften von Personen/Sachen oder das Bestehen/Nichtbestehen einer konkreten rechtlichen Situation fest.

B. Steuerliches Festsetzungs- und Erhebungsverfahren

Beispiel:

3
- Festsetzung des Kindergeldes für ein Kind in Berufsausbildung
- Verwaltungsakt über Zinsen

◁/ Beachte!

Steuerbescheide, Steuervergütungsbescheide – Kindergeldfestsetzungsbescheide – haben grundsätzlich feststellende Wirkung. Sie stellen fest, welche Steuervergütung „Kindergeld" in welcher Höhe geschuldet wird.

Gestaltende Verwaltungsakte werden auch als konstitutive oder rechtsbegründende Verwaltungsakte bezeichnet. Sie begründen, ändern oder beseitigen ein Rechtsverhältnis oder eine Rechtsstellung des Betroffenen.

Beispiel:

4
- Stundung des Rückzahlungsbetrages
- Aufhebung der Kindergeldfestsetzung wegen Überschreitens der Einkommensgrenze
- Ablehnung des Antrages auf schlichte Änderung gemäß § 172 Abs. 1 Nr. 2a AO

Bei **gebundenen Verwaltungsakten** handelt es sich um Verwaltungsakte, die bei Vorliegen eines bestimmten gesetzlichen Tatbestandes erlassen werden müssen, weil auf ihren Erlass ein Rechtsanspruch besteht – vgl. § 120 Abs. 1 AO.

Sie sind meist rechtsfeststellend, aber auch im Einzelfall rechtsgestaltend.

Beispiel:

5
- Kindergeldfestsetzung für ein Kind, welches die Anspruchsvoraussetzungen erfüllt.

Ermessensverwaltungsakte beruhen auf einer Ermessensentscheidung der Familienkasse gemäß § 5 AO – vgl. § 120 Abs. 2 AO.

Beispiel:

6
- Stundung eines Rückzahlbetrages
- Abzweigung von Kindergeld nach § 74 Abs. 1 EStG

◁/ Beachte!

Eine Entscheidung als gebundener Verwaltungsakt darf nicht in eine Ermessensentscheidung umgedeutet werden – § 128 Abs. 3 AO.

2.2 Einteilung der Verwaltungsakte

Einseitige Verwaltungsakte ergehen von Amts wegen, der Betroffene ist am Zustandekommen überhaupt nicht beteiligt – typisch hoheitliche Tätigkeit, z. B. Finanzbefehle.

Mitwirkungsbedürftige Verwaltungsakte ergehen nur auf Antrag oder mit Zustimmung des Betroffenen. Ein Verwaltungsakt kann auch der Mitwirkung einer anderen Behörde bedürfen.

Die Wirkung der **Verwaltungsakte mit Dauerwirkung** erschöpft sich nicht in einer einmaligen Gestaltung, sondern lässt ein Rechtsverhältnis auf Dauer entstehen.

Die Festsetzung des Kindergeldes erfolgt als Dauerverwaltungsakt bis zur Vollendung des 18. Lebensjahres gemäß § 32 Abs. 3 EStG oder bis zum Ende der Anspruchsvoraussetzungen gemäß § 32 Abs. 4 und 5 EStG. Sie erfasst somit bereits Ansprüche aus dem Steuerschuldverhältnis, die erst in künftigen Monaten entstehen und wird durch den Kindergeldfestsetzungsbescheid bekannt gegeben. Detailliertere Ausführungen zur Wirksamkeit von Verwaltungsakten finden Sie unter 4.5.

Verwaltungsakte ohne Dauerwirkung erledigen sich durch Festsetzung, Befolgung oder Vollziehung, z. B. Zahlungsaufforderung.

Rechtmäßige Verwaltungsakte werden auch als gesetzmäßige Verwaltungsakte bezeichnet. Sie dürfen nur aufgrund eines Gesetzes ergangen sein und keine Gesetzesvorschriften verletzt haben, sowohl formell als auch materiell.

Rechtswidrige Verwaltungsakte werden auch als fehlerhafte Verwaltungsakte bezeichnet. Diesen Verwaltungsakten fehlt die Rechtsgrundlage, sie greifen einen Verstoß gegen verfahrensrechtliche Vorschriften auf oder ihnen liegt ein Sachverhaltsfehler zugrunde.

2.2 Einteilung der Verwaltungsakte

Verwaltungsakte werden in

- Steuerbescheide und gleichgestellte Verwaltungsakte
- sonstige Steuerverwaltungsakte

unterteilt.

Mit **Steuerbescheiden und gleichgestellten Verwaltungsakten** wird im Bereich des steuerrechtlichen Kindergeldes inhaltlich (materiell) über das Bestehen oder Nichtbestehen des Kindergeldanspruchs entschieden. Mit ihnen wird Kindergeld festgesetzt, abgelehnt, aufgehoben, geändert oder berichtigt. Im Kindergeldbereich sind dies z. B.:

B. Steuerliches Festsetzungs- und Erhebungsverfahren

- Steuervergütungsbescheid gemäß § 155 Abs. 4 i. V. m. Abs. 1 AO, einschließlich sämtlicher Korrekturbescheide im Festsetzungsverfahren gemäß §§ 129, 172–175 AO, § 70 Abs. 2 bis 4 EStG
- Steuerbescheide gemäß § 155 Abs. 1 AO
- Ablehnungsbescheide gemäß § 155 Abs. 1 AO
- Vorbehaltsbescheide gemäß § 164 Abs. 1 AO
- Aufhebung des Vorbehalts gemäß § 164 Abs. 3 AO.

Mit **sonstigen Steuerverwaltungsakten** wird nicht über das materielle Bestehen oder Nichtbestehen des Kindergeldanspruchs entschieden. Die Familienkassen entscheiden damit vielmehr durch Verwaltungsakt über die sonstigen Angelegenheiten. Anzutreffen sind sonstige Steuerverwaltungsakte deshalb insbesondere im Erhebungsverfahren. Hier muss nicht mehr entschieden werden, ob ein Kindergeldanspruch überhaupt besteht, denn darüber wurde bereits im Festsetzungsverfahren mit einem Steuervergütungsbescheid entschieden. Im Erhebungsverfahren sind insbesondere die nachfolgenden sonstigen Steuerverwaltungsakte anzutreffen:

- Stundung gemäß § 222 AO
- Erlass gemäß § 227 AO
- Entscheidungen über die Auszahlung des Kindergeldes an dritte Personen oder Stellen (§ 74 Abs. 1 EStG)
- Entscheidungen gegenüber dem Kindergeldberechtigten, wonach das Kindergeld an einen Sozialleistungsträger erstattet wird (§ 74 Abs. 2 EStG i. V. m. § 102 ff. SGB X)
- Leistungsgebot gemäß § 254 AO
- Zwangsgeldfestsetzung gemäß § 333 AO
- Forderungspfändung gemäß § 309 AO
- Aussetzung der Vollziehung gemäß § 361 AO.

Diese Einteilung in Steuervergütungsbescheide und sonstige Steuerverwaltungsakte hat besondere Auswirkungen im Bereich der Anwendung der Korrekturvorschriften (vgl. dazu unter B. 6).

Neben der Möglichkeit, durch einen Verwaltungsakt zu handeln, besteht noch das so genannte **schlichte Verwaltungshandeln;** anzutreffen z. B. in Fällen einer

- unverbindlichen Auskunft
- unverbindlichen Zusage
- Aufforderung zur Mitwirkung.

3.1 Formvorschriften

3. Form und Inhalt der Verwaltungsakte

Kapitel 3 beschäftigt sich mit den formellen und inhaltlichen Voraussetzungen von Verwaltungsakten, stellt die Grundsätze und Möglichkeiten von Kindergeldfestsetzungen dar und zeigt auf, wann Verwaltungsakte fehlerhaft sind.

Die §§ 119 bis 128 AO beschreiben, welche Formvorschriften und inhaltliche Voraussetzungen für Verwaltungsakte gelten.

3.1 Formvorschriften

§ 119 Abs. 2 Satz 1 AO bestimmt, dass Verwaltungsakte schriftlich, mündlich oder in anderer Weise (also durch schlüssige = konkludente Handlungen) erlassen werden können. Verwaltungsakte im steuerlichen Kindergeldbereich werden ausschließlich mit einer schriftlichen Festsetzungsverfügung erlassen; allein aus Nachweisgründen empfiehlt sich diese Form. Eine Festsetzung des Kindergeldes muss im familienkasseninternen Kindergeldvorgang in jedem Fall schriftlich erfolgen durch die Aktenverfügung, Kassenanordnung o. Ä. Zum Erlass eines Kindergeldbescheides bedarf es aber der Bekanntgabe der Festsetzung gegenüber dem Bescheidadressaten (siehe dazu Ausführungen unter 4.1).

Gemäß § 119 Abs. 3 AO muss ein solcher Verwaltungsakt

- die erlassende Behörde erkennen lassen. Da die öffentlichen Arbeitgeber das steuerliche Kindergeld als Familienkassen (nur diese ist Finanzbehörde) ausführen, muss dies auch im Außenverhältnis ersichtlich sein. Darum ist es stets erforderlich, dass im Briefkopf unter der jeweiligen Dienststelle der Zusatz **Familienkasse** steht.

Stadt Köln
Familienkasse

Nichtbeachtung dieser Formvorschrift führt zur Nichtigkeit – § 125 AO beachten.

- die **Unterschrift** oder die **Namenswiedergabe** des verantwortlichen Amtsträgers enthalten.

Das Gesetz fordert zwingend lediglich Unterschrift oder Namenswiedergabe. Zumeist wird aus Gründen der Bürgerfreundlichkeit sowohl Unterschrift als auch Namenswiedergabe angegeben.

Unterschrift oder Namenswiedergabe müssen auf dem bekannt gegebenen Verwaltungsakt stehen. Auf der Aktenverfügung reicht i. d. R. ein Namenszeichen. Sobald es sich aber um Kassenanordnungen im zahlungstechnischen Sinn handelt, ist der vollständige Name erforderlich.

B. Steuerliches Festsetzungs- und Erhebungsverfahren

> Fehlende Unterschrift führt nicht zur Nichtigkeit, sondern begründet nur Rechtswidrigkeit des Verwaltungsaktes – § 127 AO beachten.

§ 119 Abs. 4 EStG sieht Ausnahmen für die Fälle vor, in denen Verwaltungsakte formularmäßig oder mit Hilfe automatischer Anlagen erlassen werden. Dann kann auf Unterschrift/Namenswiedergabe verzichtet werden.

3.2 Inhaltliche Anforderungen

Ein Verwaltungsakt muss gemäß § 119 Abs. 1 AO inhaltlich hinreichend bestimmt sein. Der Inhalt eines Verwaltungsaktes ergibt sich aus seinem Verfügungssatz, auch als Ausspruch oder Tenor bezeichnet. Vom Verfügungssatz zu unterscheiden ist die Begründung. Die Begründung gehört nicht zum Verfügungssatz, kann aber zur Bestimmtheit des Verwaltungsaktes beitragen.

> Die Unterscheidung von Verfügungssatz und Begründung ist besonders deshalb wichtig, weil nur der Verfügungssatz in Bestandskraft erwächst, niemals aber die Begründung.

3.2.1 Verfügungssatz

Der sich aus dem Verfügungssatz ergebende Inhalt eines Verwaltungsaktes muss demnach eindeutig, vollständig und aus sich heraus verständlich sein. Er muss Auskunft darüber geben, wer Inhaltsadressat ist und was dem Berechtigten zugebilligt werden soll (bzw. was eben nicht). Eine eindeutige Tenorierung ist insbesondere im Zusammenhang mit der Frage von Bedeutung, für welchen Zeitraum genau Bindungswirkung eintritt (siehe dazu unter 4.5).

Verstöße gegen § 119 Abs. 1 AO führen ggf. zur Nichtigkeit (§ 125 AO), ggf. nur zur Rechtswidrigkeit. Dazu enthält der Abschnitt „Fehlerhafte Verwaltungsakte" unter B. 3.5 weitere Hinweise.

§ 157 Abs. 1 AO konkretisiert § 119 Abs. 1 AO im Bereich der Kindergeldfestsetzungen. Kindergeldverwaltungsakte müssen damit im Verfügungssatz folgenden Mindestinhalt haben:

3.2 Inhaltliche Anforderungen

Stadt Hameln Familienkasse Hameln, den 19.12.2006 Herrn Hans Schmidt-Schulz Auf Ihren Antrag vom 13.11.2006 hin setze ich **Kindergeld** wie folgt fest: 1. **Petra**, geb. am ...., ab **Mai 2006** in Höhe von monatlich **154 €** 4. **Paula**, geb. am ...., ab **August 2006** in Höhe von monatlich **179 €** **Begründung:** Klaus-Dieter und Hans-Christoph sind als sog. Zählkinder zu berücksichtigen, weshalb für Paula Kindergeld als 4. Kind gewährt wird (= 179 €).	Es muss unbedingt der Zusatz **Familienkasse** angegeben werden. Bestimmung des **Steuervergütungsgläubigers** (im Kindergeldbereich Berechtigter genannt) nach §§ 62 und 64 EStG. Bezeichnung der Steuervergütung Kindergeld. Benennung des **Zahlkindes** (§ 63 EStG) durch den Vornamen, ggf. Name und Geburtsdatum, soweit dies zur eindeutigen Zuordnung erforderlich ist. Angabe des **Zeitraumes**, für den Kindergeld festgesetzt wird, hier: *ab!* Es besteht auch die Möglichkeit einer befristeten Festsetzung (*von ... bis ...*); Angabe des **mtl. Betrages** (zwischen 1 und 179 €) und der Ordnungszahl, die diesem Kind in der Reihenfolge der Geburten zufällt. Die Begründung ist nicht Bestandteil des Verfügungssatzes.

Tipp!

Die Kindergeldfestsetzung betrifft jeweils nur ein Kind. Sind mehrere Kinder zu berücksichtigen, ist für jedes Kind eine gesonderte Festsetzung erforderlich. Diese verschiedenen Festsetzungen können dann aber in einem Bescheid (Vordruck) zusammengefasst werden (so z. B. auch auf dem vom Bundeszentralamt für Steuern bereitgestellten Vordruck KG 2).

Kindergeld wird nur für Zahlkinder festgesetzt, nicht aber für Zählkinder. Zählkinder führen lediglich dazu, dass sich die Ordnungszahlen und die Zahlbeträge

B. Steuerliches Festsetzungs- und Erhebungsverfahren

der nachfolgenden Kinder erhöhen. Nur unter der Begründung ist dann anzugeben, welches Zählkind den Anspruch der nachfolgenden Kinder erhöht. Bei Korrekturbescheiden muss zudem im Verfügungssatz angegeben werden, welche Festsetzung korrigiert werden soll. Dies geschieht durch Angabe des Datums der letzten Festsetzung (Bescheiddatum; wurde auf andere Weise ohne schriftlichen Bescheid bekannt gegeben, so sollte hier stets das Verfügungsdatum der Kassenanweisung/Aktenverfügung genannt werden).

3.2.2 Begründung

§ 121 Abs. 1 AO schreibt bei schriftlichen Verwaltungsakten eine Begründung vor, soweit dies zum Verständnis erforderlich ist.

Beachte!

Der Kindergeldberechtigte muss den Verwaltungsakt verstehen, nicht nur Sie bzw. Ihr Kollege.

Die Ausführungen müssen daher so gewählt werden, dass der Bürger den Verwaltungsakt ohne Nachfragen usw. verstehen kann. Begründungen wie z. B. „Wegen § 32 Abs. 4 Satz 2 EStG kann das Kind nicht berücksichtigt werden" versteht kein Außenstehender.

Bescheid!

„Kinder können beim Kindergeldanspruch nur berücksichtigt werden, wenn sie Einkünfte und Bezüge von nicht mehr als 7680 € im Kalenderjahr haben (§ 32 Abs. 4 Satz 2 EStG). Ihr Kind hat jedoch Einkünfte aus nichtselbständiger Arbeit (Ausbildungsvergütung) in diesem Jahr in Höhe von 7702 € (10 622 € brutto abzüglich Arbeitnehmer-Pauschbetrag von 920 €, abzüglich der gesetzlichen Sozialversicherungsbeiträge von 2000 €). Eine Berücksichtigung des Kindes kommt daher nicht in Betracht."

Bei Korrekturbescheiden ist die Rechtsgrundlage der Korrektur in der Begründung des korrigierten Bescheides anzugeben, da dies zu seinem Verständnis erforderlich ist (§ 121 Abs. 1 AO). Fehlt die Angabe der Korrekturbestimmung, ist entscheidend, dass die Korrektur durch einen gesetzlichen Tatbestand gedeckt ist. War der Korrekturbescheid bei seinem Erlass nicht durch die angeführte Vorschrift gedeckt, so ist es regelmäßig nicht erforderlich, den insoweit unzutreffenden Bescheid aufzuheben und ihn dann mit demselben Inhalt neu zu erlassen. In einem derartigen Fall kann die richtige Begründung nachgeholt werden. Dies gilt bis zum Abschluss der letzten mündlichen Verhandlung vor dem Finanzgericht; vgl. dazu § 126 Abs. 2 i. V. m. Abs. 1 Nr. 2 AO.

3.2 Inhaltliche Anforderungen

Beispiel:

1 Selbst wenn Sie nach § 70 Abs. 2 aufgehoben haben, im Einspruchsverfahren aber feststellen, dass z. B. § 173 AO einschlägig war, ist dies unerheblich. Die zutreffende Korrekturnorm als Teil der Begründung können Sie jetzt nachschieben! Dies am sinnvollsten, indem Sie die zutreffende Begründung in den Einspruchsbescheid aufnehmen.

Bei Korrekturbescheiden ist die Rechtsgrundlage der Korrektur in der Begründung des korrigierten Bescheides anzugeben, da dies zu seinem Verständnis erforderlich ist (§ 121 Abs. 1 AO). Fehlt die Angabe der Korrekturbestimmung, ist entscheidend, dass die Korrektur durch einen gesetzlichen Tatbestand gedeckt ist. War der Korrekturbescheid bei seinem Erlass nicht durch die angeführte Vorschrift gedeckt, so ist es regelmäßig nicht erforderlich, den insoweit unzutreffenden Bescheid aufzuheben und ihn dann mit demselben Inhalt neu zu erlassen. In einem derartigen Fall kann die richtige Begründung nachgeholt werden. Dies gilt aufgrund einer Rechtsänderung ab Januar 2002 bis zum Abschluss der letzten mündlichen Verhandlung vor dem Finanzgericht; vgl. dazu § 126 Abs. 2 i. V. m. Abs. 1 Nr. 2 AO.

Beispiel:

2 Selbst wenn Sie nach § 70 Abs. 2 EStG aufgehoben haben, im Einspruchsverfahren aber feststellen, dass z. B. § 173 AO einschlägig war, ist dies unerheblich. Die zutreffende Korrekturnorm als Teil der Begründung können Sie jetzt nachschieben! Dies am sinnvollsten, indem Sie die zutreffende Begründung in den Einspruchsbescheid aufnehmen.

In Verfahren vor dem Bundesfinanzhof empfiehlt sich ebenfalls das „Nachschieben" der zutreffenden Begründung. Denn obgleich das Finanzgericht dieses Nachschieben von Gründen bei der Beurteilung des angefochtenen Verwaltungsaktes nicht beachten darf, hat es sich doch von Gerichts wegen einen Überblick über die Sach- und Rechtslage zu verschaffen. Es erscheint deshalb am zweckmäßigsten, wenn in solchen Verfahren die zutreffende Begründung (z. B. die Rechtsgrundlage) in einem Schriftsatz der Familienkasse an den Bundesfinanzhof „nachgeschoben" wird.

Zur erforderlichen Begründung gehört auch die Ermessensausübung. Insoweit hat sich gegenüber dem früheren Recht vor 1996 nichts geändert. AO-Korrekturvorschriften verwenden auch mehrfach das Wort *kann*, so z. B. in den §§ 129–131 AO. In der steuerrechtlichen Praxis ist das Ermessen wegen § 85 AO (gleichmäßige Festsetzung der Steuern) regelmäßig auf Null reduziert. Die Abgabenordnung kennt zudem keinerlei Auswirkungen für den Fall der fehlenden Ermessensausübung. Auch im finanzgerichtlichen Verfahren darf der Verwaltungsakt nicht allein wegen der unterlassenen Ermessensausübung aufgehoben werden, sondern nur dann, wenn er auch aus anderen Gründen fehlerhaft ist.

B. Steuerliches Festsetzungs- und Erhebungsverfahren

Da i. d. R. kein Ermessen auszuüben ist, kommt grundsätzlich eine vollständige Korrektur des Verwaltungsaktes in Betracht oder eben keine Korrektur (Nichtvorliegen einer Korrekturnorm).

§ 121 Abs. 2 AO sieht zahlreiche Ausnahmen vom Begründungszwang vor:

- Wenn dem Antrag des Berechtigten mit dem Verwaltungsakt voll entsprochen wird (Nr. 1). Hierunter fällt z. B. die Mitteilung eines Berechtigten zu einem neuen Sachverhalt, so z. B. darüber, dass eine berücksichtigungsfähige Berufsausbildung begonnen wurde.
- Wenn die Auffassung der Familienkasse über die Sach- und Rechtslage bereits bekannt ist (z. B. aus einer vorhergegangenen Anhörung) oder für den Berechtigten ohne weiteres erkennbar ist (dieser letztgenannte Fall dürfte in der Praxis nur äußerst selten eintreten; insbesondere kann sich die Familienkasse nicht hierauf mit dem Hinweis auf im Merkblatt oder in Antragsvordrucken vermittelte Kenntnisse berufen) – (Nr. 2).
- Wenn die Familienkasse Massen-Verwaltungsakte erlässt (Nr. 3). Dies war z. B. der Fall Anfang 2002 bei der Erhöhung der Kindergeldzahlungen von 270 DM auf 154 € (= 301,20 DM) für erste und zweite Kinder. Die Erhöhung des Kindergeldes musste nach der damals geltenden Rechtslage nicht schriftlich bekannt gegeben werden; vielmehr erfolgte die Bekanntgabe auf andere Weise durch Gutschrift auf dem Konto (vgl. dazu B. 4.3).
- Wenn sich dies aus einer Rechtsvorschrift (z. B. § 164 Abs. 1 Satz 1 AO) ergibt (Nr. 4).
- Wenn Allgemeinverfügungen öffentlich bekannt gegeben werden. Von diesem Verfahren haben die Familienkassen der öffentlichen Arbeitgeber bisher keinen Gebrauch gemacht.

3.3 Nebenbestimmungen zum Verwaltungsakt

Einem gebundenen Verwaltungsakt – und solche ergehen im Bereich des steuerlichen Kindergeldes in aller Regel – dürfen Nebenbestimmungen nur beigefügt werden, wenn sie durch Rechtsvorschrift zugelassen sind oder wenn sie sicherstellen sollen, dass die gesetzlichen Voraussetzungen des Verwaltungsaktes erfüllt werden (§ 120 Abs. 1 AO). Für die Familienkassen sind dabei insbesondere die gesetzlich zugelassenen Nebenbestimmungen der §§ 164, 165 AO von Interesse. Diese Paragraphen erlauben es der Familienkasse, Kindergeldfestsetzungen zu korrigieren; sie werden deshalb zusammen mit den Korrekturnormen näher beschrieben (vgl. B. 7.3).

Auch Nebenbestimmungen müssen inhaltlich hinreichend bestimmt sein, andernfalls sind sie nichtig (was letztlich bedeutet, dass ein Bescheid ohne diese Nebenbestimmungen erlassen wurde). Die mit einem Verwaltungsakt

3.4 Grundsätze der Festsetzung

erlassenen Nebenbestimmungen sind unselbständige Bestandteile dieses Verwaltungsaktes. Sie beeinflussen insoweit auch seine Wirksamkeit.

3.4 Grundsätze der Festsetzung

3.4.1 Zuständigkeiten

Kindergeld ist nur von der sachlich zuständigen Familienkasse festzusetzen. Diese Familienkasse hat das Recht und die Pflicht, innerhalb des ihr zugewiesenen Aufgabenbereichs tätig zu werden.

Unter der sachlichen Zuständigkeit versteht man den einer Behörde durch Gesetz zugewiesenen Aufgabenkreis, in dessen Rahmen die Behörde tätig wird. Zuständig im Sinne des § 16 AO ist im Kindergeldbereich also die Familienkasse.

Die sachliche Zuständigkeit für die Kindergeldfestsetzung ergibt sich aus § 16 AO i. V. m. § 5 Abs. 1 Nr. 11 FVG, mit der dem Bundeszentralamt für Steuern die Aufgabe Kindergeld zugewiesen wurde. Die Dienststellen der öffentlichen Arbeitgeber handeln deshalb als (fiktive) Bundesfinanzbehörden, wenn sie Aufgaben im Kindergeldbereich erledigen.

Erlässt eine absolut sachlich unzuständige Behörde einen Verwaltungsakt, so ist dieser gemäß § 125 Abs. 1 AO nichtig.

Die §§ 17 und 19 AO regeln die örtliche Zuständigkeit. Die örtliche Zuständigkeit hängt gemäß § 19 Abs. 1 AO in erster Linie vom Wohnsitz bzw. gewöhnlichen Aufenthalt des Berechtigten ab. Für Bedienstete der öffentlichen Arbeitgeber bestimmt jedoch § 72 EStG, dass für die Kindergeldgewährung unabhängig vom Wohnsitz oder gewöhnlichen Aufenthalt der öffentliche Arbeitgeber zuständig ist.

Die Nichtbeachtung der Vorschriften über die örtliche Zuständigkeit ist kein Nichtigkeitsgrund i. S. des § 125 AO. Der zugrunde liegende Verwaltungsakt kann wegen § 127 AO dann nicht aufgehoben werden, wenn keine andere Entscheidung in der Sache hätte getroffen werden können.

Seit Januar 2002 kommt der örtlichen Zuständigkeit im Bereich des steuerrechtlichen Kindergeldes keine besondere Bedeutung mehr zu. Der Gesetzgeber hat ab diesem Zeitpunkt das Wort „örtlich" in § 67 Abs. 1 EStG gestrichen und stellt mittlerweile nur noch auf den Eingang in der zuständigen Dienststelle ab. Gleichzeitig wurde der § 72 Abs. 7 a. F. aufgehoben. Damit wollte der Gesetzgeber die Einrichtung von Bundes- und Landesfamilienkassen im Bereich des öffentlichen Dienstes ermöglichen, die zentral die Aufgaben einer Vielzahl von Familienkassen wahrnehmen können. So kann der Kindergeldantrag künftig direkt bei der ggf. zuständigen Bundes- oder Landesfamilienkasse eingereicht werden und muss nicht mehr entspre-

B. Steuerliches Festsetzungs- und Erhebungsverfahren

chend der nunmehr aufgehobenen Vorschrift den Umweg über die Bezüge zahlende Stelle nehmen, wenn diese nicht zugleich die Kindergeld festsetzende Stelle ist.

Wie Anträge müssen auch Änderungsmitteilungen bei der zuständigen Familienkasse eingehen. Änderungsmitteilungen an eine andere Familienkasse genügen nicht.

Fälle, in denen zwei Familienkassen unabhängig und ohne gegenseitige Kenntnis voneinander Kindergeld festgesetzt haben, werden im Bereich der Korrekturnormen abgehandelt.

3.4.2 Möglichkeiten der Festsetzung

Die betragsmäßige Festsetzung der Steuervergütung gegenüber dem Kindergeldberechtigten macht die bereits kraft Gesetzes entstandene Steuerschuld deutlich (gemäß § 38 AO entsteht der Steuervergütungsanspruch bereits dann, wenn die in § 62 ff. EStG beschriebenen Anspruchsvoraussetzungen erfüllt sind). Zudem kommt der Festsetzung deklaratorische Wirkung zu. Für die Festsetzung einer Steuervergütung sind die Vorschriften sinngemäß anzuwenden (§ 155 Abs. 4 AO), die auch für die Festsetzung von Steuern gelten.

Steuer(vergütungs)bescheide ergehen schriftlich (§ 155 Abs. 1 Satz 1 und 2, § 157 Abs. 1 AO). Näheres dazu wird unter B.4. Erlass und Bekanntgabe des Verwaltungsaktes erläutert.

Nach den Weisungen des Bundeszentralamtes für Steuern (Newsletter Ausgabe 2/2006 vom 29.6.2006) soll bei der Bearbeitung von Kindergeldangelegenheiten darauf geachtet werden, dass innerhalb der Festsetzungsverjährung keine ungeregelten Zeiträume bestehen bleiben.

Beispiel:

Die Kindergeldfestsetzung für ein volljähriges männliches Kind wurde mit Ablauf des Monats August 2006 aufgehoben (Bescheid vom 22.8.2006). Das Kind hatte im Juli die Schulausbildung beendet und war im August 2006 noch wegen einer Übergangszeit vor dem Beginn des gesetzlichen Wehrdienstes am 1.9.2006 zu berücksichtigen.

Im Mai 2007 begehrt der Kindergeldberechtigte nach Beendigung des Wehrdienstes erneut Kindergeld für dieses Kind, weil es ausbildungsplatzsuchend ist und zum Herbst des Jahres 2007 ein Studium beginnen will. Für die Zeit ab Mai 2007 ist unzweifelhaft Kindergeld erneut für dieses Kind festzusetzen.

Nach der vorstehend genannten Weisung ist aber zudem ein Ablehnungsbescheid aus materiell-rechtlichen Gründen für die Zeit des Wehrdienstes, also von September 2006 – April 2007 zu erteilen.

3.4 Grundsätze der Festsetzung

§ 155 Abs. 1 AO sieht mehrere Varianten vor, wie über die Steuervergütung Kindergeld zu entscheiden ist.
- Festsetzung von Kindergeld durch Steuervergütungsbescheid. Diese Festsetzung kann auf einen bestimmten Betrag zwischen 1,– und 179,– Euro lauten.
- Wird festgestellt, dass die materiellrechtlichen Anspruchsvoraussetzungen für den Bezug des Kindergeldes nicht erfüllt sind (z. B. befindet sich das volljährige Kind nicht in Ausbildung bzw. erzielt zu hohe Einkünfte), muss der Antrag abgelehnt werden. Diese Ablehnung aus materiellrechtlichen Gründen ersetzt die frühere Nullfestsetzung, die laut Schreiben des Bundesamtes für Finanzen vom 14.9.2001, St I 4 – S 2478 – 2/2001 – schon seit damals nicht mehr zulässig ist.
- Volle oder teilweise Freistellung von einer Steuer. Aufgrund der sinngemäßen Anwendung (§ 155 Abs. 4 AO) der Vorschriften über die Steuerfestsetzung auf die Festsetzung einer Steuervergütung gibt es hierfür im Bereich des steuerlichen Kindergeldes keinen Raum.
- Ablehnung eines Antrages auf Kindergeldfestsetzung gemäß § 155 Abs. 1 Satz 3 AO. Mit diesem Ablehnungsbescheid lehnt die Familienkasse eine Entscheidung in der Sache aus formalen Gründen ab.

Tipp!

Verwechseln Sie diese Ablehnung aus formalen Gründen bitte nicht mit der aus materiellrechtlichen Gründen.

Beispiele:

1 Ein Antragsteller begehrt ausdrücklich und wiederholt die Kindergeldfestsetzung bei einer unzuständigen Familienkasse (z. B. beim öffentlichen Arbeitgeber, obgleich er dort schon nicht mehr beschäftigt ist). Dies ist aus formellen Gründen durch Bescheid abzulehnen.

2 Ein Antragsteller begehrt die Korrektur einer Kindergeldfestsetzung wegen neuer Tatsachen für die Vergangenheit gemäß § 173 Abs. 1 Nr. 2 AO zu seinen Gunsten. Wegen groben Verschuldens liegen die Voraussetzungen des § 173 Abs. 1 Nr. 2 AO jedoch nicht vor. Es ist ein Ablehnungsbescheid i. S. von § 155 Abs. 1 Satz 3 AO zu erteilen.

3 Das Kind beantragt Kindergeld im berechtigten Interesse (§ 67 EStG). Das Vorliegen der Anspruchsvoraussetzungen in der Person des Berechtigten kann jedoch nicht festgestellt werden, weil dieser nicht mitwirkt. Auch das Kind ist nicht in der Lage, unter den vereinfachten Bedingungen die Anspruchsberechtigung nachzuweisen. Es ist ein Ablehnungsbescheid i. S. von § 155 Abs. 1 Satz 3 AO zu erteilen.

- Daneben gibt es noch Änderungen, Aufhebungen und Berichtigungen. Diese drei Möglichkeiten greifen jedoch nur dann, wenn Kindergeld

B. Steuerliches Festsetzungs- und Erhebungsverfahren

bereits festgesetzt wurde und die getroffene Entscheidung nunmehr korrigiert werden soll.
- Aufhebung der Aufhebung als Sonderfall

> **Beispiel:**
>
> Kindergeld wurde aufgrund einer befristeten Festsetzung (bis Dezember 2006, die sich insoweit durch Zeitablauf erledigt hatte) zunächst gewährt bis Dezember 2006. Anlässlich der nachgehenden Überprüfung wurde dann zunächst festgestellt, dass Kindergeld wegen Überschreitens des maßgeblichen Grenzbetrages für das gesamte Jahr 2006 aufzuheben und zurückzufordern ist, weil der Berechtigte trotz Hinweis auf die Rechtsfolgen keinerlei Unterlagen zu den Einkünften und Bezügen des Kindes vorgelegt hatte. Erst nach Ablauf der Rechtsbehelfsfrist legte er die erforderlichen Unterlagen vor, aus denen sich ergab, dass der Grenzbetrag für 2006 doch unterschritten wird und in Folge dessen ein Kindergeldanspruch für das Kind bestand.
>
> In diesem Fall kann eine Änderung der bestandskräftig gewordenen Kindergeldfestsetzung nach § 70 Abs. 4 EStG erfolgen, mit der Folge, dass nunmehr wieder Kindergeld für das Jahr 2006 festgesetzt und ausgezahlt wird (bzw. auf die Rückforderung bereits gewährter Beträge verzichtet wird).
>
> Alternativ bietet sich aber auch die Möglichkeit der Aufhebung der Aufhebung nach § 70 Abs. 4 EStG mit der Folge, dass die ursprüngliche Kindergeldfestsetzung für das Kind wieder in Kraft gesetzt und der Rückforderungsanspruch für die fraglichen Monate nicht mehr aufrechterhalten wird (so BFH vom 23.11.2001, VI R 125/00, BStBl II 2002, S. 174).

Für welche der beiden vorstehend dargestellten Möglichkeiten sich die Familienkasse entscheidet, bleibt ihr überlassen; beide Wege sind rechtmäßig.

Gegen jede der vorstehend genannten Entscheidungen der Familienkasse ist der Einspruch zulässig.

3.5 Fehlerhafte Verwaltungsakte

Die Verwaltungsakte lassen sich in rechtmäßige und rechtswidrige Verwaltungsakte einteilen.

Diese Unterscheidung klärt die Frage, ob eine Korrektur eines materiell bestandskräftigen Verwaltungsaktes zulässig ist. Korrigiert werden natürlich nur rechtswidrige Verwaltungsakte oder solche, die zwischenzeitig rechtswidrig geworden sind.

> Rechtswidrig ist ein Verwaltungsakt, wenn
> - die Rechtsgrundlage fehlt,
> - ein Verstoß gegen verfahrensrechtliche Vorschriften oder
> - ein Sachverhaltsfehler vorliegt.

3.5 Fehlerhafte Verwaltungsakte

Man unterscheidet zwischen Fehlern, die zur Nichtigkeit, Korrigierbarkeit, weder Nichtigkeit noch Korrigierbarkeit oder zur Unwirksamkeit mangels Bekanntgabe führen. Bekanntgabemängel werden erst im Abschnitt Erlass und Bekanntgabe des Verwaltungsaktes (vgl. B. 4.) behandelt.

3.5.1 Nichtigkeit

Grundsätzlich ist jeder bekannt gegebene Verwaltungsakt wirksam gemäß § 124 Abs. 1 AO, also auch ein rechtswidriger Verwaltungsakt. Eine Ausnahme bildet ein nichtiger Verwaltungsakt. Er ist unwirksam gemäß § 124 Abs. 3 AO, d. h. er hat von Anfang an keinerlei Rechtswirkung. Dieser Verwaltungsakt ist nicht heilbar gemäß § 126 AO, wohl aber umdeutbar gemäß § 128 AO.

Nichtigkeit gemäß § 125 Abs. 1 AO liegt vor, wenn ein Verwaltungsakt an einem besonders schwerwiegenden Fehler leidet und dieser Fehler bei Würdigung aller in Betracht kommenden Umstände offenkundig ist. Offenkundig sind Fehler, die man erkennen kann, ohne Kenntnis über die Sach- und Rechtslage zu haben.

Ein besonders schwerwiegender Fehler liegt vor, wenn der Verwaltungsakt die an eine ordnungsgemäße Verwaltung zu stellende Anforderung in einem so erheblichen Maße verletzt, dass von niemandem erwartet werden kann, ihn als verbindlich anzuerkennen.

> Der Kindergeldberechtigte kann jederzeit, ohne an Formen oder Fristen gebunden zu sein, die Nichtigkeit geltend machen. Der nichtige Verwaltungsakt bedarf keiner Aufhebung, sie ist aber möglich – vgl. BFH, BStBl 1985 Teil II, S. 579. Die Familienkasse hingegen kann von Amts wegen die Nichtigkeit bzw. auf Antrag bei berechtigtem Interesse gemäß § 125 Abs. 5 AO feststellen.

Nichtigkeitskatalog nach § 125 Abs. 2 Nr. 1–4 AO

- Einem spezifischen Verwaltungsakt fehlt die klare Angabe der erlassenen Finanzbehörde. Dazu reicht es aus, wenn im Briefkopf der Zusatz „Familienkasse" fehlt.
- Aus tatsächlichen Gründen ist der Verwaltungsakt an keinen konkreten Empfänger gerichtet; z. B. einen nicht bestimmten Inhaltsadressaten.
- Der Verwaltungsakt verlangt das Begehen einer rechtswidrigen, strafbaren oder ordnungswidrigen Handlung, z. B. Urkundenfälschung.
- Der Verwaltungsakt verstößt gegen die guten Sitten; z. B. dem Kindergeldempfänger wird ein Rückforderungsbetrag für den Fall gestundet, dass er zu einem sittenwidrigen Verhalten bereit ist (z. B. Vereinbarung eines „Schäferstündchens").

Nichtigkeit liegt nur in Ausnahmefällen vor.

B. Steuerliches Festsetzungs- und Erhebungsverfahren

3.5.2 Sonstige fehlerhafte Verwaltungsakte

Andere Rechtsfehler als solche, die zur Nichtigkeit führen, ziehen im Zweifel nur die Änderung oder Aufhebung des Verwaltungsaktes nach sich.

Einen gesetzlichen Katalog enthält § 125 Abs. 3 AO, in dem Fehler aufgelistet sind, die nicht zur Nichtigkeit führen.

Dieser sog. „Negativkatalog" des § 125 Abs. 3 AO umfasst unter anderem:

- Nichteinhaltung der örtlichen Zuständigkeit
- Mitwirkung einer ausgeschlossenen Person gemäß § 82 Abs. 1 Satz 1 Nr. 2–6 und Satz 2 AO.

Rechtswidrige Verwaltungsakte können mit Verfahrens- oder Formfehlern behaftet sein, die nach § 126 AO heilbar oder nach § 127 AO unbeachtlich sind oder die nach § 128 AO umgedeutet werden können. Ansonsten können Rechtswidrigkeiten im Verwaltungsakt im Einspruchsverfahren oder durch Anwendung einer Korrekturnorm beseitigt werden. Daneben besteht noch die Möglichkeit, dass sich auch der rechtswidrige Verwaltungsakt durch Zeitablauf oder auf andere Weise erledigt (§ 124 Abs. 2 AO). Welche Vorschrift letztlich anzuwenden ist, muss in jedem Einzelfall neu entschieden werden.

3.5.2.1 Heilung von Verfahrens- und Formfehlern – § 126 AO

Eine Verletzung von zahlreichen Verfahrens- und Formvorschriften ist heilbar, in dem das Fehlende bis zum Abschluss der letzten mündlichen Verhandlung vor dem erstinstanzlichen Finanzgericht nachgeholt wird – vgl. § 126 Abs. 1 und 2 AO. Diese formellen Mängel sind dann unbeachtlich. Damit ist der ursprünglich rechtswidrige Verwaltungsakt rechtmäßig geworden. Der Kindergeldberechtigte kann in diesen Fällen keine Aufhebung verlangen, es sei denn, die Familienkasse hätte beim vorliegenden Sachverhalt eine andere, sachlich richtige Entscheidung treffen müssen.

> **Beispiel:**
> Die Familienkasse hebt die Kindergeldfestsetzung auf, ohne den Verwaltungsakt gemäß § 121 AO zu begründen. Der Kindergeldberechtigte verlangt daraufhin in seinem Einspruch die Aufhebung der Entscheidung. Durch Nachholung wird jetzt die fehlende Begründung dem Berechtigten mitgeteilt. Damit ist der Mangel des ursprünglich rechtswidrigen Verwaltungsaktes „geheilt". Der Einspruch kann sodann als unbegründet zurück gewiesen werden (soweit ihn der Berechtigte nicht freiwillig zurücknimmt, worauf er zuvor hingewiesen werden sollte).

> **Tipp!**
> Fehlt einem Verwaltungsakt die erforderliche Begründung oder ist die erforderliche Anhörung eines Beteiligten vor Erlass des Verwaltungsaktes unterblieben und ist dadurch die rechtzeitige Anfechtung des Verwaltungsaktes versäumt

3.5 Fehlerhafte Verwaltungsakte

worden, so gilt die Versäumung der Einspruchsfrist als nicht verschuldet. Das für die Wiedereinsetzungsfrist nach § 110 Abs. 2 AO maßgebende Ereignis tritt im Zeitpunkt der Nachholung der unterlassenen Verfahrenshandlung ein – vgl. § 126 Abs. 3 AO.

3.5.2.2 Folgen von Verfahrens- und Formfehlern – § 127 AO

Ist eine Heilung von Verfahrens- oder Formfehlern nicht erfolgt oder nicht möglich, so sind diese Fehler grundsätzlich ohne Bedeutung.

Ausnahme: Nichtigkeit gemäß § 125 AO.

Der Verwaltungsakt bleibt rechtswidrig. Die Verletzung der Vorschriften über das Verfahren, die Form oder die örtliche Zuständigkeit – Verfahrensordnungsregeln – bilden für sich allein keinen Anlass den in der Sache zutreffenden Bescheid aufzuheben.

Fehlt die Unterschrift unter eine individuellen, nicht formularmäßig oder mit Hilfe automatischer Einrichtungen erlassenen Verwaltungsaktes (gemäß § 119 Abs. 3 AO ein Formfehler), so braucht nur die Unterschrift nachgeholt und nicht der gesamte Verwaltungsakt neu erlassen zu werden.

3.5.2.3 Umdeutung eines fehlerhaften Verwaltungsaktes – § 128 AO

Ein fehlerhafter Verwaltungsakt kann in einen anderen Verwaltungsakt umgedeutet werden, wenn er auf das gleiche Ziel gerichtet ist, von der erlassenden Familienkasse in der gewählten Verfahrensweise und Form rechtmäßig hätte erlassen werden können und wenn die Voraussetzungen für den Erlass des letzteren erfüllt sind – § 128 Abs. 1 AO.

Eine Umdeutung nach § 128 Abs. 2 AO ist unzulässig, wenn

- der umgedeutete Verwaltungsakt der Absicht der Familienkasse widerspräche,
- die Rechtsfolgen für den Kindergeldberechtigten ungünstiger wären oder
- der fehlerhafte Verwaltungsakt nicht zurückgenommen werden dürfte.

Gebundene Entscheidungen können nicht in eine Ermessensentscheidung umgedeutet werden (§ 128 Abs. 3 AO).

Die in diesen Fällen allgemein bestehende Verpflichtung, dem Beteiligten rechtliches Gehör gemäß § 91 AO zu gewähren, wird in § 128 Abs. 4 AO besonders betont.

Die Umdeutung eines fehlerhaften Verwaltungsaktes hat nur geringe praktische Bedeutung.

B. Steuerliches Festsetzungs- und Erhebungsverfahren

4. Erlass und Bekanntgabe des Verwaltungsaktes

In diesem Kapitel wird dargelegt, wie Verwaltungakte durch Bekanntgabe erlassen werden, was genau unter Bekanntgabe zu verstehen ist und wie diese bewirkt werden kann, dass sich als Hauptfolge der Bekanntgabe die Bindungswirkung an den Verwaltungsakt ergibt (Wirksamkeit) und wie eben diese Wirksamkeit wieder beseitigt werden kann.

4.1 Allgemeines

Da ein Verwaltungsakt zu seiner Wirksamkeit der Bekanntgabe bedarf, fallen Erlass und Bekanntgabe eines Verwaltungsaktes auch im steuerlichen Kindergeldrecht zusammen.

Für den **Erlass** des Verwaltungsaktes ist zunächst der Zeitpunkt der abschließenden Zeichnung der Festsetzungsverfügung festzustellen. Diese ist erfolgt, wenn der jeweilige Anordnungsbefugte die Kassenanweisung unten rechts unterschreibt; werden Verfügungen im Datenverarbeitungsverfahren erstellt, so ist dies in dem Moment geschehen, in dem der jeweilige Anordnungsbefugte die erfassten Daten freigibt (Knopfdruck!). Beim Erlass von schriftlichen Bescheiden ist der Tag maßgeblich, an dem die Festsetzungsverfügung (d. h. die Bescheiddurchschrift/die Aktenverfügung) unterschrieben wird. Dieser Tag kann stets genau ermittelt werden, weil der jeweilige Anordnungsbefugte sowohl auf der Kassenanweisung als auch auf der Bescheiddurchschrift für die Akten das Datum einstempelt. Im Falle der Bearbeitung im Datenverarbeitungsverfahren sollte ein Kontrollausdruck mit genauem Datum zur Akte genommen werden.

Dagegen wird ein Verwaltungsakt erst zu einem späteren Zeitpunkt an den Adressaten **bekannt gegeben.** Vor der Bekanntgabe liegt noch kein Verwaltungsakt vor, sondern ein bloßes Internum, das ohne weiteres (also insbesondere ohne Vorliegen einer Korrekturnorm) aufgehoben oder geändert werden kann (Beschluss des BFH vom 25.11.2002, GrS 2/01, BStBl II 2003, S. 548). Die fehlende oder fehlerhafte Bekanntgabe hat zur Folge, dass der Verwaltungsakt gegenüber dem Betroffenen nicht wirksam wird und damit diesem gegenüber nicht existiert (Nichtakt).

§ 122 AO schreibt vor, dass er auch demjenigen, für den der Verwaltungsakt bestimmt ist oder der von ihm betroffen wird, bekannt gegeben werden muss; erst in diesem Moment erlangt der Verwaltungsakt Wirksamkeit (§ 124 Abs. 1 AO).

4.2 Begriff der Bekanntgabe

§ 122 AO fordert für eine wirksame Bekanntgabe den Zugang beim richtigen Adressaten und den Bekanntgabewillen der Familienkasse.

4.2 Begriff der Bekanntgabe

Ein Verwaltungsaktes ist zugegangen, wenn er in den Machtbereich des Adressaten gelangt und dieser so die Möglichkeit zur Kenntnisnahme erhält. Ohne Belang ist, ob der Adressat auch tatsächlich Kenntnis nimmt (den Bescheid also liest) oder die fehlende Kenntnisnahme verschuldet.

In der Regel reicht es aus, dass ein Verwaltungsakt in den Hausbriefkasten eingeworfen wird, um als bekannt gegeben zu gelten. Fehlt es an einem Hausbriefkasten, reicht die sonst übliche Art der Postzustellung aus (z. B. Ablage auf einer Treppe). Da es damit nur auf den tatsächlichen Zugang ankommt, ist es auch unschädlich, wenn ein inhaltlich hinreichend bestimmter, aber fehlgeleiteter Verwaltungsakt durch den falschen Empfänger an den richtigen Adressaten weitergeleitet worden ist.

Im Bereich der Familienkassen der öffentlichen Arbeitgeber ist als Besonderheit zu beachten, dass bei in einem Gebäude konzentrierten Dienststellen in aller Regel eine Versendung mit der internen Hauspost erfolgt. Auch hier reicht die Ablage des Verwaltungsaktes im Posteingang des zuständigen Mitarbeiters für die Bekanntgabe aus.

Der Adressat von Kindergeldbescheiden ist normalerweise der Kindergeldberechtigte. Inhaltsadressat (für wen ist der Inhalt des Verwaltungsaktes bestimmt?) und Bekanntgabeadressat sind dann identisch.

Es gibt aber Ausnahmen:

- Im Falle der Kindergeldfestsetzung gegenüber Minderjährigen ist der gesetzliche Vertreter Bekanntgabeadressat.
- Besteht Vermögenspflegschaft ist Bekanntgabeadressat der Vermögenspfleger; auch hier bleibt der unter Vermögenspflegschaft stehende Elternteil Inhaltsadressat (denn es sind ja seine Kinder, für die Kindergeld festgesetzt wird und eben gerade nicht die Kinder des Vermögenspflegers).
- Bekanntgabeadressat kann auch ein Bevollmächtigter sein, z. B. Steuerberater oder Rechtsanwalt (§ 122 Abs. 1 Satz 3 AO).
- Bekanntgabeadressat kann auch ein Auszahlungsempfänger nach § 74 Abs. 1 EStG sein, denn die Auszahlungsentscheidung ist ein sonstiger Steuerverwaltungsakt mit Drittwirkung, der sowohl gegenüber dem Kindergeldberechtigten als auch dem Abzweigungsempfänger bekannt zu geben ist.
- Bescheidadressat (sowohl Inhalts- wie auch Bekanntgabeadressat) kann auch der Gesamtrechtsnachfolger (z. B. Erbfolge) sein, wenn von diesem z. B. Kindergeld zurückverlangt wird, das der Erblasser zu Unrecht erhalten hat.

B. Steuerliches Festsetzungs- und Erhebungsverfahren

Der Bekanntgabewille der Familienkasse – vertreten durch den zeichnungsbefugten Amtsträger – wird regelmäßig durch die abschließende Zeichnung der Aktenverfügung getätigt.

Ist der Inhaltsadressat nicht hinreichend oder falsch bestimmt, so ist der Verwaltungsakt nichtig. Gleiches gilt, wenn der Verwaltungsakt schriftlich zugehen musste, aber nur mündlich bzw. auf andere Weise bekannt gegeben wurde oder der Adressat aufgrund gesetzlicher Vorschriften nicht der Empfänger sein kann. In diesen Fällen ist der Verwaltungsakt innerhalb der Festsetzungsfrist neu (und natürlich schriftlich) bekannt zu geben.

Wird der Bekanntgabeadressat hingegen nicht korrekt bezeichnet, kommt es lediglich darauf an, ob der Verwaltungsakt trotz dieses Mangels dem richtigen Empfänger bekannt gegeben wird. Ist dies geschehen, so ist der Mangel unbeachtlich.

4.3 Arten der Bekanntgabe

§ 122 AO lässt folgende Möglichkeiten der Bekanntgabe zu (teilweise i. V. m. § 119 AO):

- mündlich
- schriftlich
- auf andere Weise
- durch öffentliche Bekanntmachung (§ 122 Abs. 3 und Abs. 4 AO)
- durch Zustellung (§ 122 Abs. 5 AO).

Dies gilt für alle Steuervergütungsbescheide (vgl. dazu unter 2.2) und alle sonstigen Steuerverwaltungsakte im Bereich Kindergeld.

Die mündliche Bekanntgabe ist im Kindergeldbereich überhaupt nicht vorgesehen. Eine Bekanntgabe durch öffentliche Bekanntmachung oder durch Zustellung erfolgt nur in wenigen besonders gelagerten Einzelfällen.

Im Steuerrecht ist der Regelfall die schriftliche Bekanntgabe. Für Steuerbescheide schreibt § 157 Abs. 1 Satz 1 AO die schriftliche Bekanntgabe vor. Dies gilt gemäß § 155 Abs. 4 AO auch für alle Kindergeldbescheide (Steuervergütungsbescheide).

Rechtslage bis 31.12.2006

§ 70 Abs. 1 Satz 2 EStG in der bis zum 31.12.2006 geltenden Fassung ließ davon jedoch drei Ausnahmen zu, wovon deren Nr. 1 sicherlich die wesentlichste darstellte. Danach konnte immer dann, wenn dem Antrag des Kindergeldberechtigten voll entsprochen wurde, auf die Erteilung/die Bekanntgabe eines schriftlichen Verwaltungsaktes verzichtet werden. In diesen Fällen wurde die Kindergeldfestsetzung durch die erste Auszahlung auf andere Weise bekannt gegeben; in jedem Fall musste aber hierzu eine kasseninterne Festsetzungsverfügung gefertigt werden. Weiterhin konnte bis zum 31.12.2006 von einer schriftlichen Bescheiderteilung abgesehen werden, wenn der Berechtigte selbst angezeigt hatte, dass die Anspruchsvoraussetzungen entfallen sind und sich auch im Klaren über die anspruchsvernichtende Wirkung seiner Anzeige war (Nr. 2) und bei Vollendung des 18. Lebensjahres eines Kindes (Nr. 3).

4.3 Arten der Bekanntgabe

Soweit bis Ende 2006 auf Grundlage der noch geltenden Vorschrift des § 70 Abs. 1 Satz 2 a. F. tatsächlich von der schriftlichen Bescheiderteilung abgesehen wurde, erfolgte die Bekanntgabe auf andere Weise, nämlich durch die erste Auszahlung des Kindergeldes (in Fällen der Nr. 1) bzw. durch die Nichtmehrzahlung (in Einkindfällen) bzw. die Auszahlung eines geringeren Betrages (in Mehrkindfällen). Die DA-FamEStG Nr. 70.2 Abs. 1 letzter Satz in der bis Ende 2006 geltenden Fassung ging davon aus, dass der Berechtigte dann aus dem ersten Zahlungsbeleg und aufgrund seiner durch das Merkblatt vermittelten Kenntnisse entnehmen konnte, für wie viele Kinder, von welchem Zeitpunkt an und in welcher Höhe Kindergeld festgesetzt worden ist.

Wurde bis Ende 2006 von der schriftlichen Bescheiderteilung in den in § 70 Abs. 1 Satz 2 a. F. genannten Fällen tatsächlich abgesehen, so handelten die Familienkassen rechtmäßig. Diese Bescheide gelten noch als wirksam bekanntgegeben.

Beispiel:

Am 28.12.2006 entscheidet die Familienkasse über den vom Berechtigten selbst angezeigten Ausbildungsabbruch des Kindes Florian zum 15.12.2006; dem Berechtigten ist auch bekannt, dass dies zum Verlust des Kindergeldanspruches für dieses Kind ab Januar 2007 nach sich zieht. In der internen Kassenanweisung vom selben Tag wird das Kind ab Januar 2007 aus der Zahlung genommen. Die Bekanntgabe ist nicht mehr auf andere Weise möglich, weil sich diese erst in dem Überweisungsbeleg für Januar 2007 ergibt, also schon zu Zeiten, in denen in jedem Fall eine schriftliche Bescheiderteilung erforderlich ist. Es muss folglich ein schriftlicher Aufhebungsbescheid erteilt werden.

Ab dem 1.1.2007 müssen Kindergeldbescheide in jedem Fall schriftlich bekannt gegeben werden. Auf gar keinen Fall ist es möglich, dass die schriftliche Bekanntgabe der Kindergeldfestsetzung auf der Gehaltsmitteilung, dem Lohnzettel o. Ä. erfolgt. Hier mangelt es in aller Regel schon deshalb an dem Bescheidcharakter, weil im Kopf nicht der Zusatz „Familienkasse" aufgenommen wurde. Darum stellt die Aufnahme von Informationen zum Kindergeld auf die Gehaltsabrechnung o. Ä. lediglich einen Hinweis an den Mitarbeiter des öffentlichen Arbeitgebers dar.

Schriftliche Verwaltungsakte ergehen in Form von Kindergeldbescheiden. Diese Verwaltungsakte werden entweder durch die Post (der Begriff ist dabei nicht nur auf die Deutsche Post AG beschränkt, sondern auf alle Briefdienste auszudehnen – so auch AEAO, 1.8.2 zu § 122 AO) mit einfachem Brief oder Einschreiben (ggf. auch mit Rückschein) übermittelt, an Amtsstelle übergeben oder durch Boten überbracht (im Bereich der Familienkassen der öffentlichen Arbeitgeber sicherlich ein sehr häufiger Fall). In den beiden letztgenannten Fällen ist Tag der Bekanntgabe des Verwaltungsaktes derjenige, an dem die Bekanntgabe tatsächlich bewirkt wurde. Empfangsbestätigung usw. dienen als entsprechende Nachweise. Bei Übersendung mit dem Hausbotendienst ist zu prüfen, ob sich der Aufwand der Empfangsbestätigung in jedem einzelnen Fall lohnt.

B. Steuerliches Festsetzungs- und Erhebungsverfahren

Tipp!

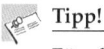

Für den Bereich der Familienkassen öffentlicher Arbeitgeber ist insbesondere vorstellbar, dass nur bei Korrekturbescheiden vom Adressaten eine Empfangsbestätigung abgefordert wird. In allen sonstigen Fällen (positive Festsetzungen und Ablehnungen) kann dann bis zur Behauptung des Gegenteiles angenommen werden, dass eine Einlegung in den Posteingang des Mitarbeiters am Tag nach der Absendung erfolgt ist.

Von der grundsätzlichen Möglichkeit der Übersendung von Verwaltungsakten durch Telefax (auch Computerfax) – dabei handelt es sich um elektronisch übermittelte Verwaltungsakte im Sinne des § 122a AO – sollten die Familienkassen weiterhin keinen Gebrauch machen.

Ein durch die Post übermittelter Verwaltungsakt gilt aus Vereinfachungsgründen nach § 122 Abs. 2 Nr. 1 AO im Inland am dritten Tag nach der Aufgabe zur Post als bekannt gegeben; dies gilt selbst dann, wenn er tatsächlich früher zugegangen sein sollte. Diese Bekanntgabevermutung hat Bedeutung für die sich daran anknüpfenden Fragen der Fristberechnung (z. B. Rechtsbehelfsfristen), die Bestimmung des Bekanntgabemonats bei Aufhebungen für die Zukunft nach § 70 Abs. 3 EStG und die Bestimmung der Bindungswirkung von Ablehnungs- und Aufhebungsbescheiden; die materielle Bestandskraft tritt jedoch schon mit dem tatsächlichen Zugang ein.

Der Tag der Aufgabe zur Post ist bei schriftlichen Verwaltungsakten auf der Aktendurchschrift stets in geeigneter Weise festzuhalten. Es empfiehlt sich, diesen Tag stets gesondert anzugeben!

Verfügung	Stadt Hameln
1. Herrn **Paul Müller-Schulz**	Familienkasse

Auf Ihren Antrag vom 13.11.2006 hin setze ich **Kindergeld** wie folgt fest:

1. **Petra,** geb. am ......, ab **Mai 2006** in Höhe von monatlich **154 €**
4. **Paula,** geb. am ......, ab **August 2006** in Höhe von monatlich **179 €**

Begründung:
Klaus-Dieter und Hans-Christoph sind als sog. Zählkinder zu berücksichtigen, weshalb für Paula Kindergeld als 4. Kind gezahlt wird (= 179 €)
2. Aufgabe zur Post: 19.12.2006
3. z. d. A.
Im Auftrag

Streitig war in der Vergangenheit, ob die Dreitagesfrist des § 122 Abs. 2 Nr. 1 AO zwischen der Aufgabe eines Verwaltungsaktes zur Post und seiner vermuteten Bekanntgabe bis zum nächstfolgenden Werktag verlängert werden

4.4 Folgen der Bekanntgabe

kann, wenn das Fristende auf einen Samstag, Sonntag oder einen gesetzlichen Feiertag fällt (§ 108 Abs. 3 AO). Mit seinem Urteil IX R 68/98 vom 14.10.2003 hat der 9. Senat des BFH Klarheit hinsichtlich dieser Frage geschaffen und sich eindeutig für die Verlängerung = Anwendung des § 108 Abs. 3 AO ausgesprochen. Die Regelungen im Anwendungserlass zur AO (AEAO) wurde mit BMF-Schreiben vom 12.1.2004, IV A 4-S0062-12/03 ebenfalls an die neue BFH-Rechtsprechung angepasst.

Für die Übermittlung mit der Post ins Ausland setzt § 122 Abs. 2 Nr. 2 AO wegen der längeren Postlaufzeiten eine einheitliche Bekanntgabevermutung von einem Monat. Dies ist der einzige Unterschied zu Nr. 1 der Vorschrift.

Die Bekanntgabevermutung greift dann nicht, wenn der Verwaltungsakt tatsächlich überhaupt nicht in den Machtbereich des Adressaten gelangt. Bestreitet dieser also den Zugang, so ist die Familienkasse nachweispflichtig. Die Familienkasse muss einen Indizienbeweis erbringen. Der Beweis des ersten Anscheins reicht nicht. In den meisten Fällen wird ein Indizienbeweis nicht möglich sein, weshalb die Behörde den Nichtzugang des Verwaltungsaktes gegen sich gelten lassen muss. Er ist daher sofort neu bekannt zu geben, soweit dies noch innerhalb der Festsetzungsverjährung möglich ist.

Tipp!

> Behauptet ein Kindergeldberechtigter erfolgreich den Nichtzugang eines für ihn negativen Bescheides, so sollten weitere Negativbescheide grundsätzlich nur noch zugestellt (§ 122 Abs. 5 AO) oder gegen Empfangsbekenntnis ausgehändigt werden!

Wird ein späterer Zugang des Bescheides als am dritten Tag nach Aufgabe zur Post behauptet, so hat der Berechtigte dies im Rahmen seiner Möglichkeiten substantiiert vorzutragen und zu begründen. Dieser Fall wird in der Praxis jedoch nur selten vorkommen.

4.4 Folgen der Bekanntgabe

Die fehlerfreie Bekanntgabe des Verwaltungsaktes zieht die Bindungswirkung an den Inhalt des Verwaltungsaktes nach sich. Sowohl der Adressat des Verwaltungsaktes als auch die erlassende Behörde sind dann an den bekannt gegebenen Inhalt gebunden. Selbst wenn der Verwaltungsakt inhaltlich fehlerhaft sein sollte, ist dieser Inhalt wirksam. Dies gilt nur dann nicht, wenn die Fehlerhaftigkeit so gravierend und erkennbar ist, dass Nichtigkeit gegeben ist – nichtige Verwaltungsakte sind unwirksam.

> Selbst ein fehlerhafter Verwaltungsakt bindet die Behörde wie den Betroffenen. Er muss trotz Rechtswidrigkeit weiter ausgeführt werden.

B. Steuerliches Festsetzungs- und Erhebungsverfahren

Beispiel:

1 Zu Unrecht korrigiert die Familienkasse die Entscheidung für fünf in der Vergangenheit liegende Monate, obgleich nur für drei Monate zu korrigieren ist. Gleichzeitig wird ein Betrag in Höhe von 5 × 154 € = 770 € zur Erstattung beim Bediensteten angefordert. Ohne Korrektur des zugrunde liegenden Verwaltungsaktes muss der Kindergeldberechtigte die Korrektur für fünf Monate gegen sich gelten lassen und den entsprechend höheren Betrag zurückzahlen.

Nach § 124 Abs. 1 Satz 2 AO wird ein Verwaltungsakt mit dem bekannt gegebenen Inhalt wirksam. Die Behörde muss den Verwaltungsakt so gegen sich gelten lassen, wie ein vernünftiger Empfänger seinen Inhalt auffassen konnte und ihn auch aufgefasst hat.

Stimmt der ausgefertigte und bekannt gegebene Verwaltungsakt nicht mit der Aktenverfügung überein, so gilt der bekannt gegebene (unrichtige) Inhalt.

Beispiel:

2 Der Mitarbeiter der Familienkasse korrigiert auf der Aktenverfügung des Korrekturbescheides einen falschen Betrag, vergisst aber, auch den Bescheid selbst zu korrigieren. Es gilt der falsche Betrag auf dem bekannt gegebenen Verwaltungsakt.

Gleichzeitig mit der Bindungswirkung tritt die materielle Bestandskraft des Verwaltungsaktes ein. Dabei ist unerheblich, dass der Verwaltungsakt noch nicht unanfechtbar ist (oder unter einem Fehler leidet). Der Verwaltungsakt kann von der Familienkasse nicht mehr frei abgeändert werden. Nur dem Betroffenen steht das Recht zu, den Verwaltungsakt mit dem Einspruch anzufechten. Die Familienkasse hat nur noch die üblichen Möglichkeiten zur Beseitigung der Wirksamkeit des Bescheides (s. dazu unter 4.5).

Ebenfalls mit der Bekanntgabe beginnt die Rechtsbehelfsfrist für den Betroffenen zu laufen. Diese Frist beträgt grundsätzlich einen Monat (§ 355 Abs. 1 Satz 1 AO). Fehlt auf dem bekannt gegebenen Verwaltungsakt die Rechtsbehelfsbelehrung, so macht dies den Verwaltungsakt nicht unwirksam oder gar nichtig, sondern führt lediglich zu einer Verlängerung der Einspruchsfrist auf ein Jahr seit seiner Bekanntgabe (§ 356 Abs. 2 Satz 1 AO).

Förmliche Bestandskraft tritt ein, wenn der Verwaltungsakt mit förmlichem Rechtsbehelf unanfechtbar ist. Dies ist der Fall nach:

- Rechtsbehelfsverzicht (§ 354 AO)
- Ablauf der Rechtsbehelfsfrist (1 Monat/1 Jahr)
- Rücknahme des Rechtsbehelfs (§ 362 AO)
- Erschöpfung der gerichtlichen Instanzen.

4.5 Wirksambleiben und Beseitigung eines Verwaltungsaktes

4.5 Wirksambleiben und Beseitigung der Wirksamkeit eines Verwaltungsaktes

4.5.1 Wirksambleiben eines Verwaltungsaktes

Die Bindungswirkung von Kindergeldbescheiden ist zeitlich begrenzt. Dabei ist genau zwischen den verschiedenen Bescheiden im Bereich des steuerrechtlichen Kindergeldes zu unterscheiden.

4.5.1.1 (Bewilligende) Festsetzungsbescheide

Festsetzungsbescheide auf Kindergeld bleiben wirksam, solange sie nicht korrigiert oder sich durch Zeitablauf oder auf andere Weise erledigt haben – § 124 Abs. 2 AO. Ihnen kommt damit Bindungswirkung für den im Bescheid genannten Zeitraum zu. Wurde so ein konkreter Regelungszeitraum genannt, tritt Bindungswirkung genau für den im Bescheid genannten Zeitraum ein; in diesem Zusammenhang wird von befristeten Festsetzungen gesprochen.

Bei Festsetzungen für einen konkreten Regelungszeitraum muss es sich mindestens um einen konkreten Monat handeln, für den Kindergeld auf einen positiven Auszahlungsbetrag (z. B. 154,– Euro) festgesetzt wird.

Beispiel:

1 Im Festsetzungsbescheid für ein Kind wurde ausdrücklich geregelt, dass Kindergeld für die Zeit von August 2005 bis Juli 2007 gewährt werden soll. Genau für diesen Zeitraum tritt Bindungswirkung ein

Es ist auch möglich, Kindergeld nur für einen Zeitraum festzusetzen, der ausschließlich in der Vergangenheit liegt.

Beispiel:

2 Kindergeld wurde aufgrund vorliegender Ausbildungsnachweise bis einschließlich des Monats Juni 2006 festgesetzt und gezahlt. Im August des Jahres weist der Berechtigte durch Vorlage eines Nachweises über den Abschluss der Berufsausbildung nach, dass die Anspruchsvoraussetzungen bis einschließlich des Monats Juli 2006 erfüllt waren. Kindergeld wird daraufhin im Monat September 2006 ausschließlich für den in der Vergangenheit liegenden Monat Juli 2006 festgesetzt und nachgezahlt.

Oftmals wird Kindergeld in der Praxis der Familienkassen aber Kindergeld auch unbefristet in Form eines Dauerverwaltungsaktes festgesetzt. Solchen Bescheiden kommt unbefristete Dauerwirkung zu, also ohne jedwede zeitliche Begrenzung. Davon wird insbesondere Gebrauch gemacht in den vielfältigen Fallgestaltungen bei der Berücksichtigung volljähriger Kinder. Für alle Kinder, die vor dem 1.1.2007 geboren wurden, wurde das Kindergeld

B. Steuerliches Festsetzungs- und Erhebungsverfahren

regelmäßig ebenfalls wie vorstehend dargestellt unbefristet festgesetzt. Das Bundeszentralamt für Steuern hat erstmalig im Newsletter Familienleistungsausgleich von Januar 2007 bestimmt, dass bei allen ab dem 1.1.07 geborenen Kindern zwingend eine befristete Festsetzung ab dem Monat der Geburt bis zum Monat der Vollendung des 18. Lebensjahres zu erteilen ist. Entsprechendes gilt, wenn Kindergeld nach einem Berechtigtenwechsel erstmalig an diesen Kindergeldberechtigten gezahlt werden soll.

4.5.1.2 Änderungsfestsetzung

Unter Änderungsfestsetzungen werden solche verstanden, in denen Kindergeld bereits gewährt wird, künftig aber für einen anderen Zeitraum oder in betragsmäßig veränderter Höhe gezahlt werden soll. Ansonsten gelten hier die Ausführungen zu den (bewilligenden) Festsetzungsbescheiden.

4.5.1.3 Ablehnungsbescheide aus materiell-rechtlichen Gründen

Die nachfolgenden Ausführungen zu den Ablehnungsbescheiden gelten grundsätzlich auch in allen Fällen von Aufhebungsbescheiden; weitere Besonderheiten zu Aufhebungsbescheiden sind dort zusammengestellt.

Ablehnungsbescheide aus materiell-rechtlichen Gründen werden erlassen, wenn negativ über den Anspruch des Kindergeldberechtigten entschieden wird, Kindergeld also nicht gewährt werden soll. In der Vergangenheit vorgenommene Nullfestsetzungen sind nach der Weisung des Bundeszentralamtes für Steuern (vormals Bundesamt für Finanzen) vom 14.9.2001, St I 4 – S 2478 – 2/2001 als Ablehnungsbescheide aus materiell-rechtlichen Gründen auszulegen.

Bindungswirkung tritt danach genau ab dem Zeitpunkt ein, der im Ablehnungsbescheid als Beginn genannt wurde und endet mit dem Monat, in dem der Ablehnungsbescheid bekanntgegeben wurde (BFH vom 25.7.2001, VI R 78/98, BStBl II 2002, S. 88).

Beispiel:

1   Kindergeld wurde mit Bescheid vom 11.9.2006 ab Juni 2006 für das Kind des Berechtigten abgelehnt. Diese Entscheidung wurde bestandskräftig, Bindungswirkung ist damit eingetreten für den Zeitraum von Juni bis September 2006.

   Nach Eintritt der Bestandskraft legt der Berechtigte am 16.11.2006 Unterlagen vor, aus denen sich doch ein Anspruch auf Kindergeld für das Kind ergibt. Die Vorlage der Unterlagen ist als Antrag auf Korrektur der sich nunmehr als falsch darstellenden Ablehnung zu werten; die insoweit eingetretene Bindungswirkung kann nur bei Vorliegen einer Korrekturnorm beseitigt werden (siehe dort). Für die Zeit ab Oktober 2006 handelt es sich um einen Neuantrag auf Kindergeld, aufgrund dessen Kindergeld nunmehr gewährt werden muss.

4.5 Wirksambleiben und Beseitigung eines Verwaltungsaktes

Aus der grundlegenden Entscheidung des BFH vom 25.7.2001, VI R 78/98, BStBl II 2002, S. 88 ergibt sich auch, dass Ablehnungsbescheiden, in denen ein konkreter Regelungszeitraum genannt wird („von ... bis ..." oder „für das Jahr ..."), eben auch genau für diesen Zeitraum Bindungswirkung zukommt.

Beispiel:

2 Mit Ablehnungsbescheid vom 10.2.2006 wurde Kindergeld für ein Kind wegen Überschreitens des maßgeblichen Grenzbetrages für das Jahr 2005 abgelehnt, was wie „von Januar bis Dezember 2005" zu werten ist. Bindungswirkung tritt in einem solchen Fall auch nur genau für diesen Zeitraum ein, also für das gesamte Jahr 2005. Die Monate Januar und Februar 2006 werden aufgrund des eindeutigen Verfügungssatzes des Ablehnungsbescheides hingegen nicht mehr von der Bindungswirkung erfasst; nach Eintritt der formellen Bestandskraft kann Kindergeld auf einen Neuantrag hin im Rahmen der Festsetzungsverjährung wieder ab Januar 2006 gewährt werden.

Ablehnungsbescheide, die einen konkreten Regelungszeitraum nennen, haben aber niemals Bindungswirkung über den Monat ihrer Bekanntgabe heraus.

Beispiel:

3 Mit Ablehnungsbescheid vom 10.1.2006 wurde Kindergeld für ein Kind wegen Überschreitens des maßgeblichen Grenzbetrages für das Jahr 2006 abgelehnt, was wie „von Januar bis Dezember 2006" zu werten ist. Da Ablehnungsbescheide keine in die Zukunft weisende Bindungswirkung haben, ist diese nur für die Zeit von Januar 2006 (im Bescheid genannter Beginn) bis Januar 2006 (Monat der Bekanntgabe des Ablehnungsbescheides) eingetreten. Ab Februar 2006 kann Kindergeld bei Vorliegen der Anspruchsvoraussetzungen aufgrund eines Neuantrages festgesetzt werden.

Damit muss abschließend festgestellt werden, dass es bei der Beurteilung von Anträgen ganz maßgeblich darauf ankommt, für welchen Zeitraum für dieses Kind in der Vergangenheit bereits eine ablehnende (oder aufhebende) Entscheidung mit Bindungswirkung ergangen ist. Für den Zeitraum der Bindungswirkung ist dann lediglich ein Korrekturantrag zulässig (dem oftmals bei Anwendung der Korrekturnormen des Kindergeldrechts nicht stattgegeben werden kann), während für die Zeiten ohne Bindungswirkung in aller Regel aufgrund eines Neuantrages Kindergeld festgesetzt werden kann. Dies führt auf Seiten der Kindergeldberechtigten immer dann zu Unverständnis, wenn sich im nachhinein durch höchstrichterliche Rechtsprechung ergibt, dass die Familienkasse das Recht zuvor unrichtig angewandt hat. Eine solche Fallgestaltung von erheblicher Tragweite ergab sich letztmalig im Jahr 2005, als das Bundesverfassungsgericht mit Beschluss vom 11.1.2005, 2 BvR 167/02 entschied, dass die Einbeziehung von Sozial-

B. Steuerliches Festsetzungs- und Erhebungsverfahren

versicherungsbeiträgen des Kindes in die Bemessungsgröße für den Jahresgrenzbetrag gemäß § 32 Abs. 4 Satz 2 EStG zu Lasten der unterhaltsverpflichteten Eltern gegen den allgemeinen Gleichheitssatz des Art. 3 Abs. 1 GG verstößt. Infolge dessen begehrten viele Berechtigte die rückwirkende Gewährung des Kindergeldes. An einem Beispiel soll die unterschiedliche Handhabung dieser Fälle deutlich gemacht werden.

Beispiel:

4 Kindergeld wurde in den Jahren 2002 bis 2004 für ein Kind in Ausbildung nicht gewährt, weil es nach den damaligen Berechnungen der Familienkasse ohne den Abzug der gesetzlichen Sozialversicherungsbeiträge den maßgeblichen Grenzbetrag überschritten hatte.

a) Für alle drei Jahre hatte der Berechtigte die Kindergeldfestsetzung nach Ablauf der jeweiligen Jahre beantragt, die jedoch jeweils abgelehnt und formell bestandskräftig wurden. Auf seinen erneuten Antrag von Ende 2005 hin kann jetzt nur noch festgestellt werden, dass für den gesamten Zeitraum von Januar 2002 bis Dezember 2004 Bindungswirkung eingetreten ist, die nur unter Anwendung einer Korrekturnorm durchbrochen werden könnte; dies ist jedoch nicht möglich. Mithin muss der Antrag erneut – aus formalen Gründen – abgelehnt werden.

b) Der Kindergeldberechtigte hatte in Erwartung von Ablehnungsbescheiden von der Stellung von Anträgen abgesehen. Ablehnungsbescheide sind damit nicht ergangen. Auf den Antrag von Ende 2005 kann daraufhin noch für alle drei Jahre Kindergeld festgesetzt und ein Betrag in Höhe von 36 × 154 Euro = 5544 Euro nachgezahlt werden.

4.5.1.4 Aufhebungsbescheide

Schon in seiner Entscheidung vom 25.7.2001, VI R 78/98, BStBl II 2002, S. 88 hatte der Bundesfinanzhof angedeutet, dass die bei Ablehnungsbescheiden zu beachtende Auslegung hinsichtlich der zeitlich begrenzten Bindungswirkung auch bei Aufhebungsentscheidungen einschlägig ist. Mit der weiteren Entscheidung VI R 125/00 vom 23.11.2001, BStBl II 2002, S. 296 wurde dies ausdrücklich bestätigt. Dem lag ein Fall zu Grunde, in dem die Familienkasse noch die „alte" Verwaltungsauffassung vertreten hatte, wonach eine Aufhebungsentscheidung zur Totalvernichtung der bisherigen Festsetzung führen würde und nur ein rechtliches Nichts übrig ließe; für den Aufhebungszeitraum sei danach nur die Stellung eines verfahrensrechtlichen Neuantrages auf Kindergeld möglich mit der Folge der Festsetzung im Rahmen der Festsetzungsverjährung. Diese letztlich für die Kindergeldberechtigten deutlich günstigere Auffassung hat der Bundesfinanzhof aber verworfen. Nach der jetzt anzuwendenden Auffassung haben Aufhebungsentscheidungen, die nach sachlicher Prüfung (also materiell-rechtlicher Prüfung der Anspruchsvoraussetzungen des EStG) ergehen, nicht nur einen den Kindergeldanspruch vernichtenden Inhalt. Solchen Aufhebungsent-

4.5 Wirksambleiben und Beseitigung eines Verwaltungsaktes

scheidungen kommt vielmehr auch ein darüber hinaus gehender negativer Regelungsinhalt zu. Dieser negative Regelungsinhalt kann dann aber letztlich nur durch Anwendung der Korrekturnormen von AO und EStG beseitigt werden.

Beispiel:

Anlässlich der Überprüfung des Schulabschlusses Juli 2006 seines Sohnes wirkt der Kindergeldberechtigte mehrfach nicht mit. Daraufhin wird – weisungsgemäß – der nachteilige Schluss gezogen, dass die Ausbildung nicht ordnungsgemäß beendet wurde. Die Festsetzung für dieses Kind wird daraufhin mit Bescheid vom 4.9.2006 von Juli 2004 bis Juli 2006 aufgehoben, weil der letzte Ausbildungsnachweis vom Monat Juni 2001 datiert. Zu Unrecht gewährtes Kindergeld wird für die Monate Juli 2004 – Juli 2006 zurückgefordert (25 × 154,– Euro = 3850 Euro).

Erst nachdem diese Entscheidung bestandskräftig geworden ist, meldet sich der Berechtigte im Dezember 2006 und legt die erforderlichen Nachweise vor, aus denen sich einwandfrei das Bestehen eines Kindergeldanspruchs von Juli 2004–Juli 2004 ergibt. Da der Aufhebungsbescheid Bindungswirkung für den fraglichen Zeitraum genießt, kommt eine Abänderung der Entscheidung nur in Betracht, wenn eine Korrekturnorm der AO oder des EStG dies erlaubt. § 173 Abs. 1 Nr. 2 AO scheidet allerdings aus, weil den Berechtigten grobes Verschulden an der verspäteten Vorlage der Unterlagen trifft. Auch § 70 Abs. 3 kann keine Anwendung finden auf Fälle wie vorliegend, in denen eine negative (ablehnende oder aufhebende) Entscheidung korrigiert werden soll. Damit verbleibt es bei der getroffenen Aufhebungsentscheidung (Erteilung eines Bescheides, mit dem der Korrekturantrag des Berechtigten aus formalen Gründen abgelehnt wird!); das Kindergeld für die Monate Juli 2004 bis Juli 2006 in Höhe von 3850 Euro muss der Berechtigte – soweit noch nicht geschehen – zurückzahlen!

Nach der „alten" Verwaltungsauffassung wäre die Vorlage der maßgeblichen Ausbildungsnachweise im Dezember 2006 als Neuantrag interpretiert worden, aufgrund dessen Kindergeld rückwirkend von Juli 2004 bis Juli 2006 festgesetzt und gezahlt (bzw. dann nicht mehr zurückgefordert) worden wäre.

Nach Veröffentlichung der Entscheidung im BStBl und entsprechender Weisungserteilung durch das Bundeszentralamt für Steuern (vormals Bundesamt für Finanzen) vom 3.2.2003, St I 4 – S 0350-1/2002 sind die Urteilsgrundsätze von den Familienkassen in allen Fällen bei der täglichen Arbeit zu beachten.

Zu der Frage, wie lange denn nun genau bestandskräftig gewordene Aufhebungsbescheide Bindungswirkung entfalten, hat sich der Bundesfinanzhof nicht mehr geäußert. Hier muss damit auf die gleichen Grundsätze zurückgegriffen werden, wie sie schon bei den Ablehnungsbescheiden aus materiell-rechtlichen Gründen entwickelt worden sind (vgl. dort).

Wurde gegen einen Aufhebungs- oder Ablehnungsbescheid Einspruch erhoben, so darf hinsichtlich des Endes der Bindungswirkung dieser Bescheide nicht auf den Monat der Bekanntgabe des Einspruchsbescheides

B. Steuerliches Festsetzungs- und Erhebungsverfahren

abgestellt werden, wenn damit die zugrundeliegende Entscheidung der Familienkasse lediglich als zutreffend bestätigt wird. Gegenstand des Einspruchsverfahrens sind nur die Monate, über die der angefochtene Bescheid eine Regelung mit Bindungswirkung getroffen hat. Zudem bestätigt der Einspruchsbescheid dann nur die ursprüngliche Entscheidung ohne einen neuen, darüber hinausgehenden Regelungsgehalt.

4.5.1.5 Ablehnungsbescheide aus formellen Gründen

Ablehnungsbescheide aus formellen Gründen besitzen keinerlei Dauerwirkung, weil mit ihnen nicht materiell-rechtlich über das Bestehen oder Nichtbestehen des Kindergeldanspruchs entschieden wird, sondern lediglich formell eine Festsetzung abgelehnt wird.

4.5.1.6 Berichtigungen

Bei Berichtigungen zu Gunsten des Berechtigten gelten die Ausführungen zu den Festsetzungsbescheiden, bei Berichtigungen mit für den Berechtigten negativen Folgen gelten die Ausführungen zu den Ablehnungs- und Aufhebungsbescheiden.

4.5.2 Beseitigung der Wirksamkeit eines Verwaltungsaktes

Die Wirksamkeit eines Verwaltungsaktes (damit seine Bindungswirkung und seine materielle Bestandskraft) kann durchbrochen werden. Die Voraussetzungen nennt § 124 Abs. 2 AO:

- **Vorliegen von Korrekturnormen (§§ 129, 172 ff. AO, 70 Abs. 2–4):**
  Eine Abänderung eines Verwaltungsaktes kommt in Betracht, wenn eine Korrekturnorm vorliegt. Detaillierte Informationen dazu finden Sie unter B.6 und B.7.
- **Zeitablauf:**
  Ein Verwaltungsakt erledigt sich insbesondere dann durch Zeitablauf (§ 124 Abs. 2 AO), wenn in dem Verwaltungsakt selbst eine rechtlich wirksame Befristung enthalten war (vgl. dazu B.4.5.1.1, letzte beiden Absätze). Rechtlich wirksam ist eine Befristung nur dann, wenn sie dem Kindergeldberechtigten schriftlich bekannt gegeben wurde – interne Befristungen, wie wir sie im Datenverarbeitungsverfahren verwenden, werden nicht schriftlich bekannt gegeben und erlangen somit auch keine Wirksamkeit.

Beispiel:
Mit Bescheid vom 4.4.2006 wird für ein arbeitsuchendes Kind Kindergeld nicht ausdrücklich bis zur Vollendung des 21. Lebensjahres (im März 2006) schriftlich festgesetzt (befristet); lediglich im Datenverarbeitungsverfahren wird eine interne Befristung für den Monat März 2006 gesetzt. Diese unbefris-

4.5 Wirksambleiben und Beseitigung eines Verwaltungsaktes

tete Kindergeldfestsetzung verliert ihre Wirksamkeit nicht durch Zeitablauf (interne Befristung), sondern muss gesondert aufgehoben werden.

Auch ein Ablehnungsbescheid aus materiell-rechtlichen Gründen, mit dem das Nichtbestehen des Kindergeldanspruchs festgestellt wird, erledigt sich durch Zeitablauf. Hinsichtlich der Wirksamkeit eines Aufhebungsbescheides gilt dies entsprechend. Vgl. dazu Abschnitt 3.6.1.

- **auf andere Weise:**

  „Auf andere Weise" ist in den Familienkassen nur dann von Bedeutung, wenn der Kindergeldberechtigte verstirbt. Die Kindergeldfestsetzungen ihm gegenüber brauchen nicht aufgehoben zu werden, sondern haben sich auf andere Weise erledigt.

  Eine für die Praxis in den Familienkassen wichtige Fallgestaltung ist der Wegfall der Kindergeldfestsetzung mit Vollendung des 18. Lebensjahres. Diese Festsetzung hat sich auf andere Weise erledigt (§ 124 Abs. 2 AO). Nach den Weisungen des Bundeszentralamtes für Steuern gilt dies allerdings nur noch für Kinder, die vor dem 1.1.2007 geboren wurden (vgl. Newsletter Familienleistungsausgleich Januar 2007), weil für danach geborene Kinder in jedem Fall eine befristete Kindergeldfestsetzung erfolgen soll (die sich dann durch Zeitablauf erledigt – s. o.). Der Kindergeldberechtigte muss rechtzeitig (3 Monate vorher) über den Wegfall des Kindergeldes informiert werden (kein Verwaltungsakt), insbesondere aufgefordert werden, Nachweise für die weitere Berücksichtigung des Kindes vorzulegen. Für die Zeit nach Vollendung des 18. Lebensjahres ist Kindergeld neu festzusetzen.

Neben den in § 124 AO genannten Möglichkeiten kann die Wirksamkeit eines Verwaltungsaktes auch im Einspruchsverfahren beseitigt werden (§ 347 ff. AO). Innerhalb des Einspruchsverfahrens kann ein Verwaltungsakt von der Familienkasse zugunsten oder zum Nachteil des Betroffenen abgeändert werden. Die Änderung zum Nachteil (Verböserung) sieht § 367 Abs. 2 Satz 2 AO ausdrücklich vor.

Beispiel:

2 Im Einspruchsverfahren stellt die Familienkasse fest, dass die Korrektur einer Entscheidung für die Vergangenheit bereits ab einem früheren Zeitpunkt zulässig ist, als dies im angefochtenen Bescheid angeordnet war.

Da § 367 Abs. 2 Satz 2 AO aber eine vorhergehende Anhörung des Betroffenen vor der Verböserung vorschreibt, kann der Betroffene sich dem durch Einspruchsrücknahme entziehen. Hiervon unberührt bleiben jedoch Korrekturmöglichkeiten nach den sonstigen Korrekturnormen.

B. Steuerliches Festsetzungs- und Erhebungsverfahren

5. Festsetzungsverjährung

Das Kapitel Festsetzungsverjährung beschäftigt sich mit der Frage, wie lange Kindergeld für die Vergangenheit festgesetzt (und nachgezahlt) bzw. eine bestehende Festsetzung korrigiert (und zu Unrecht gezahltes Kindergeld zurückgefordert) werden darf.

Entsprechend der strikten Trennung der AO nach Festsetzungs- und Erhebungs(= Zahlungs-)verfahren kennt die AO auch die

- Festsetzungsverjährung (§§ 169–171 AO)
- Zahlungsverjährung (§§ 228–232 AO).

Diese wird unter B. 11.1 behandelt.

Die Festsetzungsverjährung regelt zunächst die formelle Frage, wie lange Kindergeld erstmalig festgesetzt bzw. der Kindergeldverwaltungsakt aufgehoben oder geändert werden kann (§ 169 Abs. 1 Satz 1 AO). Tritt Festsetzungsverjährung ein, führt dies materiell zum Erlöschen des Anspruchs nach § 47 AO. Das Erlöschen ist von Amts wegen zu beachten.

Gegenstand der Festsetzungsverjährung sind damit erstmalige Kindergeldfestsetzungen, Änderungen, Aufhebungen oder Berichtigungen von Kindergeldfestsetzungen.

5.1 Festsetzungsfristen

Die im Bereich des steuerlichen Kindergeldes relevanten Festsetzungsfristen betragen gem. § 169 Abs. 2 Satz 1 Nr. 2 und Satz 2 AO

- vier Jahre für die Steuervergütung Kindergeld

jedoch

- fünf Jahre, wenn Steuern leichtfertig verkürzt werden.

Der Straftatbestand Steuerhinterziehung setzt voraus, dass der Täter vorsätzlich gehandelt hat. Fehlt es am Vorsatz, kann die Tat nur als leichtfertige Steuerverkürzung nach § 378 Abs. 1 AO im Ordnungswidrigkeitenverfahren verfolgt werden. Wegen des objektiven Tatbestandes verweist § 378 Abs. 1 AO auf § 370 AO.

Leichtfertigkeit wird subjektiv vorausgesetzt. Das ist ein Verhalten, das gravierend gegen Sorgfaltspflichten verstößt und dem Täter besonders vorzuwerfen ist, weil er den Erfolg leicht hätte vorhersehen und dementsprechend leicht hätte vermeiden können.

Nur dann, wenn dem Täter lediglich einfache Fahrlässigkeit vorgeworfen werden kann, liegt weder eine Straftat noch eine Ordnungswidrigkeit vor; es gilt dann die reguläre vierjährige Festsetzungsfrist. Einfache Fahrlässig-

5.1 Festsetzungsfristen

keit liegt dann vor, wenn der Betroffene die Sorgfalt, zu der er nach den Umständen des Falles und nach seinen Kenntnissen und Fähigkeiten (Bildungsgrad usw.) imstande ist, außer Acht gelassen und deshalb die Möglichkeit einer Überzahlung von Kindergeld nicht erkannt hat.

- zehn Jahre, wenn Steuern hinterzogen wurden.

Nach § 370 Abs. 1 Nr. 1 AO handelt strafbar, wer den Finanzbehörden oder anderen Behörden über steuerlich erhebliche Tatsachen unrichtige oder unvollständige Angaben macht und dadurch für sich oder einen anderen ungerechtfertigte Steuervorteile (hier: Kindergeld) erlangt. Es handelt sich um ein Begehungsdelikt, wobei die unrichtigen Angaben im Antrag auf Kindergeld aber auch bei allen anderen Auskünften des Berechtigten gegenüber der Familienkasse gemacht werden können.

Nach § 370 Abs. 1 Nr. 2 AO handelt strafbar, wer die Finanzbehörden pflichtwidrig über steuerlich erhebliche Tatsachen in Unkenntnis lässt und dadurch für sich oder einen anderen ungerechtfertigte Steuervorteile (hier: Kindergeld) erlangt.

Voraussetzung für die Steuerhinterziehung ist, dass der Täter vorsätzlich handelt. Dabei wird unterschieden zwischen dem direkten Vorsatz und dem bedingten Vorsatz. Direkter Vorsatz wird umschrieben als der Wille zur Verwirklichung eines Straftatbestandes in Kenntnis aller seiner Tatumstände.

Beispiel:

1   Der Täter macht in seinem Kindergeldantrag bewusst falsche Angaben, weil er damit erreichen will, dass zu Unrecht Kindergeld ausgezahlt wird.

Bedingter Vorsatz liegt bereits dann vor, wenn der Täter den Erfolg für möglich hält, und ihn für den Fall, dass er eintritt, billigt.

Beispiel:

2   Der Täter kommt seiner Mitwirkungspflicht nicht nach. Spätestens, wenn er von der Familienkasse in irgendeiner Weise daran erinnert wird, dass er noch Kindergeld für ein Kind bezieht, für das es ihm nicht mehr zusteht, ist von bedingtem Vorsatz auszugehen, wenn er auf den Hinweis der Familienkasse nicht reagiert.

Die verlängerten Festsetzungsfristen von fünf und zehn Jahren gelten unabhängig davon, ob der Kindergeldberechtigte, sein Beauftragter (z. B. Steuerberater), sein Rechtsvorgänger (Erblasser) oder ein Dritter (z. B. das Kind des Kindergeldberechtigten) der Täter ist. Entscheidend ist allein, dass die Festsetzung der richtigen Steuer durch die Tat erschwert worden ist.

B. Steuerliches Festsetzungs- und Erhebungsverfahren

5.2 Beginn der Festsetzungsfrist

Die Festsetzungsfrist beginnt nach § 170 Abs. 1 AO i. d. R. mit Ablauf des Kalenderjahres, in dem die Steuervergütung Kindergeld entstanden ist. Auf den Zeitpunkt der Steuerfestsetzung kommt es nicht an. Der Kindergeldanspruch entsteht gemäß § 66 Abs. 2 EStG für den und in dem Monat, in dem die Anspruchsvoraussetzungen erfüllt sind (monatlicher Kindergeldanspruch).

> Beim Kindergeld handelt es sich um einen Anspruch, der Monat für Monat aufs Neue entsteht und zwar jeweils am ersten Tag des Monats!

Die Entstehung des Kindergeldanspruchs hängt nicht von einer Antragstellung ab. Allerdings ist die Antragstellung zur Einleitung des Verfahrens notwendig (§ 67 EStG). Ohne diese Antragstellung darf die Familienkasse ein Verwaltungsverfahren nicht durchführen (§ 86 Satz 2 Nr. 2 AO); eine Kindergeldfestsetzung ohne einen entsprechenden Antrag wäre rechtswidrig.

Zum Beginn und Lauf der Festsetzungsverjährung hier ein paar einfache Beispiele:

Beispiele:

1 Das Kind wurde am 19.12.2003 geboren, der Kindergeldantrag datiert vom 5.7.2006. Die Festsetzungsfrist für den Kindergeldanspruch ab Dezember 2003 beginnt gemäß § 170 Abs. 1 AO am 1.1.2004, da der Kindergeldanspruch für diesen Monat im Dezember 2003 entstanden ist. Sie beträgt vier Jahre, läuft also vom 1.1.2004 – 31.12.2007 und ist somit zum Zeitpunkt der Antragstellung noch nicht abgelaufen.

2 Kindergeld wurde in der Vergangenheit für ein volljähriges Kind nicht beantragt, weil der Berechtigte selbst davon ausging, dass wegen Überschreitens des maßgeblichen Grenzbetrages der Einkünfte und Bezüge ein Anspruch nicht mehr besteht. Nachdem im Jahr 2005 der Beschluss des BVerfG vom 11. Januar 2005 – 2 BvR 167/02 bekannt wurde, nach dem nunmehr zusätzlich zu den Werbungskosten auch der gesetzliche Arbeitnehmeranteil an den Sozialversicherungsbeiträgen von den Einnahmen eines volljährigen Kindes abgezogen kann, beantragte der Berechtigte erstmalig am 15.7.2005 das Kindergeld für die Zeit von August 2000–Juli 2003.

Das Kindergeld für alle Monate im Jahr 2000 wurde noch im Jahr 2000 fällig, weshalb die Verjährungsfrist am 1.1.2001 beginnt und am 31.12.2004 abläuft. Durch den Antrag vom 15.7.2005 konnte der Eintritt der Festsetzungsverjährung für diesen Zeitraum nicht mehr verhindert werden. Für die Zeit von Januar 2001 bis Juli 2003 ist hingegen noch keine Festsetzungsverjährung eingetreten, weshalb Kindergeld festgesetzt und nachgezahlt werden muss.

3 Das Kindergeld wurde ab April 2000 zu Unrecht weitergezahlt, weil der Kindergeldberechtigte den Ausbildungsabbruch des Kindes nicht angezeigt hat. Dies wird regelmäßig als Steuerhinterziehung behandelt (zur weiteren Behandlung dieser Fälle vgl. die Dienstanweisung zur Durchführung von Steuerstraf-

und Ordnungswidrigkeitenverfahren – DA-FamBuStra). Die Festsetzungsverjährung für 2000 beginnt am 1.1.2001 und läuft 10 Jahre, also bis zum 31.12.2010. Bis zu diesem Zeitpunkt hat die Behörde das Recht, die Festsetzung aufzuheben (und Rückforderung zu verlangen).

5.3 Anlaufhemmungen

§ 170 Abs. 2 und 3 AO sehen einen abweichenden Verjährungsbeginn vor. Dies wird als Anlaufhemmung bezeichnet.

Die Anlaufhemmung des § 170 Abs. 2 Satz 1 Nr. 1 AO (unterlassene Anzeigeerstattung) gilt allerdings nicht für das steuerrechtliche Kindergeld. Der BFH hat mit seinem Urteil vom 18.5.2006, III R 80/04 entschieden, dass Mitteilungen über Änderungen in den für die Kindergeldgewährung maßgeblichen Verhältnissen keine Anzeigen im Sinne von § 170 Abs. 2 Satz 1 Nr. 1 AO darstellen und damit zu keiner bis zu drei Jahren andauernden Anlaufkennung führen. Zum Zeitpunkt der Drucklegung dieses Werkes war das o. g. Urteil zwar noch nicht im BStBl. veröffentlicht. Gleichwohl sollte es bereits ab sofort von der Familienkasse beachtet werden. Diese sollten bei rückwirkenden Korrekturen aufgrund deutlicher verspäteter Mitteilungen des Berechtigten auch stets von einer Steuerhinterziehung ausgehen, um damit wenigstens für bis zu 10 volle Kalenderjahre das Kindergeld zurückfordern zu können.

§ 170 Abs. 2 AO ist auch nicht auf die Antragstellung oder den Korrekturantrag des Kindergeldberechtigten anzuwenden. Ziel der Anlaufhemmungen ist es allein, den Finanzbehörden für den Fall der Nichtmitwirkung des Steuerpflichtigen eine längere Festsetzungsfrist zu eröffnen. Ansonsten hätte er es in der Hand, durch die Nichtabgabe einer Veränderungsanzeige die Festsetzungsfrist zu verkürzen.

Für die erstmalige Festsetzung ist die Anlaufhemmung des § 170 Abs. 3 AO nicht maßgeblich, denn diese Vorschrift setzt zwingend eine bereits bestehende Festsetzung voraus. Von Interesse ist diese Vorschrift nur, wenn die Familienkasse die Entscheidung korrigieren muss. Die Frist für die Korrektur einer Festsetzung beginnt danach nicht vor Ablauf des Kalenderjahres, in dem der Antrag gestellt worden ist.

Beispiel:

4   Das Kind Pedro des Bediensteten Julio Inglasias wurde am 19.12.2002 geboren und ist am 19.12.2003 nach Deutschland eingereist. Der erforderliche Kindergeldantrag wurde am 5.1.2004 gestellt, die Entscheidung darüber am 2.2.2004 getroffen. 2007 wird bekannt, dass dieses Kind seit der Einreise bei Pflegeeltern gelebt hat, die auch den vorrangigen Kindergeldanspruch hatten.
Festsetzungsfrist für Kindergeld 2003 nach § 170 Abs. 1 AO: Beginn 1.1.2004

B. Steuerliches Festsetzungs- und Erhebungsverfahren

ABER

Festsetzungsfrist nach § 170 Abs. 3 AO: Beginn 1.1.2005

Da hier eine zehnjährige Festsetzungsverjährung hinsichtlich der Korrektur der Festsetzung gilt, läuft die Festsetzungsfrist bis zum 31.12.2014.

5.4 Ablaufhemmungen

§ 171 AO bestimmt, dass die Festsetzungsfrist bei besonderen Fallgestaltungen nicht abläuft. Das Ende der Festsetzungsfrist wird dann durch die „gehemmte Zeit" verlängert – und zwar taggenau. Hier wird das Prinzip der Fristberechnung nach Kalenderjahren verlassen.

Tipp!

Nach einer Ablaufhemmung endet die Festsetzungsfrist also regelmäßig nicht mehr am 31.12. eines Jahres, sondern im Laufe eines Jahres!

Im Zuständigkeitsbereich der Familienkassen der öffentlichen Arbeitgeber sind folgende Bestimmungen des § 171 AO von Relevanz:

- **§ 171 Abs. 2 AO:**

Danach endet die Festsetzungsfrist bei offenbaren Unrichtigkeiten nicht vor Ablauf eines Jahres nach Bescheidbekanntgabe.

Beispiel:

5   Kindergeld wurde infolge einer ähnlichen offenbaren Unrichtigkeit für die 29-jährige, nicht behinderte Tochter Kathrin ab Oktober 2005 mit Bescheid vom 7.2.2006 festgesetzt. Dies wird erst im Jahr 2007 durch eine Prüfungsbemerkung der Rechnungsprüfung festgestellt.

Lauf der Festsetzungsfrist für die Monate in 2005

nach §§ 169, 170 AO: 1.1.2006 – 31.12.2009

ABER

§ 171 Abs. 2:   7.2.2006 Absendung des Bescheides

10.2.2006 Bekanntgabe

11.2.2006 – 10.2.2007 Ablaufhemmung

Soweit das Ende einer Frist auf einen Samstag, Sonntag oder Feiertag fällt ist § 108 Abs. 3 AO zu beachten. Da der 10.2.2007 ein Samstag ist, verlängert sich die Ablaufhemmung auf den 12.2.2007.

Damit gilt hier die „normale" Festsetzungsfrist des § 169 AO, die später, nämlich am 31.12.2009 endet.

5.5 Fristwahrung

- **§ 171 Abs. 3 AO:**
  Wird vor Ablauf der Festsetzungsfrist ein Antrag auf Kindergeld oder ein Korrekturantrag gestellt, so ist bis zur unanfechtbaren Entscheidung über diesen Antrag der Fristenlauf gehemmt. Der Antrag muss vor Fristablauf gestellt werden und wirkt auch nur gegenüber dem Antragsteller.

  > **Tipp!**
  > Nach erfolgter Antragstellung vor Ablauf der Festsetzungsfrist kann niemals Festsetzungsverjährung eintreten, weil die Frist bis zur unanfechtbaren Entscheidung gehemmt ist.

- **§ 171 Abs. 8 AO:**
  Wurde Kindergeld vorläufig festgesetzt, so endet die Festsetzungsfrist nicht vor Ablauf eines Jahres
  - nachdem die Ungewissheit beseitigt ist

  und
  - die zuständige Familienkasse hiervon Kenntnis erhalten hat.

  Mit dieser Vorschrift soll der Behörde eine angemessene Zeit zum Handeln eingeräumt werden.

5.5 Fristwahrung

Die Festsetzungsfrist ist gewahrt, wenn die zuständige Familienkasse den maßgeblichen Bescheid abgesandt hat (§ 169 Abs. 1 Satz 3 Nr. 1 AO). Auf die Zufälligkeiten des Bekanntgabevorgangs kommt es damit nicht an. Allerdings muss der Verwaltungsakt rechtswirksam i. S. von § 124 AO sein, also (nach Ablauf der Festsetzungsfrist) tatsächlich an den richtigen Adressaten bekannt gegeben worden sein; ein unwirksamer Verwaltungsakt reicht zur Fristwahrung natürlich nicht aus.

Bei öffentlicher Zustellung (§ 122 Abs. 5 AO, § 15 VwZG) muss entweder der Steuerbescheid oder eine Benachrichtigung ausgehängt werden.

> Da sich § 170 Abs. 1 AO nur am Entstehen des Kindergeldanspruchs orientiert, entfällt im Kindergeld-Bereich die Korrekturmöglichkeit jeweils nur für ein (oder mehrere) Kalenderjahr(e); insoweit führt die Verjährung zum Erlöschen des Anspruchs (§ 47 AO). Für die noch nicht von der Festsetzungsverjährung betroffenen Jahre ist die Korrektur auszusprechen.

Beispiel:

6 Kindergeld wurde laufend gezahlt bis Juli 2001, obgleich das Kind Thorsten das Studium bereits im Januar 1999 abgebrochen hatte und anschließend kei-

B. Steuerliches Festsetzungs- und Erhebungsverfahren

nen weiteren Berücksichtigungstatbestand erfüllte. Es liegt aufgrund der besonderen Umstände des Falles nur eine leichtfertige Steuerverkürzung vor. Die im Juli 2001 vorgelegten Unterlagen, aus denen sich der Ausbildungsabbruch eindeutig ergab, werden aus nicht mehr nachvollziehbaren Gründen erst im Juni 2007 wieder aufgefunden.

Fristbeginn § 170 Abs. 1 AO für Kindergeld 02 – 12/1999:   1.1.2000

Ende der Frist gemäß § 169 Abs. 2 Satz 2 AO: 31.12.2004

Folglich ist für das in 1999 ausgezahlte Kindergeld eine Festsetzungsverjährung eingetreten, weshalb die Kindergeldfestsetzung nicht mehr korrigiert werden kann. Gleiches gilt für die Jahre 2000 und 2001.

Für das Jahr 2002 ergibt die Berechnung jedoch einen Fristablauf am 31.12.2007 (Beginn am 1.1.2003, Dauer fünf Jahre)! Da die Frist damit noch nicht verstrichen ist, kann ab Januar 2002 aufgehoben (und die Rückzahlung gefordert) werden. Zu prüfen bleibt allerdings noch, ob das Verhalten der Familienkasse (jahrelange Untätigkeit) noch mit den Grundsätzen von Treu und Glauben im Einklang steht – vgl. B.6.3.7.

6. Korrektur von Verwaltungsakten

In diesem Kapitel wird neben einem Überblick auch die Systematik der Korrekturvorschriften dargestellt. Zudem werden allgemeine Grundsätze bei der Anwendung der Korrekturnormen aufgezeigt.

6.1 Allgemeiner Überblick

Es gibt nur eingeschränkte Möglichkeiten, die Wirksamkeit eines Verwaltungsaktes zu beseitigen – vgl. dazu § 124 Abs. 2 AO; u. a. dann, wenn und soweit **gesetzliche Vorschriften** es zulassen. Den Korrekturnormen kommt dabei eine herausragende Bedeutung zu. Alle Korrekturnormen stehen im Spannungsverhältnis des Grundsatzes der Rechtssicherheit und dem Grundsatz der Einzelfallgerechtigkeit und damit der gleichmäßigen Besteuerung. Die AO und das EStG sehen Korrekturen insbesondere für Fälle vor, in denen ein unzutreffender Sachverhalt berücksichtigt wurde oder mechanische Fehler vorliegen. Ergibt sich die Rechtswidrigkeit eines Verwaltungsaktes aber aus Rechtsanwendungsfehlern, kommt eine Korrektur in der Regel nicht (zumindest nicht für die Vergangenheit) in Betracht. Hier wird dem Grundsatz der Rechtssicherheit der Vorrang eingeräumt.

Bei feststehender Rechtswidrigkeit eines Verwaltungsaktes, ergibt sich folgender Prüfungsablauf:

6.2 Systematik der Korrekturvorschriften

Prüfungsschema zur Korrektur eines rechtswidrigen Verwaltungsaktes

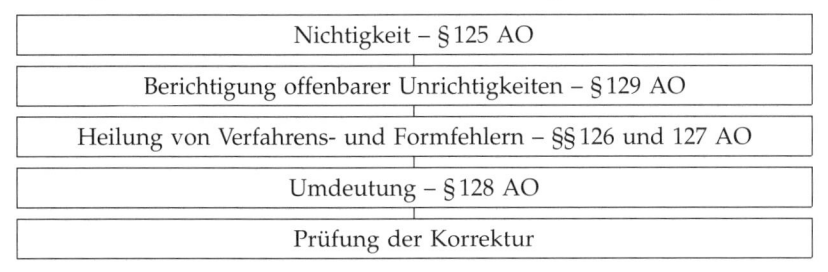

Nichtigkeit – § 125 AO
Berichtigung offenbarer Unrichtigkeiten – § 129 AO
Heilung von Verfahrens- und Formfehlern – §§ 126 und 127 AO
Umdeutung – § 128 AO
Prüfung der Korrektur

Die AO und das EStG verwenden die Begriffe:

- Rücknahme, d. h. volle oder teilweise Aufhebung eines rechtmäßigen Verwaltungsaktes
- Aufhebung, d. h. ersatzloser Wegfall des Verwaltungsaktes
- Berichtigung bei offenbaren Unrichtigkeiten
- Änderung, d. h. teilweise Inhaltsänderung, wobei der Änderungsbescheid den Ursprungsbescheid in seinen Regelungsinhalt aufnimmt
- Neufestsetzung nach § 70 Abs. 3 EStG (Änderung).

Nichtige Verwaltungsakte entfalten keine Wirkung gemäß § 124 Abs. 3 AO. Es bedarf keiner Korrektur, sondern nur einer behördlichen Feststellung der Nichtigkeit gemäß § 125 Abs. 5 AO.

6.2 Systematik der Korrekturvorschriften

```
                    Rechtswidriger
                          |
           ┌──────────────┴──────────────┐
           ▼                             ▼
    Steuerbescheid/                  Sonstiger
  Steuervergütungsbescheid      Steuerverwaltungsakt
           |                             |
    ┌──────┴──────┐              ┌───────┴───────┐
    ▼             ▼              ▼               ▼
§§ 172–175 AO,  §§ 164, 165 AO  § 129 AO     §§ 130, 131 AO
§ 70 Abs. 2–4 EStG
```

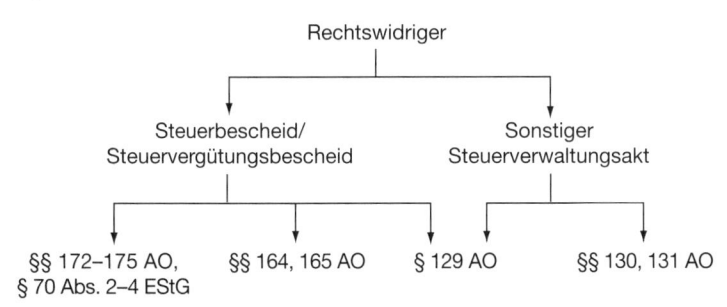

Nur dann, wenn ein rechtswidriger Verwaltungsakt mit seiner Bekanntgabe Wirksamkeit erlangt, finden die Korrekturvorschriften Anwendung.

Beispiel:

Am 15.8.2006 haben Sie Kindergeld für ein volljähriges Kind ab September 2006 festgesetzt. Ein Bescheid brauchte gemäß § 70 Abs. 1 Satz 2 Nr. 1 EStG in der bis

B. Steuerliches Festsetzungs- und Erhebungsverfahren

zum 31.12.2006 geltenden Fassung nicht erstellt zu werden. Noch vor der ersten Auszahlung wurde bekannt, dass das Kind das geplante Studium nicht begonnen hat. Mit einer Änderungsverfügung konnte verhindert werden, dass Kindergeld für September 2006 ausgezahlt wurde. Die Bekanntgabe der Festsetzung erfolgte in diesem Fall nicht, somit konnte keine Wirksamkeit eintreten. Die Auszahlung des Kindergeldes wird durch eine Änderungsverfügung verhindert, es bedarf keiner Korrektur. Allerdings muss noch ein Ablehnungsbescheid aus materiell-rechtlichen Gründen erlassen werden.

Die AO unterscheidet zwischen sonstigen Steuerverwaltungsakten und Steuerbescheid/Steuervergütungsbescheiden (vgl. dazu unter B. 2.2). Diese Unterscheidung ist wichtig für die Frage, welche der Korrekturnormen greift.

6.3 Grundsätze zur Anwendung der Korrekturvorschriften

6.3.1 Nebeneinander von Korrekturnormen

Die AO und das EStG kennen eine Vielzahl von Korrekturnormen. Allerdings gibt es auch keine so eindeutige Zuordnung der Rechtsvorschriften zu bestimmten Tatbeständen.

Korrekturnormen des EStG und der AO

Steuervergütungsbescheide	Sonstige Steuerverwaltungsakte	Vorschrift	Anlass	Änderung/ Aufhebung ab
X		§70 Abs. 2 EStG	Änderung der Verhältnisse	Änderung der Verhältnisse
X		§70 Abs. 3 EStG	materielle Fehler	Zukunft (Monat, der der Bekanntgabe folgt)
X		§70 Abs. 4 EStG	nachträgliches Bekanntwerden von Einkünften und Bezügen	Vergangenheit und Zukunft
		§172 Abs. 1 Nr. 2a AO	Änderungsantrag	Vergangenheit und Zukunft
X		§172 Abs. 1 Nr. 2c AO	unlautere Mittel	Vergangenheit und Zukunft

6.3 Grundsätze zur Anwendung der Korrekturvorschriften

Steuerver- gütungs- bescheide	Sonstige Steuerver- waltungs- akte	Vorschrift	Anlass	Änderung/ Aufhebung ab
X		§ 173 Abs. 1 Nr. 1 AO	nachträgliches Bekanntwerden von Tatsachen oder Beweismit- teln, die zu einer höheren Steuer führen	Vergangenheit und Zukunft
X		§ 173 Abs. 1 Nr. 2 AO	nachträgliches Bekanntwerden von Tatsachen oder Beweismit- teln, die zu einer niedrigeren Steuer führen (Berechtigten trifft kein grobes Verschulden)	Vergangenheit und Zukunft
X		§ 174 AO	Widerstreitende Steuerfestsetzung	Vergangenheit und Zukunft
X		§ 175 Abs. 1 Nr. 1 AO	Grundlagenbe- scheid	Vergangenheit und Zukunft
X		§ 175 Abs. 1 Nr. 2 AO	rückwirkendes Ereignis	Vergangenheit und Zukunft
X		§ 164 AO	Festsetzung unter Vorbehalt der Nachprüfung	Vergangenheit und Zukunft
X		§ 165 AO	Vorläufige Fest- setzung	Vergangenheit und Zukunft
X	X	§ 129 AO	Offenbare Unrichtigkeit	Vergangenheit und Zukunft
	X	§ 130 AO	rechtswidriger VA	Vergangenheit und Zukunft
	X	§ 131 AO	Widerruf eines rechtmäßigen VA	Zukunft

In einem Sachverhalt müssen die Familienkassen deshalb stets alle Korrektur- normen zugleich prüfen und ggf. berücksichtigen. Es ist durchaus möglich, dass für ein und denselben Sachverhalt mehrere Korrekturnormen vorliegen. Man spricht von einer so genannten **Konkurrenz der Korrekturvorschriften**.

B. Steuerliches Festsetzungs- und Erhebungsverfahren

Beispiel:

Kindergeld ist wegen falscher Angaben des Berechtigten unzutreffend auf einen Betrag von 154,– Euro festgesetzt worden. Es liegt sowohl ein Fall des § 173 Abs. 1 Nr. 1 AO als auch einer des § 70 Abs. 3 vor.
Greifen in ein und denselben Sachverhalt mehrere Korrekturnormen, so ist diejenige heranzuziehen, die am weitestgehenden den rechtmäßigen Zustand herstellt – § 85 AO. Im vorstehenden Beispiel ist dies § 173 Abs. 1 Nr. 1 AO. Diese Norm lässt auch die Korrektur für die Vergangenheit zu. Liegen mehrere Korrekturnormen vor und stellen beide gleichermaßen den rechtmäßigen Zustand her, so ist der näheren (einfacheren) Korrekturnorm der Vorrang zu geben.

Es tritt grundsätzlich **kein Verbrauch der Korrekturnorm** ein, d. h., dass auf ein und denselben Sachverhalt mehrfach mit derselben Norm reagiert werden kann (so auch BFH vom 26.7.2001, VI R 163/00 und 102/99). Die Festsetzung von Kindergeld ist ein teilbarer Verwaltungsakt. Dies ergibt sich aus dem nach § 66 Abs. 2 EStG geltenden Monatsprinzip, nach dem Kindergeld für jeden Monat gezahlt wird, in dem die Anspruchsvoraussetzungen vorliegen. Die Festsetzung umfasst somit einen Anspruch für jeden Monat; entsprechend kann sie für einzelne Monate aufgehoben oder geändert werden und für andere Monate unverändert bestehen bleiben. Es ist demnach auch nicht zu beanstanden, wenn die Familienkasse eine unrichtige oder unrichtig gewordene Kindergeldfestsetzung mehrfach in der Weise ändert, dass für die verschiedenen Monate durch verschiedene Bescheide Regelungen getroffen werden.

6.3.2 Punktberichtigung

In der AO gilt das System der so genannten Punktberichtigung, d. h., nicht der komplette Kindergeldfall ist zu prüfen, sondern jeweils nur der angegriffene Punkt des Verwaltungsakts, der rechtswidrig war bzw. ist oder auf den sich die Änderung bezieht. Eine Ausnahme hiervon gilt nur bei § 173 AO, wo alle Punkte des Verwaltungsaktes zu prüfen sind. Da im Kindergeldbereich die Festsetzung des Kindergeldes für jedes Zahlkind gesondert erfolgt, hat die Punktberichtigung für die Familienkassen eher geringe Bedeutung.

Beispiel:

Kindergeld wird für ein volljähriges Kind wegen Überschreitens der Grenze von 7680 € im Jahr 2006 abgelehnt. Nachdem der Verwaltungsakt bestandskräftig wurde, teilt der Kindergeldberechtigte mit, dass die Einkünfte des Kindes wegen höherer Werbungskosten nur 7500 € betragen. Die Korrektur erfolgt gemäß § 70 Abs. 4, Kindergeld wird auf 154 € festgesetzt. Weitere drei Monate später erfährt die Familienkasse, dass das Kind die Ausbildung zum Zeitpunkt der Festsetzung auf 154 € bereits abgebrochen hatte.
Der Punkt der Fortdauer der Ausbildung war nicht zu prüfen, deshalb kann jetzt nach § 173 Abs. 1 Nr. 1 AO korrigiert werden.

6.3 Grundsätze zur Anwendung der Korrekturvorschriften

6.3.3 Anhörung

Eine Anhörung schreibt § 91 Abs. 1 AO vor. Ist der Sachverhalt, der dem Korrekturbescheid zugrunde liegt, vollständig aufgeklärt, hat der Kindergeldberechtigte auch durch seine Ausführungen in der Regel keine Möglichkeit mehr, die Korrektur des Bescheides zu verhindern.

Die Abgabenordnung kennt keinerlei Auswirkungen für den Fall der fehlenden bzw. unterlassenen Anhörung. Auch im finanzgerichtlichen Verfahren darf der Verwaltungsakt nicht allein wegen der unterlassenen Anhörung aufgehoben werden, sondern nur dann, wenn er auch aus anderen Gründen fehlerhaft ist.

> **Tipp!**
>
> § 91 Abs. 1 Satz 2 AO sieht eine Anhörung schon für den Fall vor, dass von dem erklärten Sachverhalt, abgewichen werden soll (vgl. auch AEAO zu § 91 AO, 1.). Danach ist selbst vor einer Ablehnung anzuhören, allerdings natürlich nur dann, wenn vom erklärten Sachverhalt zu Ungunsten des Berechtigen abgewichen werden soll.

6.3.4 Begründung

Ein schriftlicher Verwaltungsakt muss auch schriftlich gemäß § 121 Abs. 1 AO begründet werden (vgl. dazu B.3.2.2). Besonders in Erinnerung gerufen werden sollen hier die Verpflichtung zur Angabe der Korrekturnorm!

6.3.5 Korrekturzeitraum

Die Korrekturnormen der AO und des EStG lassen grundsätzlich eine Korrektur mit Wirkung für die Vergangenheit und damit natürlich auch für die Zukunft zu. Die jeweilige Korrekturnorm enthält keine zeitliche Grenze. Die zeitliche Grenze wird durch die Verwendung des Wortes *soweit* gezogen. Damit wird klargestellt, dass Verwaltungsakte nur insoweit korrigiert werden, als sie tatsächlich rechtswidrig sind oder geworden sind.

> **Beachte!**
>
> Ein eindeutiger Verfügungssatz ist bei Korrekturbescheiden insbesondere im Zusammenhang mit der Frage von Bedeutung, für welchen Zeitraum genau Bindungswirkung eintritt (vgl. dazu unter 4.5.1).

Einschränkungen dahingehend, dass Korrekturen nur für die Zukunft möglich sind, enthalten lediglich § 131 AO und § 70 Abs. 3 EStG. Zukunft ist unter Heranziehung des Gedankens, wonach Kindergeld eine Monatsleistung nach § 66 Abs. 2 EStG ist, stets der Monat, der der Bekanntgabe des Bescheides folgt – siehe § 70 Abs. 3 Satz 1 EStG.

B. Steuerliches Festsetzungs- und Erhebungsverfahren

6.3.6 Aufhebung, Änderung oder Neufestsetzung

In den Korrekturnormen unterscheidet der Gesetzgeber ausdrücklich zwischen Aufhebung und Änderung (entspricht Neufestsetzung) – siehe z. B. § 70 Abs. 2 und 3 EStG und § 173 AO.

Von einer Aufhebung spricht man, wenn die bisherige Festsetzung in ihrer Gesamtheit beseitigt wird. Dies kann im Kindergeldbereich geschehen,

- indem ab einem bestimmten Zeitpunkt (Zukunft, aber auch bereits ein in der Vergangenheit liegender Zeitpunkt) aufgehoben wird.
- indem nur für einen zeitlich bestimmten Abschnitt (von – bis) aufgehoben wird.

Die Aufhebung führt entgegen der früher vertretenen Auffassung nicht zur Totalvernichtung der Festsetzung. Solchen Aufhebungsentscheidungen kommt auch ein darüber hinaus gehender negativer Regelungsinhalt zu, der nur durch Anwendung der Korrekturnormen von AO und EStG beseitigt werden kann. Vgl. dazu im Übrigen B.4.5.1.

Aufgehoben werden soll in allen Fällen feststehender Ereignisse wie Ausbildungsabbruch, Berechtigtenwechsel usw.

Von einer Änderung der Kindergeldfestsetzung (bzw. einer Neufestsetzung) spricht man, wenn deren Inhalt lediglich abgewandelt werden soll. Dies ist stets dann der Fall, wenn Kindergeld in der Höhe gesenkt oder heraufgesetzt werden soll.

Beispiel:

1 Kindergeld wurde in Höhe von 154 Euro festgesetzt und soll jetzt wegen Gewährung einer Kinderzulage zur Unfallrente herabgesetzt werden.

2 Kindergeld wurde in Höhe von 154 Euro festgesetzt. Wegen der Berücksichtigung eines Zählkindes ist die Zahlkind-Festsetzung auf 179 Euro heraufzusetzen.

Festsetzungs- und Änderungsbescheide haben in der AO generell Dauerwirkung, zumindest für den ggf. genannten Regelungszeitraum. Vgl. dazu im Übrigen B.4.5.1.

Für die Zeiten der Bindungswirkung von Ablehnungs-, Änderungs- oder Aufhebungsbescheiden kann der Berechtigte einen Antrag auf Korrektur stellen. In der Regel wird über diesen Antrag negativ zu entscheiden sein. Gleichzeitig kann in der Vorlage anspruchsbegründender Unterlagen ein Neuantrag erblickt werden, über den im Rahmen der Festsetzungsverjährung i. d. R. positiv zu entscheiden ist.

6.3 Grundsätze zur Anwendung der Korrekturvorschriften

Beachte!

Das Vorbringen des Berechtigten bzw. die Vorlage anspruchsbegründenden Unterlagen kann gleichzeitig einen Korrekturantrag und einen Neuantrag beinhalten!

Beispiel:

3   Kindergeld für ein volljähriges Kind wurde für die Zeit ab der Volljährigkeit des Kindes wegen Überschreitens der Einkommensgrenze mit Bescheid vom 15.9.2002 ab September 2002 abgelehnt. Für das Jahr 2004 beantragte der Berechtigte erneut das Kindergeld, erhielt jedoch ebenfalls wegen Überschreitung der Einkommensgrenze einen Ablehnungsbescheid vom 18.12.2003, in dem die Formulierung verwendet wurde „für das Jahr 2004". Nachdem der Berechtigte von dem Beschluss des Bundesverfassungsgerichts erfahren hatte, nachdem nunmehr zusätzlich auch der Arbeitnehmeranteil an der gesetzlichen Sozialversicherung abgezogen werden kann, fordert er die Familienkasse unter Vorlage der kompletten Einkommensnachweise des Kindes auf, Kindergeld für den Gesamtzeitraum der Ausbildung von September 2002 bis einschließlich Juli 2005 festzusetzen und nachzuzahlen.

Die Vorlage der Unterlagen stellt einen Neuantrag für folgende Zeiten dar:

- Oktober – Dezember 2002; die Bindungswirkung des Ablehnungsbescheides reicht nur von September 2002 (im Bescheid genannter Beginn) bis zum Monat der Bekanntgabe, also ebenfalls dem September 2002.
- Januar – Dezember 2003; für diesen Zeitraum wurde bisher kein Kindergeld beantragt und in Folge dessen auch nicht festgesetzt.
- Januar – Juli 2004, wie vorstehend (der Bescheid vom 18.12.2003 konnte niemals Bindungswirkung über den Monat seiner Bekanntgabe hinaus erlangen).
- Januar – Juli 2005, wie vorstehend.

Für diese Zeiträume kann Kindergeld jeweils in Höhe von 154,– € mtl. festgesetzt und nachgezahlt werden, weil die Anspruchsvoraussetzungen vorliegen und Festsetzungsverjährung noch nicht eingetreten ist.

Nur für den September 2002 gibt es bestandskräftige Entscheidungen, weshalb Bindungswirkung eingetreten ist. Bezüglich dieser Zeiten ist in der Vorlage der Unterlagen ein Korrekturantrag zu erblicken. Eine Korrektur ist jedoch weder nach den Vorschriften der § 70 Abs. 3 und 4 EStG noch nach § 173 Abs. 1 Nr. 2 AO möglich, auch die anderen Korrekturnormen sind nicht einschlägig. Vgl. zu den Korrekturnormen die jeweiligen Ausführungen. Die Kindergeldfestsetzung ist aus verfahrensrechtlichen Gründen abzulehnen, ein entsprechender Verfügungssatz in den Bescheid aufzunehmen.

Korrekturnormen sind heranzuziehen, wenn eine bestehende positive Kindergeldfestsetzung zu Ungunsten des Berechtigten korrigiert werden soll, d. h. eine Aufhebung oder Herabsetzung des Zahlbetrages. Zu Gunsten des Kindergeldberechtigten spielen die Korrekturnormen nur hinsichtlich der sogenannten Beginnmonate eine Rolle, weil die Bindungswirkung und Bestandskraft bis einschließlich des Monats der Bekanntgabe auch des feh-

B. Steuerliches Festsetzungs- und Erhebungsverfahren

lerhaften Verwaltungsaktes reicht. Für Zeiten danach kann eine positive Entscheidung zu Gunsten des Berechtigten nur über eine Neufestsetzung des Kindergeldes im Rahmen der Festsetzungsverjährung erreicht werden.

Tipp!

Bevor entschieden wird, ob ein Neuantrag oder ein Korrekturantrag vorliegt, ist festzustellen, ob für das jeweilige Kind eine Festsetzung existiert. Falls ja, sind die Korrekturnormen anzuwenden. Falls nein, liegt ein Neuantrag vor.

6.3.7 Einschränkungen des Korrekturumfangs

Bei der Korrektur von Verwaltungsakten ist stets der allgemeine *Grundsatz von Treu und Glauben* zu beachten. Nach diesem Grundsatz hat jeder im Rechtsverkehr auf die berechtigten Interessen des anderen Teils Rücksicht zu nehmen. Ebenso darf man sich nicht in Widerspruch zu seinem eigenen früheren und nachhaltigen Verhalten setzen, auf das der andere Teil vertraut hat.

Bei der Heranziehung des Grundsatzes von Treu und Glauben kann kein selbständiger Rechtsanspruch begründet werden, sondern nur die Rechtsfolge begrenzt oder ausgeschlossen werden. Es handelt sich bei der Anwendung der Korrekturvorschriften mithin um einen Rechtseinwand, der der behördlichen Geltendmachung eines Anspruchs aus dem Steuerschuldverhältnis (Erstattungsanspruch) entgegensteht, weil ansonsten gegen das allgemeine Rechtsempfinden verstoßen würde.

Von Bedeutung sind insbesondere die Fälle, in denen die Familienkasse sich durch eine Zusage gebunden hat oder eine Verwirkung des Korrekturanspruchs in Betracht kommt. Praktische Anwendungsfälle für eine Zusage, die zu ihrer Wirksamkeit der Schriftform bedarf, sind für den Bereich des steuerlichen Kindergeldes nur schwer denkbar.

Ein Korrekturanspruch ist dann verwirkt, wenn sich die Familienkasse zuvor widersprüchlich verhalten hat. Neben der zeitweiligen Untätigkeit der Familienkasse muss sie auch klar zu erkennen gegeben haben, dass der Berechtigte nicht mehr mit einer Korrektur und Erstattung zu rechnen hat. Hat der Berechtigte auf die Nichtgeltendmachung des Anspruchs vertraut und sich auch darauf eingerichtet, ist der behördliche Anspruch verwirkt.

Haben deutsche Gerichte rechtskräftig über einen Lebenssachverhalt geurteilt, so bindet das Urteil die Beteiligten insoweit. Von solchen Urteilen kann nicht durch Anwendung der Korrekturnormen abgewichen werden, selbst wenn sich später herausstellt, dass dieses Urteil unzutreffend war. Erfasst von der Rechtskraft des Urteils wird alles, wozu das Gericht rechtsverbindliche Feststellungen getroffen hat.

7.1 Offenbare Unrichtigkeiten

Später neu festgestellte Sachverhalte fallen natürlich nicht unter die Rechtskraft eines Urteils; das Gleiche gilt für rechtliche Änderungen – dafür gibt es mit § 70 Abs. 2 EStG für den Bereich des steuerlichen Kindergeldes eine eigenständige Korrekturnorm – siehe B.7.8.

7. Die Korrekturnormen

Dieses Kapitel behandelt jede im Bereich des steuerrechtlichen Kindergeldes anwendbare Korrekturnorm. Anhand von Beispielen aus der Praxis werden Voraussetzungen und zeitliche Auswirkungen dargestellt.

7.1 Offenbare Unrichtigkeiten beim Erlass eines Verwaltungsaktes – § 129 AO

7.1.1 Zweck der Vorschrift

Diese Korrekturvorschrift räumt der Familienkasse eine Berichtigungsmöglichkeit ein, wenn der tatsächlich bekannt gegebene Inhalt des Verwaltungsaktes erkennbar von der Entscheidung abweicht, die eigentlich bekannt gegeben werden sollte. § 124 Abs. 1 AO regelt, dass ein Verwaltungsakt mit dem bekannt gegebenen Inhalt wirksam wird. Eine Berichtigung im Sinne des § 129 AO ist die Klarstellung des wirklich Gewollten.

Diese Fehler beruhen auf einem erkennbaren Irrtum bzw. regelmäßig auf Flüchtigkeiten.

Die Vorschrift des § 129 AO erstreckt sich auf alle Verwaltungsakte, d. h. Steuerbescheide und gleichgestellte Verwaltungsakte wie Kindergeldfestsetzungsbescheide und sonstige Verwaltungsakte.

7.1.2 Voraussetzungen

Die offenbare Unrichtigkeit muss „*beim Erlass des Verwaltungsaktes*" eingetreten sein. Eine Berichtigung dieser offenbaren Unrichtigkeit kann sich deshalb nur aus den internen Aktenvorgängen oder aus dem Inhalt der Akten ergeben und ihre Notwendigkeit nur für den Bearbeiter und seine Vorgesetzten offensichtlich sein.

Sie kann, muss sich aber nicht

- aus dem schriftlichen oder formlos bekannt gegebenen Kindergeldbescheid

oder

- aus erkennbaren Vorgängen beim Erlass des Bescheides

B. Steuerliches Festsetzungs- und Erhebungsverfahren

oder

- aus sonstigen Umständen

ergeben.

Die offenbare Unrichtigkeit braucht für den Adressaten des Kindergeldbescheides nicht sofort erkennbar zu sein.

> Die Berichtigung erfasst keinen materiell- oder verfahrensrechtlichen Fehler eines Verwaltungsaktes, sondern nur dessen Richtigstellung unter Beibehaltung der übrigen Bindungswirkung.

Der Begriff „offenbare Unrichtigkeit" ist sowohl für Fehler zugunsten als auch zuungunsten des Kindergeldberechtigten auszulegen.

Offenbare Unrichtigkeiten sind:

- Schreibfehler
- Rechenfehler
- ähnliche offenbare Unrichtigkeiten.

Schreib- und Rechenfehler sind Unrichtigkeiten, die auf einem Verschreiben oder Verrechnen beruhen. Die Fehlerquelle ist stets ein mechanisches Versehen.

Fehler, die wie Schreib- und Rechenfehler ihren Ursprung lediglich in einer Flüchtigkeit und Unachtsamkeit beim Übertragungsvorgang vom Gewollten zum Erklärten haben, gehören in die Rubrik der ähnlich offenbaren Unrichtigkeiten, auch hier ist ein mechanisches Versehen die Ursache.

> Kein mechanisches Versehen liegt bei einer unrichtigen Tatsachenwürdigung oder einer falschen Auslegung oder Nichtanwendung einer Rechtsvorschrift vor. Ebenso werden Denkfehler bei der Rechtsanwendung oder bei der Tatsachenwürdigung von § 129 AO nicht erfasst.

Ein offenbarer Fehler liegt vor, wenn er für einen objektiven Dritten ohne Mühe sofort erkennbar ist. Es reicht aus, wenn er sich aus dem Akteninhalt und nicht im Verwaltungsakt selbst ergibt. Sonst wäre eine offenbare Unrichtigkeit im maschinellen Verfahren kaum denkbar.

Die Abgrenzung eines berichtigungsfähigen, mechanischen Versehens von einem nichtberichtigungsfähigen Denkfehler ist im Einzelfall schwierig. Nach der Rechtsprechung des BFH ist der § 129 AO in solchen Fällen nicht anwendbar, wenn nach den Umständen des Einzelfalles die konkrete Möglichkeit eines Denkfehlers besteht. Allein die theoretische Möglichkeit, dass

7.1 Offenbare Unrichtigkeiten

dem Fehler auch rechtliche Überlegungen zugrunde liegen können, schließt eine Berichtigung nicht aus.

Beispiel:

1 Die Familienkasse setzte am 26.4.2007 Kindergeld für das Kind Lisa, geb. 20.11.1979, ab Januar 2007 in Höhe von 154 € monatlich fest. Lisa studiert das ganze Jahr an der Universität – Fachrichtung Ökologischer Gartenbau und erzielt im Jahre 2007 voraussichtlich Einkünfte in Höhe von 6200 €. Das Kindergeld wird monatlich der kindergeldberechtigten Mutter bis Dezember 2007 überwiesen. Im Mai 2008 beanstanden die Mitarbeiter der Prüfgruppe die Festsetzung.

Die Festsetzung erfolgte zu Unrecht, Lisa hatte im November 2006 das 27. Lebensjahr vollendet. Die Berücksichtigung als Kind im Sinne des EStG war somit ab Januar 2007 nicht mehr zulässig gemäß § 63 i. V. m. § 32 Abs. 4. Die unrechtmäßige Festsetzung ist beim Erlass des Verwaltungsaktes erfolgt. Es handelt sich um eine dem Rechen-/Schreibfehler ähnliche offenbare Unrichtigkeit im Sinne des § 129 AO. Ein Denkfehler scheidet aus, weil für weibliche Kinder Verlängerungstatbestände gesetzlich nicht zugelassen sind. Die Rückzahlung hat nach § 37 Abs. 2 AO zu erfolgen.

Eine Berichtigung würde in dem o. g. Fall ausscheiden, wenn die Festsetzung für ein männliches Kind erfolgte bzw. Lisa erst das 21. Lebensjahr vollendet hätte und als arbeitsloses Kind zu berücksichtigen gewesen wäre. Ein konkret möglicher Denkfehler wäre dann ggf. der ähnliche Tatbestand der Ausbildungswilligkeit. Hier könnte man von einer materiellen Fehlerhaftigkeit im Sinne des § 70 Abs. 3 EStG, wegen mangelnder Rechtsanwendung gemäß § 32 Abs. 4 bzw. 5 EStG, sprechen.

Beispiel:

2 Frau Engel beantragt bei der Familienkasse die Berücksichtigung ihres Sohnes Arthur ab Januar 2007. Arthur befindet sich von September 2006 bis August 2009 in Berufsausbildung.

Die Einkommenssituation stellt sich nach Abzug der gesetzlichen Sozialversicherungsbeiträge wie folgt dar:

1.9.2006 – 31.7.2007   monatlich 600 €
1.8.2007 – 31.7.2008   monatlich 700 €
1.8.2008 – 31.8.2009   monatlich 825 €

Bei der abschließenden Entscheidung für das Kalenderjahr 2007 vergisst der Bearbeiter den Abzug des Arbeitnehmerpauschbetrages in Höhe von 920 € und entscheidet mit einer Aufhebung der Festsetzung. Es handelt sich um eine ähnliche offenbare Unrichtigkeit im Sinne des § 129 AO. Ein Denkfehler scheidet aus.

Anders ist der Fall zu beurteilen, wenn der Antragsteller höhere Werbungskosten für das Kalenderjahr geltend macht und eine von vielen Positionen beim Abzug vergessen wird. Hier besteht für den Mitarbeiter immer die

B. Steuerliches Festsetzungs- und Erhebungsverfahren

konkrete Möglichkeit des Denkens. Sind der Familienkasse zum Zeitpunkt der Festsetzung bereits alle Einkünfte und Bezüge bekannt (vgl. dazu B 7.5.2), wurden diese jedoch unzutreffend gewürdigt, kann sie sich natürlich später nicht darauf berufen, ihr seien diese erst nach der Festsetzung bekannt geworden. Bestehende Festsetzungen können in solchen Fällen entsprechend der DA-FamEStG 70.6 nur nach §70 Abs. 3 EStG mit Wirkung für die Zukunft korrigiert werden. Dabei ist jedoch zu berücksichtigen, dass §70 Abs. 3 nur Anwendung auf positive Festsetzungen findet. Wurde für die Vergangenheit hingegen die Kindergeldfestsetzung fehlerhaft abgelehnt, so kommt für die Zeit nach der Bindungswirkung des Bescheides (vgl. dazu 4.5.1) nur ein Neuantrag in Betracht; für die Zeit der Bindungswirkung gibt es keine Norm, die die Korrektur erlauben würde = es verbleibt dann bei der Ablehnung.

Berichtigungsfähig sind grundsätzlich nur die Fehler der Familienkasse, nicht die des Antragstellers. In Ausnahmefällen können auch Fehler des Berechtigten nach § 129 AO berichtigt werden, wenn es sich um einen so genannten **Übernahmefehler** handelt.

Bei einem Übernahmefehler übernimmt die Familienkasse eine aus dem Antrag oder den dazu eingereichten Unterlagen für die Familienkasse klar erkennbare Unrichtigkeit (Rechenfehler, Schreibfehler oder ähnliche offenbare Unrichtigkeit) des Berechtigten und macht sich so den Fehler zu Eigen.

Beispiel – Übernahmefehler:

3 Der Antrag auf Kindergeld für ein über 18 Jahre altes Kind wird nicht auf dem amtlichen Vordruck gestellt. Formlos erklärt die Kindesmutter die Einkünfte und Bezüge im Kalenderjahr. In der Zusammenstellung liegt ein Rechenfehler, der von der Familienkasse übernommen wird.

Die Berichtigung nach § 129 AO ist bei berechtigtem Interesse des Beteiligten durchzuführen – § 129 Satz 2 AO, d. h. zugunsten und zuungunsten. Bei einer Berichtigung zuungunsten des Beteiligten ist wegen § 85 AO regelmäßig das Ermessen „auf Null" reduziert.

Grundsätzlich darf nur die Unrichtigkeit selbst berichtigt werden, eine so genannte Punktberichtigung. Weitere Fehler erfordern eine andere Korrekturvorschrift.

7.1.3 Korrekturzeitraum

Die Berichtigung wirkt auf den Zeitpunkt des Erlasses des betroffenen Verwaltungsaktes zurück. Trotz der Formulierung „jederzeit" ist die Festsetzungsverjährung nach § 169 Abs. 1 Satz 2 AO und ggf. eine Ablaufhemmung nach § 171 Abs. 2 AO zu beachten.

7.2 Rücknahme und Widerruf sonstiger Verwaltungsakte

Bei Verwaltungsakten, die sich auf Zahlungsansprüche richten, spielt zusätzlich die Zahlungsverjährung nach § 228 AO eine Rolle.

Schematische Darstellung des Korrekturzeitraumes:

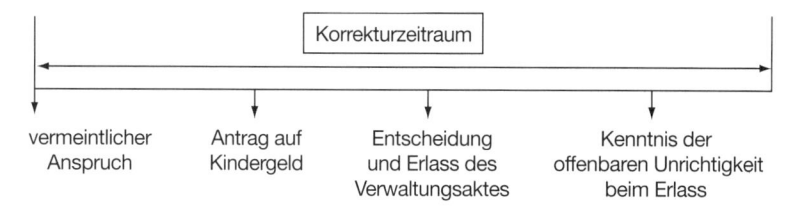

```
                        Korrekturzeitraum
|<--------------------------------------------------------->|
↓               ↓              ↓                    ↓
vermeintlicher  Antrag auf    Entscheidung         Kenntnis der
Anspruch        Kindergeld    und Erlass des       offenbaren Unrichtigkeit
                              Verwaltungsaktes     beim Erlass
```

7.2 Rücknahme und Widerruf sonstiger Verwaltungsakte, Korrektur im Einspruchsverfahren – §§ 130 bis 132 AO

7.2.1 Allgemeines

§ 130 AO und § 131 AO finden nur Anwendung für sonstige Steuerverwaltungsakte. Ihre Anwendung ist aber gemäß § 172 Abs. 1 Nr. 2d) AO ausgeschlossen für Steuerbescheide und gleichgestellte Verwaltungsakte, insbesondere also für Bescheide, mit denen materiell über das Bestehen (Festsetzungsbescheid) oder Nichtbestehen (Ablehnungs- und Aufhebungsbescheide aus materiell-rechtlichen Gründen) eines Kindergeldanspruchs entschieden wird.

Diese hier zu erläuternden Vorschriften regeln die Rücknahme rechtswidriger Verwaltungsakte gemäß § 130 AO und den Widerruf rechtmäßiger Verwaltungsakte gemäß § 131 AO. Innerhalb der Paragraphen unterscheidet man zwischen nicht begünstigenden Verwaltungsakten (§§ 130 Abs. 1, 131 Abs. 1 AO) und begünstigenden Verwaltungsakten (§§ 130 Abs. 2, 131 Abs. 2 AO).

Begünstigende oder belastende Verwaltungsakte begründen oder bestätigen Rechte oder rechtlich erhebliche Vorteile des Betroffenen oder verneinen sie.

Zu den begünstigenden sonstigen Steuerverwaltungsakten zählen

- Abzweigungsentscheidungen nach § 74 Abs. 1 EStG gegenüber dem Abzweigungsempfänger, soweit seinem Antrag damit voll entsprochen wird,
- Gewährung einer Entschädigung für den Auskunftspflichtigen (§ 107 AO),
- Fristverlängerung nach § 109 AO,
- Stundung nach § 222 AO,
- Aussetzen der Vollziehung nach § 361 AO, § 69 Abs. 2 FGO.

B. Steuerliches Festsetzungs- und Erhebungsverfahren

Belastende Verwaltungsakte greifen in die Rechte des Betroffenen ein, verlangen z. B. ein Handeln, Dulden, Unterlassen oder treffen eine negative Feststellung oder lehnen einen Antrag auf Erlass eines begünstigenden Verwaltungsaktes ab. Belastend können auch solche Verwaltungsakte sein, die einem Antrag nur teilweise nachkommen (soweit dem Antrag nachgekommen wird, ist die Entscheidung begünstigend, soweit dem Antrag nicht nachgekommen wird, ist die Entscheidung belastend). Zu den belastenden sonstigen Steuerverwaltungsakten zählen

- Ablehnung einer Abzweigung nach § 74 Abs. 1 EStG gegenüber dem Abzweigungsbegehrenden,
- Entscheidung gegenüber dem Kindergeldberechtigten, nicht ihm, sondern einem Sozialleistungsträger das Kindergeld auszuzahlen (Erstattung gemäß § 74 Abs. 2 EStG i. V. m. § 102 ff. SGB X),
- Festsetzung von steuerlichen Nebenleistungen gemäß §§ 3 Abs. 3, 218 Abs. 1 AO, wie z. B. Zinsen und Zwangsgelder,
- Ablehnung eines beantragten begünstigenden sonstigen Verwaltungsaktes, z. B. Stundungsbegehren.

Unter **rechtswidrigen** Verwaltungsakten versteht man solche, die ganz oder teilweise im Zeitpunkt ihrer Bekanntgabe gegen gesetzliche Bestimmungen verstoßen oder auf einer fehlerhaften Ermessensausübung beruhen oder für die eine Rechtsgrundlage überhaupt fehlt.

Verwaltungsakte sind hingegen **rechtmäßig**, die zum Zeitpunkt ihrer Bekanntgabe dem Gesetz entsprechen und ermessensfehlerfrei ergangen sind.

Ändert sich der Sachverhalt durch nachträglich eingetretene Tatsachen oder lässt das Gesetz Ermessensentscheidungen zu, so kann dieser Verwaltungsakt unter bestimmten Voraussetzungen gemäß § 131 AO für die Zukunft widerrufen werden.

7.2 Rücknahme und Widerruf sonstiger Verwaltungsakte

Widerruf und Rücknahme von sonstigen Verwaltungsakten

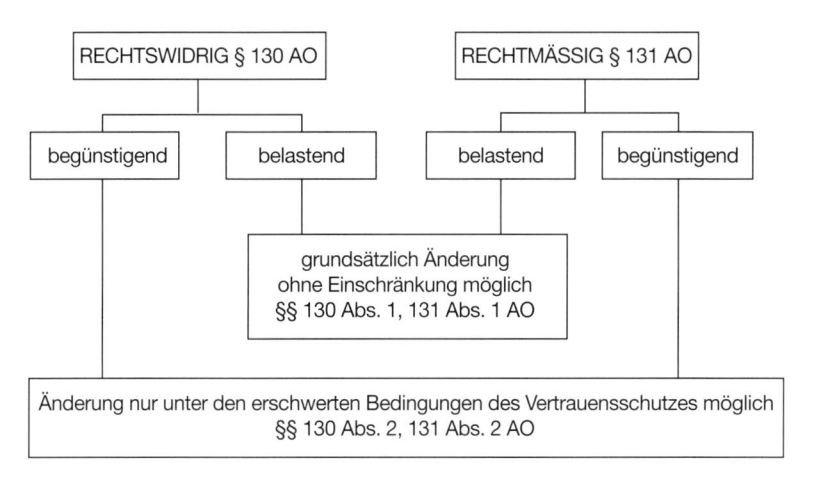

```
                    RECHTSWIDRIG § 130 AO              RECHTMÄSSIG § 131 AO
                    ┌──────────┴──────────┐            ┌──────────┴──────────┐
                 begünstigend          belastend    belastend          begünstigend
                                          │            │
                                 grundsätzlich Änderung
                                 ohne Einschränkung möglich
                                 §§ 130 Abs. 1, 131 Abs. 1 AO

                 Änderung nur unter den erschwerten Bedingungen des Vertrauensschutzes möglich
                                 §§ 130 Abs. 2, 131 Abs. 2 AO
```

7.2.2 § 130 AO – Rücknahme eines rechtswidrigen Verwaltungsaktes

Die Rücknahme eines von Anfang an fehlerhaften Verwaltungsaktes ist unter den Voraussetzungen des § 130 AO möglich. Ein Verwaltungsakt ist dann von Anfang an rechtswidrig, wenn er bereits zum Zeitpunkt seiner Bekanntgabe (Wirksamwerden) objektiv nicht dem Gesetz entspricht. Dies ist stets rückblickend, also im Sinne einer geläuterten Rechtsauffassung zu beurteilen.

Beispiel:

Ein Verwaltungsakt wird von der Behörde in Unkenntnis des tatsächlichen Sachverhalts erlassen. Natürlich muss man dem Mitarbeiter zugestehen, dass er in Unkenntnis des tatsächlichen Sachverhalts zunächst „richtig" entschieden hat. Objektiv und rückblickend betrachtet war die Entscheidung jedoch schon zum Zeitpunkt der Bekanntgabe rechtswidrig.

Je nachdem, ob ein belastender oder begünstigender Verwaltungsakt vorliegt, sind besondere Bestimmungen zu beachten.

B. Steuerliches Festsetzungs- und Erhebungsverfahren

Die Rücknahme kann

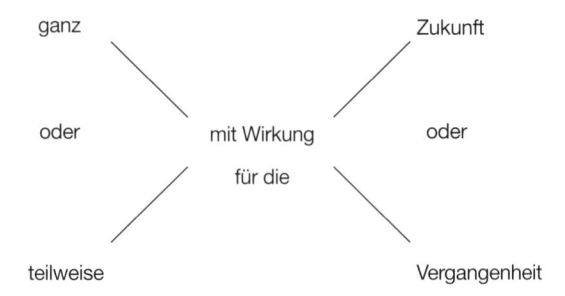

ganz oder teilweise

mit Wirkung für die

Zukunft oder Vergangenheit

erfolgen.

7.2.2.1 Rechtswidriger belastender Verwaltungsakt

Die Rücknahme bewirkt, dass der ursprüngliche rechtswidrige belastende, aber wirksame Verwaltungsakt beseitigt wird und die Familienkasse erneut über diesen Sachverhalt entscheiden kann (ggf. dann wieder durch Verwaltungsakt).

Beispiel:

Ein Sozialleistungsträger begehrt die Erstattung des Kindergeldes nach § 74 Abs. 2 EStG für ein Kind, für welches Arbeitslosengeld II gewährt wird. Dem kommt die Familienkasse nach und überweist anlässlich der Festsetzung das Kindergeld für die letzten sechs Monate an den Sozialleistungsträger. Dem Kindergeldberechtigten wird über die Erstattung nach § 74 Abs. 2 EStG (= Nichtauszahlung an den Berechtigten) ein entsprechender sonstiger Steuerverwaltungsakt erteilt.

Nach Bestandskraft des sonstigen Steuerverwaltungsaktes stellt sich heraus, dass der Sozialleistungsträger das Kindergeld bereits laufend auf das Arbeitslosengeld II des Kindes angerechnet hatte. Ein Erstattungsanspruch bestand damit nicht. Gegenüber dem Kindergeldberechtigten ist der rechtswidrige belastende sonstige Steuerverwaltungsakt (Erstattungsentscheidung) für die Vergangenheit nach § 130 Abs. 1 AO zurückzunehmen; Kindergeld ist ihm im entsprechenden Umfang nachzuzahlen.

Die Erstattungsentscheidung stellte gegenüber dem Sozialleistungsträger keinen Verwaltungsakt dar (vgl. B. 10.4.4). Er muss den zu Unrecht empfangenen Betrag gemäß § 74 Abs. 2 EStG i. V. m. § 112 SGB X zurückerstatten.

7.2.2.2 Rechtswidriger begünstigender Verwaltungsakt

Rechtswidrige begünstigende Verwaltungsakte können nur unter den vertrauensschützenden Einschränkungen des § 130 Abs. 2 AO zurückgenom-

7.2 Rücknahme und Widerruf sonstiger Verwaltungsakte

men werden. Das Vertrauen des Betroffenen auf die Bestandskraft des Verwaltungsaktes ist insbesondere deshalb schutzwürdig, weil eine Begünstigung eingetreten ist. Eine Rücknahme eines solchen Verwaltungsaktes ist sowohl für die Zukunft als auch die Vergangenheit nur möglich, wenn:

- der Verwaltungsakt durch eine sachlich unzuständige Behörde erlassen wurde – § 130 Abs. 2 Nr. 1 AO. Unbeachtlich sind Verstöße gegen die örtliche Zuständigkeit – vgl. § 127 AO. Für den Bereich der Familienkassen der öffentlichen Arbeitgeber ist diese Vorschrift damit ohne praktische Bedeutung.
- unlautere Mittel angewendet wurden – § 130 Abs. 2 Nr. 2 AO. Unlautere Mittel sind arglistige Täuschung, Drohung oder Bestechung.
  Ein **Mitverschulden der Familienkasse** ist **unerheblich**.
  Der Begünstigte muss sich das unlautere Verhalten seines Vertreters oder Dritter, z. B. Steuerberater, zurechnen lassen.
- die Familienkasse aufgrund in wesentlicher Beziehung unrichtiger oder unvollständiger Angaben zu einer fehlerhaften Entscheidung gelangt ist – § 130 Abs. 2 Nr. 3 AO. In der Regel wird es schwer sein, dem Begünstigten oder seinem Vertreter die Anwendung unlauterer Mittel im Sinne von § 130 Abs. 2 Nr. 2 AO nachzuweisen. Allerdings wird dann zumindest dieser Rücknahmetatbestand erfüllt sein. Insoweit spricht man auch von einem sog. Auffangtatbestand gegenüber Nr. 2!

Beispiel:

Das Kind Stephan begehrt bei der Familienkasse die Abzweigung des Kindergeldes nach § 74 Abs. 1 EStG an sich. Dabei gibt es an, von seinen Eltern überhaupt nicht mehr unterhalten zu werden. Auf die daraufhin bei dem Kindergeldberechtigten vorgenommene Anhörung antwortet dieser nicht, weshalb ab dem Folgemonat die Abzweigung des anteiligen Kindergeldes an das Kind Stephan veranlasst wurde. Dabei handelt es sich um einen sonstigen Steuerverwaltungsakt im Erhebungsverfahren mit Doppelwirkung: gegenüber dem Berechtigten ist er belastend (keine Auszahlung des Kindergeldes), gegenüber seinem Kind ist er begünstigend (Auszahlung des Kindergeldes).

Nach Eintritt der Bestandskraft stellt sich heraus, dass die Eltern ihr Kind stets durch Bezahlung der Miete in Höhe von 335 € mtl. unterhalten haben. Damit steht fest, dass die Abzweigungsentscheidung bereits bei ihrer Bekanntgabe rechtswidrig war. Der begünstigende Teil der Entscheidung gegenüber dem Kind Stephan darf aufgrund seiner unzutreffenden Angaben nach § 130 Abs. 2 Nr. 3 AO auch für die Vergangenheit zurückgenommen werden; die zu Unrecht erhaltenen Kindergeldbeträge muss er zurückzahlen. Damit steht auch einer Rücknahme des belastenden Teils der Entscheidung gegenüber dem Kindergeldberechtigten nach § 130 Abs. 1 AO nichts mehr im Wege; ihm werden die entsprechenden Beträge nachgezahlt.

B. Steuerliches Festsetzungs- und Erhebungsverfahren

- der von dem Verwaltungsakt Begünstigte Kenntnis von der Rechtswidrigkeit hatte – § 130 Abs. 2 Nr. 4 AO. Wer die Rechtswidrigkeit eines Verwaltungsaktes kannte oder infolge grober Fahrlässigkeit nicht kannte, verdient keinen Vertrauensschutz. Dieser Rücknahmetatbestand ist insbesondere dann anzuwenden, wenn Kenntnisse in Merkblättern, Hinweisschreiben, Bescheiden usw. vermittelt wurden, die der Begünstigte aber nicht beachtet hat. Gegenüber mit den rechtlichen Problemen besonders vertrauten Personen (z. B. Steuerberatern und Rechtsanwälten) oder Stellen (z. B. Jugend- und Sozialämtern) kann dieser Tatbestand in der Regel auch ohne vorherige Übersendung von Merkblättern und dergleichen angewendet werden.

7.2.2.3 Allgemeine Regelungen für § 130 Abs. 1 und 2 AO

Vor Erlass des Verwaltungsaktes ist der Begünstigte stets **anzuhören** (§ 91 AO).

Die Entscheidung über die Rücknahme ist eine Ermessensentscheidung. Im Regelfall wird dieser Verwaltungsakt wegen Ermessensreduzierung auf Null zurückgenommen, da anderenfalls eine Verletzung des Grundsatzes der Gleichmäßigkeit der Besteuerung nach § 85 AO eintreten würde (vgl. dazu BFH, BStBl. 1991 Teil II, S. 675 – bei der Rücknahme mit Wirkung für die Vergangenheit kann sich der Berechtigte nicht auf den Vertrauensschutz berufen).

Der Verwaltungsakt darf nach § 130 Abs. 3 AO nur **innerhalb eines Jahres** seit Kenntnis der Familienkasse von den Tatsachen, die zur **Rücknahme** führen können, zurückgenommen werden. Der Begünstigte soll nach einer gewissen Zeit – hier: ein Jahr – nicht mehr mit der Rücknahme des Verwaltungsaktes rechnen müssen. Die Jahresfrist gilt ausnahmsweise nicht bei Anwendung unlauterer Mittel und bei Stattgaben im Einspruchsverfahren (§ 132 Satz 2 AO); in diesen Fällen kann eine Rücknahme also auch noch außerhalb der Jahresfrist rechtswirksam erfolgen.

Nach der Unanfechtbarkeit des Verwaltungsaktes entscheidet die örtlich zuständige Familienkasse gemäß § 130 Abs. 4 AO über die Rücknahme. Dies gilt grundsätzlich auch dann, wenn der Verwaltungsakt noch von einer anderen Familienkasse (z. B. der der Agentur für Arbeit) erlassen wurde.

Gegen Rücknahmeentscheidungen im Sinne von § 130 AO (mit der die Rücknahme ausgesprochen oder ein Antrag auf Rücknahme ablehnt wird) ist Einspruch zulässig.

7.2.3 § 131 AO – Widerruf eines rechtmäßigen Verwaltungsaktes

Der Widerruf eines rechtmäßigen, also ohne Rechtsverletzung zustande gekommenen sonstigen Steuerverwaltungsaktes ist unter den Voraussetzun-

7.2 Rücknahme und Widerruf sonstiger Verwaltungsakte

gen des § 131 AO möglich. Rechtmäßig ist der Verwaltungsakt, der zum Zeitpunkt seiner Bekanntgabe dem Gesetz entspricht.

Bei diesen Verwaltungsakten besteht ein besonderer **Vertrauensschutz**, so dass der Widerruf eine Ermessensentscheidung voraussetzt. Die Entscheidung über den Widerruf hat nach pflichtgemäßem Ermessen zu erfolgen. Bei der erforderlichen Abwägung spielt der Gesichtspunkt der Rechtssicherheit eine wesentliche Rolle.

Der Widerruf kann ganz oder teilweise mit Wirkung **nur für die Zukunft** erfolgen. Zukunft ist im Kindergeldbereich dabei grundsätzlich der Monat, der dem Monat der Bekanntgabe der Widerrufsentscheidung folgt.

Rechtmäßige begünstigende Verwaltungsakte genießen einen erhöhten Vertrauensschutz. Ob ein Widerruf zulässig ist, hängt als Ermessensentscheidung von der Abwägung des öffentlichen Interesses gegen das geschützte Vertrauen des Begünstigten ab. Es muss deshalb einer der in § 131 Abs. 2 AO genannten Gründe vorliegen.

In der Praxis der Familienkassen öffentlicher Arbeitgeber ist der Widerruf eines rechtmäßigen begünstigenden Verwaltungsaktes in folgenden Situationen denkbar:

- Stundung gemäß § 222 AO,
- Aussetzung der Vollziehung gemäß § 361 AO,
- Erstattungsentscheidung (laufende Kostenerstattung) nach § 74 Abs. 2 EStG,
- Abzweigungsentscheidung gemäß § 74 Abs. 1 EStG.

Nicht nach § 131 Abs. 2 AO widerrufbar sind z. B. Erlassentscheidungen gemäß § 227 AO, Rückzahlungsverfügungen gemäß § 37 Abs. 2 AO, Abrechnungsbescheide gemäß § 218 Abs. 2 AO und abweichende Festsetzungen aus Billigkeitsgründen gemäß § 163 AO.

Ein Widerruf ist gemäß § 131 Abs. 2 AO nur bei Vorliegen bestimmter Tatbestände zulässig. Der Widerruf bei Auflagen (§ 131 Abs. 2 Nr. 2 AO) ist dabei ohne größere praktische Bedeutung für die Arbeit der Familienkassen. Der Widerrufsvorbehalt (§ 131 Abs. 2 Nr. 1 AO) ist im Bereich der Stundungsentscheidungen hingegen häufiger anzutreffen.

Die nachträgliche Änderung der tatsächlichen Verhältnisse im § 131 Abs. 2 Nr. 3 AO ist für die Familienkassen besonders praxisrelevant. Der Verwaltungsakt kann widerrufen werden, wenn Tatsachen nachträglich (nach Wirksamwerden des sonstigen Steuerverwaltungsaktes) eintreten und das öffentliche Interesse ohne Widerruf gefährdet wäre. Mit dem Widerruf wird eine Anpassung an die veränderten Umstände herbeigeführt.

B. Steuerliches Festsetzungs- und Erhebungsverfahren

> **Beachte!**
> - Eine Änderung der rechtlichen Beurteilung scheidet aus.
> - Lagen die Tatsachen bereits beim Wirksamwerden des Verwaltungsaktes vor, so handelt es sich um einen von Anfang an rechtswidrigen Verwaltungsakt. Dann ist Rücknahme nach § 130 Abs. 2 AO zu prüfen.

Eine Gefährdung des öffentlichen Interesses ist regelmäßig anzunehmen, wenn ein Festhalten an dem Verwaltungsakt den Grundsätzen der Gleichheit der Besteuerung und der Steuergerechtigkeit widerspricht – vgl. § 85 AO. Dieses nachträgliche Bekanntwerden hat nur Bedeutung für Verwaltungsakte mit Dauerwirkung.

Beispiel:

Das Kindergeld wird gem. § 74 Abs. 1 EStG laufend wegen Heimunterbringung des Kindes an ein Jugendamt abgezweigt. Am 5.6. des Jahres teilt das Jugendamt Ihnen mit, dass das Kind bereits am 31.3. des Jahres in den Haushalt des Berechtigten zurückgekehrt ist. Zugleich fragt es an, was mit den Abzweigungsbeträgen für April und Mai geschehen soll. Die Kindergeldzahlung für den Monat Juni des Jahres können Sie noch beeinflussen.

Die Festsetzung des Kindergeldes wird nicht berührt, denn für das Kind muss weiterhin Kindergeld gewährt werden. Betroffen ist nur die Abzweigungsentscheidung. Da es sich dabei um einen sonstigen Steuerverwaltungsakt handelt, ist als Korrekturvorschrift § 131 Abs. 2 Nr. 3 AO anzuwenden (Widerruf eines rechtmäßigen Verwaltungsaktes auf Grund nachträglich eingetretener Tatsachen). Der Widerruf ist aber nur für die Zukunft möglich. Darunter ist grundsätzlich der Monat nach Zugang des Bescheides zu verstehen. Im vorliegenden Fall würde das aber ein unsinniges Ergebnis zur Folge haben: Korrektur ab Juli des Jahres und Auszahlung des Kindergeldes für Juni noch an das Jugendamt. In der Praxis sollte daher die Entscheidung ab dem Zahlmonat widerrufen werden, der noch beeinflussbar ist.

Das Jugendamt muss die Abzweigungsbeträge für April und Mai des Jahres demnach nicht zurück zahlen. In der Regel wird es aber – wie hier – von sich aus die Rückzahlung anbieten. Für die Familienkasse besteht keine rechtliche Möglichkeit, die Beträge anzunehmen. Es steht dem Jugendamt aber natürlich frei, das Kindergeld direkt an den Berechtigten zurückzugeben. An die Familienkasse zurücküberwiesene Beträge können demnach nur als „Makler im Auftrag des Jugendamtes" an den Kindergeldberechtigten weitergeleitet werden.

Der Widerruf gem. § 131 Abs. 2 Nr. 3 AO ist ein sonstiger Steuer-Verwaltungsakt mit Doppelwirkung. Das Jugendamt erhält einen belastenden (Nichtmehrauszahlung) und der Kindergeldberechtigte einen begünstigenden (Auszahlung) Bescheid, jeweils mit Rechtsbehelf.

Hinweis:

Wenn es sich nicht um eine Abzweigung nach § 74 Abs. 1 EStG, sondern (ausnahmsweise) um eine laufende Erstattung gem. § 74 Abs. 2 EStG handeln würde, müsste das Jugendamt das Kindergeld für die Monate April und Mai gem. § 112

7.2 Rücknahme und Widerruf sonstiger Verwaltungsakte

SGB X zurückerstatten. Gegenüber dem Berechtigten wäre aber auch hier nur eine Korrektur gem. § 131 Abs. 2 Nr. 3 AO für die Zukunft möglich, weil ihm gegenüber ja ein sonstiger Steuerverwaltungsakt erlassen wurde. Doch auch in diesem Fall muss das vom Jugendamt zurückerstattete Kindergeld an den Berechtigten ausgezahlt werden. Die Erfüllungsfiktion des § 107 SGB X ist mit der Rückerstattung durch das Jugendamt entfallen, weshalb der Kindergeldanspruch jetzt für diesen Zeitraum gegenüber dem Berechtigten erfüllt werden muss.

Der Widerruf eines rechtmäßigen begünstigenden Verwaltungsaktes ist zeitlich eingeschränkt. Er kann von der Familienkasse nur **innerhalb eines Jahres** nach Kenntnisnahme der neuen Tatsachen widerrufen werden. Dieses Verfahren nach § 131 Abs. 2 letzter Satz AO entspricht auch der zeitlichen Grenze bei der Rücknahme rechtswidriger begünstigender Verwaltungsakte – § 130 Abs. 3 AO.

Gemäß § 124 AO wird der Widerruf im Zeitpunkt der Bekanntgabe wirksam. Damit wird der widerrufene Verwaltungsakt in der Regel nach § 131 Abs. 3 AO unwirksam. Dies gilt nur dann nicht, wenn die Familienkasse bestimmt, dass der widerrufene Verwaltungsakt erst später unwirksam werden soll.

Über den Widerruf eines rechtmäßigen Verwaltungsaktes entscheidet die örtlich zuständige Finanzbehörde (§ 131 Abs. 4 AO).

Der Verwaltungsakt, der den Widerruf ausspricht oder einen Antrag auf Widerruf ablehnt, ist mit Einspruch anfechtbar.

7.2.4 Korrektur im Einspruchsverfahren – § 132 AO

Satz 1 der Vorschrift stellt klar, dass Kindergeldbescheide und sonstige Steuerverwaltungsakte jederzeit, also auch noch im Einspruchs- und Klageverfahren vor den Finanzgerichten korrigiert (d. h. zurückgenommen, widerrufen, aufgehoben oder geändert) werden können. Für offenbare Unrichtigkeiten ergibt sich eine entsprechende Berechtigung der Familienkassen bereits aus § 129 AO, wonach eine Berichtigung jederzeit erfolgen kann; einer besonderen Erwähnung in § 132 Satz 1 AO bedurfte es daher nicht mehr.

Im Bereich des steuerrechtlichen Kindergeldes erlassen die Familienkassen Abzweigungsbescheide nach § 74 Abs. 1 EStG als sonstigen Steuerverwaltungsakt. Mit ihnen wird nicht über die Festsetzung des Kindergeldes entschieden, sondern nur darüber, wem das bereits festgesetzte Kindergeld tatsächlich auszuzahlen ist. Soll Kindergeld nicht mehr an den Berechtigten, sondern an den Abzweigungsbegehrenden ausgezahlt werden, ergehen diese Bescheide nicht nur gegenüber dem Abzweigungsbegehrenden (erhält das Kindergeld laufend ausgezahlt), sondern auch gegenüber dem Kindergeldberechtigten (erhält kein Kindergeld mehr für dieses Kind ausgezahlt).

B. Steuerliches Festsetzungs- und Erhebungsverfahren

Damit handelt es sich um Verwaltungsakte mit Doppel- oder Drittwirkung. Erhebt der Kindergeldberechtigte gegen die ihn belastende Auszahlungsentscheidung Einspruch und muss diesem Einspruch durch Rücknahme des Abzweigungsbescheides stattgegeben werden, so schreibt § 132 Satz 2 AO vor, dass der Abzweigungsbegehrende zugleich seine Begünstigung verliert.

Der Regelungsinhalt des § 132 Satz 2 AO besteht ausschließlich darin, dass die eingeschränkten Rücknahme- bzw. Widerrufsmöglichkeiten begünstigender Verwaltungsakte in den §§ 130 Abs. 2 und 3 und 131 Abs. 2 und 3 AO für die Vergangenheit bzw. die Zukunft nicht zu beachten sind. Mithin kann die Familienkasse infolge einer stattgebenden Einspruchs- oder Klageentscheidung in jedem Fall auch die begünstigende Entscheidung für den gleichen Zeitraum korrigieren. Selbst an die Jahresfrist des § 130 Abs. 3 AO ist die Familienkasse nicht mehr gebunden.

Beispiel:

Das Kind Stephan begehrt bei der Familienkasse die Abzweigung des Kindergeldes nach § 74 Abs. 1 EStG an sich. Dabei gibt es an, von seinen Eltern überhaupt nicht mehr unterhalten zu werden. Auf die daraufhin bei dem Kindergeldberechtigten vorgenommene Anhörung antwortet dieser nicht, weshalb ab dem Folgemonat die Abzweigung des anteiligen Kindergeldes an das Kind Stephan veranlasst wurde. Dabei handelte es sich um einen sonstigen Steuerverwaltungsakt im Erhebungsverfahren mit Doppelwirkung: gegenüber dem Berechtigten ist er belastend (keine Auszahlung des Kindergeldes), gegenüber seinem Kind ist er begünstigend (Auszahlung des Kindergeldes).

Im Einspruchsverfahren trug der Kindergeldberechtigte vor, dass es seine Unterhaltspflicht nicht verletzt, weil er für sein Kind stets die Wohnraumkosten in Höhe von 355,– € mtl. trägt. Damit steht fest, dass die Abzweigungsentscheidung bereits bei ihrer Bekanntgabe rechtswidrig war. Es ist gegenüber dem Berechtigten ein Stattgabebescheid zu erteilen mit der Folge, dass ihm das Kindergeld auch rückwirkend wieder ausgezahlt werden muss.

Gegenüber dem Kind wird dann die Rücknahme der Abzweigungsentscheidung für die Vergangenheit auf § 132 Satz 2 i. V. m. § 130 Abs. 1 AO gestützt; infolge dessen ist es zur Rückzahlung der bereits erhaltenen Beträge verpflichtet.

7.3 Aufhebung und Änderung von Steuerbescheiden unter dem Vorbehalt der Nachprüfung und vorläufigen Steuerbescheiden – §§ 164, 165 AO

Die Kindergeldfestsetzung darf als gebundener Verwaltungsakt nach § 120 Abs. 1 AO mit einer Nebenbestimmung versehen werden. Diese Nebenbestimmung muss nach § 4 AO durch Rechtsvorschrift vorgesehen sein.

Gesetzlich zugelassene Nebenbestimmungen für die Kindergeldfestsetzung sind u. a.

7.3 Aufhebung und Änderung von Steuerbescheiden

- der Vorbehalt der Nachprüfung gemäß § 164 AO i. V. m. § 155 Abs. 4 AO
- die Vorläufigkeitserklärung gemäß § 165 AO i. V. m. § 155 Abs. 4 AO.

Die Nebenbestimmungen führen zu einer Einschränkung des Anspruches auf Kindergeld, deshalb beschränkt sich der Gesetzgeber ausdrücklich auf die gesetzlich vorgesehenen Nebenbestimmungen. Die Verwendung einer dieser Nebenbestimmungen führt immer dazu, dass die Entscheidung über die Kindergeldfestsetzung schriftlich bekannt zu geben ist, denn § 70 Abs. 1 Satz 2 gilt hier nicht.

7.3.1 Steuerbescheide unter dem Vorbehalt der Nachprüfung

Speziell für die Zwecke der Finanzämter wurde der Vorbehalt der Nachprüfung gemäß § 164 AO geschaffen, um eine schnelle erste Steuerfestsetzung vornehmen zu können.

Der Vorbehalt der Nachprüfung ist zulässig bei allen Festsetzungen, für die die Vorschriften über die Steuerfestsetzungsverfahren gelten, z. B. bei der Steuervergütung „Kindergeld".

Die Festsetzung des Kindergeld erfolgt zunächst nur auf Grund der Angaben des Berechtigten, die die Familienkasse aber erst nach der Festsetzung überprüft. Eine Begründung hierfür ist nicht erforderlich. Der Vorbehalt der Nachprüfung erfasst die Kindergeldfestsetzung insgesamt, nicht zulässig ist eine Beschränkung auf einzelne Punkte der Festsetzung.

Die Festsetzung des Kindergeldes unter dem Vorbehalt der Nachprüfung entfaltet dieselben Wirkungen wie ein endgültiger Bescheid, d. h. die Festsetzung ist anfechtbar, ggf. durch Einspruch oder Antrag auf Korrektur, vollziehbar und führt zur Fälligkeit des festgesetzten Kindergeldes.

Der Vorbehalt der Nachprüfung hat zur Folge, dass sich der Familienkasse die Möglichkeit eröffnet, die Kindergeldfestsetzung in vollem Umfang zu korrigieren, solange der Vorbehalt nach § 164 Abs. 2 und 4 AO wirksam ist. Der Eintritt der materiellen Bestandskraft wird verhindert, d. h. der Kindergeldfestsetzungsbescheid kann inhaltlich vollständig abgeändert werden. Man spricht von einem so genannten „offenem" Kindergeldfall.

Das hat zur Folge:

- Die Familienkasse kann die Festsetzung des Kindergeldes unter dem Vorbehalt der Nachprüfung von Amts wegen aufheben oder ändern, wenn ein sachlicher Anlass besteht.
- Der Berechtigte kann formlos auf Antrag jederzeit durch Einreichen von Nachweisen, Erklärungen u. a. die Korrektur dieser Festsetzung zu seinen Gunsten beantragen, auch nach Ablauf der Einspruchsfrist.

B. Steuerliches Festsetzungs- und Erhebungsverfahren

Der Vorbehalt der Nachprüfung kann nur in die erste Kindergeldfestsetzung wirksam aufgenommen werden, ein späteres Nachschieben der unselbständigen Nebenbestimmung ist nicht möglich. Eine geänderte Kindergeldfestsetzung verbleibt ebenfalls unter dem Vorbehalt der Nachprüfung, sofern dieser nicht ausdrücklich schriftlich gemäß § 164 Abs. 3 Satz 2 AO aufgehoben wurde. Es gelten hier die Formvorschriften für Steuerbescheide gemäß § 157 Abs. 1 Satz 1 und 3 AO.

Möglichkeiten der Aufhebung – Beispiele:

1 Eigenständiger Bescheid über die Aufhebung des Vorbehaltes
z. B. „Der Vorbehalt der Nachprüfung in der Festsetzung des Kindergeldes vom 20.11.2007 für das Kind Johanna wird gemäß § 164 Abs. 3 AO aufgehoben."

2 Aufhebung im Zusammenhang mit einem Einspruch oder einer Korrektur
z. B. „Der Bescheid über die Festsetzung des Kindergeldes vom 20.11.2007 für das Kind Johanna ist gemäß § 164 Abs. 2 AO geändert. Der Vorbehalt der Nachprüfung wird aufgehoben."

Die Aufhebung des Vorbehaltes, die jederzeit möglich ist, steht einer Festsetzung ohne Vorbehalt, d. h. einer endgültigen Festsetzung, gleich (§ 164 Abs. 3 Satz 2 AO).

Wird der Vorbehalt der Nachprüfung nicht ausdrücklich aufgehoben, entfällt dieser kraft Gesetzes (§ 164 Abs. 4 Satz 1 AO) mit Ablauf der allgemeinen Festsetzungsverjährung von vier Jahren gemäß § 169 Abs. 2 Satz 1 Nr. 2 AO.

Gegen die Festsetzung des Kindergeldes unter dem Vorbehalt der Nachprüfung ist der Einspruch zulässig (§ 367 Abs. 1 AO). Allerdings ist der Vorbehalt der Nachprüfung als unselbständige Nebenbestimmung nicht selbständig angreifbar.

Von besonderer praktischer Bedeutung für die Arbeit der Familienkassen ist die Vorschrift zur Zeit nicht. Ihre Anwendung sollte auf wenige, besonders gelagerte Einzelfälle beschränkt werden.

7.3.2 Vorläufige Steuerbescheide

Eine vorläufige Festsetzung des Kindergeldes nach § 165 Abs. 1 Satz 1 AO ist nur zulässig, soweit noch Ungewissheit über Anspruch auf Kindergeld nach § 62 ff. EStG besteht und die Festsetzung nicht bis zur endgültigen Klärung des Sachverhaltes aufgeschoben werden sollte.

Die Festsetzung erfolgt nur im Hinblick auf die ungewissen Tatsachen unter dem Aspekt der Vorläufigkeit, aber nicht im Hinblick auf deren steuerrechtliche Beurteilung. Ungewiss heißt, das im Zeitpunkt der Entscheidung über den Anspruch auf Kindergeld feststeht, dass ein Anspruch dem Grunde

7.3 Aufhebung und Änderung von Steuerbescheiden

nach besteht, aber einzelne oder mehrere Voraussetzungen der Familienkasse nicht bekannt sind und diese nicht durch zusätzlichen Ermittlungsaufwand gemäß § 88 AO erlangt werden können.

Eine vorläufige Festsetzung nach § 165 Abs. 1 Satz 1 AO ist insbesondere dann vorzunehmen, wenn eine Festsetzung unter dem Vorbehalt der Nachprüfung nicht zweckmäßig erscheint, weil z. B. keine Prüfung des gesamten Kindergeld-(Steuer-)Falles zu erwarten ist. Die Vorläufigkeit erstreckt sich daher in der Regel nur auf bestimmte Punkte der Festsetzung des Kindergeldes, in seltenen Fällen auf die gesamte Festsetzung.

Im Unterschied zur Festsetzung unter dem Vorbehalt der Nachprüfung hat dies zur Folge:

- Die Vorläufigkeit erstreckt sich nur auf einen ungewissen Tatbestand.
- Der Ablauf der Festsetzungsverjährung ist gehemmt, solange die Ungewissheit besteht, d. h. der Fall bleibt materiellrechtlich „offen". Die Festsetzungsfrist endet nicht vor Ablauf eines Jahres, nachdem die Ungewissheit beseitigt wurde und die Finanzbehörde – Familienkasse – hiervon Kenntnis erhalten hat (§ 171 Abs. 8 AO).

Im § 165 Abs. 1 Satz 2 AO sind weitere Fallgestaltungen für eine vorläufige Kindergeldfestsetzung genannt. Relevanz für die Familienkassen erlangte dabei § 165 Abs. 1 Satz 2 Nr. 2 AO, der eine vorläufige Steuerfestsetzung für die Fälle vorschreibt, in denen das Bundesverfassungsgericht die Unvereinbarkeit eines Steuergesetzes mit dem Grundgesetz festgestellt und den Gesetzgeber zu einer Neuregelung verpflichtet hat.

Beispiel:

Das Bundesverfassungsgericht hatte mit Beschluss vom 4.12.2002, 2 BvR 400/98 und 2 BvR 1735/00, BStBl II 2003, S. 534 entschieden, dass in bestimmten Fällen eine zeitliche Begrenzung des Abzugs von Aufwendungen für die doppelte Haushaltsführung als Werbungskosten auf zwei Jahre (§ 9 Abs. 1 Satz 3 Nr. 5 Satz 3 EStG) mit dem Art. 3 Abs. 1 GG unvereinbar ist. Der Gesetzgeber wurde zugleich verpflichtet, rückwirkend eine verfassungskonforme Rechtslage herzustellen (dem der Gesetzgeber dann auch mit dem Steueränderungsgesetz 2003 vom 15.12.2003 nachgekommen ist).

Das Bundeszentralamt für Steuern hatte für den Bereich des steuerrechtlichen Kindergeldes mit Schreiben vom 16.10.2003, St I 4 – S 0338-1/2003 die Weisung erteilt, dass vor diesem Hintergrund Ablehnungs- und Aufhebungsbescheide im Bereich Kindergeld insoweit nach § 165 Abs. 1 Satz 2 Nr. 2 AO vorläufig zu erlassen waren. Im Bescheid musste ausdrücklich darauf hingewiesen werden.

Handelt es sich bei den Fällen nach § 165 Abs. 1 Satz 1 AO um Ermessensentscheidungen der Familienkasse, wird sich das Ermessen im Anwendungsbereich des Satzes 2 regelmäßig auf Null reduzieren.

B. Steuerliches Festsetzungs- und Erhebungsverfahren

> **Beachte!**
>
> Darüber hinaus kommt der Vorschrift des § 165 AO derzeit keine besondere praktische Bedeutung zu.

Die Vorläufigkeit kann nur in die erste Kindergeldfestsetzung wirksam aufgenommen werden, ein späteres Nachschieben dieser unselbständigen Nebenbestimmung ist nicht möglich. Die Festsetzung des Kindergeldes mit dieser Nebenbestimmung des § 165 AO ist schriftlich bekannt zu geben. Es gelten hier die Formvorschriften für Steuerbescheide gemäß § 157 Abs. 1 Satz 1 und 3 AO. Gleichzeitig besteht das Erfordernis, dass der Umfang und der Grund der Vorläufigkeit anzugeben sind, anders als bei der Festsetzung unter dem Vorbehalt der Nachprüfung nach § 164 AO (§ 165 Abs. 1 Satz 3 AO). Die fehlende Begründung führt nicht zur Nichtigkeit der Vorläufigkeitsbestimmung, sie kann gemäß § 126 Abs. 1 Nr. 2 AO nachgeholt werden.

7.4 Aufhebung und Änderung von Steuerbescheiden – § 172 AO

§ 172 AO enthält die Grundregel für die Aufhebung und Änderung von rechtswidrigen Kindergeldbescheiden. Für den Anwendungsbereich der Familienkassen ist lediglich Abs. 1 Satz 1 Nr. 2 dieser Vorschrift von Bedeutung. Insgesamt sind in den Buchstaben a) – d) vier unterschiedliche Korrekturtatbestände aufgeführt.

7.4.1 Schlichter Änderungsantrag und Einspruch

Wenn der Kindergeldberechtigte der Auffassung ist, dass eine Kindergeldfestsetzung rechtswidrig ist, hat er nebeneinander zwei Möglichkeiten, dagegen vorzugehen:

- Einspruch einlegen gemäß § 347 ff. AO
- einen schlichten Änderungsantrag stellen gemäß § 172 Abs. 1 Satz 1 Nr. 2a AO.

Wird eine Mitteilung des Kindergeldberechtigten ausdrücklich als Antrag auf schlichte Änderung oder als Einspruch bezeichnet, so ist auch ein solcher anzunehmen. Eine Umdeutung in die jeweils andere Möglichkeit scheidet dann aus. Häufig kommt es vor, dass der Kindergeldberechtigte in seiner Mitteilung nicht klar zum Ausdruck bringt, welche der beiden Möglichkeiten er wählt.

Beispiel:

1 Mit Ihrer Entscheidung bin ich so nicht einverstanden ...

7.4 Aufhebung und Änderung von Steuerbescheiden

Dieses unklare Begehren des Kindergeldberechtigten ist auslegungsbedürftig. Die Rechtsprechung geht in diesen Fällen davon aus, dass es sich bei einem unklaren Begehren regelmäßig um einen Einspruch handelt, weil dieser den umfangreichen Rechtsschutz für den Berechtigten bietet, indem er den gesamten Sachverhalt in die Überprüfung einbezieht. Vergleiche dazu die nachfolgende Übersicht:

Vergleich	Schlichte Änderung § 172 Abs. 1 Nr. 2a AO	Einspruch § 347 AO
Form	formlos	schriftlich, zu Protokoll
Frist	indirekt bei Änderung zugunsten	einen Monat
Gegenstand	Steuervergütungsbescheid	vgl. § 347 AO
Umfang	soweit der Antrag betragsmäßig reicht	umfassend
Rechtsfehlerkorrektur	ja	ja
Verböserungsmöglichkeit	nein	ja
Erweiterung des Antrages nach Fristablauf	nein	ja
Wiedereinsetzung	nein	ja
Ermessensentscheidung	ja	ja
Aussetzung der Vollziehung	nein	nein
Kostenerstattung	keine	ja (§ 77)

Im Zweifelsfall ist stets davon auszugehen, dass der Kindergeldberechtigte Einspruch einlegen wollte.

Zu beachten ist jedoch, dass Einspruch und schlichter Änderungsantrag grundsätzlich an die Einhaltung der Einspruchsfrist gebunden sind. Wird außerhalb der Einspruchsfrist ein nicht näher spezifiziertes Schreiben vorgelegt, so ist dies nicht als Einspruch, sondern ganz allgemein als Antrag auf Korrektur – bzw. nach erfolgter Aufhebung der Festsetzung oder einer Ablehnung aus materiellrechtlichen Gründen als Neuantrag – zu werten.

B. Steuerliches Festsetzungs- und Erhebungsverfahren

Beispiel:

2 Am 25.9.2007 wurde der Anspruch auf Kindergeld ab Juli 2007 wegen fehlender Mitwirkung mit Verwaltungsakt abgelehnt. Am 1.12.2007 werden kommentarlos die erforderlichen Nachweise vorgelegt. Die Einspruchsfrist ist bereits verstrichen, somit stellt dies einen Antrag auf Korrektur für die Zeit der Ablehnung des Kindergeldes (Juli–September 2007, weil in diesem Monat der Ablehnungsbescheid aus materiellrechtlichen Gründen bekannt gegeben wurde) und einen Neuantrag ab dem Folgemonat der Bekanntgabe (Oktober 2007) dar.

Nur wenn ausdrücklich außerhalb der Einspruchsfrist ein Einspruch eingelegt wird, ist dieser wegen der eingetretenen Verfristung als unzulässig zu verwerfen.

Von Interesse kann der schlichte Änderungsantrag im Einzelfall dann sein, wenn innerhalb der Einspruchsfrist von einem Monat keine schriftliche Mitteilung des Kindergeldberechtigten eingeht, dieser sich aber z.B. telefonisch mit dem Bescheid nicht einverstanden erklärt hat. Denn ein schlichter Änderungsantrag kann formfrei gestellt werden, also selbst fernmündlich. Wichtig ist dann nur, dass innerhalb der Einspruchsfrist ein konkreter Antrag gestellt wird. Die Begründung kann nachgereicht werden – ggf. ebenfalls telefonisch. Der schlichte Änderungsantrag reicht stets nur soweit, wie der Antrag gestellt wird.

Tipp!

Ein schlichter Änderungsantrag ist im Kindergeldbereich als Alternative zum Einspruch wenig sinnvoll. Den Kindergeldberechtigten sollte daher in Beratungsgesprächen der Weg des Einspruches empfohlen werden.

§ 172 Abs. 1 Satz 1 Nr. 2a AO lässt zwar ohne zeitliche Grenze, natürlich mit Ausnahme der Festsetzungsverjährung, einen Zuungunstenantrag des Kindergeldberechtigten zu. Ein solcher Antrag ist jedoch unrealistisch. In diesem Zusammenhang ist zu beachten, dass die bloße Mitteilung von Tatsachen, die sich ungünstig für den Kindergeldberechtigten auswirken, niemals als ein schlichter Änderungsantrag (zuungunsten des Berechtigten) anzusehen ist.

Ein innerhalb der Frist eingelegter Einspruch ist im Regelfall das Instrument des Kindergeldberechtigten, um sich gegen eine Entscheidung der Familienkasse zu wenden. Entspricht die Familienkasse dem Einspruch, so wird ein Abhilfebescheid erteilt, dessen Rechtsgrundlage § 172 Abs. 1 Satz 1 Nr. 2a AO ist. Der Abhilfebescheid ist also nichts anderes als eine geänderte Kindergeldfestsetzung im Sinne von § 172 Abs. 1 Satz 1 Nr. 2a AO. Dies ergibt sich aus § 172 AO, der auch in Einspruchsverfahren die normalen Korrekturnormen für anwendbar erklärt.

7.4 Aufhebung und Änderung von Steuerbescheiden

Soll einem Einspruch abgeholfen werden, so geschieht dies durch Erteilung einer geänderten Kindergeldfestsetzung im Sinne von § 172 Abs. 1 Satz 1 Nr. 2a AO. Die erforderliche Zustimmung des Kindergeldberechtigten für die Anwendung des § 172 Abs. 1 Satz 1 Nr. 2a AO ist insoweit in seinem Einspruch enthalten. Soll einem Einspruch voll abgeholfen werden, so ist ein vollständiger Abhilfebescheid zu erteilen, in dem auf die Erledigung des Einspruch in vollem Umfang hinzuweisen ist.

Kann hingegen nur teilweise abgeholfen werden (z. B. Kindergeld kann nur für drei Monate rückwirkend festgesetzt werden und nicht, wie im Einspruch begehrt, für neun Monate), so ist insoweit ein Teilabhilfebescheid nach § 172 Abs. 1 Satz 1 Nr. 2a AO zu erteilen. Die angefochtene Entscheidung ist mit geändertem Inhalt weiterhin existent und Gegenstand des Einspruchsverfahrens (im genannten Beispiel noch die Nichtfestsetzung von Kindergeld für die verbleibenden sechs Monate). Dem Kindergeldberechtigten sollte in diesen Fällen die Rücknahme des Einspruchs empfohlen werden, da er im Einspruchsverfahren mit keiner günstigeren Entscheidung rechnen kann. Nimmt der Kindergeldberechtigte den Einspruch gleichwohl nicht zurück, ist eine teilweise ablehnende Einspruchsentscheidung zu erteilen – „Der Einspruch ist insoweit unbegründet".

Abhilfe- und Teilabhilfebescheide können selbst im Laufe des finanzgerichtlichen Verfahrens erteilt werden.

§ 367 Abs. 2 Satz 2 AO lässt im Einspruchsverfahren ausdrücklich die **Verböserung** zu.

Beispiel:

3 Für das Jahr 2007 wurde Kindergeld wegen des Wegfalles eines Zählkindes von 179 Euro auf 154 Euro rückwirkend im Jahr 2008 korrigiert. Im Einspruchsverfahren stellt man fest, dass ein Anspruch auf Kindergeld für dieses Kind wegen Ausbildungsabbruchs überhaupt nicht mehr bestand.

Eine Verböserung im Einspruchsverfahren kommt erst nach Anhörung des Berechtigten in Betracht. Nimmt der Berechtigte dann seinen Einspruch zurück, kann im Einspruchsverfahren natürlich nicht mehr korrigiert werden. Es ist dann aber stets zu prüfen, ob eine sonstige Korrekturnorm außerhalb des Einspruchsverfahrens greift.

Um keine Verböserung in diesem Sinne handelt es sich aber, wenn erst im Einspruchsverfahren aufgrund neuer Informationen durch den Berechtigten festgestellt wird, dass eine Aufhebung z. B. nicht erst ab Oktober des Jahres vorzunehmen ist, sondern bereits ab Juli. Für die Zeit von Juli bis September ist in diesem Fall noch gar keine Korrekturentscheidung getroffen worden. Mit der Entscheidung für die Zeit ab Oktober ist auch kein Verbrauch der

B. Steuerliches Festsetzungs- und Erhebungsverfahren

Korrekturmöglichkeit ab Juli eingetreten, weshalb jetzt noch für diesen zweiten Zeitraum korrigiert werden kann. In der Regel wird es die gleiche Korrekturnorm wie bei der ersten Entscheidung sein.

Aufgrund der Vielzahl von Einsprüchen wurden mit dem Jahressteuergesetz 2007 in § 172 AO ein Abs. 3 (für schlichte Änderungsanträge) und in § 367 AO ein Abs. 2b (für Einsprüche) eingefügt, wonach nunmehr die Erledigung von Änderungsanträgen und Einsprüchen durch Allgemeinverfügung möglich ist. Da das Jahressteuergesetz 2007 am 18.12.2006 im BGBl. verkündet wurde, gelten die Regelungen ab dem 19.12.2006. Es können nur solche Anträge und Einsprüche zurückgewiesen werden, die eine vom Gerichtshof der Europäischen Gemeinschaften, vom Bundesverfassungsgericht oder vom Bundesfinanzhof entschiedene Rechtsfragen betreffen. Massenverfahren müssen dann nicht mehr einzeln aufgegriffen und abgewickelt werden.

Der Erlass einer solchen Allgemeinverfügung steht im Ermessen des BMF als oberster Finanzbehörde. Sie wird im Bundessteuerblatt und auf den Internetseiten des BMF veröffentlicht, ggf. auch darüber hinaus durch Pressemitteilungen und Aushänge in den Finanzbehörden. Die Allgemeinverfügung gilt am Tag nach der Herausgabe der Allgemeinverfügung als bekanntgegeben. Der Betroffene von einer Allgemeinverfügung kann innerhalb eines Jahres nach deren Bekanntgabe Klage dagegen erheben.

Eine speziell für den Familienleistungsausgleich zugeschnittene Regelung wurde in Art. 11 Nr. 2e dem Einführungsgesetz zur Abgabeordnung der § 18a Abs. 11 angefügt. Am 31.12.2006 anhängige Einsprüche gegen die Höhe des Kindergeldes für die Jahre 1996 bis 2000 gelten mit Wirkung vom 1.1.2007 ohne Einspruchsentscheidung als zurückgewiesen (Zurückweisungsfiktion). Gegen die Zurückweisung können die Betroffenen bis zum 31.12.2007 Klage erheben. Auch hier wurden die Betroffenen lediglich über Presseerklärungen, Informationen an Steuerberaterverbände und ggf. Aushänge in den Familienkassen (bzw. auch Informationstafeln in den Behörden öffentlicher Arbeitgeber) unterrichtet.

7.4.2 Verwaltungsakte einer sachlich unzuständigen Behörde

Verwaltungsakte, die von einer absolut sachlich unzuständigen Behörde erlassen wurden, sind bereits nichtig. Andere Fälle sind praktisch nicht denkbar, deshalb wird auf eine eingehende Behandlung dieser Korrekturnorm verzichtet.

7.4.3 Durch unlautere Mittel erwirkter Kindergeldbescheid

Ein durch unlautere Mittel erwirkter Kindergeldbescheid darf korrigiert werden. Unlautere Mittel sind z. B. arglistige Täuschung, Drohung oder Bestechung.

7.5 Korrektur von Steuerbescheiden

Diese Aufzählung ist jedoch nicht abschließend, weshalb auch jedes andere vorsätzliche Verhalten hierunter fällt. Im Kindergeldbereich dürfte dies in der Regel nur bei Urkundenfälschungen der Fall sein, z. B. dann, wenn eine Geburtsurkunde für ein Kind gefälscht wird.

Die bloße Falschbeantwortung einer Frage im Kindergeldantrag wird regelmäßig jedoch nicht die Kriterien der arglistigen Täuschung erfüllen. Im Übrigen dürfte der Vorsatz in solchen Fällen auch nur schwer und aufwändig zu beweisen sein. Daneben greift in solchen Fällen stets § 173 Abs. 1 Nr. 1 AO als die für die Verwaltung zweckmäßigere Korrekturnorm. § 173 AO ist grundsätzlich unabhängig von Verschuldensgesichtspunkten anzuwenden.

7.4.4 Sonstige Korrekturnormen

§ 172 Abs. 1 Satz 1 Nr. 2d AO erlaubt die Korrektur von Kindergeldbescheiden, soweit dies z. B. in § 129 AO, §§ 173–175 AO bzw. § 70 Abs. 2 bis 4 zugelassen ist.

7.5 Korrektur von Steuerbescheiden wegen neuer Tatsachen oder Beweismittel – § 173 AO

§ 173 Abs. 1 AO nennt zwei gegenläufige Korrekturmöglichkeiten.
- § 173 Abs. 1 Nr. 1, wenn zu Lasten des Kindergeldberechtigten zu korrigieren ist. Wegen § 155 Abs. 4 AO ist eine *höhere Steuer* hier sinngemäß wie ein *niedrigeres Kindergeld* auszulegen.
- § 173 Abs. 1 Nr. 2, wenn zugunsten des Kindergeldberechtigten zu korrigieren ist. Wegen § 155 Abs. 4 AO ist eine *niedrigere Steuer* hier sinngemäß wie ein *höheres Kindergeld* auszulegen.

7.5.1 Tatsachen oder Beweismittel

Eine **Tatsache** ist nach der wiederholten Definition des BFH jeder Lebensvorgang, der insgesamt oder teilweise den gesetzlichen Steuertatbestand oder ein einzelnes Merkmal dieses Tatbestandes erfüllt, also tatsächliche Zustände, Vorgänge, Eigenschaften usw. Für das Kindergeld kommen insbesondere die in den §§ 62 ff. und 32 EStG aufgezeigten Sachverhaltsbestandteile in Betracht.

Z. B.:
- Wohnsitz/gewöhnlicher Aufenthalt
- Haushaltszugehörigkeit eines Kindes
- Beginn/Andauern/Ende einer Ausbildung
- Vorliegen einer Behinderung
- Höhe der Einkünfte und Bezüge eines Kindes

B. Steuerliches Festsetzungs- und Erhebungsverfahren

Keine Tatsachen im Sinne des § 173 AO sind:

- Schlussfolgerungen aller Art, insbesondere rechtliche Würdigungen und darauf beruhende Entscheidungen.
  Vermutungen, Richt- und Erfahrungssätze und Schätzungen sind ebenfalls Schlussfolgerungen.
- Rechtsnormen.

§ 173 AO kommt nicht zur Anwendung, wenn die Tatsachen vollständig bekannt waren und wenn eine Rechtsfolge unzutreffend beurteilt wurde.

Die Korrektur einer Entscheidung zugunsten, aber auch zuungunsten des Kindergeldberechtigten ist nach § 173 Abs. 1 AO ebenfalls nicht möglich, wenn sich die Rechtsprechung des BFH ändert oder bei bisher fehlender höchstrichterlicher Rechtsprechung der BFH erstmals die von der Verwaltung vertretene Rechtsauffassung verwirft. § 173 AO ist nur dann anwendbar, wenn Tatsachen oder Beweismittel bereits zum Zeitpunkt der ursprünglichen Kindergeldfestsetzung rechtserheblich waren, nicht aber, wenn diesen erst durch die geänderte/neue Rechtsprechung rechtserhebliche Bedeutung zukommt. Bei Rechtsprechungsänderung kann die Bestandskraft der Festsetzung nur für die Zukunft durchbrochen werden – siehe § 70 Abs. 3 Satz 2 EStG i. V. m. § 176 AO.

Ein **Beweismittel** ist jedes Erkenntnismittel, das geeignet ist, das Vorliegen oder Nichtvorliegen von Tatsachen zu beweisen (BFH, BStBl 89, 585 ff.), z. B.

- Geburtsurkunde
- Haushaltsbescheinigung
- Ausbildungsbescheinigung
- Gehaltsabrechnung
- glaubhafte Erklärung oder Versicherung an Eides statt als Beweisersatz

7.5.2 Nachträgliches Bekanntwerden

Wenn die AO in der Überschrift des § 173 AO auch von *neuen* Tatsachen oder Beweismitteln spricht, so sind damit keinesfalls neu eingetretene Änderungen in den Verhältnissen gemeint, sondern vielmehr, dass nachträglich steuerlich relevante Tatsachen oder Beweismittel bekannt werden. Die Kindergeldfestsetzung war bereits von Anfang an rechtswidrig, weil der Sachverhalt nicht vollständig bekannt war.

> § 173 AO betrifft nur Fälle, in denen die Kindergeldfestsetzung von Anfang an rechtswidrig war. Tritt Rechtswidrigkeit erst später durch Änderungen in den Verhältnissen ein, erfolgt die Korrektur hingegen nach § 70 Abs. 2 EStG bzw. im Hinblick auf die Einkünfte und Bezüge eines Kindes über 18 Jahre nach § 70 Abs. 4 EStG.

7.5 Korrektur von Steuerbescheiden

Ursache für den der Familienkasse unvollständig bekannten Sachverhalt sind

- Verstöße des Kindergeldberechtigten gegen seine Mitwirkungspflichten, z. B. falsche Angabe im Antrag, aber auch Nichterstattung einer Veränderungsanzeige vor der Festsetzung des Kindergeldes

oder

- die Verletzung der Untersuchungspflichten der Familienkasse im Ermittlungsverfahren,

Beispiel:

Der Berechtigte hat im Kindergeldantrag ordnungsgemäß aufgeführt, dass sein Kind außerhalb seines Haushaltes lebt. Die Familienkasse hat jedoch nicht geprüft, ob das Kind bei vorrangigen Pflege- oder Großeltern lebt.

Dabei ist es ohne Belang, dass zumindest in den Fällen der Verstöße des Berechtigten gegen seine Mitwirkungspflichten die Behörde zum Zeitpunkt ihrer Entscheidung ja noch von der Richtigkeit ihrer Entscheidung ausgehen konnte. Die Frage der Rechtswidrigkeit ist auch in der AO stets aus der objektiven Sicht zu beurteilen, also unter Zugrundelegung des späteren Kenntnisstandes.

Neu im Sinne von § 173 AO ist eine Tatsache/ein Beweismittel dann, wenn sie/es

- beim Abschluss der Willensbildung
- dem entscheidungsbefugten Amtsträger
- der zuständigen Stelle

noch unbekannt war.

Damit sind irgendwelche Kenntnisse des Steuerpflichtigen nicht relevant, sondern allein die der Finanzbehörde.

Die behördliche Willensbildung wird abgeschlossen mit der abschließenden Zeichnung der Festsetzungsverfügung durch den anordnungsbefugten Mitarbeiter. Es kommt also nicht auf die Bekanntgabe der Festsetzung an.

Eine Tatsache/ein Beweismittel wird nachträglich bekannt, wenn sie/es zwar bei der abschließenden Zeichnung der Festsetzungsverfügung vorhanden, dem entscheidungsbefugten Amtsträger beim Abschluss der Willensbildung aber noch unbekannt war.

B. Steuerliches Festsetzungs- und Erhebungsverfahren

Fälle des § 173 AO sehen schematisiert stets wie folgt aus:

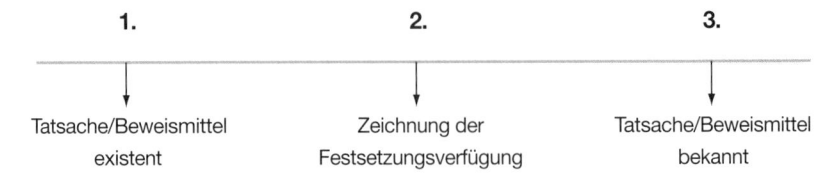

1.	2.	3.
↓	↓	↓
Tatsache/Beweismittel existent	Zeichnung der Festsetzungsverfügung	Tatsache/Beweismittel bekannt

Für die Neuheit von Tatsachen/Beweismitteln kommt es auf die Kenntnis der zuständigen Familienkasse an und dort konkret auf die Person, die die Festsetzungsverfügung abschließend zeichnet. Unerheblich ist, dass die genannten Personen tatsächlich die Tatsachen/Beweismittel kennen. Dieser Zeitpunkt könnte niemals exakt festgestellt werden.

Der BFH geht davon aus, dass sich diese Person den Inhalt der von der betreffenden Dienststelle geführten Akten und aufbewahrten Schriftstücke zurechnen lassen muss (BFH BStBl. 1984, 140; 1985, 492). Mithin kommt dem Tag des Einganges in der zuständigen Familienkasse erhebliche Bedeutung zu. Wird dieser Tag nicht gesondert erfasst, muss auf den Tag des Posteinganges in der Behörde zurückgegriffen werden. Ein weiterer Tag für den Postlauf bis zur zuständigen Bearbeitungsstelle darf nicht hinzugerechnet werden. Sollte abweichend davon jedoch bei stark zergliederten Dienststellen ein anderer Postlauf normal sein (z. B. zwei Tage), so wäre auch eine andere Betrachtung zulässig.

Bei größeren Familienkassen ist die eventuell gesonderte Aktenhaltung organisatorischer Bestandteil der Familienkasse. Der Entscheidungsbefugte muss sich die dortige Kenntnis zurechnen lassen.

Es kommt auch nicht auf die Kenntnis der zuständigen Bearbeitungsstelle an, sondern nur auf die der zuständigen Dienststelle, also die gesamte Familienkasse. Deshalb muss sich die Familienkasse auch z. B. die Kenntnis zurechnen lassen, wenn Postvorgänge in der so genannten Restpostmappe liegen und deshalb nicht sofort der Kindergeldakte zugeordnet werden kann. Auch die Restpostmappe wird in der Familienkasse geführt. Gleiches gilt, wenn Vorgänge einer falschen Kindergeldakte zugeordnet wurden. Solches Organisationsverschulden muss sich die Familienkasse zurechnen lassen.

Nicht zuzurechnen sind hingegen die Kenntnisse anderer Organisationseinheiten. Ist z. B. die Agentur für Arbeit Stuttgart bekannt, dass ein Kind die Ausbildung abgebrochen hat, so steht dies nicht (fiktiv) der Kenntnis der Familienkasse der Stadtverwaltung Stuttgart gleich.

Die Kenntnis anderer Familienkassen ist ebenfalls unerheblich. Kenntnisse, die z. B. die Agentur für Arbeit Stuttgart – Familienkasse – bezüglich des Ausbildungsabbruchs des dortigen Zahlkindes Janine hat, braucht sich die

7.5 Korrektur von Steuerbescheiden

Familienkasse des öffentlichen Arbeitgebers (Berücksichtigung des Kindes Janine als Zählkind) nicht zurechnen zu lassen.

7.5.3 Korrektur zu Lasten des Berechtigten

Die Korrektur zuungunsten des Berechtigten ist nicht von seinem Verschulden abhängig. Allerdings muss sich bei Anwendung des § 173 Abs. 1 Nr. 1 AO das behördliche Verhalten an dem Grundsatz von Treu und Glauben messen lassen. Immer dann, wenn das nachträgliche Bekanntwerden von Tatsachen/Beweismitteln allein auf einer Verletzung der Ermittlungspflicht gemäß § 88 AO der Familienkasse beruht, scheidet eine Korrektur nach dieser Norm aus.

Geht die Familienkasse Zweifelsfragen nicht nach, die sich ihr den Umständen nach ohne weiteres aufdrängen mussten, verletzt sie die Ermittlungspflicht. Darauf kann sich der Berechtigte aber nur dann berufen, wenn er selbst seinen Mitwirkungspflichten, z. B. gemäß § 90 AO und § 68 EStG, vollständig nachgekommen ist, also insbesondere alle Fragen im Antrag bzw. zusätzlichen Erklärungen/Fragebögen vollständig und richtig beantwortet hat und die erforderlichen Nachweise beigefügt hat.

Haben sowohl Familienkasse als auch der Berechtigte ihre Verpflichtungen verletzt, ist die Anwendung des § 173 Abs. 1 Nr. 1 AO nur dann ausgeschlossen, wenn nach Abwägung beider Pflichtverletzungen der Verstoß der Familienkasse deutlich überwiegt.

Beispiel:

Ein Berechtigter gibt im Antrag an, dass sein volljähriges Kind verheiratet ist. Der Bearbeiter versäumt die Nachfrage nach den Einkünften und setzt Kindergeld für dieses Kind für das Jahr 2006 am 12.2.2007 abschließend fest. Zwei Jahre später wird dies im Rahmen einer Prüfung bemerkt und festgestellt, dass der Ehegatte des Kindes über so hohe Einkünfte verfügte, weshalb ein Kindergeldanspruch nicht bestand.
Die Tatsache der Leistung von Unterhalt als Bezug des Kindes war bei der Festsetzung nicht bekannt, hätte aber vom Mitarbeiter ermittelt werden müssen. Damit liegt ein Fall nach § 173 Abs. 1 AO mit einem Verschulden der Familienkasse eindeutig vor.
Ein Verstoß des Berechtigten könnte lediglich darin liegen, dass er die Aufzählung über Bezüge im Merkblatt nicht beachtet hat. Dieses Verschulden des Berechtigten tritt im vorliegenden Fall in den Hintergrund. Damit überwiegt das Verschulden der Familienkasse deutlich, weshalb eine Aufhebung nach § 173 AO nicht in Betracht kommt. Vorliegend kann lediglich nach § 70 Abs. 3 EStG für die Zukunft korrigiert werden.

B. Steuerliches Festsetzungs- und Erhebungsverfahren

7.5.4 Korrektur zu Gunsten des Berechtigten

§ 173 Abs. 1 Nr. 2 AO ermöglicht bei nachträglichem Bekanntwerden von Tatsachen oder Beweismitteln eine Korrektur zu Gunsten des Berechtigten. Voraussetzung dafür ist, dass die Tatsachen oder Beweismittel bereits zum Zeitpunkt der Entscheidung der Familienkasse rechtserheblich waren.

Hintergrund dieses ungeschriebenen Tatbestandsmerkmals ist insbesondere die Verhinderung von Korrekturanträgen nach § 173 Abs. 1 Nr. 2 AO zugunsten des Berechtigten, wenn sich höchstrichterliche Rechtsprechungen ändern oder sich solche Rechtsprechungen erstmalig mit der Verwaltungsauffassung auseinandersetzen. Tatsachen, die erst durch diese Rechtsprechung Rechtserheblichkeit erlangen, sind nicht „neu" im Sinne des § 173 AO. Von neuer oder sich ändernder Rechtsprechung kann im Steuerrecht generell nur derjenige „profitieren", der sich gegen den Ablehnungs- oder Aufhebungsbescheid der Familienkasse mit Einspruch, schlichten Änderungsantrag oder Klage gewandt hat.

Die Korrektur einer Entscheidung zu Gunsten, aber auch zu Ungunsten des Kindergeldberechtigten ist nach § 173 Abs. 1 AO damit nicht möglich, wenn sich die Rechtsprechung des BFH ändert oder bei bisher fehlender höchstrichterlicher Rechtsprechung der BFH oder auch das BVerfG erstmals die von der Verwaltung vertretene Rechtsauffassung verwirft. Die Bestandskraft der Festsetzung kann dann nur für die Zukunft durchbrochen werden.

Beispiel:

Der Beschluss des BVerfG vom 11.1.2005, 2 BvR 167/02 zum zusätzlichen Abzug des Arbeitnehmeranteils an den gesetzlichen Sozialversicherungsbeiträgen von den Einkünften eines volljährigen Kindes stellt keine neue Tatsachen oder Beweismittel im Sinne des § 173 Abs. 1 Nr. 2 AO zu Gunsten des Berechtigten dar, weil es zum Zeitpunkt der Entscheidung der Verwaltung überhaupt nicht rechtserheblich war und geprüft wurde. Jetzt gemachte Angaben oder vorgelegte Unterlagen können nun nicht mehr zu einer Korrektur nach § 173 Abs. 1 Nr. 2 AO führen.

Korrekturen zugunsten des Kindergeldberechtigten sind gemäß § 173 Abs. 1 Nr. 2 AO nur möglich, wenn ihn kein grobes Verschulden daran trifft, dass Tatsachen/Beweismittel nachträglich bekannt werden.

Grobes Verschulden umfasst sowohl vorsätzliche als auch grob fahrlässige Pflichtverletzungen. Dabei handelt es sich um einen subjektiven Verschuldensbegriff (BFH, BStBl 1989 II S. 131, 960). Grob fahrlässig handelt der Kindergeldberechtigte danach, wenn er die Sorgfalt, zu der er nach seinen persönlichen Kenntnissen und Fähigkeiten verpflichtet und imstande ist, in besonders schwerem Maße und in nicht entschuldbarer Weise verletzt. Auch wer ganz nahe liegende Überlegungen nicht anstellt, handelt grob fahrlässig.

7.6 Widerstreitende Steuerfestsetzung

Tipp!

Bedenken Sie bei Ihren diesbezüglichen Entscheidungen, dass es nicht darauf ankommt, was Sie als Angehöriger der Familienkasse wissen, sondern stellen Sie auf den Wissenshorizont des Bediensteten ab.

Eindeutige Fälle, in denen i. d. R. zumindest grobe Fahrlässigkeit und damit grobes Verschulden im Sinne von § 173 Abs. 1 Nr. 1 AO vorliegt, sind:

- Ein Nachweis wird trotz ausdrücklicher Aufforderung und Hinweis auf die Rechtsfolgen, der i. d. r. auf einem Erinnerungsschreiben angebracht sein sollte, nicht vorgelegt.
- Fragen im Antragsformular werden nicht oder falsch beantwortet.
- Hinweise in Vordrucken und Merkblättern werden nicht beachtet.

Die bloße Unkenntnis steuerrechtlicher Bestimmungen hingegen begründet allein nicht den Vorwurf der groben Fahrlässigkeit.

7.5.5 Rechtsfolgen

Liegen die Voraussetzungen vor, ist zu korrigieren, jedoch nur insoweit, wie die Kindergeldfestsetzung rechtswidrig geworden ist.

Korrigiert werden kann nach § 173 AO sowohl für die Zukunft als auch die Vergangenheit, begrenzt nur durch die Festsetzungsverjährung nach § 169 Abs. 1 AO.

7.6 Widerstreitende Steuerfestsetzung – § 174 AO

§ 174 AO enthält in seinen Absätzen 1 bis 4 vier eigenständige Korrekturvorschriften. Im Bereiches des Kindergeldes kommt vor allem eine Korrektur nach § 174 Abs. 2 AO in Betracht, wenn ein bestimmter Sachverhalt in unvereinbarer Weise mehrfach zugunsten eines oder mehrerer Berechtigter berücksichtigt worden ist.

Die Ursache hierfür kann sowohl in einer fehlerhaften Antragsstellung oder Erklärung des Berechtigten, als auch in einer fehlerhaften Entscheidung der Familienkasse liegen.

Die Korrektur der fehlerhaften Kindergeldfestsetzung ist von Amts wegen vorzunehmen, jedoch nur dann, wenn die Berücksichtigung des Sachverhaltes auf einen Antrag oder eine Erklärung des Berechtigten zurückzuführen ist. Unter dem Begriff Antrag oder Erklärung fallen auch formlose Mitteilungen und Auskünfte (BFH-Urteil vom 13.11.1996, BStBl II 1997, S. 170) sowie im Rahmen von § 80 Abs. 1 und 4 AO für den Berechtigten von Dritten (Bevollmächtigter oder Beistand) abgegebene Erklärungen.

B. Steuerliches Festsetzungs- und Erhebungsverfahren

Beispiel:

Das Kind Luisa wurde sowohl von der Familienkasse der Stadtverwaltung Hamburg als auch von der Familienkasse des Landesamtes für Besoldung in Bremen als Zahlkind für denselben Zeitraum berücksichtigt.

Die fehlerhaften Kindergeldfestsetzungen sind in jedem Fall zu korrigieren. In den meisten Fällen ist bereits eine Korrektur nach § 173 Abs. 1 Nr. 1 AO zulässig. Diese geht in der Regel auch vor, da sie die einfachere Möglichkeit darstellt.

7.7 Aufhebung und Änderung von Steuerbescheiden in sonstigen Fällen – § 175 AO

7.7.1 Zweck der Vorschrift

Die Änderungsvorschrift des § 175 AO umfasst die Korrektur wegen
- Änderung von Grundlagenbescheiden nach § 175 Abs. 1 Nr. 1 AO
- Eintritt rückwirkender Ereignisse mit Wirkung für die Vergangenheit nach § 175 Abs. 1 Nr. 2 AO.

7.7.2 Korrektur wegen Grundlagenbescheiden

Nach § 175 Abs. 1 Satz 1 Nr. 1 AO ist eine Kindergeldfestsetzung zu korrigieren, soweit ein Grundlagenbescheid, der Bindungswirkung für die Kindergeldfestsetzung hat, erlassen, aufgehoben oder geändert wird. Die Kindergeldfestsetzung ist dann Folgebescheid (vgl. § 182 Abs. 1 AO), der die Entscheidung im Grundlagenbescheid nachzuvollziehen hat.

Grundlagenbescheide gemäß § 171 Abs. 10 AO sind:

- Feststellungsbescheide – vgl. § 179 ff. AO (ohne Anwendung im Kindergeldbereich).
- Steuermessbescheide – vgl. § 184 Abs. 1 AO (ohne Anwendung im Kindergeldbereich).
- Verwaltungsakte anderer Behörden mit Bindungswirkung für die Kindergeldfestsetzung.

Der Verwaltungsakt hat Bindungswirkung für die Kindergeldfestsetzung, wenn eine ausdrückliche gesetzliche Regelung diese Bindungswirkung anordnet oder Sachverhalte von einer anderen Behörde zu beurteilen sind, die die Familienkasse mangels eigener Sachkunde nicht selbst verantwortlich feststellen kann.

7.7 Aufhebung und Änderung von Steuerbescheiden

Hauptanwendungsbereich im steuerrechtlichen Kindergeldverfahren sind z. B.:

- Anerkennung der Asylberechtigung oder der Vertriebeneneigenschaft,
- Aufenthaltserlaubnis, Aufenthaltsberechtigung,
- Billigkeitsentscheidung nach § 163 AO ist Grundlagenbescheid für den sich anschließenden Festsetzungsbescheid.

- Der Einkommensteuerbescheid eines Kindes ist kein Grundlagenbescheid hinsichtlich der Prüfung des Überschreitens oder Unterschreitens des maßgeblichen Einkommensgrenzbetrages. Als Korrekturnorm dient hier § 70 Abs. 4 EStG.
- Der Bescheid des Versorgungsamtes zur Feststellung des Grades der Behinderung eines Kindes ist ebenfalls kein Grundlagenbescheid i. S. v. § 171 Abs. 10 AO. Der Anerkennungsbescheid des Versorgungsamtes trifft lediglich eine Feststellung zur Behinderung. Die Prüfung, ob das Kind in Folge der Behinderung außerstande ist, sich selbst zu unterhalten, muss von der Familienkasse eigenständig erfolgen.

Auch bei dieser Korrekturvorschrift handelt es sich um eine Punktberichtigung, d. h. der zu korrigierende Kindergeldfestsetzungsbescheid darf nur dem Erlass oder der Änderung des Grundlagenbescheides Rechnung tragen.

7.7.3 Korrektur wegen Eintritts eines rückwirkenden Ereignisses

Nach § 175 Abs. 1 Satz 1 Nr. 2 i. V. m. Abs. 2 AO ist eine Kindergeldfestsetzung zu erlassen, aufzuheben oder zu ändern soweit ein Ereignis eintritt, das steuerliche Wirkung für die Vergangenheit hat. Ein Erlass im Sinne einer erstmaligen Festsetzung kommt nur im Rahmen der Festsetzungsverjährung nach § 169 ff. AO in Betracht.

Die Entscheidung über die Korrektur nach § 175 Abs. 1 Nr. 2 i. V. m. Abs. 2 AO ist mit Rechtsbehelfsbelehrung schriftlich bekannt zu geben. Die Vorschrift führt zu einer punktuellen Änderung der Kindergeldfestsetzung mit Wirkung in die Vergangenheit.

Bis 31.12.2001 war der § 175 Abs. 1 Nr. 2 i. V. m. Abs. 2 AO die Korrekturnorm im Hinblick auf die Änderung von Einkünften und Bezügen eines über 18 Jahre alten Kindes, sowohl im laufenden Kalenderjahr als auch bei der abschließenden Entscheidung. Der Einfluss dieses rückwirkenden Ereignisses auf den Prognosesachverhalt führte dazu, dass die ursprünglich rechtmäßige Festsetzung nunmehr rechtswidrig war. Als rückwirkendes Ereignis wurden alle Änderungen bei der Prognose, die zu einem Über- oder Unterschreiten des maßgeblichen Grenzbetrages führten, bezeichnet. Mit dem Zweiten Gesetz zur Familienförderung hat der Gesetzgeber mit Wirkung

B. Steuerliches Festsetzungs- und Erhebungsverfahren

vom 1.1.2002 den § 70 Abs. 4 EStG in die steuerrechtlichen Kindergeldregelungen eingefügt; seither ist ausschließlich diese Vorschrift auf die Fälle des § 32 Abs. 4 Satz 2 EStG anzuwenden.

Einer der wenigen denkbaren Fälle, in denen nach der aktuellen Gesetzes- und Weisungslage auch ab Januar 2002 noch die Korrekturnorm des § 175 Abs. 1 Nr. 2 AO i. V. m. Abs. 2 herangezogen werden muss, ist bei Anwendung des § 62 Abs. 1 Nr. 2b. Entfällt wegen veränderter Einkommensverhältnisse des Berechtigten der Anspruch, ist die Kindergeld-Festsetzung für das jeweilige Kalenderjahr nach § 175 Abs. 1 Satz 1 Nr. 2 AO zu ändern. Das für den Korrekturzeitraum zu Unrecht gezahlte Kindergeld ist gemäß § 37 Abs. 2 AO vom Empfänger zu erstatten.

Die Korrekturnorm des § 175 Abs. 1 Nr. 2 i. V. m. Abs. 2 AO verbraucht sich durch die abschließende Entscheidung. Werden der Familienkasse erst nach der abschließenden Entscheidung neue Tatsachen oder Beweismittel zur unbeschränkten Einkommensteuerpflicht nach § 1 Abs. 3 EStG bekannt, kann nur eine Korrektur nach den sonstigen Korrekturvorschriften von AO und EStG in Betracht kommen.

7.8 Aufhebung bzw. Änderung der Kindergeldfestsetzung bei einer Änderung der Verhältnisse – § 70 Abs. 2 EStG

7.8.1 Zweck der Vorschrift

Die Korrekturvorschrift ermöglicht den Familienkassen auch nach Eintritt der materiellen Bestandskraft einer Festsetzung des Kindergeldes die Möglichkeit, diese rückwirkend zu ändern.

Ändern sich die Verhältnisse, die bei Erlass der in der Regel ursprünglich rechtmäßigen Kindergeldfestsetzung zugrunde lagen, so wird diese in der Regel rechtswidrig. Es besteht die Notwendigkeit, die Festsetzung durch Aufhebung oder Änderung den tatsächlichen Verhältnissen anzupassen unter Anwendung von § 155 Abs. 4 AO, § 172 Abs. 1 Nr. 2d AO i. V. m. § 70 Abs. 2. § 70 Abs. 2 EStG wurde speziell für Verwaltungsakte mit Dauerwirkung geschaffen. Die Kindergeldfestsetzung ist ein solcher Dauerverwaltungsakt. Sie erfasst bereits Sachverhalte, die erst in Zukunft verwirklicht werden.

Der Verwaltungsakt erschöpft sich nicht in einem einmaligen Verbot oder Gebot oder einer einmaligen Gestaltung der Rechtslage, sondern er ist ein auf Dauer gerichtetes Rechtsverhältnis, die Gewährung der monatlich wiederkehrenden Steuervergütung „Kindergeld".

Die Abgabenordnung enthält keine Korrekturnorm für eine den Steuerfestsetzungen gleichgestellte Festsetzung mit Dauerwirkung, die die Veränderung von Verhältnissen berücksichtigt.

7.8 Aufhebung bzw. Änderung der Kindergeldfestsetzung

§§ 130 und 131 AO gelten nach § 172 Abs. 1 Satz 1 Nr. 2d AO nicht für Kindergeldfestsetzungen, sondern nur für sonstige Steuerverwaltungsakte.

7.8.2 Voraussetzungen

Die Korrektur setzt voraus
- grundsätzlich eine ursprünglich rechtmäßige Festsetzung

und

- eine Änderung in den Verhältnissen, die anspruchserheblich und nach der Festsetzung eingetreten ist.

Änderungen im Sinne der Vorschrift sind insbesondere veränderte Umstände tatsächlicher Art, die vom Kindergeldberechtigten und von seinem Kind zu erfüllen sind. Die Verhältnisse, die der ursprünglichen Festsetzung zugrunde lagen, müssen sich zugunsten oder zuungunsten des Berechtigten geändert haben. Die Familienkasse hätte unter den nunmehr vorliegenden Verhältnissen die bestehende Kindergeldfestsetzung so nicht erlassen dürfen.

Es ist aber immer darauf abzustellen, ob die Änderung in den Verhältnissen erheblich ist und damit zum Erlass eines anderen Verwaltungsaktes führt. Der Wegfall lediglich eines Berücksichtigungstatbestandes des § 32 Abs. 4 EStG genügt nicht.

Beispiel:

1 Die ursprüngliche Kindergeldfestsetzung ist aufgrund der Berufsausbildung des Kindes Tony erfolgt. Diese Ausbildung bricht er im Mai 2007 ab und bewirbt sich gleichzeitig zum nächstmöglichen Termin – Oktober 2007 – um einen Studienplatz. In diesem Fall erfüllt Tony erst die Voraussetzung des § 32 Abs. 4 Satz 1 Nr. 2a EStG bis Mai 2007 und ab Juni 2007 die des § 32 Abs. 4 Satz 1 Nr. 2c EStG bis zum Beginn des Studiums. Diese Änderung in den Verhältnissen führt nicht zum Erlass eines anderen Kindergeldbescheides, so dass eine Änderung bzw. Aufhebung der ursprünglichen Kindergeldfestsetzung nicht in Betracht kommt.

Maßgeblich ist, dass nach der Entscheidung über die Festsetzung des Kindergeldes für dieses Kind eine anspruchserhebliche Änderung eingetreten ist. Die Familienkassen setzen Kindergeld genau in dem Moment fest, wenn der Anordnungsbefugte die entsprechende Verfügung, z. B. auf dem Vordruck KG 2, unterschreibt. Dieser Zeitpunkt kann einfach festgestellt werden, weil stets auch das Anordnungsdatum angegeben wird.

B. Steuerliches Festsetzungs- und Erhebungsverfahren

Der Zeitpunkt der Bekanntgabe der Festsetzung ist unerheblich. Die Änderung muss anspruchserheblich sein, d. h. Einfluss auf die zur Kindergeldzahlung führende Festsetzung haben und zu einem vollständigen oder teilweisen Wegfall oder zu einer inhaltlichen Abwandlung (Teilkindergeld nach § 65 EStG, Ablehnung, Festsetzung) des Kindergeldanspruches führen.

Schematisch stellen sich die Voraussetzungen des § 70 Abs. 2 EStG wie folgt dar:

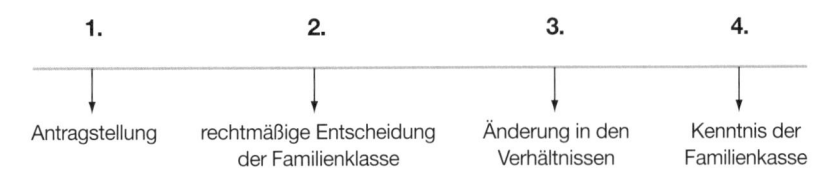

1.	2.	3.	4.
Antragstellung	rechtmäßige Entscheidung der Familienklasse	Änderung in den Verhältnissen	Kenntnis der Familienkasse

Beispiel:

2 Die Eheleute Hoppe haben ein gemeinsames eheliches Kind Friedrich. Alle drei leben zusammen in einem Haushalt in Bayreuth. Kindergeld bezieht laufend Frau Hoppe.

Am 14.11.2007 ändern die Ehegatten einvernehmlich die Berechtigtenbestimmung zugunsten von Herrn Hoppe. Die Entscheidung ist nach § 70 Abs. 2 gegenüber Frau Hoppe ab Dezember 2007 aufzuheben. Die Berechtigtenbestimmung kann nicht rückwirkend geändert werden.

Die Anwendung des § 70 Abs. 2 EStG setzt weiter voraus, dass die ursprüngliche Festsetzung des Kindergeldes rechtmäßig war, weil der Sachverhalt dem Entscheidungsbefugten der Familienkasse vollständig bekannt war. Setzt die Familienkasse Kindergeld aufgrund eines nicht vollständig bekannten Sachverhaltes fest, ist die aus unvollständiger Tatsachenkenntnis rechtswidrige Festsetzung unter den Voraussetzungen von § 173 AO bzw. § 70 Abs. 3 zu korrigieren.

Beispiel:

3 Susanne, 21 Jahre alt, hat im Juli 2007 ihre Schulausbildung mit Abitur abgeschlossen. Bis Juli 2007 hat die kindergeldberechtigte Mutter Kindergeld für Susanne bezogen.

Zum 1. August 2007 wird die Kindergeldfestsetzung aufgehoben.

Die Kindergeldberechtigte zeigt der Familienkasse am 24.9.2007 an, dass Susanne sich zum Wintersemester 2007/08 um einen Studienplatz – Fachrichtung Zahnmedizin – bei der ZVS beworben hat. Wegen Nichterreichung der erforderlichen Punktzahl kann ihr von der ZVS mit Bescheid vom 17.9.2007 kein Studienplatz zur Verfügung gestellt werden. Sie erklärt weiterhin, dass Susanne beabsichtigt, sich zum Sommersemester 2008 erneut zu bewerben. Eine entsprechende Erklärung von Susanne liegt bei. Zur Überbrückung der Wartezeit jobbt Susanne stundenweise in einem Kaufhaus und erhält dafür ein

7.8 Aufhebung bzw. Änderung der Kindergeldfestsetzung

monatliches Entgelt von 325 €. Weitere Einkünfte und Bezüge erzielt Susanne nicht.

Die Familienkasse setzt am 23.10.2007 das Kindergeld für Susanne ab August 2007 in Höhe von monatlich 154 € fest.

Im Dezember 2007 teilt die Kindergeldberechtigte der Familienkasse mit, dass sich ihre Tochter seit dem 28.9.2007 in Florida bei Bekannten aufhält und voraussichtlich ein Jahr dort bleiben wird. Das beabsichtigte Studium wird von diesem Zeitpunkt an nicht mehr angestrebt.

Susanne strebt seit dem 28.9.2007 keine Ausbildung zum frühestmöglichen Zeitpunkt mehr an. Die Voraussetzung für die Berücksichtigung nach § 32 Abs. 4 Nr. 2c EStG liegt deshalb ab Oktober 2007 nicht mehr vor.

Die der Familienkasse zum Zeitpunkt der Festsetzung am 23.10.2007 nicht bekannte Tatsache hat dazu geführt, dass eine rechtswidrige Kindergeldfestsetzung bindend vorgenommen worden ist. Im vorliegenden Fall ist der Familienkasse erst nach der Festsetzung die „neue" Tatsache bekannt geworden. Einschlägige Rechtsnorm ist hier § 173 Abs. 1 Nr. 1 AO. Die Festsetzung ist rückwirkend ab Oktober 2007 aufzuheben. Überzahltes Kindergeld ist auf der Grundlage des Korrekturbescheides nach § 37 Abs. 2 AO zurückzuzahlen.

Wird nachträglich festgestellt, dass die Kindergeldfestsetzung infolge von Rechtsanwendungsfehlern rechtswidrig ist, ist grundsätzlich § 70 Abs. 3 EStG anzuwenden.

Beispiel:

4   Die Familienkasse setzt Kindergeld für ein Kind Anne über 18 Jahre fest. Die Antragstellerin Frau Schneider gibt an, dass ihre Tochter nach dem Abitur für ein Jahr auf Weltreise geht und danach eventuell studieren oder mit im Kosmetiksalon ihrer Mutter arbeiten will. Nachweise über die Weltreise fügt sie bei.

Die Familienkasse setzt daraufhin Kindergeld in Höhe von 154 € fest, mit der Begründung: Kind ohne Ausbildungsplatz gemäß § 32 Abs. 4 Nr. 2c EStG.

Bei einer Aktenprüfung durch die Prüfgruppe wird fünf Monate später der Fehler bemerkt. Bei Anne liegt keine „echte" Ausbildungswilligkeit im Sinne von § 32 Abs. 4 Nr. 2c EStG vor. Die Kindergeldfestsetzung ist objektiv fehlerhaft, weil das Gesetz unzutreffend angewandt wurde. Die Festsetzung ist nach § 70 Abs. 3 EStG unverzüglich für die Zukunft aufzuheben, d. h. vom Folgemonat nach der Bekanntgabe an. Für die Monate vor der Aufhebung entsteht kein Rückzahlungsanspruch, weil die rechtswidrige Festsetzung bestehen bleibt.

In Fällen, in denen von der Familienkasse der Sachverhalt zunächst falsch beurteilt wurde, kann es dennoch zu tatsächlichen Änderungen in den Verhältnissen kommen. Genau für solche Fälle muss der § 70 Abs. 2 EStG auch auf Fälle bereits anfänglicher Rechtswidrigkeit Anwendung finden.

Beispiel:

5   Die Familienkasse hat zunächst in Verkennung der tatsächlichen Rechtslage entschieden, dass es sich bei dem 36-monatigen Volkshochschulkurs „Stricken

B. Steuerliches Festsetzungs- und Erhebungsverfahren

für Esoteriker", der mit jeweils 3 Wochenstunden erteilt wird, nicht um eine Berufsausbildung im Sinne von § 32 Abs. 4 S. 1 Nr. 2 Buchstabe a EStG handelt. In Folge dieser falschen Beurteilung wurde Kindergeld mit dem Bescheid vom 30.7.2002 für ein Kind für die Dauer der vermeintlichen „Ausbildung" von Juli 2002 bis Juni 2005 festgesetzt.

Im Januar 2004 wird der Familienkasse bekannt, dass das Kind die „Ausbildung" bereits im November 2002 abgebrochen hat und seither keinen kindergeldrechtlichen Berücksichtigungstatbestand mehr erfüllt. Natürlich kommt hier keine rückwirkende Korrektur der Festsetzung ab Juli 2002 in Betracht, weil zunächst einmal zutreffend die Norm des § 70 Abs. 3 EStG heran gezogen erden kann; schließlich handelt es sich um einen Fehler der Familienkasse.

Ab dem nicht angezeigten Ausbildungsabbruch des Kindes allerdings wäre es nach hiesiger Überzeugung unzulässig, dem Berechtigten das Kindergeld zu belassen, dann könnte auch hier unter Zugrundelegung des § 70 Abs. 3 EStG nur für die Zukunft, frühestens also ab Februar 2004, korrigiert werden. Diese Auffassung würde dazu führen, dass hier eine Besserstellung gegenüber dem Berechtigten erfolgt, der bei einer zunächst rechtmäßigen Festsetzung des Kindergeldes ebenfalls den Ausbildungsabbruch eines Kindes nicht anzeigt; dann könnte nämlich die Festsetzung ab diesem Ausbildungsabbruch nach § 70 Abs. 2 EStG aufgehoben werden. Es erscheint unangemessen, dass ein ohnedies schon durch die rechtswidrige Festsetzung von Kindergeld begünstigter Berechtigter von seiner eigenen nicht rechtzeitigen Mitwirkung zusätzlich profitieren soll. Denn auch derjenige, der bei zunächst rechtmäßigen Entscheidungen seinen Mitwirkungspflichten hinsichtlich der Anzeige von Änderungen nicht oder nicht rechtzeitig nachkommt, muss damit rechnen, dass aufgrund der veränderten Umstände eine Aufhebung der Kindergeldfestsetzung erfolgt.

Hier wird unter Anwendung des § 70 Abs. 2 EStG ab Dezember 2002 aufgehoben; zu Unrecht gewährtes Kindergeld ab Dezember 2002 muss nach § 37 AO zurückgezahlt werden.

Maßgeblich für die Frage der Anwendbarkeit des § 70 Abs. 2 EStG ist danach insbesondere, dass der Familienkasse der zu beurteilende Kindergeldsachverhalt vollständig bekannt war (ansonsten Anwendung des § 173 AO bzw. § 70 Abs. 3 EStG). Ob sie diesen Sachverhalt dann aber zutreffend oder falsch beurteilt, ist bei später eintretenden erheblichen Änderungen in den Verhältnissen für die Frage der Heranziehung des § 70 Abs. 2 EStG unerheblich.

7.8.3 Rechtsfolgen

Bei Vorliegen der Voraussetzungen führt die Korrektur nach § 70 Abs. 2 EStG zur

- **Änderung,** d. h. inhaltliche Abwandlung der Festsetzung (z. B. Teilkindergeld nach § 65). Der Änderungsbescheid nimmt den ursprünglichen Verwaltungsakt in seinem Regelungsgehalt mit auf.

oder

- **Aufhebung,** d. h. Beseitigung der Festsetzung. Der Verwaltungsakt ist insgesamt betroffen.

7.8 Aufhebung bzw. Änderung der Kindergeldfestsetzung

Die Korrektur kann zu einer höheren Kindergeldfestsetzung zugunsten des Berechtigten oder niedrigeren Kindergeldfestsetzung zu Lasten des Berechtigten führen.

Auf ein Verschulden der Familienkasse oder des Berechtigten kommt es nicht an.

Die Aufhebung der Kindergeldfestsetzung führt ebenfalls dazu, dass evtl. vorhandene Auszahlungsentscheidungen zugunsten dritter Personen oder Stellen nach § 74 EStG ihre Wirksamkeit verlieren. Sonstige Steuerverwaltungsakte nach § 74 Abs. 1 EStG teilen als sog. **akzessorische Entscheidungen** das Schicksal der Kindergeldfestsetzung; sie brauchen deshalb nicht gesondert aufgehoben zu werden. Dem Auszahlungsempfänger nach § 74 Abs. 1 EStG muss in diesen Fällen nur mitgeteilt werden, dass Kindergeld nicht bzw. nicht mehr in dieser Höhe überwiesen wird.

7.8.4 Korrekturzeitraum

Die Aufhebung oder Änderung der Kindergeldfestsetzung ist in jedem Fall mit Wirkung vom Zeitpunkt der Änderung

- sowohl für die Zukunft

aber

- auch ggf. für die Vergangenheit ab dem Zeitpunkt der Änderung der Verhältnisse

als gebundene Entscheidung zwingend vorzunehmen.

Eine rückwirkende Korrektur der Kindergeldfestsetzung zu Lasten des Berechtigten ist im Hinblick auf seine im Rahmen von § 68 EStG bestehenden Mitwirkungspflichten nicht ausgeschlossen. Das Merkblatt „Kindergeld" weist den Kindergeldempfänger ausdrücklich auf seine Pflichten hin, Änderungen in den Verhältnissen, die für die Leistung Kindergeld erheblich sind bzw. im Zusammenhang stehen, unverzüglich der Familienkasse anzuzeigen.

§ 70 Abs. 2 EStG räumt der Familienkasse keinen Ermessensspielraum ein, weil der Kindergeldberechtigte keinen gesetzlichen Vertrauensschutz genießt.

Im Laufe eines Monats eingetretene Änderungen zugunsten des Berechtigten sind dabei im Hinblick auf § 66 Abs. 2 EStG von diesem Monat an zu berücksichtigen. Im Laufe eines Monats eingetretene Änderungen zuungunsten des Berechtigten werden dagegen erst vom Folgemonat an wirksam.

B. Steuerliches Festsetzungs- und Erhebungsverfahren

Darstellung des Korrekturzeitraumes:

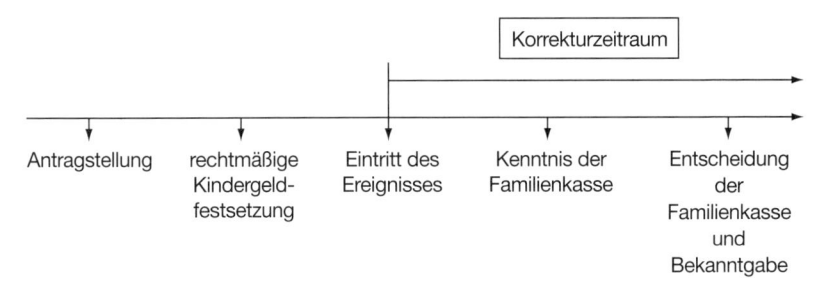

```
                              |─────── Korrekturzeitraum ───────▶
                              |
  ▼            ▼              ▼              ▼              ▼
Antragstellung  rechtmäßige   Eintritt des   Kenntnis der   Entscheidung
                Kindergeld-   Ereignisses    Familienkasse  der
                festsetzung                                 Familienkasse
                                                            und
                                                            Bekanntgabe
```

7.8.5 Anwendungsbereich

Die Anwendung erstreckt sich nicht nur

- auf die Änderung der tatsächlichen Verhältnisse, z. B. Wegfall der Anspruchsvoraussetzungen nach § 62 ff. EStG,

sondern auch

- auf die Änderung der rechtlichen Verhältnisse, z. B., Erhöhung des Kindergeldes ab 1.1.2002 für erste und zweite Kinder auf 154 € monatlich, gesetzliche Neuregelung der Anspruchsvoraussetzungen.

Änderungen der tatsächlichen Verhältnisse können unter anderem sein:

- Der Vorrang nach § 64 EStG geht auf eine andere Person über, weil diese das Kind in ihren Haushalt aufgenommen hat oder höhere Unterhaltsleistungen zahlt; es erfolgt eine Korrektur gemäß § 70 Abs. 2 EStG,
- Bekanntwerden einer Änderung der Berechtigtenbestimmung,
- Überprüfung der allgemeinen Anspruchsvoraussetzungen mittels Fragebogen. Wirkt der Berechtigte nicht mit, ist die Aufhebung vom Folgemonat auf den Monat der Einreichung des letzten Fragebogens an, frühestens ab 1.1.1996 vorzunehmen. Die Festsetzungsverjährung ist natürlich zu beachten (vgl. B. 5.),
- Eingang einer Mitteilung, dass die Voraussetzungen von § 32 Abs. 4 Satz 1 Nr. 1 und 2c EStG (Ausbildungswilligkeit) weggefallen sind. Die Korrektur erfolgt von Beginn des Monats an, in dem die Voraussetzungen an keinem Tag mehr vorlagen,
- Abbruch der Ausbildung eines Kindes,
- Unterlassene Mitwirkung des Berechtigten im Rahmen der Überprüfung des Fortbestandes der Anspruchsvoraussetzungen eines Kindes über 18 Jahren.

7.8 Aufhebung bzw. Änderung der Kindergeldfestsetzung

Soweit es sich in um Angelegenheiten im Zusammenhang mit Einkünften und Bezügen handelt, ist § 70 Abs. 4 EStG anzuwenden.

- Kindergeld wird wegen Wegfalls der Anspruchsvoraussetzungen gemäß § 62 EStG nicht mehr als Steuervergütung, sondern als Sozialleistung nach dem BKGG gezahlt.
- Änderung der Rangfolge eines Kindes, sofern diese zu einem anderen Kindergeldbetrag führt.

Die Festsetzung des Kindergeldes betrifft immer nur ein Kind – vergleiche auch die Ausführungen unter B. 3.2.

Sind mehrere Kinder zu berücksichtigen, ist für jedes Kind eine Festsetzung vorzunehmen. Aus Vereinfachungsgründen können die Festsetzungen auf einem Verfügungsvordruck (KG 2) bzw. in einem schriftlichen Bescheid zusammengefasst werden. Ändert sich in solchen Mehrkindfällen der Anspruch für eines der Kinder, dann ist für dieses Kind die Festsetzung aufzuheben oder zu ändern. Ergibt sich durch die Korrektur nach § 70 Abs. 2 EStG eine Änderung in der Rangfolge der bisher berücksichtigten anderen Kinder, so sind deren Festsetzungen nach § 70 Abs. 2 EStG zu ändern.

Beispiel:

1   Frau Sauer beantragt am 7.10.2004 Kindergeld für ihren Sohn Rudolf und ihre Tochter Susi. Die Zwillinge sind 21 Jahre und studieren an einer Akademie; außer ihrem monatlichen BAföG in Höhe von 444 € haben sie keine weiteren Einkünfte oder Bezüge.

Frau Sauer bezieht bereits laufend Kindergeld für ihre 17-jährige Tochter Lena und den kleinen 3-jährigen Julius in Höhe von jeweils 154,– €.

Rudolf und Susi sind die nichtehelichen Kinder von Frau Sauer und haben von Geburt an bei ihren Großeltern in Regensburg gelebt. Diese haben das Kindergeld bis einschließlich August 2004 bezogen. Die Vergleichsmitteilung Regensburg liegt bereits vor.

Rudolf und Susi wohnen seit dem 28.8.2004 bei ihrer Mutter im Haushalt.

Bei der Antragstellung am 6.10.2004 für die Kinder Rudolf und Susi handelt es sich um einen Neuantrag im Sinne von § 67. Für Rudolf und Susi erfolgte bisher keine Festsetzung oder Ablehnung des Kindergeldes bei Frau Sauer.

Rudolf ist das älteste Kind und hat somit die Ordnungszahl 1. Gemäß § 66 Abs. 1 EStG wird für ihn ab September 2007 Kindergeld in Höhe von monatlich 154 € festgesetzt. Susi erhält die Ordnungszahl 2. Gemäß § 66 Abs. 1 EStG wird für sie ebenfalls ab September 2007 Kindergeld in Höhe von monatlich 154 € festgesetzt.

Mit dieser Festsetzung ändert sich die Rangfolge der Kinder Lena und Julius. Lena erhält die Ordnungszahl 3 und Julius die Ordnungszahl 4, wobei für ihn rückwirkend ab September Kindergeld in Höhe von 179 € festgesetzt wird. Rechtsgrundlage bildet der § 70 Abs. 2 EStG.

B. Steuerliches Festsetzungs- und Erhebungsverfahren

Nicht anwendbar ist § 70 Abs. 2 EStG:

- Auf Fälle, in denen sich die Kindergeldfestsetzung mit Vollendung des 18. Lebensjahres eines Kindes auf andere Weise erledigt hat (gilt nur für Kinder, die vor dem 1.1.2007 geboren wurden – vgl. B.4.5.2). Bei dieser Gestaltung kann nur eine erneute Festsetzung des Kindergeldes beantragt werden.
- Wenn für ein Kind ein Ablehnungsbescheid aus materiellrechtlichen Gründen oder eine Aufhebungsbescheid nach sachlicher Prüfung erteilt wurde, weil diesem Bescheid nur bis einschließlich des Monats seiner Bekanntgabe (bzw. dem konkreten Regelungszeitraum – vgl. B.4.5.1) Bindungswirkung zukommt. Für Zeiten danach finden keine Korrekturnormen Anwendung, sondern es handelt sich stets um einen Neuantrag.
- Bei Änderung der Einkommensverhältnisse des Kindes gemäß § 32 Abs. 4 und 5 EStG. In diesen Fällen ist die Kindergeldfestsetzung für das jeweilige Kalenderjahr bzw. den nach § 32 Abs. 4 und 5 EStG maßgeblichen Zeitraum nach § 70 Abs. 4 EStG bzw. § 70 Abs. 3 EStG oder § 129 AO zu korrigieren.
- Wenn bereits ab 1.1.1996 korrigiert werden muss. Mit Urteil vom 12.5.2000, VI R 100/99, hat der BFH entschieden, dass zum 1.1.1996 anlässlich des Übergangs vom sozial- auf das steuerrechtliche Kindergeld in jedem Kindergeldfall eine neue Festsetzung erfolgte, die nur wegen der Übergangsregelung des § 78 EStG a. F. nicht gesondert schriftlich bekannt gegeben werden musste.

Beispiel:

2 Kind hatte bereits im Juli 1995 den Haushalt der leiblichen Eltern verlassen und lebt seither bei den Großeltern. Dies wird erst im Jahr 2007 festgestellt. Korrekturnorm für die Zeit ab Januar 1996 ist § 173 Abs. 1 Nr. 1 AO. Zu beachten ist aber, dass längstens für 10 Jahre rückwirkend die Festsetzung aufgehoben werden kann (vgl. B.5), hier also längstens ab Januar 1997 (Lauf der Festsetzungsverjährung: Beginn = 1.1.1998, Ende = 31.12.2007).

7.9 Beseitigung einer von Anfang an fehlerhaften Kindergeldfestsetzung – § 70 Abs. 3 EStG

7.9.1 Zweck der Vorschrift

Die Vorschrift des § 70 Abs. 3 EStG regelt das Verfahren bei der Korrektur materieller Fehler. Es handelt sich um eine Vorschrift, die in der Abgabenordnung ansonsten nicht enthalten ist. Wie auch § 70 Abs. 2 EStG ist sie speziell auf Kindergeldverwaltungsakte mit Dauerwirkung zugeschnitten.

7.9 Beseitigung einer fehlerhaften Kindergeldfestsetzung

> Mit dieser eigenständigen Änderungsvorschrift soll vermieden werden, dass die Familienkasse ggf. über einen längeren Zeitraum hinweg an eine von Anfang rechtswidrige Kindergeldfestsetzung gebunden bleibt. Sie ermöglicht zumindest die Beseitigung, d. h.
>
> - Neufestsetzung (Änderung im Sinne der Korrekturvorschriften der Abgabenordnung)
>
> oder
>
> - Aufhebung
>
> der Fehlerhaftigkeit mit Wirkung für die Zukunft.

Die Zukunft beginnt mit dem der Bekanntgabe des Korrekturbescheides folgenden Monat.

Bei der Neufestsetzung oder Aufhebung der rechtswidrigen Kindergeldfestsetzung ist gemäß § 70 Abs. 3 Satz 3 EStG der Vertrauensschutz nach § 176 AO, wenn auch nur in beschränktem Umfang, zu beachten. Dadurch soll gewährleistet werden, dass bestimmte Entscheidungen nicht getroffen werden können, wenn sie gegen das geschützte Vertrauen des Kindergeldberechtigten verstoßen würden.

7.9.2 Voraussetzungen

Das Ziel dieser Korrekturnorm ist es, materielle Fehler im Sinne von § 177 AO der ursprünglichen Kindergeldfestsetzung zu beseitigen und damit die korrekte Rechtslage zu verwirklichen.

Materielle Fehler sind alle objektiven Unrichtigkeiten oder inhaltliche Fehler, die der Kindergeldfestsetzung anhaften.

Fehler dieser Art sind:

- Bei der Festsetzung des Kindergeldes wurde das geltende Recht unzutreffend angewendet (Rechtsanwendungsfehler).
- Bei der Festsetzung des Kindergeldes wurde ein Sachverhalt zugrunde gelegt, der von unzutreffenden tatsächlichen Verhältnissen ausgeht (Sachverhaltsfehler).

Kann allerdings § 173 AO angewendet werden, ist diese Korrekturnorm gemäß § 85 AO vorrangig heranzuziehen (Grundsatz der Gesetzmäßigkeit und Gleichmäßigkeit der Besteuerung), weil bei Anwendung dieser Korrekturnorm weitergehend ein rechtmäßiger Zustand hergestellt werden kann.

Auf ein Verschulden kommt es nicht an.

§ 70 Abs. 3 EStG ist nur auf Entscheidungen anwendbar, in denen eine positive Kindergeldfestsetzung korrigiert werden soll. Der BFH führte dazu mit

B. Steuerliches Festsetzungs- und Erhebungsverfahren

Urteil vom 25.7.2001, VI R 78/98, BStBl II 2002, S. 88 aus, dass nach der gesetzlichen Konzeption des § 70 Abs. 1–3 EStG nur positive Kindergeldfestsetzungen Bindungswirkung für die Zukunft haben: „Diese Vorschrift, die die Festsetzung von Kindergeld mit Wirkung für die Zukunft zulässt, gilt nicht für Bescheide, mit denen das Kindergeld auf 0 DM festgesetzt und damit die Festsetzung des Kindergeldes der Sache nach abgelehnt bzw. aufgehoben wird ... Nach der Gesetzesbegründung soll die Vorschrift verhindern, dass die Familienkasse an eine als fehlerhaft erkannte Kindergeldfestsetzung gebunden bleibt (BT-Drucksache 13/3084, S. 21). Der Gesetzgeber hatte bei der Einführung der Vorschrift nur Fehler, die den Kindergeldberechtigten begünstigen, also positive Kindergeldfestsetzungen, im Blick. Entsprechend hat er eine Änderung nur für die Zukunft zugelassen, um dem betroffenen Kindergeldberechtigten Vertrauensschutz hinsichtlich der unrichtigen Beurteilung der Familienkasse für die Vergangenheit zu gewähren. Es liegt damit an der Familienkasse, durch eine alsbaldige Änderung des materiell fehlerhaften Bescheides den Schaden möglichst gering zu halten. Im umgekehrten Fall, nämlich bei Aufhebung oder Ablehnung einer Kindergeldfestsetzung, ist eine Vertrauensschutzregelung nicht geboten.

Der Gesetzgeber ist ersichtlich davon ausgegangen, dass eine ‚Korrektur' in der Weise möglich ist, dass der Berechtigte einen erneuten Kindergeldantrag stellt, dem die Behörde ab dem Folgemonat der Bekanntgabe des Ablehnungs- bzw. Aufhebungsbescheides entsprechen muss, wenn die Voraussetzungen für die Gewährung von Kindergeld vorliegen."

Die Vorschrift des § 70 Abs. 3 EStG erfasst damit vorrangig Korrekturen zu Ungunsten des Kindergeldberechtigten.

Beispiel:

1 Familie Elster betreut werktags ihr Enkelkind Louis, geb. am 13.5.2007. Die Großeltern wohnen in Rössing und beantragen bei der zuständigen Familienkasse des öffentlich-rechtlichen Arbeitgebers in Nordstemmen am 15.7.2007 das Kindergeld. Als Unterlagen sind der Antragsvordruck und eine Lebensbescheinigung der Gemeindeverwaltung eingereicht worden. Zusätzlich fügten die Großeltern eine Erklärung bei, dass Louis nur werktags bei ihnen ist.

Die Kindesmutter wohnt in Bonn und ist beruflich sehr engagiert, so dass sie sich nur an den Wochenenden ihrem kleinen Sohn widmen kann. Einen „amtlichen" Vater hat Louis nicht.

Daraufhin setzt die Familienkasse der Großeltern Kindergeld ab Mai 2007 fest. Die erste Zahlung auf das angegebene Konto erfolgt im August 2007.

Anfang November 2007 erhält die Familienkasse eine Mitteilung, dass für Louis die zuständige Familienkasse des Arbeitsamtes Bonn Kindergeld ordnungsgemäß zahlt.

Die Familienkasse muss hier leider feststellen, dass das Kindergeld zu Unrecht an die Großeltern gezahlt wird, weil sie Louis nicht in ihrem Haushalt aufge-

7.9 Beseitigung einer fehlerhaften Kindergeldfestsetzung

nommen haben. Auch Louis Mutter bezieht laufend vom Arbeitsamt Bonn – Familienkasse – Kindergeld. Die Antragsunterlagen waren ordnungsgemäß ausgefüllt. Dieser begünstigende rechtswidrige Verwaltungsakt kann nur für die Zukunft, frühestens ab Dezember 2007 aufgehoben werden. Familie Elster braucht deshalb den Betrag von 1078 € nicht zurück zu zahlen. § 174 Abs. 2 AO scheidet in seiner Anwendung aus, da der fehlerhafte Kindergeldbescheid nicht auf Antrag des Kindergeldberechtigten, sondern durch die fehlerhafte Entscheidung der Familienkasse entstand.

Korrekturen zu Gunsten des Berechtigten kommen nur ausnahmsweise in Betracht, wenn eine bestehende Kindergeldfestsetzung betragsmäßig heraufgesetzt werden muss.

Nach fehlerhaften Ablehnungs- oder Aufhebungsentscheidungen aus materiellrechtlichen Gründen kann hingegen keine Korrektur nach § 70 Abs. 3 EStG zu Gunsten des Berechtigten erfolgen, weil solchen Bescheiden nur eine zeitlich begrenzte Bindungswirkung zukommt (vgl. dazu B.4.5). Über in der Zukunft liegende, zum Zeitpunkt der Kindergeldfestsetzung noch nicht entstandene Kindergeldansprüche kann ein Ablehnungs- oder Aufhebungsbescheid nach keine Regelung treffen (so auch BFH vom 25.7.2001, VI R 78/98, BStBl II 2002). Vielmehr wird ein rechtmäßiger Zustand durch die Festsetzung (auf den Neuantrag des Berechtigten hin) hergestellt.

Beispiel:

2   Herr Fritsche beantragt im Juli 2006 Kindergeld für seine 23-jährige Tochter Klara, die sich seit Mai 2006 um eine Ausbildung als Modedesignerin bemüht. Klara bezieht nur ein wöchentliches Arbeitslosengeld in Höhe von 33,33 €. Aus dem Vordruck ist zu entnehmen, dass Klara nicht bei der Berufsberatung des Arbeitsamtes gemeldet ist, sondern sich nach Angaben des Antragstellers selbst um einen Ausbildungsplatz bemüht. Nachweise sind nicht beigefügt. Nach mehreren erfolglosen Aufforderungen der Familienkasse, geeignete Nachweise beizubringen, lehnt diese den Antrag im September 2006 ab (ab Mai 2006) ohne einen konkreten Reglungszeitraum anzugeben.

Herr Fritsche legt nach Ablauf der Einspruchsfrist – Anfang November 2006 – die geeigneten Unterlagen vor. Zur Entschuldigung gibt er seine vielen Terminverpflichtungen an. Die Nachreichung der Unterlagen stellt sowohl einen Antrag auf Korrektur des Ablehnungsbescheid für die Zeit von Mai bis September 2006, als auch einen Neuantrag für die Zeit ab Oktober 2006 dar. Für die Zeit bis September 2006 besitzt der Ablehnungsbescheid Bindungswirkung und Bestandskraft. Die Familienkasse kann für die Monate bis September 2006 keine Korrektur vornehmen, da die Korrekturnormen von AO und EStG dies nicht erlauben, auch § 70 Abs. 3 EStG nicht anwendbar ist; für diese Zeit ist die Korrektur abzulehnen. Die Familienkasse erteilt darüber einen Ablehnungsbescheid aus formellen Gründen. Ab Oktober 2006 besitzt der Bescheid keine Bindungswirkung, es besteht ein regelungsloser Zeitraum. Kindergeld kann auf das insoweit als Neuantrag auszulegende Begehren des Berechtigen hin ab Oktober 2006 in Höhe von 154 € festgesetzt und nachgezahlt werden. Die Bekanntgabe des Verwaltungsaktes erfolgt schriftlich.

B. Steuerliches Festsetzungs- und Erhebungsverfahren

Die vorstehenden Ausführungen gelten entsprechend, wenn sich ein aus materiell-rechtlichen Gründen zugegangener Ablehnungs- oder Aufhebungsbescheid auf einen konkreten Regelungszeitraum bezieht. Auch hier tritt Bindungswirkung längstens für den Zeitraum ab dem genannten Beginn bis zum Monat der Bekanntgabe des Bescheides ein.

Beispiel:

3   Kindergeld wurde für das Kind Sabine in Folge eines Rechtsanwendungsfehlers der Familienkasse mit Bescheid vom 8.1.2007 bestandskräftig für das Jahr 2007 abgelehnt, weil die Einkünfte und Bezüge des Kindes unzutreffend zu hoch ermittelt wurden (aber keine offenbare Unrichtigkeit). Im Mai 2007 wird dieses Versehen bemerkt.

Der Ablehnungsbescheid hat Bestandskraft und Bindungswirkung erlangt für die Zeit vom Januar 2007 (genannter Beginn) bis Januar 2007 (Monat der Bekanntgabe). Für diese Zeit gibt es keine Korrekturnorm, die eine Abänderung der bestandskräftigen Entscheidung zulassen würde. Nicht § 70 Abs. 3 EStG, weil dieser keine Änderungen zu Gunsten des Berechtigten zulässt; ebenso nicht § 70 Abs. 4 EStG, weil diese Vorschrift nicht bei Rechtsanwendungsfehlern der Familienkasse greift (vgl. dazu B.7.10).

Tipp!

Egal, ob Kindergeld nun ab einem bestimmten Zeitpunkt oder für einen konkreten Regelungszeitraum abgelehnt oder aufgehoben wurde: Bindungswirkung tritt niemals für nach dem Bekanntgabemonat liegende Zeiträume ein! Nur für den Zeitraum der Bindungswirkung sind die Korrekturnormen einschlägig; für Zeiträume danach (und ggf. auch davor) handelt es sich um einen Neuantrag, über den ohne verfahrensrechtliche Hemmnisse im Rahmen der Festsetzungsverjährung positiv entschieden werden kann.

7.9.3 Rechtsfolgen

Die Korrektur nach § 70 Abs. 3 EStG kann ausschließlich als Aufhebung oder Neufestsetzung (im Sinne von Änderung) einer bestehenden Kindergeldfestsetzung ausgestaltet sein. Für eine Neufestsetzung (im Sinne einer Änderung) ist nur in den wenigen Fällen Platz, in denen ein Kindergeld-Auszahlungsbetrag (z. B. 179 €) auf einen anderen Auszahlungsbetrag (z. B. 154 €) oder wegen Anrechnung einer anderen, dem Kindergeld vergleichbaren Leistung (auf einen beliebigen Auszahlungsbetrag) für die Zukunft geändert wird.

Beispiel:

Herr Fritsche beantragt im Juli Kindergeld für seine 23-jährige Tochter Klara. Sie arbeitet in einem Fitness-Studio im Empfangsbereich für monatlich 435 €. Diese Tätigkeit füllt ihr Leben nicht aus und so absolviert Klara ab August 2003 noch einen Abendkurs an der Volkshochschule. Klara möchte unbedingt Karriere machen und belegt einen 12-Monats-Kurs, der sich mit der Thematik des Manage-

7.9 Beseitigung einer fehlerhaften Kindergeldfestsetzung

ments beschäftigt. Dienstags bis donnerstags geht sie fleißig von 18.45 bis 20.35 Uhr in die nahe gelegene Volkshochschule. Die Kosten trägt sie selbst. Herr Fritsche legt der Familienkasse sämtliche Nachweise vor und erklärt zusätzlich, dass Klara sehr viel zu Hause lernen muss. Der zuständige Mitarbeiter prüft die Unterlagen und studiert das EStG.

Klara wird durch den Schulbesuch – mindestens 10 Wochenstunden – überwiegend in Anspruch genommen. Ihre Einnahmen überschreiten auch nicht den maßgeblichen Grenzbetrag und Kindergeld wird in Höhe von 154 € festgesetzt.

Im Juni des Folgejahres zeigt Herr Fritsche an, dass der Kurs um drei Monate verlängert wird und beansprucht auch für diese Zeit Kindergeld. Daraufhin prüft der Mitarbeiter den Vorgang und muss natürlich feststellen, dass bei Klara gar keine Berufsausbildung im Sinne des § 32 Abs. 4 Satz 1 Nr. 2a EStG vorliegt. Nun ist guter Rat teuer, denn durch diesen Rechtsanwendungsfehler darf die Festsetzung nur nach § 70 Abs. 3 EStG ab Folgemonat auf die Bekanntgabe hin aufgehoben werden. In unserem Fall frühestens ab Juli des Folgejahres.

Der § 70 Abs. 3 EStG räumt der Familienkasse ein Ermessen bei der Aufhebung oder Neufestsetzung ein. Im Hinblick auf die Grundsätze der Gesetzmäßigkeit und der Gleichmäßigkeit der Besteuerung nach § 85 AO reduziert sich dieses Ermessen jedoch auf „Null".

7.9.4 Berücksichtigung des Vertrauensschutzes nach § 176 AO

§ 70 Abs. 3 Satz 3 EStG nimmt Bezug auf den § 176 Abs. 1 AO. Nach dessen Abs. 1 darf bei der Aufhebung oder Änderung einer Kindergeldfestsetzung nicht zu Ungunsten des Berechtigten berücksichtigt werden, dass

- das Bundesverfassungsgericht eine der Entscheidung zugrunde liegende Norm für nichtig erklärt,
- der Bundesfinanzhof eine der Entscheidung zugrunde liegende Norm für verfassungswidrig hält,
- sich die von der Familienkasse zugrunde gelegte Rechtsprechung des Bundesfinanzhofs geändert hat oder
- eine allgemeine Verwaltungsvorschrift der Bundesregierung oder des Bundesministeriums der Finanzen vom Bundesfinanzhof für rechtswidrig gehalten wird.

Eine Festsetzung bzw. Aufhebung der Kindergeldfestsetzung kommt nach § 70 Abs. 3 Satz 3, 2. Halbsatz EStG in Betracht, wenn bei der ursprünglichen Entscheidung eine für den Berechtigten günstige Rechtsprechung eines obersten Gerichtshofes des Bundes zugrunde gelegt, diese Rechtsprechung dann später geändert worden ist. Dadurch wird der Vertrauensschutz des § 176 AO in zeitlicher Hinsicht beschränkt.

Zur Anwendung dieser Vorschrift bedarf es stets einer Weisung.

B. Steuerliches Festsetzungs- und Erhebungsverfahren

Im Kindergeldrecht hängt die Berücksichtigung der genannten Änderung zu Ungunsten des Berechtigten maßgeblich von dem Monat der Verkündung der jeweiligen Entscheidung ab. Auch in diesen Fällen kann vom Folgemonat an zum Nachteil geändert werden.

Auf eine tatsächliche Kenntnis der Vertrauensschutzvoraussetzungen des Kindergeldberechtigten kommt es nicht an.

7.9.5 Korrekturzeitraum

Eine Neufestsetzung des Kindergeldes (im Sinne einer Änderung) bzw. Aufhebung der Kindergeldfestsetzung ist von dem auf die Bekanntgabe der Änderung bzw. Aufhebung folgenden Monat an vorzunehmen; der Tag der Absendung ist aktenkundig zu machen. Eine Nachzahlung bzw. Rückzahlung von Kindergeld gemäß § 37 Abs. 2 AO scheidet in diesen Fällen aus.

Darstellung des Korrekturzeitraumes:

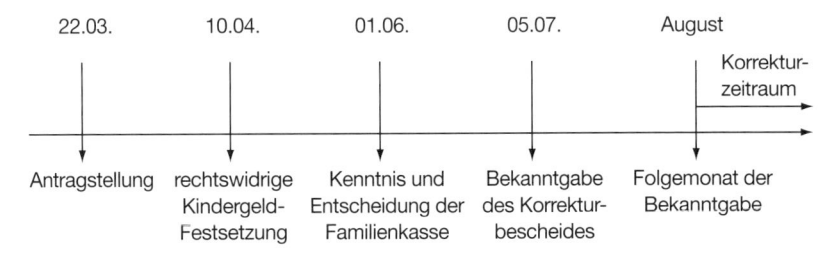

22.03.	10.04.	01.06.	05.07.	August
Antragstellung	rechtswidrige Kindergeld-Festsetzung	Kenntnis und Entscheidung der Familienkasse	Bekanntgabe des Korrekturbescheides	Folgemonat der Bekanntgabe (Korrekturzeitraum)

7.10 Aufhebung oder Änderung einer Kindergeldfestsetzung bei Über- oder Unterschreitung der Grenzbeträge – § 70 Abs. 4 EStG

7.10.1 Zweck der Vorschrift

Mit dem Zweiten Gesetz zur Familienförderung hat der Gesetzgeber mit Wirkung vom 1.1.2002 den § 70 Abs. 4 EStG in die steuerrechtlichen Kindergeldregelungen eingefügt. Die Vorschrift ermöglicht es den Familienkassen auch nach Eintritt der materiellen Bestandskraft die Kindergeldfestsetzung rückwirkend zu ändern.

Die Ergänzung sollte nach dem Willen des Gesetzgebers sicher stellen, dass eine Kindergeldfestsetzung für ein volljähriges Kind auch nach Ablauf des Kalenderjahres korrigiert werden kann, wenn die Einkünfte und Bezüge des Kindes den Jahresgrenzbetrag nach § 32 Abs. 4 EStG entgegen einer früheren Prognoseentscheidung der Familienkasse über- oder unterschreiten. Sie löst damit die zuvor von den Familienkassen in vergleichbaren Fällen herangezogene Korrekturnorm des § 175 Abs. 1 Nr. 2 AO ab und hat Vorrang vor § 173 AO. Der Handlungsbedarf für den Gesetzgeber ergab sich dabei insbe-

7.10 Aufhebung oder Änderung einer Kindergeldfestsetzung

sondere aufgrund der höchst uneinheitlichen Rechtsprechung der Finanzgerichte zur Frage der Anwendbarkeit des § 175 Abs. 1 Nr. 2 AO. Noch vor Inkrafttreten der gesetzlichen Neuregelung hatte der Bundesfinanzhof mit seinen Urteilen vom 26.7.2001, VI R 83/98 und VI R 55/00, aber im Wesentlichen die Verwaltungsauffassung zur Heranziehung des § 175 Abs. 1 Nr. 2 AO bestätigt. Gleichwohl ist der § 70 Abs. 4 EStG n. F. ab Januar 2002 von der Verwaltung wie nachfolgend dargestellt anzuwenden.

7.10.2 Voraussetzungen

Bei der Feststellung des Über- oder Unterschreitens des maßgeblichen Grenzbetrages handelt es sich um die rein mathematische Ermittlung der endgültigen Einkünfte und Bezüge des Kindes und den sich anschließenden Vergleich mit dem bisherigen Berechnungsergebnis für das volljährige Kind. Ist die vormals getroffene Feststellung, nach der Kindergeld gewährt oder aus materiellrechtlichen Gründen abgelehnt oder aufgehoben wurde, von dem neuen Berechnungsergebnis nicht mehr gedeckt, soll nach dem Willen des Gesetzgebers die Festsetzung korrigiert werden. In Folge dessen schafft die Korrekturnorm materielle Gerechtigkeit zu Gunsten wie zu Ungunsten des Berechtigten.

Tipp!

Im Gegensatz zu § 70 Abs. 3 EStG findet § 70 Abs. 4 EStG auch Anwendung auf für den Berechtigten negative Ablehnungs- und Aufhebungsentscheidungen!

Voraussetzung für die Korrektur der Kindergeldfestsetzung ist jedoch, dass das Über- oder Unterschreiten der Einkünfte und Bezüge „nachträglich bekannt wird". Bereits im § 173 AO hat der Gesetzgeber eine nahezu identische Formulierung gewählt – vgl. B 7.5.2. Im Rahmen des § 173 AO wurde die Formulierung so ausgelegt, dass Tatsachen oder Beweismittel im Zeitpunkt der Festsetzung bereits existent waren, der Familienkasse aber erst danach bekannt wurden. Überträgt man dies, ist eine Korrektur in Fällen des § 70 Abs. 4 EStG z. B. dann erlaubt, wenn Einkünfte und Bezüge im Zeitpunkt der Entscheidung der Familienkasse bereits feststehen, der Familienkasse aber erst später bekannt werden.

Anders als bei § 173 Abs. 1 Nr. 2 AO stellt der Gesetzgeber bei Zugunstenänderungen für den Berechtigten aber nicht darauf ab, dass ihn kein grobes Verschulden trifft (vgl. B 7.5.4). Darum sind Änderungen zu Gunsten des Berechtigten im Bereich der Einkünfte und Bezüge volljähriger Kinder (§ 32 Abs. 4 S. 2 EStG) zulässig, wo eine zunächst ablehnende Entscheidung ausschließlich auf der fehlenden Mitwirkung des Berechtigten beruhte.

B. Steuerliches Festsetzungs- und Erhebungsverfahren

Soll eine bestehende Kindergeldfestsetzung zu Ungunsten des Berechtigten aufgehoben werden, weil der Familienkasse erst nach der Festsetzung Einkünfte und Bezüge bekannt werden, die der Berechtigte zunächst nicht angezeigt hat, so ist auch dies nach § 70 Abs. 4 EStG zulässig. Auf ein grobes Verschulden des Berechtigten kommt es hier ohnedies nicht an, es wird in jedem Fall korrigiert.

§ 70 Abs. 4 EStG ist nach der vom Gesetzgeber in seiner Begründung aufgezeigten Absicht insbesondere aber auch auf Fälle anwendbar, in denen sich im Laufe des maßgeblichen Kalenderjahres nach der Kindergeldfestsetzung (auch Ablehnung aus materiellrechtlichen Gründen) Änderungen bei den Einkünften und Bezügen (und damit natürlich auch bei den Werbungskosten und besonderen Ausbildungskosten) ergeben haben.

Beispiel:

1 Kindergeld wurde mit Bescheid vom 7.1. des Jahres für ein volljähriges Kind auf 154 € festgesetzt. Aufgrund der tarifvertraglichen Erhöhung der Ausbildungsvergütung ab Mai des Jahres (Tarifvertrag wurde im April geändert) ergibt sich, dass die Einkünfte des Kindes entgegen der ursprünglichen Prognose doch den maßgeblichen Grenzbetrag überschreiten. Die Festsetzung ist ab Januar des Jahres nach § 70 Abs. 4 EStG aufzuheben, zu Unrecht gezahltes Kindergeld in Folge dessen zu erstatten.

Insoweit kann keine völlige Anlehnung an die zum § 173 AO getroffene Auslegung des Begriffes „nachträglich bekannt werden" erfolgen. Vielmehr ist der Begriff auszulegen wie „Einkünfte und Bezüge nach der Festsetzung der Familienkasse bekannt werden". Dabei ist es unerheblich, ob die Einkünfte und Bezüge im Zeitpunkt der Festsetzung bereits erzielt waren bzw. deren Erzielung zumindest prognostizierbar war (also Fälle, in denen die Festsetzung im Blickwinkel der „geläuterten Rechtsauffassung" bereits im Zeitpunkt der Festsetzung objektiv rechtswidrig war). Genauso anwendbar ist die Vorschrift, wenn eine zunächst rechtmäßige Festsetzung durch nachträglich eintretende Veränderung (Erhöhungen oder Verringerungen) der Einkünfte und Bezüge erst zu einem späteren Zeitpunkt rechtswidrig wird.

Nicht anwendbar ist der § 70 Abs. 4 EStG allerdings in den Fällen des Verwaltungsverschuldens. Sind der Familienkasse zum Zeitpunkt der Festsetzung bereits alle Einkünfte und Bezüge bekannt (vgl. dazu B 7.5.2), wurden diese aber unzutreffend gewürdigt (Rechtsanwendungsfehler), kann sie sich natürlich später nicht darauf berufen, ihr seien diese erst nach der Festsetzung bekannt geworden. Solche Kindergeldfestsetzungen sind nach den Weisungen des Bundesamtes für Finanzen nach § 70 Abs. 3 EStG nur mit Wirkung für die Zukunft zu korrigieren (vgl. B. 7.9). Liegen jedoch die Voraussetzungen des § 129 AO (offenbare Unrichtigkeit) vor, kommt auch eine Korrektur mit Wirkung für die Vergangenheit in Betracht.

7.10 Aufhebung oder Änderung einer Kindergeldfestsetzung

Beispiel:

2   Aufgrund einer fehlerhaften Entscheidung der Familienkasse bezüglich der Einkünfte und Bezüge des Kindes wurde Kindergeld für das Jahr 2007 in Höhe von mtl. 154 € festgesetzt. Bei der abschließenden Überprüfung im Februar 2008 wird dies festgestellt. Eine Korrektur nach § 70 Abs. 4 EStG scheidet aus, ebenso nach § 70 Abs. 3. Da Kindergeld nur für die Zeit von Januar bis Dezember 2007 (befristet) festgesetzt wurde, kommt eine Aufhebung der fehlerhaften Entscheidung für das Jahr 2007 nicht mehr in Betracht. Der Berechtigte muss deshalb das zu Unrecht gewährte Kindergeld nicht zurückzahlen.

Wäre Ursache für die fehlerhafte Entscheidung der Familienkasse ein Rechenfehler, so käme eine Berichtigung für das Jahr 2007 nach § 129 AO in Betracht. Der Berechtigte müsste dann gemäß § 37 Abs. 2 AO den zu Unrecht erhaltenen Betrag in Höhe von 12 × 154 € zurückzahlen.

Ebenfalls nicht unter § 70 Abs. 4 EStG fallen

- Änderungen der Rechtsauffassung durch Rechtsprechung oder Verwaltungsanweisungen, soweit sie sich auf Einkünfte und Bezüge beziehen (Korrektur nach § 70 Abs. 3 EStG oder Neuantrag). Dies wurde inzwischen vom BFH mit Urteil vom 28.11.2006, III R 6/06 auch bestätigt.

Beispiel:

3   Für das Jahr 2003 musste Kindergeld wegen Überschreitens des maßgeblichen Grenzbetrages mit Bescheid vom 9.2.2004 abgelehnt werden, weil die Familienkasse nach der damals zu beachtenden Weisungslage lediglich die Werbungskosten von den Einnahmen eines volljährigen Kindes abgezogen werden durften. Erst in Folge des Beschlusses des BVerfG vom 11.1.2005, 2 BvR 167/02 ergab sich die Möglichkeit, zusätzlich noch den Arbeitnehmeranteil an den gesetzlichen Sozialversicherungsbeiträgen von den Einkünften abzusetzen.

Im Jahr 2005 beantragt der Berechtigte, der darauf durch einen Zeitungsartikel aufmerksam gemacht wurde, außerhalb der Einspruchsfrist die Änderung der damaligen Entscheidung. Formal handelt es sich dabei um ein Begehren auf Korrektur der aus heutiger Sicht rechtswidrigen Ablehnung des Kindergeldes. Der im Jahr 2004 erteilte Ablehnungsbescheid entfaltet Bindungswirkung für den konkreten Regelungszeitraum von Januar bis Dezember 2003. § 70 Abs. 4 darf nicht herangezogen werden. Aber auch § 70 Abs. 3 EStG kann nicht mehr zu einer Festsetzung des Kindergeldes führen, weil diese Vorschrift nur auf für den Berechtigten positive Festsetzungen Anwendung findet.

Eine Heranziehung des § 70 Abs. 4 als Korrekturnorm wegen der neuen Entscheidung des BVerfG zum zusätzlichen Abzug des Arbeitnehmeranteils an den gesetzlichen Sozialversicherungsbeiträgen ist auch unter Bemühung des Rechtsgedankens des § 177 AO zur Saldierung von Änderungen zugunsten und zu Ungunsten des Kindergeldberechtigten nicht zulässig. Auch der Rechtsgedanke des § 177 Abs. 1 und 2 AO erlaubt kein solches Vorgehen. Mit dieser Vorschrift hat der Gesetzgeber lediglich die Einbringung von z. B. für den Berechtigten günstigen neuen Umständen (wie z. B.

B. Steuerliches Festsetzungs- und Erhebungsverfahren

dem nunmehr zulässigen Abzug der Sozialversicherungsbeträge) zugelassen, wenn sich aus anderen Gründen gleichzeitig eine für den Berechtigten nachteilige Entwicklung einstellt. In den Fällen, in denen jedoch bereits eine für den Berechtigten vollends negative (Ablehnungs- oder Aufhebungs-)Entscheidung getroffen wurde, nämlich überhaupt kein Kindergeld für ein Kind festzusetzen, kann sich dies naturgemäß nicht noch weiter verschlechtern.

- Änderungen, die nur einen mittelbaren Einfluss auf die Einkünfte und Bezüge haben (z. B. kürzere oder längere Anspruchszeiträume als ursprünglich angenommen).

7.10.3 Rechtsfolgen

§ 70 Abs. 4 EStG erlaubt wie die anderen Korrekturnormen der Abgabenordnung und des EStG die Aufhebung oder Änderung von Kindergeldfestsetzungen. Dabei wird die Aufhebung für die Familienkassen sicherlich der Hauptanwendungsfall sein. Aufhebungen erfolgen dann, wenn die Wirksamkeit einer den Berechtigten begünstigenden Kindergeldfestsetzung beseitigt wird. Darüber hinaus kommt dem nach sachlicher Prüfung (hier also der Entscheidung über die Einkünfte und Bezüge der Kinder und den maßgeblichem Grenzbetrag) ergangenen Aufhebungsbescheid ein negativer Regelungsinhalt zu, der Bindungswirkung entfaltet – vgl. B.4.5. Für die Zeit der Bindungswirkung des Aufhebungsbescheides kann dann ggf. nach § 70 Abs. 4 EStG korrigiert werden. Für die Zeit danach handelt es sich um einen Neuantrag (Schriftform erforderlich – § 67 EStG), über den im Rahmen der Festsetzungsverjährung erneut entschieden werden kann (durch positive Festsetzung eines Auszahlungsbetrages).

Eine Änderung aufgrund des § 70 Abs. 4 EStG ist im Zusammenhang mit den Einkünften und Bezügen eines volljährigen Kindes insbesondere möglich, wenn Kindergeld aufgrund einer vorhergehenden Ablehnung oder Aufhebung aus materiell-rechtlichen Gründen nicht gewährt wurde. Zu beachten ist dabei, dass Ablehnungs- und Aufhebungsbescheiden nur eine begrenzte zeitliche Bindungswirkung zukommt (vgl. B.4.5); für Zeiten nach der Bindungswirkung muss ein Neuantrag gestellt werden.

Beispiel:

Kindergeld wurde wegen Überschreitens des maßgeblichen Grenzbetrages mit Bescheid vom 29.1.2007 ab Januar 2007 abgelehnt. Im Dezember 2007 reicht der Berechtigte erstmalig Nachweise über Werbungskosten des Kindes ein, wonach sich ergibt, dass der Grenzbetrag für 2007 unterschritten wird.

Der Ablehnungsbescheid vom 29.1.2007 gilt gemäß § 122 Abs. 2 AO als am 1.2.2007 bekanntgegeben. Ihm kommt damit Bindungswirkung für die Zeit von Januar bis Februar 2007 zu. Eine Korrektur nach § 70 Abs. 4 ist wegen des nachträglichen Bekanntwerdens des Unterschreitens des Grenzbetrages zulässig für diese beiden

7.10 Aufhebung oder Änderung einer Kindergeldfestsetzung

Monate, in Folge dessen wird die Ablehnung geändert in eine Festsetzung auf 154,- € mtl.
Für die Zeit von März bis Dezember 2007 handelt es sich um einen Neuantrag. Kindergeld wird für diese Zeit ebenfalls auf 154,- € mtl. festgesetzt.
Beide Bescheide (können in einem Schreiben zusammengefasst werden) sind schriftlich bekanntzugeben.

7.10.4 Korrekturzeitraum

Die Aufhebung oder Änderung der Kindergeldfestsetzung ist bei Anwendung des § 70 Abs. 4 EStG für Zukunft und Vergangenheit zulässig. Zu korrigieren ist dabei für den maßgeblichen Anspruchszeitraum, in einer Vielzahl von Fällen also für das maßgebliche Kalenderjahr.

Die Korrektur ist nicht in das Ermessen der Familienkasse gestellt, sondern nur vom nachträglichen Feststellen der Über- oder Unterschreitung des maßgeblichen Grenzbetrages abhängig.

7.10.5 Anwendungsbereich

Die Korrekturnorm des § 70 Abs. 4 EStG verbraucht sich nicht, wenn erstmalig nach Ablauf des Kalenderjahres eine abschließende Entscheidung getroffen wurde. Im Rahmen der Festsetzungsverjährung kann die Norm vielmehr mehrfach, auch mehrfach nach Ablauf des Kalenderjahres, zu einer Korrektur der Festsetzung führen, wenn die Voraussetzungen dafür erfüllt sind.

Beispiele:

1 Kindergeld wurde für das Jahr 2007 zunächst wegen Überschreitens des maßgeblichen Grenzbetrages mit Bescheid vom 15.2.2007 abgelehnt. Nachdem der Berechtigte im März 2007 Unterlagen vorlegte, aus denen sich ein Unterschreiten des Grenzbetrages ergab, wurde Kindergeld in Höhe von 154 € festgesetzt – Änderung für das Jahr 2007 (Bescheid vom 5.4.2007). Im Oktober 2008 wird durch eine Kontrollmitteilung des Finanzamtes bekannt, dass Werbungskostenbelege gefälscht waren. Bei Herausrechnung der in Folge dessen zu Unrecht angesetzten Werbungskosten wird der Grenzbetrag wieder überschritten. Auch die Aufhebung für das Jahr 2007 wird auf § 70 Abs. 4 gestützt.

2 Bei der abschließenden Entscheidung für das Jahr 2006 wurden im Februar 2007 Einkünfte in Höhe von 7564 € ermittelt, weil aufgrund der Angaben des Berechtigten nur der Arbeitnehmerpauschbetrag von 920 € vom Kindeseinkommen abgezogen werden konnten. Kindergeld wurde daraufhin mit Bescheid vom 20.2.2007 für das Jahr 2006 abgelehnt. Anfang 2008 legt der Berechtigte den Einkommensteuerbescheid des Kindes vor. Aufgrund der auch dort berücksichtigten erhöhten Fahrtkosten (Entfernungspauschale) ergeben sich jedoch nur Einkünfte von 7000 €, weshalb Kindergeld für 2006 zusteht. Die Kindergeldfestsetzung wird jetzt aufgrund der Korrekturnorm des § 70 Abs. 4 EStG für das Jahr 2006 auf mtl. 154 € geändert. Die Familienkasse hat nämlich nachträglich Kenntnis von den geringeren Einkünften des Kindes erlangt.

B. Steuerliches Festsetzungs- und Erhebungsverfahren

Achtung!

Der Bundesfinanzhof hat am 28.6.2006, III R 13/06, entschieden, dass § 70 Abs. 4 EStG nur auf die Fälle Anwendung findet, in denen die zu korrigierende Kindergeldfestsetzung **vor** Beginn oder **während** eines Kalenderjahres als Prognoseentscheidung über die Höhe der Einkünfte und Bezüge des Kindes in dem maßgeblichen Kalenderjahr ergangen ist. Weil aber nach Ablauf des jeweiligen Prognosejahres die Einkünfte und Bezüge abschließend feststehen und sich praktisch nicht mehr verändern können, findet § 70 Abs. 4 auf alle Entscheidungen (Festsetzungen, Ablehnungen, Aufhebungen), die erst nach Ablauf des Jahres getroffen worden sind, keine Anwendung mehr.

Auf das vorstehende Beispiel 2 bezogen würde dies bedeuten, dass Anfang 2008 dann keine Korrektur mehr nach § 70 Abs. 4 mit Wirkung für die Vergangenheit erfolgen dürfte. Da auch § 173 Abs. 1 Nr. 2 AO wegen grobem Verschuldens des Berechtigten und § 175 Abs. 1 Nr. 1 AO (Steuerbescheid des Kindes ist kein Grundlagenbescheid) in ihrer Anwendung ausscheiden, würde es damit bei dem Aufhebungsbescheid vom 20.2.2007 verbleiben; das Kindergeld für 2006 müsste zurückgezahlt werden.

Im Ergebnis bedeutet die Anwendung dieser neuen Rechtsprechung des BFH:

- Bis einschließlich der abschließenden Entscheidung (dies ist die erste Entscheidung über die Höhe der Einkünfte und Bezüge des volljährigen Kindes nach Ablauf des Kalenderjahres) ist § 70 Abs. 4 regelmäßig die zutreffende Korrekturnorm. Sie kann innerhalb des Prognosejahres auch mehrfach angewandt werden.

- Nach Ablauf des Prognosejahres kann § 70 Abs. 4 noch ein einziges Mal anlässlich der abschließenden Entscheidung herangezogen werden. Danach hat sich diese Korrekturnorm verbraucht, es gelten dann nur noch die sonst bekannten Korrekturvorschriften von AO und EStG.

Tipp!

Die BFH-Entscheidung III R 13/06 wurde bisher nicht im Bundessteuerblatt veröffentlicht, die tragenden Gründe dürfen zum Zeitpunkt der Drucklegung dieses Werkes von den Familienkassen noch nicht auf vergleichbare Fallgestaltungen herangezogen werden.

Warten Sie deshalb bitte die Veröffentlichung im BStBl. bzw. eine entsprechende Weisung des Bundeszentralamtes für Steuern ab!

§ 70 Abs. 4 EStG findet bei Vorliegen der Voraussetzungen auf alle Fälle Anwendung, in denen die Familienkasse eine entsprechende Verwaltungsentscheidung (Aufhebung oder Änderung) ab dem 1.1.2002 trifft.

8. Abweichende Festsetzung aus Billigkeitsgründen – § 163 AO

Dieses Kapitel behandelt die einzige Möglichkeit außerhalb der Korrekturnormen, doch noch zu einer für den Berechtigten Kindergeldfestsetzung zu gelangen.

Neben den Korrekturmöglichkeiten, besteht für die Familienkasse unabhängig von der Bestandskraft der Festsetzung die Möglichkeit, eine höhere Steuervergütung Kindergeld als die kraft Gesetzes entstandene im Wege einer Billigkeitsentscheidung festzusetzen – § 163 Satz 1 1. Alternative, i. V. m. § 155 Abs. 4 AO. Neben dieser Maßnahme im Festsetzungsverfahren kennt die AO eine ähnliche Regelung im Erhebungsverfahren, den Zahlungserlass gemäß § 227 AO (vgl. B. 15.). Nach welcher von den beiden Vorschriften vorzugehen ist, richtet sich nach den Umständen des jeweiligen Einzelfalles.

Tatbestandliche Voraussetzung für die von den gesetzlichen Vorgaben abweichende Steuerfestsetzung ist, dass die Kindergeldfestsetzung entsprechend des ausdrücklichen Gesetzeswortlauts nach Lage des einzelnen Falles unbillig wäre (§ 163 Satz 1 AO, aber auch § 227 Satz 1 AO). Billigkeit/Unbilligkeit ist ein unbestimmter Rechtsbegriff, bei der es dem Gesetzgeber letztlich um das Erreichen von Einzelfallgerechtigkeit geht. Dieses Tatbestandsmerkmal muss deshalb in jedem Einzelfall neu ausgefüllt werden. Sachliche oder persönliche Gründe können ausschlaggebend für die Unbilligkeit der Kindergeldfestsetzung entsprechend des ausdrücklichen Gesetzeswortlauts sein.

Die Billigkeitsprüfung im Sinne der § 163 AO und § 227 AO verlangt eine Gesamtbetrachtung aller Normen, die für die Entstehung des Kindergeldanspruchs im konkreten Einzelfall maßgeblich sind. Nur so kann festgestellt werden, ob das Ergebnis des Gesetzesvollzuges mit der Einzelfallgerechtigkeit vereinbar ist.

Allgemein wird bei Billigkeitsentscheidungen unterschieden zwischen persönlichen und sachlichen Billigkeitsgründen.

Nach Auffassung der Rechtsprechung sind sachliche Billigkeitsgründe dann gegeben, wenn nach dem erklärten oder mutmaßlichen Willen des Gesetzgebers angenommen werden kann, dass er die im Billigkeitswege zu entscheidende Frage – hätte er sie geregelt – ausdrücklich im Sinne der beabsichtigten Billigkeitsmaßnahme geregelt hätte (vgl. BFH, z. B. BStBl. 1994, 833). Dies gilt auch dann, wenn angenommen werden kann, dass die Einziehung/Erhebung einer Steuer den Wertungen des Gesetzgebers widersprechen würde (BFH, BStBl. 1991, 906). Mit Billigkeitsmaßnahmen können immer nur solche Härten ausgeglichen werden, die bei Erlass des Gesetzes nicht voraussehbar waren und auch nicht in Kauf genommen worden

B. Steuerliches Festsetzungs- und Erhebungsverfahren

wären. Aus sachlichen Billigkeitsgründen kommt eine abweichende Steuervergütungsfestsetzung nur in ganz wenigen und ganz besonders gelagerten Einzelfällen in Betracht.

Tipp!

Von dieser Möglichkeit ist äußerst restriktiv Gebrauch zu machen.

Beispiele:

1 Die Familienkasse hat Kindergeld für ein Kind mit Bescheid vom 14.3.2007 ab September 2006 abgelehnt, obwohl sich dieses Kind in Ausbildung befand. 8 Monate später wird dies bemerkt. Eine Korrektur nach § 70 Abs. 3 EStG kommt nicht in Betracht, weil diese Vorschrift nur anwendbar auf positive Festsetzungen ist. Für die Zeit ab April 2007 kann Kindergeld wegen der zeitlich begrenzten Bindungswirkung (September 2006 bis März 2007) des Ablehnungsbescheides aus materiellrechtlichen Gründen neu festgesetzt werden. Der Gesetzgeber hat mit Erlass des Gesetzes ganz bewusst in Kauf genommen, dass selbst rechtswidrige nicht begünstigende Entscheidungen der Familienkasse nur für die Zukunft korrigiert werden können. Hier ist kein Raum für eine abweichende Festsetzung, d.h. für die Zeit, bevor § 70 Abs. 3 EStG greift.

In diesem Fall könnte eine abweichende Festsetzung aus Billigkeitsgründen jedoch dann erfolgen, wenn ein vom Berechtigten gegen die Ablehnung erhobener Einspruch auf Anraten der Familienkasse hin zurückgenommen wurde. Für diesen Fall muss davon ausgegangen werden, dass der Gesetzgeber die Rechtsfolge des § 70 Abs. 3 EStG sicherlich nicht gewollt hat.

2 Für das volljährige behinderte Kind Sepp wurde die Kindergeldfestsetzung aufgrund der damaligen Weisungslage ab Januar 1997 aufgehoben, weil es vollstationär in einem Heim untergebracht war und die Eltern nicht zu den Kosten der Heimunterbringung herangezogen werden konnten, sondern nur durch Wochenendaufenthalte für ihr Kind sorgten. Mit bestandskräftig gewordenen Bescheid vom 10.1.1997 wurde dies den Eltern mitgeteilt.

Im August 1997 stellte der Vater des Kindes Sepp einen Kindergeldneuantrag, über den nach der damaligen Weisungslage ebenfalls zutreffend mit einer Nullfestsetzung ab Januar 1997 entschieden wurde. Diese Entscheidung vom 5.12.1997 wurde bestandskräftig. Erst Ende des Jahres 2001 wendet sich der Kindesvater wieder an die Familienkasse und verlangt die Nachzahlung des Kindergeldes ab Januar 1997.

Nach den Entscheidungen des BFH ergibt sich nunmehr ein Kindergeldanspruch für Sepp als behindertes Kind ab Januar 1997. Der fehlerhafte Nullfestsetzungsbescheid vom 5.12.1997 (auf den es hier entscheidungserheblich ankommt) ist nach heutiger Weisungslage als Ablehnung aus materiellrechtlichen Gründen auszulegen. Der inhaltlich fehlerhafte Bescheid vom 5.12.1997 entfaltet Bindungswirkung nur von Januar 1997 (genannter Beginnmonat) bis Dezember 1997 (Monat seiner Bekanntgabe). Für Zeiten ab Januar 1998 kann deshalb Kindergeld aufgrund des Neuantrages des Vaters festgesetzt und nachgezahlt werden.

8. Abweichende Festsetzung aus Billigkeitsgründen

Für Zeiten im Jahr 1997 erlaubt jedoch keine Korrekturnorm die Abänderung der Entscheidung. Insbesondere § 70 Abs. 3 EStG greift nicht, weil der nur eine Korrektur mit Wirkung für die Zukunft zulässt.

Dieses Ergebnis ist unbillig und deshalb nicht hinzunehmen. Materiellrechtlich wurde von der Familienkasse eine falsche Auffassung vertreten, wie sich ja jetzt durch die neue BFH-Rechtsprechung und die infolgedessen erlassenen neuen Weisungen deutlich zeigt.

Darum hat das Bundesamt für Finanzen mit Erlass vom 16.11.2000, AZ: St I 4 – S 2280 – 88/2000 geregelt, dass eine sachliche Unbilligkeit vorliegt, soweit es sich um Zeiträume ab Juli 1997 handelt (Gleichbehandlung der Fälle, in denen aufgehoben wurde). Insoweit soll eine abweichende Festsetzung aus sachlichen Billigkeitsgründen erfolgen. Diese reicht aber längstens bis zum Monat Juli 1997 zurück. Kindergeld kann deshalb selbst noch für die Zeit von Juli bis Dezember 1997 festgesetzt und nachgezahlt werden.

Sachliche Unbilligkeit liegt nicht vor, wenn Kindergeld in der Vergangenheit abgelehnt oder aufgehoben wurde, weil ein volljähriges Kind nach damaliger Verwaltungsauffassung ohne Abzug des Arbeitnehmeranteils an den gesetzlichen Sozialversicherungsbeiträgen den maßgeblichen Grenzbetrag überschritten hatte. Der Beschluss des BVerfG vom 11.1.2005, 2 BvR 167/02 verpflichtet die Familienkassen nicht dazu – vgl. auch Schreiben des BZSt vom 17.6.2005, St I 4-S2471-210/2005.

Persönliche Unbilligkeit liegt vor, wenn die Steuererhebung die wirtschaftliche oder persönliche Existenz des Berechtigten vernichten oder ernstlich gefährden würde. Im Rahmen der Festsetzung einer Steuervergütung Kindergeld ist dieser Fall praktisch nicht denkbar. Aus persönlichen Unbilligkeitsgründen ist aber ein Zahlungserlass nach § 227 AO (vgl. B. 15.) denkbar.

Billigkeitsentscheidungen stellen einen selbständigen sonstigen Steuerverwaltungsakt dar. Dies gilt auch für die Ablehnung einer Billigkeitsentscheidung. Sie sind zugleich Grundlagenbescheid für die Steuervergütungsfestsetzung im Sinne von § 171 Abs. 10 AO. Bei nachträglichen Billigkeitsmaßnahmen ist eine bestehende Ablehnung aus materiellrechtlichen Gründen gemäß § 175 Abs. 1 Nr. 1 AO (vgl. B. 7.7.2) zu ändern. Da es sich um zwei Verwaltungsakte handelt, die äußerlich miteinander verbunden sind, sind zwei Rechtsbehelfe gegeben: Der Einspruch gegen die geänderte Kindergeldfestsetzung und der Einspruch gegen die Billigkeitsentscheidung. Dies muss unbedingt aus der Rechtsbehelfsbelehrung hervorgehen.

Billigkeitsentscheidungen stehen stets im pflichtgemäßen Ermessen der Familienkasse. Eine über § 85 AO begründete Ermessensreduzierung auf Null kann es hier grundsätzlich nicht geben.

B. Steuerliches Festsetzungs- und Erhebungsverfahren

9. Überblick über das Erhebungsverfahren

Nachfolgend wird das steuerliche Festsetzungsverfahren vom Erhebungsverfahren abgegrenzt, in welchem die Realisierung von Ansprüchen stattfindet.

Festsetzungs- und Erhebungsverfahren sind strikt voneinander zu trennende Verfahrensstufen in der Abgabenordnung. Nachdem das Festsetzungsverfahren mit dem Erlass eines Verwaltungsaktes abgeschlossen wurde (Titulierung des Anspruchs), findet die zweite Stufe der Geltendmachung des Anspruchs im Erhebungsverfahren statt. Im Erhebungsverfahren soll der Anspruch aus dem Steuerschuldverhältnis verwirklicht werden, d. h.

- die Berechtigten oder dritte Personen oder Stellen erhalten Kindergeld ausgezahlt,
- die Familienkasse lässt sich zu Unrecht gezahlte Beträge zurückzahlen. Dies erfolgt durch Aufrechnung und/oder eigene Zahlung des Rückzahlungspflichtigen. Ggf. sind Stundungen auszusprechen, Stundungszinsen festzusetzen, bei nicht rechtzeitiger Zahlung Säumniszuschläge zu erheben.

In den §§ 218 bis 248 enthält die AO Vorschriften zur Verwirklichung, Fälligkeit, Stundung, Zahlung, Aufrechnung, Zahlungsverjährung, Verzinsung und zum Erlass von Forderungen, die auch im Bereich des steuerlichen Kindergeldes von Bedeutung sind.

10. Verwirklichung von Ansprüchen aus dem Steuerschuldverhältnis

Im folgenden Kapitel wird beschrieben, wie der Kindergeldanspruch des Berechtigten und ein ggf. bestehender Rückzahlungsanspruch der Familienkasse realisiert (= verwirklicht) wird. Im Mittelpunkt stehen dabei die Besonderheiten bei der Auszahlung in Sonderfällen an Abzweigungsempfänger und Erstattungen nach § 74 Abs. 2 EStG und die Rückzahlungsansprüche.

Grundlage für die Verwirklichung, d. h.: Realisierung von Ansprüchen aus dem Steuerschuldverhältnis sind die Steuervergütungsbescheide, mit denen wirksam über den Steuervergütungsanspruch Kindergeld entschieden wurde (§ 218 Abs. 1 AO) und die Rückzahlungsbescheide (in analoger Anwendung des § 218 Abs. 2 AO). Auch der Abrechnungsbescheid nach § 218 Abs. 2 AO kann als Grundlage für die Verwirklichung von Ansprüchen dienen.

10.3 Auszahlungen gemäß § 74 Abs. 1 EStG

10.1 Auszahlungsanspruch des Berechtigten

Das Kindergeld wird grundsätzlich an die Person ausgezahlt, die anspruchsberechtigt ist (§§ 62, 70 EStG). Im Zuständigkeitsbereich des öffentlichen Dienstes erfolgt die Kindergeldzahlung grundsätzlich zusammen mit dem Gehalt (§ 72 Abs. 1 EStG). Der Anspruchsinhaber ist im Normalfall also auch der Zahlungsempfänger. Darum wird das Kindergeld entsprechend der §§ 70 Abs. 1, 66 Abs. 2 EStG und § 224 Abs. 3 AO grundsätzlich unbar auf ein vom Berechtigten benanntes Konto ausgezahlt. Auf Verlangen des Berechtigten kann jedoch auch auf andere Weise ausgezahlt werden.

10.2 Auszahlung in Sonderfällen

Beim Kindergeld handelt es sich um eine Leistung an Eltern für Kinder. Dem Kindergeldgesetzgeber war es dabei immer wichtig, dass die Leistung Kindergeld zum Wohle des Kindes verwendet wird. Vereinzelt gibt es allerdings Fälle, in denen der Kindergeldberechtigte das Kindergeld nicht (freiwillig) für den Kindesunterhalt, sondern anderweitig verwendet, z. B. für eigene Kosten des Lebensunterhalts. Der Gesetzgeber hat deshalb für diese Ausnahmefälle bestimmt, dass das Kindergeld auch an andere Personen oder Stellen ausgezahlt werden kann. Diese „Zahlung des Kindergeldes in Sonderfällen" ist in § 74 EStG geregelt.

Danach kommt eine Auszahlung an Dritte in Betracht, wenn

- der Berechtigte seiner Unterhaltspflicht nicht nachkommt – selbst wenn er unterhaltsrechtlich nicht leistungsfähig ist – (Abs. 1),
- Träger von Sozialleistungen Erstattungsansprüche gegen die Familienkasse geltend machen (Abs. 2).

Der Anspruch auf Kindergeld wird von einer Auszahlung an eine andere Person oder Stelle nicht berührt. Anspruchsinhaber bleibt auch dann weiterhin der Berechtigte nach § 62 EStG.

10.3 Auszahlungen gemäß § 74 Abs. 1 EStG

Laufende Auszahlungen an Dritte werden im Bereich Kindergeld als **Abzweigungen** bezeichnet. Zu den materiellrechtlichen Voraussetzungen und der Höhe der Abzweigung nach § 74 Abs. 1 EStG vgl. im Übrigen im Teil A, 10.1 dieses Buches.

10.3.1 Abzweigungsempfänger

Anteiliges Kindergeld kann abgezweigt werden an

- Personen oder Stellen, die dem Kind Unterhalt gewähren,
- ein volljähriges Zahl- oder Zählkind, das für sich selbst sorgt,

B. Steuerliches Festsetzungs- und Erhebungsverfahren

- ein minderjähriges Kind, wenn es von einem Amtsvormund (nicht von den Eltern) vertreten wird.

Durch die Abzweigung wird die andere Person oder Stelle lediglich Zahlungsempfänger. Inhaber des Kindergeldanspruchs (und damit auch Inhaltsadressat des Kindergeld-Festsetzungsbescheides) bleibt aber weiterhin der Kindergeldberechtigte.

10.3.2 Antragstellung

Gesetzliche Vorschriften, nach denen eine Abzweigung beantragt werden müsste, gibt es nicht. Grundsätzlich ist von Amts wegen zu entscheiden. Nach DA-FamEStG 74.1.1 Abs. 2 sollen die Familienkassen jedoch in der Regel nur auf Antrag tätig werden. Wenn aus dem Sachverhalt für den Mitarbeiter der Familienkasse aber irgendwie erkennbar ist, dass die Voraussetzungen für eine Auszahlung nach § 74 Abs. 1 EStG vorliegen, ein Auszahlungsantrag aber bisher nicht gestellt ist, sollte der mögliche Auszahlungsempfänger einen entsprechenden Hinweis erhalten (§ 89 AO).

10.3.3 Entscheidung, Korrektur getroffener Entscheidungen

Kindergeld kann nur abgezweigt werden, wenn es vorher festgesetzt worden ist. Wenn der Anspruchsinhaber (Kindergeldberechtigte) das Kindergeld nicht beantragt, hat der Auszahlungsberechtigte die Möglichkeit, einen Antrag „im berechtigten Interesse" zu stellen. Erst wenn über diesen Antrag (positiv) entschieden worden ist, kann an den Abzweigungsbegehrenden das Kindergeld ausgezahlt werden (i. d. R. erfolgt die Abzweigungsentscheidung sogar gleichzeitig mit der Kindergeldfestsetzung).

Bevor über die Abzweigung entschieden wird, muss der Kindergeldberechtigte angehört werden (§ 91 AO); vgl. dazu Teil A, 10.1.

Abzweigungsbescheide ergehen als (sonstiger) Steuerverwaltungsakt mit Doppelwirkung (im Erhebungsverfahren); dabei handelt es sich nicht um Abrechnungsbescheide (siehe B 10.5). Durch die Auszahlung an einen Dritten wird der Kindergeldberechtigte belastet und der Abzweigungsempfänger begünstigt. Umgekehrt verhält es sich, wenn die Entscheidung über die Abzweigung aufgehoben oder geändert wird.

Wird dem Antrag auf Abzweigung nicht entsprochen, hat die Entscheidung allerdings keinen Doppelcharakter. Der Dritte wird zwar belastet, der Auszahlungsanspruch des Kindergeldberechtigten aber nicht berührt.

Hintergrund für Abzweigungsbegehren sind häufig unterhaltsrechtliche Auseinandersetzungen zwischen Eltern und Kind. Die Familienkassen sollten sich niemals in diese Streitigkeiten im Rahmen der Entscheidung nach § 74 Abs. 1 EStG hineinziehen lassen, denn sie sind keine Unterhaltsgerichte.

10.4 Erstattungen

Ist deshalb ein Sachverhalt für die Familienkasse nicht oder nur schwer aufklärbar (z. B. wegen widersprüchlicher Angaben) oder müssten gar komplexe unterhaltsrechtliche Entscheidungen getroffen werden (z. B. bieten die Eltern dem Kind Naturalunterhalt an, den das Kind nicht annehmen will), ist die Abzweigung abzulehnen. § 74 Abs. 1 EStG wurde vom Gesetzgeber als eine Art Soforthilfe bei vergleichsweise klaren Sachverhalten geschaffen. Ist die Unterhaltspflichtverletzung als solche unklar, muss zunächst diese vor den entsprechenden Gerichten geklärt werden. Der Abzweigungsbegehrende ist in solchen Fällen darauf und eine sich eventuell anschließende Pfändung des Kindergeldes (§ 76 EStG) zu verweisen.

Hinsichtlich der Korrektur getroffener Abzweigungsentscheidungen wird auf die Ausführungen unter B 7, insbesondere B 7.2 und 7.3 verwiesen.

10.4 Erstattungen gem. § 74 Abs. 2 EStG

10.4.1 Allgemeiner Überblick

Bei Erstattungsansprüchen der Träger von Sozialleistungen sind gemäß § 74 Abs. 2 EStG die §§ 102 bis 109 und 111 bis 113 SGB X entsprechend anzuwenden.

> Eine Erstattung des Kindergeldes ist danach in zwei Fällen möglich:
> * nach Vorleistung durch den Sozialleistungsträger (z. B. bei Geringverdienern durch die Alg II-Stelle) – § 104 Abs. 1 Satz 1 SGB X,
> * als laufende Erstattung gem. § 104 Abs. 1 Satz 4 SGB X (z. B. bei im Heim untergebrachten behinderten minderjährigen Kindern).

Die anderen Erstattungsvorschriften sind für die Familienkassen ohne praktische Bedeutung.

Entsprechende Ausführungen zu den materiellrechtlichen Voraussetzungen eines Erstattungsanspruchs befinden sich im Teil A 10.2 dieses Buches.

Sobald ein Sozialleistungsträger vorgeleistet hat, gilt der Anspruch auf Kindergeld des Berechtigten als erfüllt. Man spricht dann von der **Erfüllungsfiktion** des § 107 SGB X. Die Vorschrift des § 107 SGB X ist ein zentrales Element der Erstattungsvorschriften. Sie verknüpft den Erstattungsanspruch des „vorleistenden" Sozialleistungsträgers nach den §§ 102 bis 105 SGB X (für den Kindergeldbereich sind dies insbesondere die Sozial- und Jugendhilfeträger und die Alg II-Bearbeitungsstellen) mit dem endgültigen Leistungsanspruch des Berechtigten. Der endgültige Leistungsanspruch des Berechtigten ist hier wegen § 74 Abs. 2 EStG der steuerliche Kindergeldanspruch. Zweck des § 107 SGB X ist die Vermeidung von materiellrechtlich nicht vorgesehenen Doppelleistungen.

B. Steuerliches Festsetzungs- und Erhebungsverfahren

Die Erfüllungsfiktion tritt bereits zu dem Zeitpunkt ein, wenn und soweit der Erstattungsanspruch entstanden ist. Damit kommt es weder auf die Geltendmachung des Erstattungsanspruchs bei der zuständigen Familienkasse noch auf die Erfüllung des Erstattungsanspruches durch die Familienkasse an. Selbst wenn es wegen der in den §§ 106, 111 und 113 SGB X enthaltenen Vorschriften ausnahmsweise nicht zur Erfüllung des Erstattungsanspruchs gegenüber dem vorleistenden Sozialleistungsträger kommt, ist die Erfüllungswirkung eingetreten. Eine nochmalige Auszahlung des Betrages an den Berechtigten ist dann nicht möglich; vielmehr verbleibt dieser Betrag bei der Familienkasse.

Ein Erstattungsanspruch nach § 104 SGB X entsteht bereits mit der Auszahlung der Leistung des Sozialleistungsträgers. Im Allgemeinen wird dieser durch ein entsprechendes Schreiben des Sozialleistungsträgers geltend gemacht. Da es jedoch keine Formvorschrift für die Geltendmachung gibt, genügt jede andere Mitteilungsform, z. B. auch fernmündlich.

Die Erfüllungswirkung tritt ebenfalls schon in diesem Moment ein. Zu diesem Zeitpunkt hat die Familienkasse natürlich das Kindergeld noch nicht ausgezahlt (wäre das so, hätte die Familienkasse i. d. R. mit befreiender Wirkung im Sinne des § 104 Abs. 1 Satz 1 letzter Teilsatz SGB X geleistet, weshalb ein Erstattungsanspruch nicht bestehen würde). Die tatsächliche Auszahlung des Erstattungsbetrages an den Sozialleistungsträger erfolgt erst später. Da § 47 AO hinsichtlich des Erlöschens u. a. auf den § 224 AO verweist, der die tatsächliche Auszahlung regelt, kann die Erlöschenswirkung beim Kindergeld auch in den Fällen der Erstattung an einen Sozialleistungsträger erst mit der tatsächlichen Zahlung eintreten und nicht bereits mit der Entstehung des Erstattungsanspruchs. Damit erlischt der Kindergeldanspruch im Falle der Erstattung nach § 104 SGB X gemäß § 224 Abs. 3 AO am dritten Tag nach Hingabe des Überweisungsauftrages an das Kreditinstitut.

10.4.2 Entscheidung, Korrektur von Entscheidungen

Die Festsetzung des Kindergeldes gegenüber dem Berechtigten (Verwaltungsakt im Festsetzungsverfahren) und die Erstattung an den Sozialleistungsträger werden in der Regel zeitgleich erfolgen. Der Erstattungsempfänger erhält eine Durchschrift des Festsetzungsbescheides mit Begleitschreiben.

Gegenüber dem Sozialleistungsträger erlässt die Familienkasse keinen Verwaltungsakt. Sie hat nur festzustellen, ob die Voraussetzungen für eine Erstattung nach dem SGB X erfüllt sind. Das Begleitschreiben (in Verbindung mit der Durchschrift des Festsetzungsbescheides) ist also kein Bescheid. Dem Sozialleistungsträger wird lediglich mitgeteilt, ob und ggf. in welchem Umfang (Zeitraum, Höhe) eine Erstattung erfolgt.

10.4 Erstattungen

Im Verhältnis zum Kindergeldberechtigten ist auch die Erstattungsentscheidung an den Sozialleistungsträger ein sonstiger Steuer-Verwaltungsakt im Erhebungsverfahren. Dieser kann nur nach den Vorschriften der §§ 129 – 131 AO korrigiert werden – siehe dazu unter B.7.1 bis B.7.3.

Gegenüber dem Sozialleistungsträger wurde kein Verwaltungsakt erlassen, der angefochten werden könnte oder ggf. nach der Abgabenordnung zu korrigieren wäre. Beanstandet der Sozialleistungsträger die Erstattung, prüft die Familienkasse noch einmal, ob die Voraussetzungen nach § 74 Abs. 2 EStG i. V. m. § 102 ff. SGB X vorliegen. Bleibt die Familienkasse bei ihrer Auffassung, wird dies dem Sozialleistungsträger lediglich mitgeteilt (kein Abrechnungsbescheid). Dagegen kann der Sozialleistungsträger sofort Feststellungsklage nach § 41 FGO erheben, für die das Finanzgericht zuständig ist.

Wurde ein rechtzeitig geltend gemachter Erstattungsanspruch von der Familienkasse nicht beachtet, ist die Erstattung an den Sozialleistungsträger nachzuholen, sobald dies bemerkt wird. Der Berechtigte hat in diesen Fällen das richtig festgesetzte Kindergeld doppelt erhalten (vom Sozialleistungsträger wegen der Erfüllungsfiktion des § 107 SGB X und ein zweites Mal für den gleichen Zeitraum von der Familienkasse). Den ohne rechtlichen Grund noch einmal gezahlten Betrag muss der Berechtigte der Familienkasse zurückzahlen (§ 37 Abs. 2 AO); in diesem Fall ist ein Abrechnungsbescheid gegenüber dem Berechtigten zu erteilen (vgl. auch DA-FamEStG 74.3.5).

Stellt sich nachträglich heraus, dass eine Erstattung zu Unrecht erfolgt ist (weil die Voraussetzungen nicht vorlagen oder die Festsetzung für den Erstattungszeitraum korrigiert wurde), hat der Sozialleistungsträger das Kindergeld gemäß § 112 SGB X zurückzuerstatten. Dies soll die Familienkasse nach den Weisungen des Bundesamtes für Finanzen zumindest in den Fällen der Korrektur der Festsetzung durch Erteilung eines Abrechnungsbescheides (siehe B.10.5) feststellen (vgl. DA-FamEStG 74.3.5). Gegen den Abrechnungsbescheid ist nach dieser Auffassung zunächst der Einspruch gegeben, dann Klage beim Finanzgericht zu erheben. Mit Urteil vom 26.1.2006, III R 89/03 (bisher noch nicht im BStBl veröffentlicht) hat der BFH in eindeutiger Abweichung von den Verwaltungsanweisungen zutreffend entschieden, dass zwischen den Leistungsträgern (Sozialleistungsträger und Familienkasse) in den Fällen des § 74 Abs. 2 EStG kein Über- und Unterordnungsverhältnis besteht, welches zu einer Entscheidung durch Verwaltungsakt berechtigen würde. Der Rückerstattungsanspruch ist demnach ein umgekehrter Erstattungsanspruch, über den ja zwischen den Leistungsträgern auch nicht durch Verwaltungsakt entschieden wird. Die Familienkasse muss in diesen Fällen ihren zweifellos bestehenden Rückerstattungsanspruch sofort mit der allgemeinen Leistungsklage nach § 40 Abs. 1 FGO geltend machen.

B. Steuerliches Festsetzungs- und Erhebungsverfahren

10.5 Abrechnungsbescheide

§ 218 Abs. 2 AO räumt der Familienkasse das Recht ein, über Streitigkeiten, die Zahlungsansprüche im Erhebungsverfahren betreffen, eine verbindliche Entscheidung durch Verwaltungsakt zu treffen. Dies geschieht in Form eines sog. Abrechnungsbescheides (Schriftform erforderlich!) nach § 218 Abs. 2 AO.

Streitigkeiten im Sinne von § 218 Abs. 2 AO bestehen insbesondere dann, wenn sich die Familienkasse und der Kindergeldberechtigte darüber uneinig sind, ob ein Rückzahlungsanspruch besteht oder die Kindergeldzahlung geleistet wurde. Über Einwände des Berechtigten gegen eine Aufrechnung oder eine Pfändung entscheidet die Familienkasse ebenfalls durch Erteilung eines Abrechnungsbescheides.

Es gibt aber auch einige Fälle, in denen die Familienkasse sofort einen Abrechnungsbescheid erteilen muss, z. B. in Fällen des Berechtigtenwechsels (vgl. B.10.6.2).

Mit dem Abrechnungsbescheid wird nur darüber entschieden, ob Ansprüche aus dem Steuerschuldverhältnis verwirklicht sind oder nicht, d. h.:

- ob der Kindergeldanspruch wirksam durch Zahlung erfüllt wurde,
- ob ein Anspruch infolge Aufrechnung, Abtretung, Pfändung erloschen ist,
- ob Zahlungsverjährung eingetreten ist,
- ob der Anspruch erlassen wurde,
- ob der Anspruch durch Vollstreckung erfüllt wurde,
- ob und in welcher Höhe ein Rückzahlungsanspruch besteht.

Gründe, die der Berechtigte gegen die Festsetzung hätte vorbringen müssen, können nicht im Erhebungsverfahren als Begründung für die Erteilung eines (positiven) Abrechnungsbescheides herangezogen werden.

Beispiel:

Ein Berechtigter verlangt die Erteilung eines positiven Abrechnungsbescheides, weil er jetzt nachweist, dass ein Kindergeldanspruch trotz bestandskräftig gewordener Aufhebung bestand. Der Berechtigte hätte sich gegen die Aufhebung wenden müssen. Ein Abrechnungsbescheid kann nicht erteilt werden.

Gegen Abrechnungsbescheide ist der Einspruch zulässig.

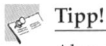

Tipp!

Abrechnungsbescheide können auf dem vom Bundesamt für Finanzen zur Verfügung gestellten Vordruck KG 93 erteilt werden. Allerdings können Sie mit diesem Vordruck nicht alle Fälle der Erteilung von Abrechnungsbescheiden zutreffend abwickeln. Es empfiehlt sich daher, diesen Text entsprechend zu ergänzen bzw. – soweit die technischen Möglichkeiten dazu bestehen – besondere Texte in Ihrem Bürokommunikationssystem abzuspeichern.

10.6 Rückzahlungsansprüche gegen Berechtigte

Die Begriffe Rückzahlung, Rückforderung und Erstattung werden im Bereich des steuerrechtlichen Kindergeldes zumeist für den gleichen Tatbestand verwendet: Die Familienkasse verlangt zu Unrecht gewährtes Kindergeld von dem Berechtigten oder einer dritten Person oder Stelle zurück. Im alltäglichen Sprachgebrauch sollte der vom Weisungsgeber benutzte Begriff „Rückzahlung" verwendet werden. So ist insbesondere eine einwandfreie sprachliche Trennung von dem Begriff „Erstattungsansprüche von Sozialleistungsträgern" möglich.

Der Rückzahlungsanspruch, den die Behörde gegen den Kindergeldberechtigten hat, ist ein wesentlicher Anwendungsfall im Erhebungsverfahren. Dabei handelt es sich um einen Anspruch aus dem Steuerschuldverhältnis (§ 37 Abs. 2 AO). Wesen der Rückzahlung ist der Ausgleich ungerechtfertigter Vermögensverschiebungen, die mit dem materiellen Kindergeldrecht (§§ 32 und 62 ff. EStG) nicht im Einklang stehen.

Rechtsgrund für die Zahlung des Kindergeldes ist der durch Verwaltungsakt wirksam festgesetzte Anspruch auf Kindergeld, wie er dem Berechtigten mit Bescheid bekannt gegeben wurde. Werden versehentlich höhere Beträge gezahlt als festgesetzt wurden oder Kindergeld sogar doppelt ausgekehrt, so hat die Familienkasse einen Rückzahlungsanspruch. Gleiches gilt in den Fällen, in denen der rechtliche Grund für die Kindergeldzahlung später wegfällt, z. B. durch Berichtigung, Änderung oder Aufhebung der zugrunde liegenden Festsetzung.

Die in der täglichen Praxis im wesentlichen auftretenden Fälle sind dabei zu unterscheiden:

- Hauptanwendungsfall ist der Rückzahlungsanspruch aufgrund Korrektur der Kindergeldfestsetzung für die Vergangenheit.
- Über- und Doppelzahlungen, einschließlich der Zahlung auf ein nicht dem Kindergeldberechtigten gehörendes Konto.

10.6.1 Rückzahlungsanspruch wegen Korrektur der Festsetzung

Die Geltendmachung eines Rückzahlungsanspruchs wegen Korrektur der Festsetzung erfolgt in zwei Verfahrensstufen:
- dem Festsetzungsverfahren. Hier wird die fehlerhafte Festsetzung des Kindergeldes berichtigt, aufgehoben, geändert oder neu festgesetzt.
- im Erhebungsverfahren. Hier wird der Rückzahlungsanspruch – ggf. zwangsweise – durchgesetzt.

B. Steuerliches Festsetzungs- und Erhebungsverfahren

Die AO kennt keinen Rückzahlungsbescheid, wenn zuvor die Korrektur der Kindergeldfestsetzung erfolgte. Über die Rückzahlung des rechtsgrundlos gezahlten Kindergeldes wird vielmehr ebenfalls durch Steuervergütungsfestsetzung entschieden. Die im Festsetzungsverfahren ergehenden Korrekturbescheide „lösen die Erstattung aus" (BFH GrS, BStBl 1986, 207). Der Korrekturbescheid ist damit Grundlage für die Geltendmachung des Rückzahlungsanspruchs im Erhebungsverfahren. Der Rückzahlungsanspruch wegen Korrektur der ursprünglichen Kindergeldfestsetzung entsteht in diesen Fällen mit der Bekanntgabe des Korrekturbescheides – § 37 Abs. 2 Satz 2 AO.

Eine isolierte Anfechtung des Rückzahlungsbetrages mit dem Einspruch ist somit unzulässig. Der Berechtigte muss vielmehr Einspruch gegen den Korrekturbescheid erheben (also die Festsetzung als solche angreifen).

Im Erhebungsverfahren ist das sog. **Leistungsgebot** Voraussetzung für die – ggf. zwangsweise – Durchsetzung des Rückzahlungsanspruchs (§ 254 Abs. 1 AO). Das Leistungsgebot ist ein eigenständiger Verwaltungsakt, mit dem der Betroffene aufgefordert wird,

- einen bestimmten Betrag
- innerhalb einer bestimmten Frist
- an eine bestimmte Stelle zu zahlen.

In der Regel wird bereits mit dem ursprünglichen Korrekturbescheid ein Leistungsgebot erlassen. Dies gilt auch im Kindergeldbereich; vgl. dazu § 254 AO, der die sofortige Verbindung des Leistungsgebots als eigenständigen Verwaltungsakt mit dem zu vollstreckenden Verwaltungsakt zulässt. Das Leistungsgebot sollte im Korrekturbescheid deshalb an separater Stelle und formal richtig angelegt sein. Es ist dann ein eigenständiger Verwaltungsakt (sonstiger Steuerverwaltungsakt); Fehler im Leistungsgebot können nach den Vorschriften der §§ 129–131 AO korrigiert werden.

> **Bescheid!**
>
> Das Leistungsgebot könnte wie folgt aussehen:
> Sie als Schuldner des Rückzahlungsanspruchs wegen Korrektur der Festsetzung (siehe dazu oben) sind verpflichtet, den Betrag in Höhe von .... € bis zum .... bei der Kasse der Stadtverwaltung Hameln (Kontonr. .... bei der ...., Bankleitzahl ....) einzuzahlen; geben Sie dabei bitte unbedingt das Kassenzeichen/die Buchungsnummer .... an, weil nur so sichergestellt ist, dass die Zahlungseingänge sofort zugeordnet werden können.
>
> Wenn Sie nicht in der Lage sind, den geforderten Betrag sofort zu zahlen, wenden Sie sich bitte zur Vermeidung von Vollstreckungsmaßnahmen an .... unter Darlegung der Hinde-

10.6 Rückzahlungsansprüche gegen Berechtigte

rungsgründe. Soweit sich die Möglichkeit der Aufrechnung gegen weiterhin zustehendes Kindergeld (§ 75 EStG) oder gegen das Gehalt (§ 226 AO) ergibt, werde ich diese jedoch wahrnehmen. Dies entbindet Sie nicht von Ihrer grundsätzlichen Leistungspflicht.

10.6.2 Besonderheiten bei der Weiterleitung

Geht die alleinige oder vorrangige Berechtigung auf eine andere Person (neuer Berechtigter) über, weil diese nunmehr das Kind in ihren Haushalt aufgenommen hat oder ihm höhere Unterhaltsleistungen zahlt, so ist die Kindergeldfestsetzung gegenüber dem bisherigen Berechtigten nach § 70 Abs. 2 EStG vom Zeitpunkt der Änderung der Verhältnisse an aufzuheben. Ist die Änderung nicht zu Beginn, sondern im Laufe eines Monats eingetreten, ist die Aufhebung vom folgenden Monat an vorzunehmen. Mit dieser Korrektur der Festsetzung entsteht gleichzeitig der Rückzahlungsanspruch nach § 37 Abs. 2 AO.

Wird jedoch durch Vorlage einer entsprechenden Erklärung (Vordruck KG 14) nachgewiesen, dass der bisherige Berechtigte das zu Unrecht erhaltene Kindergeld an den allein/vorrangig gewordenen Berechtigten weitergeleitet hat, so erlischt der Rückzahlungsanspruch insoweit (§ 47 AO). Zum Verfahren beim Nachweis der Weiterleitung des Kindergeldes vgl. DA-FamEStG 64.4 Abs. 4 und 67.2.4. Letztlich hat der bisherige Berechtigte damit den Rückzahlungsanspruch durch Weiterleitung erfüllt. Über das Erlöschen des Rückzahlungsanspruchs wegen der erfolgten Weiterleitung ist dem bisherigen Berechtigten zusätzlich ein Abrechnungsbescheid nach § 218 Abs. 2 AO zu erteilen.

Gegenüber dem allein/vorrangig gewordenen Berechtigten ist Kindergeld in diesen Fällen ab dem Monat festzusetzen, ab dem die Festsetzung beim bisherigen Berechtigten aufgehoben wurde. Auch hier wird Kindergeld nicht nochmals ausgezahlt, sondern die Familienkasse beruft sich ebenfalls auf die Erfüllungswirkung, weil der jetzige Berechtigte das zustehende Kindergeld bereits durch Weiterleitung erhalten hat. Auch der Auszahlungsanspruch des allein/vorrangig gewordenen Berechtigten ist damit erloschen; dies stellt die Familienkasse ebenfalls in einem Abrechnungsbescheid fest.

Ist dem bisherigen Berechtigten ein höherer Kindergeldbetrag ausgezahlt worden, als dem allein/vorrangig gewordenen Berechtigten zugestanden hätte, hat der bisherige Berechtigte den Differenzbetrag zurückzuzahlen. Insoweit ist der Rückzahlungsanspruch nicht erloschen.

10.6.3 Rückzahlungsanspruch wegen Doppel- oder Überzahlung

Wurde Kindergeld doppelt oder in einer unzutreffenden Höhe ausgezahlt und gab es dafür keine rechtliche Grundlage in einer Festsetzung, so besteht

B. Steuerliches Festsetzungs- und Erhebungsverfahren

ausschließlich ein Problem des Erhebungsverfahrens. In diesen Fällen kann eine Korrektur der zugrunde liegenden Festsetzung nicht erfolgen, weil diese Festsetzung zutreffend ist. Allerdings ist der Kindergeldberechtigte verpflichtet, den von Anfang an rechtsgrundlos erhaltenen Betrag zurückzuzahlen.

Beispiel:

Kindergeld wurde für einen Nachzahlungszeitraum auf 4620 € festgesetzt und diese Entscheidung mit schriftlichem Verwaltungsakt bekannt gegeben. Wegen eines Zahlendrehers werden jedoch 6420 € angewiesen. Der Zahlungsempfänger ist zur Rückzahlung des überzahlten Betrages verpflichtet.

Wird der Rückzahlungsbetrag nicht freiwillig geleistet, trifft die Familienkasse gleichwohl eine Entscheidung über den Rückzahlungsanspruch mit Verwaltungsakt. Rechtsgrundlage für diesen ausnahmsweise erforderlichen Rückzahlungsbescheid ist § 218 Abs. 2 AO, der analog Anwendung findet. Der Rückzahlungsbescheid ist dann Grundlage für die Verwirklichung des Rückzahlungsanspruchs. Auch dieser Rückzahlungsbescheid wird in der Regel sofort mit einem Leistungsgebot verbunden – siehe dazu B 10.6.1.

Der Rückzahlungsanspruch bei Über-/Doppelzahlung oder fehlgeleiteter Zahlung entsteht in dem Moment, in dem der nicht geschuldete Betrag ausgezahlt wurde – § 37 Abs. 2 S. 1 AO.

Wurde Kindergeld versehentlich auf das Konto eines Unbeteiligten überwiesen (z. B., weil eine Kontonummer nicht zutreffend angegeben wurde), so fällt auch diese Fallgestaltung hierher.

Wurde das Kindergeld bis Ende 2006 ohne ausdrückliche Aufforderung durch den Kindergeldberechtigten auf dem Konto eines unbeteiligten Dritten verbucht, war damit nicht die Bekanntgabe der Kindergeldfestsetzung auf andere Weise verbunden (diese ist ab Januar 2007 wegen der Streichung des § 70 Abs. 1 S. 2 EStG nicht mehr zulässig – vgl. B.4.3). Folglich waren die Korrekturnormen im Festsetzungsverfahren nicht anwendbar. Der unzutreffende Empfänger war dann zur Rückzahlung des rechtsgrundlos gezahlten Kindergeldes verpflichtet. Kam er dieser Verpflichtung nicht nach, so war ein Rückzahlungsbescheid zu erlassen, in dem festzustellen war, dass die Familienkasse einen öffentlich-rechtlichen Rückzahlungsanspruch hatte.

10.6.4 Rückzahlungspflichtiger

Besteht ein Rückzahlungsanspruch, ist der Kindergeldberechtigte in der Regel auch Rückzahlungspflichtiger.

In den Fällen der Abzweigung (§ 74 Abs. 1 EStG), Abtretung (§ 76 EStG i. V. m. § 400 BGB) und Pfändung (§ 76 EStG) bleibt der Kindergeldberech-

10.6 Rückzahlungsansprüche gegen Berechtigte

tigte ebenfalls der Anspruchsinhaber; ausgezahlt wird das Kindergeld aber an eine dritte Person oder Stelle. Rückzahlungspflichtig ist grundsätzlich der tatsächliche Zahlungsempfänger, also der Dritte (Abzweigungs-, Abtretungs- oder Pfändungsgläubiger).

§ 37 Abs. 2 Satz 3 AO räumt der Familienkasse bei Abtretung und Pfändung die Möglichkeit ein, den Rückzahlungsanspruch beim Kindergeldberechtigten zu befriedigen. Der Berechtigte als Schuldner und der jeweilige Gläubiger sind Gesamtschuldner des Rückzahlungsanspruchs. Wer tatsächlich in Anspruch genommen wird, steht im Auswahlermessen der Familienkasse. Grundsätzlich wird sich die Familienkasse dabei an den tatsächlichen Zahlungsempfänger halten. Das Ermessen kann aber auch dahingehend ausgeübt werden, dass der Kindergeldberechtigte den Betrag zurückzuzahlen hat, z. B. wenn:

- der tatsächliche Leistungsempfänger zahlungsunfähig ist,
- der Kindergeldberechtigte durch Abtretung bzw. Pfändung von unterhaltsrechtlichen Zahlungsverpflichtungen befreit und insoweit letztlich begünstigt worden ist.

10.6.5 Rechtsschutz gegen Rückzahlungsansprüche

Gegen den Rückzahlungsanspruch selbst ist kein Einspruch zulässig. Besteht der Rückzahlungsanspruch, weil die ursprüngliche Festsetzung korrigiert wurde, so muss gegen diese Korrektur der Einspruch erhoben werden.

Wurde jedoch ein Rückzahlungsbescheid in Fällen der Doppel-/Überzahlung erlassen, so ist dagegen der Einspruch zulässig.

In beiden Fällen hat der Einspruch keine aufschiebende Wirkung (§ 361 Abs. 1 Satz 1 AO). Die Familienkasse kann jedoch die Aussetzung der Vollziehung zugestehen.

▶ **Aussetzung der Vollziehung**

Regelungen zur Aussetzung der Vollziehung finden sich in § 361 AO (für das außergerichtliche Rechtsbehelfsverfahren) und § 69 Abs. 2 FGO (für das gerichtliche Verfahren). Beide Vorschriften erlauben es der Familienkasse als Teil der Finanzverwaltung die Vollziehung auszusetzen.

In der Regel wird die Familienkasse die Vollziehung eines Bescheides nur auf Antrag des Schuldners aussetzen. Nur dann, wenn die Familienkasse ohne einen entsprechenden Antrag erkennt, dass ein Rechtsbehelf offensichtlich begründet ist, ein Abhilfebescheid aber voraussichtlich nicht mehr vor Fälligkeit des Rückzahlungsbetrages ergehen kann, ordnet die Familienkasse die Vollziehungsaussetzung von sich aus an. Diese Fallgestaltung

B. Steuerliches Festsetzungs- und Erhebungsverfahren

dürfte aber in der Praxis der Familienkassen eher selten sein. Dabei ist insbesondere zu bedenken, dass eine Aussetzung der Vollziehung mindestens genauso viel Arbeit bereitet wie eine Abhilfeentscheidung.

Die Aussetzung der Vollziehung ist von folgenden Voraussetzungen abhängig:

- der Verwaltungsakt, dessen Vollziehung ausgesetzt werden soll, ist angefochten;
- das Rechtsbehelfsverfahren ist noch nicht abgeschlossen;
- der angefochtene Verwaltungsakt ist vollziehbar (immer dann der Fall, wenn ein Leistungsgebot ausgesprochen oder ein Abrechnungs- oder Rückzahlungsbescheid im Sinne des § 218 Abs. 2 AO erlassen wurde);
- ernstliche Zweifel an der Rechtmäßigkeit des angefochtenen Verwaltungsaktes bestehen (summarische Prüfung) oder die Vollziehung eine unbillige Härte zur Folge hätte. Das Bundeszentralamt für Steuern (vormals Bundesamt für Finanzen) hatte z. B. mit Weisung vom 22. November 2000, St I 4 – S 2280 – 94/2000, geregelt, dass bei ruhend gestellten Einsprüchen aufgrund der anhängigen Verfassungsbeschwerde zum Einkünftebegriff des § 32 Abs. 4 Satz 2 i. V. m. § 2 Abs. 2 EStG keine ernstlichen Zweifel an der Rechtmäßigkeit des angefochtenen Verwaltungsaktes vorliegen und deshalb eine Aussetzung der Vollziehung nicht erfolgen durfte.

Alle vier Voraussetzungen müssen nebeneinander vorliegen. Bei der Entscheidung ist der gesetzliche Ermessensspielraum im Interesse des Berechtigten voll auszuschöpfen.

Eine Aussetzung der Vollziehung kommt grundsätzlich erst ab dem Tag in Betracht, ab dem der Familienkasse ernstliche Zweifel an der Rechtmäßigkeit des angefochtenen Verwaltungsaktes erkennbar vorlagen. Dies kann frühestens der Tag des Eingangs des Einspruchs sein. Wird der Antrag auf Aussetzung der Vollziehung allerdings vor Fälligkeit der Forderung bei der Familienkasse eingereicht und begründet, so wird die Aussetzung der Vollziehung auch erst ab Fälligkeit ausgesprochen.

Wird ausnahmsweise Aussetzung der Vollziehung gewährt, die zur laufenden Weiterzahlung des Kindergeldanspruchs führt, so kann auch für Zeiten vor der Aussetzungsentscheidung ggf. Kindergeld nachgezahlt werden. In aller Regel kommt eine Aussetzung der Vollziehung jedoch nur in den Fällen in Betracht, in denen auf eine sofortige Rückzahlung verzichtet wird.

Aussetzung der Vollziehung wird nur für eine Rechtsbehelfsstufe bewilligt (also z. B. das Einspruchsverfahren). Das Ende der Aussetzung der Vollziehung sollte sogleich im Bescheid mit geregelt werden. Da eine datumsmäßige Befristung nur schwer möglich sein dürfte, empfiehlt es sich, das Ende

10.6 Rückzahlungsansprüche gegen Berechtigte

der Aussetzung der Vollziehung auf einen Monat nach Zustellung der Rechtsbehelfsentscheidung festzulegen. Die Entscheidung über die Aussetzung der Vollziehung ist zudem grundsätzlich mit einem Widerrufsvorbehalt zu versehen.

Für die Zeit der Aussetzung der Vollziehung werden Aussetzungszinsen erhoben.

Gegen die Aussetzung der Vollziehung ablehnende Entscheidungen der Familienkasse ist der Einspruch zulässig; Klageerhebung gegen eine negative Einspruchsentscheidung ist unzulässig (§ 361 Abs. 5 AO, § 69 Abs. 7 FGO). Das Gericht kann nur nach § 69 Abs. 3 FGO angerufen werden.

Eine umfangreichere Abhandlung zu diesem Thema findet sich im BStBl I 1989, Seite 2, wo das BMF-Schreiben vom 12.12.1988, – IV A 6 – S 0623 – 18/88 – abgedruckt ist.

10.6.6 Fälligkeit der Ansprüche aus dem Steuerschuldverhältnis

Die Fälligkeit richtet sich nach § 220 AO. Der Auszahlungsanspruch auf Kindergeld entsteht Monat für Monat neu und zwar für jeden Monat in dem jeweiligen Monat (jeweils am 1. des Monats) – § 220 Abs. 2 Satz 1 AO i. V. m. § 66 Abs. 2 EStG. Allerdings ist als Besonderheit zu beachten, dass der Kindergeldanspruch frühestens mit der Bekanntgabe der Festsetzung fällig wird – § 220 Abs. 2 Satz 2, 2. Halbsatz AO.

Der Frage, wann ein Rückzahlungsanspruch fällig wird, kommt im Erhebungsverfahren besondere Bedeutung zu. Danach richtet sich insbesondere,

- ob und in welcher Höhe Säumniszuschläge entstanden sind (§ 240 AO),
- ob vollstreckt werden kann (§ 254 AO),
- ob aufgerechnet werden kann (§ 75, § 226 AO),
- ob bereits Zahlungsverjährung eingetreten ist (§ 228 ff. AO).

Bei Korrektur der Festsetzung entsteht der Rückzahlungsanspruch mit der Bekanntgabe des Bescheides. Gemäß § 220 Abs. 2 Satz 1, 1. Halbsatz in Verbindung mit Satz 2 AO wird der Rückzahlungsbetrag mit der Entstehung sofort und in voller Höhe fällig, jedoch nicht vor der Bekanntgabe der Festsetzung.

Sämtliche Rückzahlungsansprüche wegen Über-/Doppelzahlung entstehen in dem Moment, in dem die Familienkasse das nicht geschuldete (weil nicht festgesetzte) Kindergeld auszahlt. Sofort damit wird der Rückzahlungsbetrag fällig – vgl. dazu § 220 Abs. 2 Satz 1, 1. Halbsatz AO.

§ 220 Abs. 2 Satz 1, 2. Halbsatz enthält eine Sonderregelung dahingehend, dass die Fälligkeit durch eine von der Familienkasse gewährte Zahlungsfrist in einem Leistungsgebot hinausgeschoben wird.

B. Steuerliches Festsetzungs- und Erhebungsverfahren

Erinnern Sie sich noch, dass das Leistungsgebot wie folgt aussah:

*Sie als Schuldner des Rückzahlungsanspruchs wegen Korrektur der Festsetzung (siehe dazu oben) sind verpflichtet, den Betrag in Höhe von 1232 € **bis zum 1.10.2007** bei der Stadtkasse Hameln einzuzahlen; geben Sie dabei bitte unbedingt das Kassenzeichen/die Buchungsnummer .... an, weil nur so sichergestellt ist, dass die Zahlungseingänge sofort zugeordnet werden können.*

Selbst wenn der Korrekturbescheid im vorstehenden Beispiel bereits am 1.9.2007 abgesandt und mithin am 4.9.2007 bekannt gegeben wurde (gleichzeitig damit ist der Rückzahlungsanspruch entstanden), so tritt Fälligkeit hier erst mit Ablauf des 1.10.2007 ein.

Neben der Einräumung einer Zahlungsfrist in einem Leistungsgebot kann die Fälligkeit durch die Gewährung einer Stundung hinausgeschoben werden. Keinen Einfluss auf die Fälligkeit haben hingegen die isolierte Einlegung des Einspruchs, die Niederschlagung und ein mitgeteilter Vollstreckungsaufschub. Die Aussetzung der Vollziehung schiebt die Fälligkeit zwar nicht hinaus, allerdings entstehen für die Zeit der Aussetzung keine Säumniszuschläge.

11. Realisierung von Forderungen im Erhebungsverfahren

In diesem Kapitel wird behandelt, wie Forderungen der Familienkasse durch Zahlung und Aufrechnung realisiert werden, weiterhin der Zahlungsaufschub durch Stundung und letztlich die Frage, wann Zahlungsansprüche verjähren.

Bisher wurden lediglich die rechtlichen Voraussetzungen betrachtet, unter denen Ansprüche aus dem Steuerschuldverhältnis verwirklicht werden. Nachfolgend wird jetzt dargestellt, wie die Familienkasse diese Ansprüche genau durchsetzen kann.

11.1 Zahlungsverjährung

Ansprüche aus dem Steuerschuldverhältnis dürfen nur realisiert werden, wenn keine Zahlungsverjährung eingetreten ist. Behandelte die Festsetzungsverjährung die Verjährung des noch nicht festgesetzten Kindergeldanspruchs, so sind Gegenstand der Zahlungsverjährung alle Zahlungsansprüche aus dem Steuerschuldverhältnis (§ 228 AO). Dies können insbesondere sein:

- Anspruch des Berechtigten auf Auszahlung des festgesetzten Kindergeldes.
- Anspruch der Familienkasse auf Rückzahlung von zu Unrecht geleistetem Kindergeld (z. B. nach erfolgter Korrektur der Festsetzung).

11.1 Zahlungsverjährung

- Anspruch der Familienkasse auf Zahlung festgesetzter Zwangsgelder und entstandener Säumniszuschläge.

Dabei ist es in allen Fällen unerheblich, ob die zugrunde liegende Festsetzung richtig oder unzutreffend ist; es kommt vielmehr allein auf die Bestands- oder Rechtskraft (und damit die Bindungswirkung) der Festsetzung an.

Der Eintritt der Zahlungsverjährung führt gemäß § 232 AO zum Erlöschen des Anspruchs (§ 47 AO). Er ist von Amts wegen zu beachten.

11.1.1 Verjährungsfrist

Die Zahlungsverjährungsfrist beträgt einheitlich fünf Jahre (§ 228 Abs. 2 AO).

11.1.2 Beginn und Ende der Verjährung

Zahlungsverjährung beginnt stets mit Ablauf des Kalenderjahres (§ 229 Abs. 1 Satz 1 AO), in dem die Steuervergütung Kindergeld bzw. der Rückzahlungsanspruch erstmalig fällig geworden ist.

Die Fälligkeit richtet sich nach § 220 AO. Im Kindergeldbereich entsteht der Anspruch nach § 220 Abs. 2 Satz 1 AO i. V. m. § 66 Abs. 2 EStG Monat für Monat neu, und zwar für jeden Monat in dem jeweiligen Monat – vgl. B 10.6.6. Allerdings wird der Kindergeldanspruch frühestens mit der Bekanntgabe der Festsetzung fällig – § 220 Abs. 2 Satz 2 AO (DA-FamEStG 71.1).

Beispiele:

1 Kindergeld wird am 19.12.2006 für ein im Oktober 2006 geborenes Kind beantragt. Die Festsetzung erfolgt im Januar 2007. Zahlungsverjährung für Kindergeld von Oktober bis Dezember 2006 beginnt am 1.1.2008 und läuft fünf Jahre bis zum 31.12.2012.

2 Auf den Antrag des Berechtigten hin wird Kindergeld mit Bescheid ab Mai 2000 für ein Kind festgesetzt. Die Kindergeldanweisungsverfügung wird versehentlich jedoch nicht wirksam, die Kindergeldakte abgehängt. Da der Berechtigte die Überweisung des Kindergeldes auf ein Sparbuch wünscht, bemerkt er die Nichtauszahlung erst im März 2007.

Zahlungsverjährung 05–12/2000:	Beginn	=	1.1.2001
	Ende	=	31.12.2005
Zahlungsverjährung 2001	Ende	=	31.12.2006
Zahlungsverjährung 2002	Ende	=	31.12.2007

Damit kann ab Januar 2002 Kindergeld nachgezahlt werden.

B. Steuerliches Festsetzungs- und Erhebungsverfahren

Völlig anders wäre der letzte Fall zu beurteilen, wenn es keinen Festsetzungsbescheid geben würde. Dann wäre die Kindergeldfestsetzung nicht bekannt gegeben und insoweit auch nicht wirksam geworden. In diesem Fall wäre über den damaligen Kindergeldantrag noch nicht mit Außenwirkung entschieden worden, jetzt müsste Kindergeld festgesetzt werden. Dabei wäre § 171 Abs. 3 AO zu beachten: Nach einer erfolgten Antragstellung kann der Anspruch bis zur Entscheidung darüber nicht verjähren. Deshalb müsste Kindergeld ab Mai 2000 festgesetzt und nachgezahlt werden.

11.1.3 Hemmung und Unterbrechung der Verjährung

Hemmung tritt nur bei Fällen höherer Gewalt (Naturkatastrophen, Aufruhr, Krieg und andere unabwendbare Zufälle) innerhalb der letzten sechs Monate der Zahlungsverjährung ein (§ 230 AO) und ist damit ohne praktische Bedeutung.

Bestimmte Ereignisse unterbrechen die Verjährung (§ 231 Abs. 1 AO). Die Verjährung wird entweder durch bekannt gegebene Verwaltungsakte oder durch andere behördliche Maßnahmen tatsächlicher Art mit Außenwirkung unterbrochen. Dies können sein:

- schriftliche Geltendmachung des Anspruchs durch die Familienkasse, z. B. durch Leistungsgebot (siehe B 10.6.1),
- durch Mahnung (§ 259 AO) und durch jedes andere Schreiben mit einer Zahlungsaufforderung (behördliche Maßnahmen tatsächlicher Art),
- Stundung (§ 222 AO),
- Aussetzung der Vollziehung durch die Familienkasse oder das Finanzgericht (§ 361 AO, § 69 FGO),
- Ermittlungen der Familienkasse hinsichtlich Wohnsitz/Aufenthaltsort des Zahlungspflichtigen zwecks Realisierung von Ansprüchen.

Die Auflistung in § 231 Abs. 1 AO ist abschließend.

Zur Fristwahrung reicht es aus, wenn der Verwaltungsakt von der zuständigen Familienkasse abgesandt wurde – § 231 Abs. 1 Satz 2 i. V. m. § 169 Abs. 1 Satz 3 AO. Die Unterbrechungswirkung tritt allerdings nur ein, wenn der Verwaltungsakt wirksam bekannt gegeben wird. Nichtige Verwaltungsakte unterbrechen die Verjährung nicht, jedoch rechtswidrige Verwaltungsakte.

Das Ende der Unterbrechung ist teilweise identisch mit deren Beginn, z. B. bei punktuellen Unterbrechungen wie der Zahlungsaufforderung. Zumeist haben die Unterbrechungshandlungen aber Dauerwirkung, wie z. B. Stundung und Aussetzung der Vollziehung. Diese Dauerwirkung kann befristet oder unbefristet sein; im Bereich der Familienkassen wird es sich regelmä-

11.2 Realisierung von Rückzahlungsansprüchen

ßig um zeitlich befristete Unterbrechungstatbestände handeln. Nach § 231 Abs. 2 AO endet die Unterbrechung dann mit dem Ablauf der Befristung.

Beispiel:

Dem Schuldner wurde eine ratenfreie Stundung am 22.8.2006 bis einschließlich des Monats Oktober 2007 gewährt. Die Unterbrechung endet am 31.10.2007. Nach dem Ende der Unterbrechung beginnt eine neue fünfjährige Verjährungsfrist zu laufen, und zwar beginnend ab dem 1.1.2008 (§ 231 Abs. 3 AO).

11.2 Realisierung von Rückzahlungsansprüchen durch sofortige Zahlung

Festgesetzte Forderungen des Kindergeldberechtigten an die Familienkassen werden die Familienkassen natürlich auch unverzüglich durch Zahlung erfüllen und damit zum Erlöschen bringen (z. B. Nachzahlungen an den Berechtigten). Deutlich problematischer ist der umgekehrte Fall, in dem die Familienkasse Beträge vom Berechtigten als Schuldner zurückgezahlt haben will. Hier gibt es eine stets zu beachtende Reihenfolge:

- Sofortige Zahlung in einer Summe;
- Aufrechnung mit dem weiterhin zustehenden Kindergeld und dem Gehalt;
- Stundung.

Mit dem Korrekturbescheid im Festsetzungsverfahren bzw. dem ausnahmsweise ergehenden Rückzahlungsbescheid (nur in Fällen der Doppel- oder Überzahlung) wird in der Regel sofort das Leistungsgebot (§ 254 AO) verbunden. Mit diesem Leistungsgebot wird der Kindergeldberechtigte aufgefordert, den gesamten Rückzahlungsbetrag im Normalfall innerhalb eines Monats bei der Familienkasse einzuzahlen. Von der Möglichkeit der sofortigen Zahlung sollte stets Gebrauch gemacht werden, da insbesondere so Außenstände des Bundes unverzüglich erhoben werden können. Dabei obliegt es dem Berechtigten, diesen Rückzahlungsbetrag aufzubringen.

Ansprüche aus dem Steuerschuldverhältnis erlöschen u. a. durch Zahlung (§ 47 AO). Voraussetzung dafür ist, dass die Zahlung wirksam geleistet wurde. Zahlungen müssen die Familienkasse erreichen (§ 224 Abs. 1 AO = Bringschuld).

Es gibt für den Rückzahlungsschuldner die folgenden Möglichkeiten zur wirksamen Leistung von Zahlungen:

- Barzahlung.
- Unbare Zahlung (mittels Scheck, Überweisung, Einzahlung auf ein Konto, Einzugsermächtigung).

B. Steuerliches Festsetzungs- und Erhebungsverfahren

Wann die wirksam geleisteten Zahlungen als entrichtet gelten, findet sich in § 224 Abs. 2 AO. Dabei handelt es sich um eine Fiktion, die im Wesentlichen zur Aufgabe hat, die Berechnung von Zinsen und Säumniszuschlägen zu erleichtern:

- bei Übergabe oder Übersendung von Bargeld am Tage des Eingangs in der Familienkasse (§ 224 Abs. 2 Nr. 1 AO);
- bei Hingabe der Übersendung von Schecks am dritten Tag nach Eingang in der Familienkasse (§ 224 Abs. 2 Nr. 1 AO i. d. F. des Jahressteuergesetzes 2007, BGBl I Nr. 60 vom 18.12.2006 – in Kraft ab 19.12.2006);
- bei Überweisung oder Einzahlung auf das Konto der Familienkasse am Tag der Gutschrift (§ 224 Abs. 2 Nr. 2 AO);
- bei Vorliegen einer Einzugsermächtigung (die natürlich vor dem Fälligkeitstag erteilt sein muss) am Fälligkeitstag (§ 224 Abs. 2 Nr. 3 AO).

11.3 Realisierung von Rückzahlungsansprüchen durch Aufrechnung

11.3.1 Allgemeines

Aufrechnung ist die wechselseitige Tilgung zweier sich gegenüberstehender Forderungen. § 226 Abs. 1 AO erklärt die Vorschriften des bürgerlichen Rechts für sinngemäß anwendbar; dies sind die §§ 387 bis 396 und 406 BGB.

Nach § 387 BGB müssen für eine Aufrechnung vier Voraussetzungen gegeben sein:

1. Gegenseitigkeit der sich gegenüberstehenden Forderungen,
2. Gleichartigkeit dieser Forderungen,
3. Erfüllbarkeit (also Entstehung) der Hauptforderung, gegen die aufgerechnet werden soll (also der Kindergeld- oder Gehaltsanspruch) und
4. Fälligkeit der Gegenforderung, mit der aufgerechnet werden soll (der Rückzahlungsanspruch wegen zu Unrecht gewährtem Kindergeld).

Liegen die vorstehenden vier Voraussetzungen nebeneinander vor, spricht man von der Aufrechnungslage.

Gegenseitigkeit liegt dann vor, wenn der Schuldner der einen Forderung gleichzeitig Gläubiger einer anderen Forderung ist. Es müssen damit Forderungen zwischen denselben Personen bestehen. In den Kindergeldfällen schuldet der öffentliche Arbeitgeber einerseits das Kindergeld und das Gehalt, ist andererseits aber Gläubiger des Rückzahlungsanspruchs.

Gleichartigkeit der Forderungen ist bereits dann gegeben, wenn sich beide Forderungen auf Geldansprüche beziehen. Dabei ist es egal, ob die Rechtsgrundlagen der Forderung zum einen im Arbeitsrecht und zum anderen im Steuerrecht liegen.

11.3 Realisierung von Rückzahlungsansprüchen durch Aufrechnung

Die Hauptforderung (hier also der Kindergeld- und/oder Gehaltsanspruch) muss erfüllbar, d. h. entstanden sein.

Auch die Gegenforderung (der Rückzahlungsanspruch) muss fällig sein. Dafür reicht es grundsätzlich aus, dass der Rückzahlungsanspruch mit Bekanntgabe des Korrekturbescheides bzw. des Rückzahlungsbescheides wirksam wurde; formelle Bestands- oder Rechtskraft ist nicht erforderlich. Wurde hingegen eine Stundung ausgesprochen, so schiebt dies die Fälligkeit hinaus, weshalb nicht aufgerechnet werden darf.

§ 75 EStG ermöglicht der Familienkasse die Aufrechnung eines Rückzahlungsanspruchs mit der laufenden Kindergeldzahlung. Dies ist sowohl gegen den Kindergeldanspruch des Berechtigten wie gegen den des mit dem Rückzahlungspflichtigen in Haushaltsgemeinschaft lebenden Berechtigten (§ 75 Abs. 2 EStG) möglich. Daneben können die Familienkassen des öffentlichen Dienstes auch mit Besoldungs-, Vergütungs-, Versorgungs- und Lohnansprüchen aufrechnen (§ 226 AO). Aufrechnungen nach § 75 EStG bzw. § 226 AO durch die momentan zuständige Familienkasse sind auch dann zulässig, wenn die Rückzahlungsforderung gegen den Berechtigten aus einer Zeit herrührt, wo für die Zahlung des Kindergeldes noch eine andere Familienkasse (z. B. auch die Familienkasse einer Agentur für Arbeit) zuständig war.

Neben den beiden vorstehenden Aufrechnungsmöglichkeiten hat der Schuldner selbst die Möglichkeit, die Aufrechnung nach bürgerlich-rechtlichen Grundsätzen (§§ 387–396 BGB) zu erklären. Diese Möglichkeit bietet sich dann an, wenn nach § 75 EStG, § 226 AO eine einseitige Aufrechnung durch die Familienkasse nicht in Betracht kommt (z. B. wegen des Eintritts von Sozialhilfebedürftigkeit), der Schuldner aber gleichwohl eine Begleichung des Rückzahlungsbetrages wünscht.

Eine Aufrechnung nach § 75 EStG, § 226 AO kommt insbesondere in Betracht

- bei nicht rückzahlungswilligen Schuldnern, die ihre Zahlungsverpflichtungen nicht zeitgerecht erfüllen (dann fallen Säumniszuschläge an, vgl. B.13),
- bei mitwirkungsbereiten Schuldnern, um ihnen im Fall von Zahlungsschwierigkeiten eine angemessene Begleichung der Forderung zu ermöglichen; eine Stundungsentscheidung ist Voraussetzung (dann fallen Stundungszinsen an, vgl. B.12.3),
- bei geringen Rückzahlungsbeträgen, die innerhalb kurzer Zeit vollständig beglichen werden können. Aus Praktikabilitätsgründen empfiehlt es sich, dass immer dann, wenn eine Forderung innerhalb von drei Monaten vollständig durch Aufrechnung realisiert werden kann, dies auch

B. Steuerliches Festsetzungs- und Erhebungsverfahren

ausschließlich auf diesem Wege geschieht. Hier bedarf es deshalb auch keiner vorhergehenden Stundungsentscheidung, die gegenüber dem Kindergeldberechtigten bekannt gegeben werden müsste. Ein „Schaden" in Form von entgangenen Stundungszinsen tritt insoweit auch nicht ein, weil gemäß § 234 Abs. 2 AO auf die Erhebung von Stundungszinsen verzichtet werden kann, wenn die Stundung für längstens drei Monate ausgesprochen wird.

Die Aufrechnungserklärung stellt im Steuerrecht keinen Verwaltungsakt dar, sondern ist eine einseitige zugangsbedürftige Willenserklärung der Familienkasse; vgl. dazu Teil A 11. Erhebt der Berechtigte (bzw. der Ehegatte oder Partner in den Fällen des § 75 Abs. 2 EStG) ausdrücklich gegen die Aufrechnung Einwände und sind diese nicht begründet, ist ein Abrechnungsbescheid zu erlassen, in dem die Rechtmäßigkeit der Aufrechnung festgestellt werden muss. Erst gegen den Abrechnungsbescheid sind Einspruch und Klage zulässig.

Die Aufrechnung führt dazu, dass die sich gegenüberstehenden Forderungen erlöschen (§ 47 AO). Ist es im Einzelfall wichtig, den genauen Zeitpunkt des Erlöschens zu bestimmen (z. B. bei der Berechnung von Zinsen – siehe dort), so ist nicht auf die Abgabe der Aufrechnungserklärung abzustellen, sondern auf den Zeitpunkt der Aufrechnungslage.

11.3.2 Aufrechnung mit Kindergeld

§ 75 Abs. 1 EStG eröffnet der Familienkasse die Möglichkeit, zu Unrecht gezahltes Kindergeld mit laufend zu zahlendem Kindergeld aufzurechnen. Dabei ist zu beachten, dass maximal die Hälfte des zu zahlenden Kindergeldes einbehalten werden darf. Vgl. im Übrigen Teil A 11.

11.3.3 Aufrechnung mit Gehaltsansprüchen

§ 226 AO ermöglicht den öffentlich-rechtlichen Arbeitgebern, die gemäß § 72 EStG für ihre Mitarbeiter als Familienkasse selbst das Kindergeld festsetzen und auszahlen, die Aufrechnung von überzahltem Kindergeld mit Besoldungs-, Vergütungs-, Versorgungs- und Lohnansprüchen (hier kurz *Gehaltsansprüche* genannt). Dies ergibt sich aus § 226 Abs. 1 AO, der die Vorschriften des bürgerlichen Rechts für sinngemäß anwendbar erklärt; dies sind die §§ 387 bis 396 und 406 BGB. Daneben stellt § 226 Abs. 4 AO auf die Verwaltungshoheit ab.

Die Aufrechnung mit Gehaltsansprüchen findet ihre Grenzen in den Pfändungsfreibeträgen, wie sie sich aus der Tabelle zu § 850c ZPO ergeben.

11.3 Realisierung von Rückzahlungsansprüchen durch Aufrechnung

Beispiel:

Gegen einen Mitarbeiter besteht eine Rückzahlungsforderung wegen überzahlten Kindergeldes in Höhe von 2418 €. Er bezieht ein Nettogehalt in Höhe von 3200 € (verheiratet, zwei minderjährige Kinder, für die er noch laufend Kindergeld von 308 € erhält). Die Ehefrau des Mitarbeiters ist in der gleichen Dienststelle halbtags beschäftigt.

Eine Aufrechnung gegen das Gehalt ist zulässig, soweit die Pfändungstabelle zu §850c ZPO dies vorsieht. Mit dem monatlichen Gehaltsbetrag ist unter Berücksichtigung der bestehenden Unterhaltsverpflichtungen der pfändbare und damit aufrechenbare Betrag abzulesen. Hier darf nur von zwei weiteren Unterhaltsverpflichtungen für die beiden minderjährigen Kindern ausgegangen werden. Gegenüber der Ehefrau besteht im unterhaltsrechtlichen Sinne keine Unterhaltspflicht, weil diese aufgrund des eigenen Einkommens nicht unterhaltsbedürftig ist.

Aus der Tabelle zu §850c ZPO ist der jeweils maßgebliche Betrag abzulesen und aufzurechnen. Daneben erfolgt noch die nach §75 EStG zulässige Aufrechnung in Höhe des halben Kindergeldzahlbetrages für die beiden Kinder, also 2 × 77 € = 154 €.

11.3.4 Zusammentreffen von Aufrechnungen und anderen Verfügungen über den Kindergeldanspruch

Abtretungen, Pfändungen und Aufrechnungen treten beim Gehaltsanspruch häufig in Konkurrenz zueinander. Dies ist z. B. dann der Fall, wenn bereits mehrere Gehaltspfändungen vorliegen und gleichzeitig eine Rückzahlungsforderung durch Aufrechnung realisiert werden soll. In diesen Fällen stellt sich die Frage, welcher Anspruch vorrangig zu erfüllen ist. Entscheidend ist dabei grundsätzlich der Tag, an dem der jeweilige Anspruch auf Abtretung, Pfändung oder Aufrechnung entstanden ist. Das bedeutet:

- Rückzahlungsansprüche, die sich in Folge der Korrektur der Festsetzung ergeben, entstehen mit der Bekanntgabe des Korrekturbescheides. Rückzahlungsansprüche wegen Doppel- oder Überzahlung von Kindergeld entstehen bereits in dem Moment, in dem das Kindergeld unrechtmäßigerweise ausgezahlt wurde. In Fällen, in denen dem Berechtigten jedoch eine behördliche Zahlungsfrist eingeräumt wurde (§220 Abs. 2 AO), wird der Rückzahlungsanspruch der Familienkasse erst mit Ablauf dieser Zahlungsfrist fällig. Der jeweilige Entstehungstag des Rückzahlungsanspruchs ist maßgeblich dafür, mit welchem Tag sich die daraus resultierende Aufrechnung in die sonstigen Verfügungen über den Kindergeldanspruch einreiht – vgl. dazu §406 BGB.

- Der Anspruch des Pfändungsgläubigers ist mit der Zustellung des Pfändungs- und Überweisungsbeschlusses (bzw. vergleichbarer Verfügungen) bewirkt/entstanden. Bei Unterhaltspfändungen, die im Bereich des steuerlichen Kindergeldes jedoch vergleichsweise selten auftreten, gelten Besonderheiten.

B. Steuerliches Festsetzungs- und Erhebungsverfahren

- Der Abtretungsgläubiger erlangt seinen Anspruch in dem Moment, in dem der Berechtigte die Abtretungserklärung unterschrieben hat. Beim Vergleich, an welchem Tag der jeweilige Anspruch erlangt wurde, kommt es mithin nicht darauf an, wann die Abtretung der Behörde bekannt wird.

Beispiel:

Es liegen folgende Ansprüche anderer Personen gegen den Gehaltsanspruch vor:
- Pfändungs- und Überweisungsbeschluss vom 10.10.2006 der Auto-Bank über 14 686 €.
- Korrekturbescheid vom 2.10.2006, daraus resultierender Rückzahlungsanspruch i. H. v. 1350 €.
- Abtretungserklärung vom 8.8.1988, der Familienkasse vorgelegt am 20.12.2002.

Hier gilt bei der Befriedigung der Ansprüche folgende Reihenfolge:
- Abtretung vom 8.8.1988, weil dieser Tag und nicht der Tag der Vorlage maßgeblich ist.
- Rückzahlungsanspruch vom 5.10.2006 (Korrekturbescheid vom 2.10. gilt am 5.10.2006 als bekannt gegeben).
- Pfändungs- und Überweisungsbeschluss vom 10.10.2006.

Bei der Konkurrenz zwischen Abtretung und Aufrechnung sind aber die Besonderheiten des § 406 BGB zu beachten. Eine Aufrechnung ist danach insbesondere dann nicht mehr möglich, wenn

- die Rückzahlungsforderung der Familienkasse erst nach Kenntniserlangung (= Tag des Einganges) von der Abtretung und
- später als die abgetretene bzw. verpfändete Forderung (der Kindergeld- oder Gehaltsanspruch) fällig geworden ist.

Die vorstehend beschriebene 2. Alternative des § 406 BGB führt dazu, dass die Familienkasse ihren Rückzahlungsanspruch gegen den Berechtigten mit der nächst erreichbaren laufenden Kindergeld- und/oder Gehaltszahlung aufrechnen kann.

Konkurrieren Aufrechnung und Abzweigung nach § 74 Abs. 1 EStG miteinander, empfiehlt es sich ebenfalls nach dem Grundsatz der zeitlichen Priorität vorzugehen. Dabei ist zu vergleichen der Zeitpunkt der Aufrechnungserklärung durch Mitteilung an den Berechtigten als Schuldner (und **nicht** die Fälligkeit des Rückzahlungsanspruchs) und der Kenntniserlangung des Abzweigungsbegehrens (= Tag des Eingangs in der Dienststelle). Die DA-FamEStG sagt dazu unter Nr. 75.3 zwar aus, dass eine Kürzung des auszuzahlenden Kindergeldes möglichst entsprechend der Verantwortlichkeit für die Entstehung des Rückzahlungsanspruchs vorzunehmen ist. Dies führt aber letztendlich in den meisten Fällen zum gleichen Ergebnis.

11.4 Stundung des Rückzahlungsanspruchs

Seltener sind im Zuständigkeitsbereich der öffentlichen Arbeitgeber die Fälle, in denen ein Erstattungsanspruch nach §74 Abs.2 EStG und eine Aufrechnung zusammentreffen. Gemäß DA-FamEStG 74.3.4 Satz 4 hat die Aufrechnung durch die Familienkasse grundsätzlich Vorrang vor der Erstattungsforderungen Dritter. Dies gilt nur dann nicht, wenn zum Zeitpunkt der Aufrechnungserklärung bereits über einen Erstattungsanspruch nach §74 Abs.2 entschieden wurde.

11.3.5 Nebeneinander von Aufrechnung und eigener Zahlung

Bereits einleitend wurde ausgeführt, dass Außenstände des Bundes möglichst zeitnah zu realisieren sind. Darum kann es durchaus von Interesse für die Familienkasse sein, vom Berechtigten sowohl die Aufrechnung wie eine eigene zusätzliche Zahlung zu verlangen. Dies lässt sich am besten anhand eines praktischen Anwendungsfalles veranschaulichen.

Beispiel:

Der Berechtigte hat an die Familienkasse 4500 € zurückzuzahlen, aufgerechnet werden könnten monatlich nach §75 EStG und §226 AO 1904 €. Der Korrekturbescheid (der den Rückzahlungsanspruch bewirkt) datiert vom 13.2. Da der Berechtigte Beamter ist, erhält er sein nächstes Gehalt zum 1.3. (Fälligkeit am letzten Tag des Vormonats, also am 28.2.). Genau von diesem Gehalt und dem Kindergeld ist die Aufrechnung zu veranlassen, soweit dies aufgrund des programmtechnischen Vorlaufs noch möglich ist. Der Restbetrag von 2596 € kann vom Berechtigten zur direkten Zahlung bis zum 13.3. (ca. ein Monat Zahlungsfrist nach Bescheiddatum) angefordert werden.

Als Alternative stünde es Ihnen frei, auch diesen Restbetrag im folgenden Monat mit dem weiterhin zustehenden Kindergeld und dem Gehalt aufzurechnen, weil eine vollständige Realisierung der Forderung auch so innerhalb von drei Monaten möglich ist. Zu bedenken ist aber, dass es sich bei der oben erwähnten Vorgabe von drei Monaten nur um eine verwaltungsinterne Möglichkeit handelt, den Verwaltungsaufwand zu minimieren. Wenn sich Ihre Familienkasse anders entscheidet (also der Anforderung des Restbetrages bis zum 13.3.), ist dies ebenso richtig (im Sinne der unverzüglichen Erhebung von Außenständen sogar die „richtigere" Lösung, weil der Vermögensschaden des Bundes so in kürzerer Zeit ausgeglichen wird).

11.4 Stundung des Rückzahlungsanspruchs

Es ist nicht Aufgabe der Familienkasse, es dem Kindergeldberechtigten (Schuldner) zu ermöglichen, den Rückzahlungsbetrag in einer finanziell angenehmen Art und Weise zu realisieren. Rechtlich und tatsächlich handelt es sich bei jedem Zahlungsaufschub um eine Stundung, da der sofort und in voller Höhe (bzw. zum genannten Zahlungstermin) fällige Betrag nicht fristgerecht vom Kindergeldberechtigten gezahlt worden ist. Eine Stundung darf nach den Regelungen der AO aber nur gewährt werden, wenn bestimmte Voraussetzungen erfüllt sind:

B. Steuerliches Festsetzungs- und Erhebungsverfahren

- der Schuldner muss einen Stundungsantrag stellen,
- er muss durch geeignete Nachweise und Erklärungen belegen, dass er stundungswürdig und stundungsbedürftig ist,
- die Familienkasse muss eine Stundungsverfügung fertigen und bekannt geben
- und sie muss Stundungszinsen erheben.

Bei einem anderen Vorgehen fließt der gesamte Rückzahlungsbetrag nicht sofort in das Lohnsteueraufkommen zurück und dem Lohnsteueraufkommen werden ebenfalls keine Stundungszinsen zugeführt. Mit anderen Worten: Dem Bund entsteht ein Vermögensschaden!

11.4.1 Zweck und Wirkung

Mit der Stundung hat die Familienkassen die Möglichkeit, im konkreten Einzelfall zu Gunsten des Schuldners Billigkeitsmaßnahmen zur Überbrückung kurzfristiger Zahlungsengpässe zu treffen.

Dazu ist zwischen den Interessen der Familienkasse als Fiskus an einer vollständigen und gleichmäßigen Erhebung der Rückzahlungsansprüche und dem Interesse des Schuldners am Hinausschieben der Fälligkeit abzuwägen.

Durch die Stundung wird die ursprüngliche Fälligkeit des Rückzahlungsanspruchs hinausgeschoben und die ursprüngliche Zahlungspflicht durch eine neue, spätere Zahlungspflicht (Stundungszeitraum) ersetzt.

Während des Stundungszeitraums treten folgende Wirkungen ein:

- Entstehung von Stundungszinsen (§ 234 Abs. 1 AO) in Höhe von 0,5 v. H. pro Monat (§ 238 Abs. 1 AO).
- Säumniszuschläge werden nicht mehr erhoben (§ 240 AO).
- Die Vollstreckbarkeit entfällt (§ 254 AO).
- Eine Aufrechnung mit dem gestundeten Rückzahlungsbetrag ist nicht mehr möglich, weil es an der für die Aufrechnung erforderlichen Fälligkeit mangelt. Das bedeutet nun allerdings nicht, dass eine Stundung generell eine Aufrechnung ausschließt. Vielmehr kann in solchen Fällen eine Stundung mit Ratenzahlung erfolgen. Die Raten sind dann genau so hoch festzusetzen, wie aufgerechnet werden soll; der Termin der Rate ist genau auf den Fälligkeitstag der Leistung, gegen die aufgerechnet werden soll (das Kindergeld oder der Gehaltsanspruch) festzusetzen.

Beispiel:

Die Familienkasse darf mit einem Rückzahlungsanspruch erst dann aufrechnen, wenn er fällig ist. Ein Rückzahlungsbetrag von 5000 € ist vom Mitarbeiter (Beamter) zurückzuzahlen. Die dem Mitarbeiter eingeräumten Stundungsraten sind mtl.

11.4 Stundung des Rückzahlungsanspruchs

wie folgt zu erbringen: 400 € Aufrechnung mit dem Gehalt und 100 € Aufrechnung mit dem Kindergeld.
- Die Raten i. H. v. 400 € sind jeweils fällig am letzten des Monats (damit mit dem Gehalt aufgerechnet werden kann, das an diesem Tag ebenfalls fällig wird).
- Die Raten i. H. v. 100 € sind jeweils fällig am 1. des Monats (damit mit dem Kindergeld aufgerechnet werden kann, das an diesem Tag ebenfalls fällig wird).

11.4.2 Voraussetzungen

Die Stundung einer Rückzahlungsforderung der Familienkasse kommt nur in Betracht, wenn folgende zwei Voraussetzungen vorliegen:
a) der Rückzahlungsanspruch erscheint durch die Stundung nicht gefährdet und
b) die Einziehung der Forderung bei Fälligkeit würde für den Schuldner eine erhebliche Härte bedeuten.

Die Forderung der Familienkasse ist gefährdet, wenn tatsächliche Anhaltspunkte dafür gegeben sind, dass sie nach Ablauf des Stundungszeitraums nicht oder nur mit zusätzlichen Schwierigkeiten erfüllt wird.

Von einer Gefährdung ist insbesondere auszugehen, wenn:
- sich die ernsthaften Zahlungsschwierigkeiten des Schuldners nicht nur als vorübergehend abzeichnen,
- der Schuldner bereits eine eidesstattliche Versicherung abgegeben hat,
- das Arbeitseinkommen auf absehbare Zeit gepfändet ist,
- Sicherheiten nicht oder nicht in ausreichendem Umfang geleistet werden oder
- der Schuldner seinen Wohnsitz ins Ausland verlegen will und zu erwarten ist, dass dadurch die Forderung nicht oder nur unter erschwerten Bedingungen eingezogen werden kann.

Nicht gefährdet ist der Anspruch hingegen, wenn ein grundsätzlich wirtschaftlich leistungsfähiger Bediensteter nur zeitweise nicht zur Begleichung des Rückzahlungsbetrages in der Lage ist. Dies gilt auch, wenn zwar nur ratenweise gezahlt werden kann, diese Raten aber sichergestellt sind.

Die Rückzahlung zu Unrecht erhaltenen Kindergeldes begründet allein noch keine erhebliche Härte für den Schuldner. Eine erhebliche Härte kann sich für den Schuldner nur ergeben aus
- sachlichen Gründen (Verrechnungsstundung) oder
- aus persönlichen Gründen.

B. Steuerliches Festsetzungs- und Erhebungsverfahren

Ein sachlicher Grund liegt vor, wenn der Stundungsantrag mit an Sicherheit grenzender Wahrscheinlichkeit bestehenden, alsbald fällig werdenden Gegenansprüchen des Schuldners gegen die Familienkasse begründet wird. Solche Gründe dürften in der Praxis jedoch kaum vorliegen, da der Schuldner nur sehr selten einen realisierbaren Gegenanspruch gegen die Familienkasse haben wird. Ausnahmsweise kann dies im Zusammenhang mit der Zahlung eines 13. Monatsgehalts der Fall sein.

Eine Stundung aus persönlichen Gründen kommt nur in Betracht, wenn der Schuldner stundungswürdig und stundungsbedürftig ist. Stundungswürdig ist dabei der Schuldner, der seine Zahlungsunfähigkeit nicht selbst herbeigeführt hat und mit seinem Verhalten auch nicht in eindeutiger Weise gegen die Interessen der Allgemeinheit verstoßen hat. Nach Auffassung des BFH ist eine Interessenabwägung vorzunehmen. Eine Stundung kann nur dann in Betracht kommen, wenn der Antragsteller alles ihm mögliche zur Begleichung der Forderung getan hat.

Zu seinen Lasten gehen insbesondere unüberlegtes Ausgabeverhalten, Nachlässigkeit oder Zahlungsunwilligkeit. Steuerliche Pflichtverletzungen in der Vergangenheit (z. B. wiederholte Nichterfüllung gesetzlicher Mitteilungs- oder Mitwirkungspflichten), leichtfertige Steuerverkürzung (§ 378 AO) oder Steuerhinterziehung (§ 370 AO) schließen in der Regel die Stundungswürdigkeit aus.

Der Schuldner ist stundungsbedürftig, wenn er sich in einem vorübergehenden Zahlungsengpass befindet, die Begleichung des Rückzahlungsbetrages zum Fälligkeitstermin jedoch zu ernsthaften Zahlungsschwierigkeiten führen würde. Die Finanzierungsmöglichkeiten (z. B. Bankdarlehen, Dispositionskredit, Gehaltsvorschuss des Arbeitgebers) des Schuldners müssen nachweisbar ausgeschöpft sein. Ebenfalls kann die „Versilberung von Vermögenssubstanz" verlangt werden. Stundungsbedürftigkeit kann auch durch unvorhersehbare Ereignisse (Krankheitskosten, erhöhte Ausgaben durch Naturkatastrophen usw.) begründet sein.

11.4.3 Antrag und Begründung

Die Familienkasse kann nur auf Antrag tätig werden (§ 222 Satz 2 AO). In dem Antrag hat der Schuldner alle Stundungsvoraussetzungen konkret darzulegen. Dazu sollten die Familienkassen stets vom Schuldner verlangen, den Vordruck KG 90 des Bundeszentralamtes für Steuern zu verwenden. Allgemein gehaltene Hinweise (z. B. auf hohe Lebenshaltungskosten, besondere Belastungen durch die Lebensumstände) reichen zur Begründung nicht aus. Abgeklärt werden müssen im Stundungsantrag die für die behördliche Entscheidung unabdingbar erforderlichen Kenntnisse wie:

11.4 Stundung des Rückzahlungsanspruchs

- Bestehen vorübergehende finanzielle Schwierigkeiten, die nicht nur den Rückzahlungsanspruch betreffen? Die Ursache des Zahlungsengpasses muss plausibel erläutert werden!
- Bedeutet die Rückzahlung für den Schuldner eine erhebliche Härte? Wie groß ist die Schwere und Wahrscheinlichkeit der denkbaren Gefährdung der Existenz?
- Die endgültige Begleichung des Rückzahlungsbetrages darf durch die Stundung nicht gefährdet sein.
- Welches Kreditvolumen steht dem Schuldner zur Verfügung (insbesondere auch Dispositionskredit)? Kann das Kreditvolumen aufgestockt werden?
- Welches leicht veräußerliche Vermögen ist vorhanden?

Im Rahmen dieser Prüfung verlangen die Familienkassen eine Vermögensübersicht; dies stellt keinen Ermessensmissbrauch der Familienkasse dar!

Legt der Schuldner einen unvollständig begründeten Stundungsantrag vor, so ist die Familienkasse gemäß § 89 AO verpflichtet, die Nachholung oder Ergänzung der Begründung zu verlangen. Kommt der Schuldner dann immer noch nicht seinen steuerlichen Darlegungspflichten nach, muss die Familienkasse den Antrag auf Stundung ablehnen.

11.4.4 Entscheidung der Familienkasse

Die Entscheidung über den Stundungsantrag ist eine Ermessensentscheidung. Dazu soll der vom Bundeszentralamt für Steuern zur Verfügung gestellte Vordruck KG 91 Verwendung finden. Es handelt sich dabei um einen sonstigen Steuerverwaltungsakt (vgl. B. 2.3).

In der Stundungsentscheidung muss die Familienkasse insbesondere Aussagen zu folgenden Punkten treffen:

- Stundungszeitraum,
- Stundungsraten (bzw. ratenfreie Stundung),
- Stundungsauflagen.

Bei der Entscheidung über den Stundungsantrag ist auch der Tag der Antragstellung und das Ergebnis der Stundungsentscheidung zu beachten, um den zutreffenden Rahmen der Stundung festzulegen. Der Beginn der Stundung hat Auswirkungen auf die Verwirkung von Säumniszuschlägen:

- Die Stundung ist mit Wirkung vom Fälligkeitstag an zu gewähren, wenn der begründete Stundungsantrag vor der Fälligkeit des Rückzahlungsbetrages eingeht. Die Familienkasse wird die Stundungsverfügung und den Zinsbescheid fertigen und beides bekannt geben.

B. Steuerliches Festsetzungs- und Erhebungsverfahren

- Wird die Stundung vor Fälligkeit beantragt, aber nach Eintritt der Fälligkeit abgelehnt, ist eine negative Stundungsverfügung zu fertigen, die mit einer Begründung und einer Rechtsbehelfsbelehrung zu versehen ist. Außerdem wird ab Zugang der negativen Stundungsverfügung eine neue Zahlungsfrist von einer Woche gewährt, innerhalb derer der Schuldner den offenen Betrag begleichen kann, ohne dass ihn irgendwelche Nachteile treffen (wie z. B. Säumniszuschläge).
- Wird erst nach Fälligkeit begründet die Stundung beantragt, so hat die Familienkasse die Stundung mit Wirkung vom Eingangstag des Antrages an zu bewilligen. Für die Zwischenzeit, d. h. ab Fälligkeit bis zum Tag vor Beginn der Stundung, sind Säumniszuschläge verwirkt und grundsätzlich zu entrichten. Es muss eine Stundungsverfügung und ein Zinsbescheid gefertigt und bekannt gegeben werden. Außerdem sind die Säumniszuschläge zu berechnen und anzufordern.
- Wird erst nach Fälligkeit unbegründet die Stundung beantragt, so muss die Familienkasse die Stundungsentscheidung mit Gründen und der Rechtsbehelfsbelehrung versehen und bekannt geben. Die ursprüngliche Fälligkeit bleibt bestehen. Ab Fälligkeit sind Säumniszuschläge verwirkt und zu entrichten. Diese sind zu berechnen und anzufordern.

11.4.5 Rechtsbehelfe

Gegen negative Stundungsentscheidungen kann der Schuldner Einspruch erheben (§ 347 AO). Gegen negative Einspruchsentscheidungen ist die Verpflichtungsklage gegeben (§ 40 FGO).

12. Verzinsung

Das Steuerrecht kennt keine Vollverzinsung von Ansprüchen. Im folgenden Kapitel wird dargestellt, dass Zinsansprüche der AO und des EStG i. d. R. zugunsten der Behörde konzipiert sind (Stundungszinsen, Hinterziehungszinsen, Zinsen bei Aussetzung der Vollziehung, Zinsen auf Erstattungsansprüche), nur ausnahmsweise zugunsten des Kindergeldberechtigten (Prozesszinsen). Zudem wird die Berechnung der Zinsen und deren Festsetzung behandelt.

Zinsen sind steuerliche Nebenleistungen i. S. v. § 3 Abs. 4 AO, die stets eine sog. Hauptschuld (also den Anspruch auf die Steuervergütung Kindergeld bzw. den Rückzahlungsanspruch) voraussetzen.

Verzinst werden lediglich fällige Ansprüche aus dem Steuerschuldverhältnis. Für den Bereich des steuerlichen Kindergeldes ergeben sich solche Zinsansprüche aus der AO und dem EStG. Dies sind:

12.1 Höhe der Zinsen nach der AO

- Stundungszinsen (§ 234 AO),
- Hinterziehungszinsen (§ 235 AO),
- Prozesszinsen (§ 236 AO),
- Zinsen bei Aussetzung der Vollziehung (§ 237 AO) und
- Zinsen bei Erstattungsansprüchen (§ 74 Abs. 2 i. V. m. § 108 SGB X).

In anderen Fällen hat weder der Kindergeldberechtigte einen Zinsanspruch gegen die Familienkasse, noch die Familienkasse einen solchen gegenüber dem Berechtigten. Insbesondere gibt es keinerlei sonstige Zinsansprüche des Berechtigten gegen die Familienkasse, wenn diese Kindergeld nicht zeitgerecht gezahlt hat (so auch BFH vom 20.4.2006, III R 64/04)!

Alle vorgenannten Zinsansprüche sind der Kindergeld-Buchungsstelle zuzuführen bzw. natürlich dort abzubuchen (§ 3 Abs. 5 Satz 2 AO).

12.1 Höhe der Zinsen nach der AO

Für alle Zinsansprüche der AO gilt ein einheitlicher Zinssatz von 0,5 % pro Monat (§ 238 Abs. 1 Satz 1 AO). Da Zinsen selber steuerliche Nebenleistungen darstellen (§ 3 Abs. 4 AO), diese aber gemäß § 233 Satz 2 AO nicht verzinst werden, dürfen Zinseszinsen nicht gefordert werden. Dies vereinfacht die Berechnung des Zinsanspruchs erheblich.

Zinsen sind für jede Einzelforderung besonders zu berechnen. Dies ist insbesondere dann zu beachten, wenn Verzinsungszeitraum oder der Beginn des Zinslaufes wegen unterschiedlicher Fälligkeitstage voneinander abweichen.

Eine Verzinsung erfolgt im Bereich der AO jeweils für volle (Zeit-)Monate; auf volle Kalendermonate kommt es daher nicht an. Der Tag des Fristbeginns wird mitgerechnet (§ 187 Abs. 2 BGB), die Monatsfrist endet daher an dem Tag, der dem Tag vorausgeht, der durch seine Zahl dem Anfangstag der Frist entspricht (§ 188 Abs. 2 BGB).

Beispiel:

Der Zinslauf beginnt am 26.2. und endet am 28.5. des Jahres. Die Monatsfrist läuft damit vom 26.2.–25.3., 26.3.–25.4. und 26.4.–25.5.; die Zeit vom 26.–28.5. umfasst keinen vollen Zeitmonat. Hier sind mithin Zinsen für drei Monate (1,5 %) festzusetzen.

Die Verzinsung erfolgt „von dem Tag an, an dem der Zinslauf beginnt" – § 238 Abs. 1 Satz 2 AO. Fällt das Ende des Zinslaufes auf einen Sonnabend, Sonntag oder gesetzlichen Feiertag, so tritt nicht nur für die Fälligkeit des geschuldeten Betrages anstelle dieses Tages der nächstfolgende Werktag (§ 108 Abs. 3 AO). Auch für die Berechnung des Zinslaufs und bei der Frage,

B. Steuerliches Festsetzungs- und Erhebungsverfahren

ob ein voller Monat vorliegt, gibt es eine entsprechende Verlängerung der Frist – vgl. AEAO zu § 238 AO, Nr. 1.

§ 238 Abs. 2 AO bestimmt, dass der zu verzinsende Betrag auf den nächsten durch 50 € teilbaren Betrag nach unten abzurunden ist. Weichen Steuerart, (Teil-)Zeitraum oder der Beginn des Zinslaufes voneinander ab, sind die einzelnen Ansprüche getrennt zu runden. Der sich ergebende Zinsbetrag ist Cent-genau zu berechnen, jedoch stets zu Gunsten des Steuerpflichtigen (Kindergeldberechtigter) auf volle Euro gerundet festzusetzen und auszuzahlen.

Beispiele:

1 Bei der Berechnung der Prozesszinsen (§ 236 AO) ergibt sich für den Kindergeldberechtigten ein Zinsbetrag von 23,75 €. Dieser Betrag wird zu Gunsten des Berechtigten auf 24,- € gerundet festgesetzt.

2 Bei der Berechnung der Aussetzungszinsen (§ 237 AO) ergibt sich gegenüber dem Kindergeldberechtigten ein Zinsbetrag von 23,75 €. Dieser Betrag wird zu Gunsten des Berechtigten auf 23,- € gerundet festgesetzt.

Eine Kleinbetragsregelung enthält § 239 Abs. 2 S. 2 AO, wonach Zinsen nur festgesetzt werden, wenn sie mindestens 10,- € (je Einzelforderung) betragen.

12.2 Festsetzung der Zinsen

Zinsen müssen durch einen Zinsbescheid festgesetzt werden. Der Zinsbescheid muss danach schriftlich ergehen, den Zinsschuldner angeben und die Zinsart und den Zinsbetrag angeben. Bei der Zinsfestsetzung hat die Familienkasse keinen Ermessensspielraum.

Weil § 239 Abs. 1 AO für die Festsetzung der Zinsen auf die für Steuern geltenden Vorschriften verweist, können Zinsbescheide nach den §§ 129 und 172 ff. AO korrigiert werden (obgleich es sich bei Zinsbescheiden eigentlich um sonstige Steuerverwaltungsakte handelt). § 70 Abs. 2 bis 4 finden hingegen keine Anwendung, weil sie nur Sondervorschriften für die Festsetzung der Steuervergütung Kindergeld enthalten.

Die Festsetzungsfrist für Zinsen beträgt abweichend von § 169 AO ein Jahr, d. h., dass Zinsen dann nicht mehr gefordert werden können. Wurden die Zinsen festgesetzt, unterliegt dieser Anspruch auf eine steuerliche Nebenleistung der normalen Zahlungsverjährung, also der fünfjährigen Frist des § 228 Satz 2 AO.

Gegen alle Zinsbescheide ist ebenso wie gegen deren Korrektur der Einspruch gegeben. Ggf. kommt auch eine Aussetzung der Vollziehung nach § 361 AO in Betracht (vgl. dazu B. 10.6.5); eine Aussetzung der Vollziehung

12.3 Stundungszinsen

des Zinsbescheides hat zu erfolgen, wenn die Vollziehung des zugrunde liegenden Steuerbescheides ausgesetzt wurde.

12.3 Stundungszinsen

§ 234 AO schreibt für die Dauer einer gewährten Stundung grundsätzlich die Erhebung von Zinsen vor. Stundungszinsen werden dabei regelmäßig zusammen mit der Stundungsverfügung durch einen schriftlichen Zinsbescheid festgesetzt (§ 239 Abs. 1 AO i. V. m. § 155 AO); vgl. AEAO zu § 234, Nr. 3 Abs. 1. Dies geschieht im Bereich der Familienkassen mit dem Vordruck KG 92 oder in Anlehnung daran selbst hergestellten Texten. Allerdings handelt es sich bei der Stundungsverfügung und dem Zinsbescheid um zwei unterschiedliche Bescheide (mit zwei Verfügungssätzen), die lediglich äußerlich miteinander verbunden werden können. Die Stundungszinsen werden dann regelmäßig mit der letzten Rate erhoben; sie sind dem Lohnsteuertitel gutzuschreiben (§ 3 Abs. 4 AO).

Stundungszinsen dürfen nach § 239 Abs. 1 Satz 2 Nr. 2 AO dann nicht mehr erhoben werden, wenn seit Ablauf des Kalenderjahres, in dem die Stundung geendet hat, ein Jahr verstrichen ist. Maßgeblich für diese Betrachtung ist das in der Stundungsverfügung festgesetzte Ende der Stundungsfrist.

Eine Verzinsung kommt für den sog. Zinslauf in Betracht. Der Zinslauf beginnt mit Wirksamwerden der Stundungsverfügung, also mit der Bekanntgabe an den Kindergeldberechtigten (§ 124 AO). Bei einer Stundung ab Fälligkeit (die im Bereich des steuerrechtlichen Kindergeldes ein Hauptanwendungsfall ist), beginnt der Zinslauf am Tage nach Ablauf der (ggf. nach § 108 Abs. 3 AO verlängerten) Zahlungsfrist.

Beispiel:

1 Die Familienkasse gewährt am 3.8. eine Stundung. Danach sind jeweils zum 5.9, 5.10., 5.11. und 5.12. Teilbeträge i. H. v. 231 € fällig, die durch Aufrechnung mit dem weiterhin zustehenden Kindergeld (462 €) zu realisieren sind. Die für die Stundungsraten festgelegten Fälligkeiten jeweils zum 5. des Monats führen dazu, dass hier nicht mit dem Kindergeldanspruch für den Monat September aufgerechnet werden kann, weil dieser bereits am 1.9. fällig wurde. Damit hat der Berechtigte einen Anspruch auf Auszahlung des Kindergeldes für September. Der zum 5.9. fällige Rückzahlungsbetrag kann dann erst mit dem Kindergeldanspruch für Oktober aufgerechnet werden usw.

Sollte dennoch bereits mit dem Kindergeldanspruch für September aufgerechnet worden sein, so ist die Aufrechnung unwirksam; da der spätere Eintritt der Fälligkeit die Unwirksamkeit nicht heilt, muss der bereits aufgerechnete Betrag wieder ausgezahlt werden. Vermieden werden könnte dieses Problem, indem sogleich die Fälligkeiten für die einzelnen Stundungsraten auf den jeweils 1. des Monats festgelegt werden, weil dann sowohl das Kindergeld als auch die Stundungsrate gleichzeitig fällig sind.

B. Steuerliches Festsetzungs- und Erhebungsverfahren

Eine rückwirkende Stundung hebt die Wirkungen der Fälligkeit nachträglich auf; der Zinslauf beginnt dann schon ab dem ersten Tag, für den die Stundung wirksam wird. Im Gegenzug fallen natürlich keine Säumniszuschläge (mehr) an.

Mit Ablauf des letzten Tages, für den die Stundung ausgesprochen wurde, endet der Zinslauf. Ist dieser Tag ein Sonnabend, Sonntag oder gesetzlicher Feiertag, endet der Zinslauf erst am nächstfolgenden Werktag (§ 108 Abs. 3 AO).

Besonders aufwendige Berechnungen der Stundungszinsen ergeben sich, wenn Ratenzahlungen gewährt werden.

Beispiel:

2   Der Rückzahlungsanspruch von 3006 € wurde mit Stundungsverfügung vom 16.3. gestundet ab dem 1.2.; der Betrag ist in 4 Raten zu zahlen

am 1.4. in Höhe von 750 €,

am 1.6. in Höhe von 750 €,

am 1.8. in Höhe von 750 € und

am 1.10. letztmalig in Höhe von 756 €.

Bezüglich der Rate zum 1.4. ergibt sich ein Zinslauf vom 1.2.–31.3., also zwei volle Monate. 2 × 0,5 % = 1 % von 750 € ergibt 7,50 € Zinsen (Achtung: dieser Einzelbetrag wird nicht gerundet, sondern entsprechend § 239 Abs. 2 S. 1 AO wird nur der sich insgesamt ergebende Zinsbetrag gerundet). Bezüglich der Rate zum 1.6. ergibt sich ein Zinslauf vom 1.2.–31.5., also vier volle Monate. 4 × 0,5 % = 2 % von 750 € ergibt 15 € Zinsen. Der Zinslauf für die Rate zum 1.8. beträgt bereits sechs Monate, als 6 × 0,5 % = 3 % von 750 € = 22,50 €. Für die letzte Rate errechnen sich folgende Stundungszinsen: Rundung des Betrages auf 750 €, Zinslauf acht Monate × 0,5 % = 4 % von 750 € = 30 €. Damit sind insgesamt Stundungszinsen in Höhe von 75 € festzusetzen; diese sind mit der letzten Rate zu fordern.

Mathematisch andere Berechnungsweise:

Gerund. Betrag = 3000 € fällig vom 1.2.–31.3. = 2 volle Monate × 0,5 % = 30,— €

Gerund. Betrag = 2250 € fällig vom 1.4.–31.5. = 2 volle Monate × 0,5 % = 22,50 €

Gerund. Betrag = 1500 € fällig vom 1.6.–31.7. = 2 volle Monate × 0,5 % = 15,— €

Gerund. Betrag = 750 € fällig vom 1.8.–30.9. = 2 volle Monate × 0,5 % = 7,50 €

Insgesamt = 75,— €

Bedenken Sie stets, dass dieser vorstehend beschriebene Fall allein deshalb sehr häufig eintreten wird, weil die dem Schuldner gewährte Realisierung der Forderung durch Aufrechnung oder eigene Ratenzahlung über einen längeren Zeitraum hin stets eine solche Stundungsentscheidung darstellt und deshalb auch Stundungszinsen nach sich ziehen, die wegen des sich stetig verändernden Restbetrages jeweils gesondert zu berechnen sind.

12.4 Hinterziehungszinsen

§ 234 Abs. 2 AO sieht für bestimmte Fälle die Möglichkeit des Zinsverzichts vor. Voraussetzung für den Zinsverzicht ist die Unbilligkeit der Erhebung von Zinsen im Einzelfall. Diese Vorschrift deckt sich mit den Voraussetzungen des Erlasses nach §§ 163, 227 AO, ist jedoch demgegenüber vorrangig. Sachliche oder persönliche Billigkeitsgründe (unbestimmter Rechtsbegriff) können zum Zinsverzicht führen.

Sachliche Billigkeitsgründe sind im Bereich des steuerlichen Kindergeldes nur schwerlich vorstellbar. Ein denkbarer Fall ist der, in dem der gestundete Betrag mindestens einen Monat vor Ablauf der Stundungsfrist getilgt wird.

Persönliche Billigkeitsgründe für das Absehen von Stundungszinsen können lang andauernde Arbeitslosigkeit, erhebliche Geschäftsverluste oder Naturkatastrophen und andere unabwendbare Ereignisse sein.

Der Anwendungserlass zur AO sieht zu § 234 unter Nr. 11 als weiteres Beispiel für eine zinslose Stundung vor, dass der Rückzahlungspflichtige bisher seinen steuerlichen Verpflichtungen, insbesondere seinen Mitwirkungs- und Zahlungsverpflichtungen, pünktlich nachgekommen ist und in der Vergangenheit nicht wiederholt Stundungen in Anspruch genommen hat. Daneben ist erforderlich, dass der Stundungszeitraum höchstens drei Monate umfasst und der zu stundende Betrag 5000 € nicht übersteigt.

Bereits bei der Behandlung des Themas Aufrechnung wurde deshalb darauf hingewiesen (vgl. B 11.3.1), dass keine Bedenken bestehen, wenn Rückzahlungsansprüche der Familienkassen, die innerhalb von drei Monaten vollständig aufgerechnet werden können (Denken Sie daran: Kindergeld und Gehalt sind aufrechenbar), wegen der Einfachheit des Verfahrens ausschließlich über den Weg der Aufrechnung realisiert werden können. Allerdings ist dies nur als Vorschlag zur Minimierung des Verwaltungsaufwandes zu verstehen! Letztlich entscheidet die Finanzbehörde, in welcher Form die Realisierung von Rückzahlungsbeträgen geschieht. Das bedeutet, dass auch zusätzliche Zahlungen des Berechtigten gefordert werden können.

Als Rechtsbehelf gegen ablehnende Billigkeitsmaßnahmen kommt der Einspruch in Betracht.

12.4 Hinterziehungszinsen

Durch die Erhebung von Hinterziehungszinsen soll beim Nutznießer (Kindergeldberechtigten) der Steuerhinterziehung der erlangte Zinsvorteil abgeschöpft werden. Dieser Zweck wird außerordentlich maßvoll angestrebt, denn der Zinssatz von 6 v. H. liegt i. d. R. erheblich unter den banküblichen Zinssätzen. Hinterziehungszinsen werden ebenfalls von der Familienkasse festgesetzt.

B. Steuerliches Festsetzungs- und Erhebungsverfahren

Die Steuerhinterziehung muss vollendet sein, d.h. objektiver und subjektiver Tatbestand des § 370 AO müssen vorliegen.

Alle anderen Straftatbestände, insbesondere die leichtfertige Steuerverkürzung (§ 378 AO), lösen keine Zinspflicht aus.

Eine strafrechtliche Verurteilung des Steuerhinterziehers (Kindergeldberechtigten) ist keine Voraussetzung für die Erhebung der Zinsen. Darum wären Hinterziehungszinsen eigentlich auch dann zu erheben, wenn wegen einer Selbstanzeige des Berechtigten und unverzüglicher Begleichung des Rückzahlanspruchs Strafbefreiung eintritt. Allerdings sieht die DA-FamBuStra Nr. 9.1.9 die Festsetzung von Hinterziehungszinsen nur für die Fälle vor, in denen einem Berechtigten im strafrechtlichen Ermittlungsverfahren eine Steuerhinterziehung nachgewiesen worden ist. Diese Verwaltungsanweisung beschränkt die Zahl der betroffenen Fälle erheblich.

Die Verzinsung beginnt in dem Zeitpunkt, in dem der Steuervorteil erlangt ist, wenn z.B. in Folge des steuerunehrlichen Verhaltens Kindergeld festgesetzt wurde, ein anderer Steuervorteil (z.B. Stundung, Erlass) zu Unrecht gewährt oder belassen worden ist.

Die Steuervergütung Kindergeld ist im Augenblick der Bekanntgabe festgesetzt. Auf die tatsächliche Auszahlung des hinterzogenen Betrages kommt es deshalb grundsätzlich nicht an. Der Tag der Bekanntgabe zählt bereits als erster Tag des Zinslaufes.

Allerdings ist als Besonderheit des steuerrechtlichen Kindergeldes zu beachten, dass es sich um sog. Dauerverwaltungsakte handelt. Nicht mit der Festsetzung des Kindergeldes wird ein Gesamtbetrag fällig und deshalb ausgezahlt, sondern es entstehen Monat für Monat (jeweils am 1. des Monats Fälligkeit) aufs Neue einzelne Auszahlungsansprüche, die dann im Laufe des Monats erfüllt werden. Die Verzinsung beginnt auch erst mit diesem späteren Fälligkeitstag (auf den tatsächlichen Auszahlungstag kommt es hinsichtlich des monatlichen Kindergeldbetrages dann wieder nicht mehr an). Daraus ergibt sich allerdings eine sehr differenzierte Betrachtung hinsichtlich des Zinslauf-Beginns.

Beispiel:

1 Kindergeld wurde mit Bescheid vom 10.5.2002 (Freitag) für ein Kind ab April 2002 in Höhe von 154 € festgesetzt. Der Nachzahlungsbetrag für die Monate April und Mai 2002 wurde mit der Gehaltszahlung am 15.6.2002 (Antragsteller!) ausgezahlt, gleichzeitig damit auch das Juni-Kindergeld. In der Folge wurde das monatliche Kindergeld jeweils mit dem Gehalt am 15. des Monats überwiesen, letztmalig am 15.9.2002. Im September 2002 stellen Sie fest, dass Kindergeld für dieses Kind aufgrund fehlerhafter Angaben Ihres Bediensteten niemals hätte festgesetzt und ausgezahlt werden dürfen.

12.4 Hinterziehungszinsen

➤ **Beginn des Zinslaufes**

Monat April 2002	=	13.5.2002 (weil erst hier Festsetzung – § 122 Abs. 2 Nr. 1 AO – und Fälligkeit des Kindergeldes gegeben waren)
Monat Mai 2002	=	13.5.2002 (siehe vorstehend)
Monat Juni 2002	=	1.6.2002 (Fälligkeit des Kindergeldes für Juni; wann genau dieser Betrag ausgezahlt wurde, ist egal)
Monat Juli 2002	=	1.7.2002
Monat August 2002	=	1.8.2002
Monat September 2002	=	1.9.2002

Ein Großteil der unrechtmäßigen Leistungsgewährungen im Bereich Kindergeld hat ihre Ursache in nicht angezeigten Veränderungen in den Verhältnissen. In diesen Fällen sind die vorstehend dargestellten Grundsätze zum Beginn des Zinslaufs heran zu ziehen. Allerdings ist das Datum der Bekanntgabe der Festsetzung nicht mehr relevant. Vielmehr beginnt der Zinslauf für jeden „Überzahlungsmonat" am 1. des jeweiligen Monats.

Beispiel:

2 Kindergeld wird aufgrund einer Entscheidung aus dem Jahr 2004 laufend für die volljährige Tochter Kristina gezahlt. Am 15.9.2005 hat sie die Schulausbildung abgebrochen und ab diesem Zeitpunkt auch keinen weiteren Berücksichtigungstatbestand mehr erfüllt. Kindergeld wurde wegen unterlassener Veränderungsanzeige bis Juli 2007 zu Unrecht weiter gewährt.

➤ **Beginn des Zinslaufes**

Oktober 2005 = 1.10.2005 (Fälligkeit des KG-Anspruchs für Oktober 2005)
November 2005 = 1.11.2005
...
Juli 2007 = 1.7.2007

Der Zinslauf endet mit der Rückzahlung der hinterzogenen Steuervergütung Kindergeld. Dies erfolgt in der Regel durch eigene Zahlung des Schuldners oder durch Aufrechnung. Der Tag der Erfüllung ist mitzurechnen. Wird ein Rückzahlungsbetrag durch Aufrechnung (mit Kindergeld oder dem Gehalt) ausgeglichen, so endet der Hinterziehungszinszeitraum stets mit dem 1. des maßgeblichen Monats des Beginns der Aufrechnung, weil ab dann ggf. Stundungszinsen anfallen.

Der Zinslauf der Hinterziehungszinsen endet gemäß § 235 Abs. 3 Satz 2 AO vor der Tilgung, wenn der Säumniszuschlag verwirkt (§ 240 Abs. 1 AO), die Zahlung gestundet (§ 222 AO) oder die Vollstreckung ausgesetzt (§ 361 Abs. 2 AO, § 69 FGO) ist. Ab diesem Zeitpunkt ist die Steuerhinterziehung

B. Steuerliches Festsetzungs- und Erhebungsverfahren

nicht mehr die Ursache für die verzögerte Rückzahlung des zu Unrecht erhaltenen Kindergeldes. Zudem fallen ab diesem Termin bereits Stundungs- oder Aussetzungszinsen in gleicher Höhe an oder sogar doppelt so hohe Säumniszuschläge.

Beispiel:

Im Juli 2002 wird der unrechtmäßige Kindergeldbezug von der Familienkasse festgestellt. Die Festsetzung wird daraufhin im Oktober 2006 aufgehoben und der Kindergeldberechtigte zur Rückzahlung bis zum 30.11.2006 aufgefordert. Der Kindergeldberechtigte zahlt den gesamten Betrag – ohne Stundung zu beantragen – erst am 30.12.2006 bei der Kasse ein. Da ab 1.12.2006 Säumniszuschläge verwirkt sind, können ab diesem Tag keine Hinterziehungszinsen erhoben werden (§ 235 Abs. 3 Satz 2 AO). Der Zinslauf der Hinterziehungszinsen endet damit am 30.11.2006.

Nach § 239 Abs. 1 S. 2 Nr. 3 AO endet die Festsetzungsfrist nicht vor Ablauf eines Kalenderjahres, nachdem die hinterzogene Steuervergütung Kindergeld durch einen Korrekturbescheid unanfechtbar aufgehoben wurde. Ggf. gegen den Korrekturbescheid erhobener Einspruch oder Klage lassen diesen erst später unanfechtbar werden.

Beispiel:

Die Festsetzung wurde mit Bescheid vom 26.10.2006 für die Zeit von Januar bis Juli 2006 aufgehoben und Kindergeld i. H. v. 7 × 154,– = 1078 € zurückgefordert. Unanfechtbarkeit des Aufhebungsbescheides: 26.10.2006 (Donnerstag) + 3 Tage = 29.10.2006 (Sonntag), Verlängerung gemäß § 108 Abs. 3 AO auf den 30.10.2006. Lauf der Einspruchsfrist vom 1.11.–30.11.2006, Unanfechtbarkeit damit am 1.12.2006, Lauf der Festsetzungsverjährung vom 1.1.–31.12.2007. Ab dem 1.1.2008 können Hinterziehungszinsen nicht mehr gefordert werden.

Festsetzungsverjährung kann jedoch nicht vor Ablauf des Kalenderjahres eintreten, in dem ein ggf. eingeleitetes Strafverfahren rechtskräftig abgeschlossen worden ist.

12.5 Prozesszinsen

§ 236 AO schreibt die Verzinsung von Amts wegen vor, also auch ohne einen entsprechenden Antrag des Berechtigten oder eine regelnde Aussage im Gerichtsurteil, wenn durch eine rechtskräftige gerichtliche Entscheidung eine Steuervergütung wie das Kindergeld gewährt oder erhöht wird. Gleiches gilt nach § 236 Abs. 2 Nr. 1 AO, wenn die Familienkasse im gerichtlichen Verfahren durch Erlass, Aufhebung oder Änderung eines Verwaltungsaktes klaglos stellt. Für die Familienkassen ergibt sich die Verpflichtung zur Festsetzung von Prozesszinsen insbesondere dann, wenn

12.5 Prozesszinsen

- Kindergeld durch rechtskräftige gerichtliche Entscheidung gewährt/erhöht wird,
- aufgrund eines Korrekturbescheides im Festsetzungsverfahren Kindergeld vom Berechtigten bereits zurückgezahlt wurde (weil keine Aussetzung der Vollziehung erfolgt ist), im gerichtlichen Verfahren aber rechtskräftig festgestellt wird, dass eine Korrektur nicht möglich war und damit ein Rückzahlungsanspruch nicht bestand.

Es ist dabei ohne Bedeutung, warum die Steuervergütung gewährt/erhöht bzw. die Korrektur nicht möglich war.

Die Gewährung von Prozesszinsen kommt hingegen nicht in Betracht, wenn ein Dritter bei feststehendem Kindergeldanspruch lediglich die Auszahlung nach § 74 Abs. 1 EStG oder die Erstattung nach § 74 Abs. 2 EStG erfolgreich einklagt. In diesen Fällen wird gerade keine Steuervergütung Kindergeld durch eine rechtskräftige gerichtliche Entscheidung oder aufgrund einer solchen Entscheidung gewährt.

Die AO regelt ausdrücklich nur die Gewährung von Prozesszinsen, eine generelle Zinspflicht für sonstige Streitigkeiten gibt es hingegen nicht. So ist insbesondere eine Verzinsung von Ansprüchen im Einspruchsverfahren nicht möglich, selbst in den Fällen des § 363 AO wegen der Durchführung eines Musterprozesses.

Beispiel:

In den Jahren bis 2005 waren etliche Kindergeldeinspruchsverfahren ausgesetzt, weil die vorgreifliche Entscheidung des BVerfG nur Frage des zusätzlichen Abzugs des Arbeitnehmeranteils an den gesetzlichen Sozialversicherungsbeiträgen abgewartet werden musste. Nachdem das BVerfG mit Beschluss vom 11.1.2005, 2 BvR 167/02 darüber positiv entschieden hatte, konnte Kindergeld ggf. nachgezahlt werden, mangels Rechtshängigkeit aber keine Prozesszinsen.

Der Anspruch auf Prozesszinsen entsteht mit der Rechtskraft der gerichtlichen Entscheidung.

Die Verzinsung beginnt grundsätzlich mit dem Tag der Rechtshängigkeit, d. h. mit der Erhebung der Klage beim Gericht. Dieser Tag wird bei der Fristberechnung bereits mitgerechnet.

Im Bereich des steuerrechtlichen Kindergeldes ist zu beachten, dass es sich um sog. Dauerverwaltungsakte handelt. Der Anspruch auf Kindergeld entsteht Monat für Monat erneut und wird demgemäß auch immer aufs Neue fällig (jeweils am 1. des Monats). Für die Prozesszinsen würde die alleinige Bezugnahme auf die Rechtshängigkeit bedeuten, dass ggf. Kindergeldansprüche für Zeiträume verzinst werden müssen, obwohl sie noch gar nicht entstanden sind. Diese Lücke kann nach hiesiger Auffassung nur dadurch

B. Steuerliches Festsetzungs- und Erhebungsverfahren

geschlossen werden, dass eine Verzinsung frühestens vom 1. des Monats an in Betracht kommt, für den das Kindergeld auszuzahlen ist.

In Fällen, in denen der Berechtigte erst nach der Rechtshängigkeit einen Rückzahlungsanspruch gegenüber der Familienkasse durch Zahlung erfüllt, sich aber im gerichtlichen Verfahren ergibt, dass der Berechtigte dazu nicht verpflichtet war, weil der Korrekturbescheid keinen Bestand haben konnte, beginnt der Zinslauf ebenfalls erst mit dieser Zahlung und nicht schon mit der Rechtshängigkeit (§ 236 Abs. 1 Satz 3 AO). Gemäß § 224 Abs. 2 Nr. 2 AO kommt es dabei auf den Tag der Gutschrift auf dem Konto der Familienkasse an.

Die Verzinsung endet mit dem Auszahlungstag; dieser Tag ist bei der Berechnung ebenfalls mitzuzählen.

Die Gewährung von Prozesszinsen ist ausgeschlossen, soweit dem Kindergeldberechtigten trotz Obsiegens im finanzgerichtlichen Verfahren die Kosten des Rechtsbehelfs nach § 137 Satz 1 FGO auferlegt werden. Dies ist insbesondere der Fall, wenn der Berechtigte gegen seine Mitwirkungspflichten verstoßen hat. Werden die Kosten dem Kindergeldberechtigten nur zum Teil auferlegt, so sind Prozesszinsen genau in diesem Verhältnis zu gewähren („soweit").

Prozesszinsen sind bei der für die Hauptforderung (also dem Kindergeld) maßgebenden Buchungsstelle zu buchen.

12.6 Zinsen bei Aussetzung der Vollziehung

Das Gegenstück zu den Prozesszinsen bilden die Zinsen bei Aussetzung der Vollziehung, wenn ein Einspruch oder eine Anfechtungsklage endgültig keinen Erfolg gehabt haben.

Zinsen nach der Vorschrift des § 237 AO fallen an, wenn ein Verwaltungsakt, der einen Steuervergütungsbescheid ändert oder aufhebt (der Korrekturbescheid) oder eine Einspruchsentscheidung darüber angefochten ist und die Vollziehung nach § 361 AO, § 69 FGO ausgesetzt war. Damit ist § 237 AO nicht heranzuziehen in den Fällen, in denen wegen Über- bzw. Doppelzahlung ein Rückzahlungsbescheid gemäß § 218 AO erteilt wurde, weil es sich dabei nicht um eine Entscheidung im Festsetzungsverfahren handelt.

Selbstverständlich werden keine Zinsen nach § 237 AO geltend gemacht, wenn der Berechtigte im Einspruchs- oder Klageverfahren in vollem Umfang obsiegt (dann stehen dem Berechtigten Prozesszinsen zu). Einspruch oder Klage müssen vielmehr endgültig erfolglos geblieben sein. Der Grund dafür ist gleichgültig. Endgültige Erfolglosigkeit liegt vor, wenn

12.6 Zinsen bei Aussetzung der Vollziehung

- der Einspruch bestandskräftig oder die Klage rechtskräftig abgewiesen wurde,
- das Einspruchs- oder Klageverfahren durch Rücknahme endgültig abgeschlossen ist.

Führen Einspruch oder Klage des Kindergeldberechtigten zum teilweisen Erfolg, so fallen Zinsen nach § 237 AO nur für den Teil an, soweit eben kein Erfolg eingetreten ist.

Wurde Einspruch gegen einen Korrekturbescheid der Familienkasse erhoben und die Entscheidung wegen eines in derselben Sache bereits anhängigen Musterprozesses einvernehmlich mit dem Einspruchsführer ausgesetzt, so fallen gleichwohl Zinsen nach § 237 AO an, wenn die Vollziehung des Bescheides ausgesetzt war. Voraussetzung ist natürlich, dass der Berechtigte im Einspruchs- oder Klageverfahren unterliegt. Hierüber sollte der Kindergeldberechtigte entsprechend informiert werden.

Wurde die Fälligkeit durch eine Stundung (§ 222 AO) oder einen Vollstreckungsaufschub (§ 258 AO) hinausgeschoben, so fallen Aussetzungszinsen für denselben Zeitraum nicht an.

Zuständig für die Berechnung und Festsetzung von Aussetzungszinsen sollte immer die Stelle sein, die neben der Klagesachbearbeitung auch über die Aussetzung der Vollziehung zu entscheiden hat.

Aussetzungszinsen sind grundsätzlich vom Tag des Eingangs des Einspruchs an zu erheben (dieser Tag zählt mit!), frühestens jedoch von dem Tag der Fälligkeit der Forderung an – B.10.6.6. Nur in den Fällen, in denen die Fälligkeit z. B. wegen einer gewährten Zahlungsfrist oder einer sofort ausgesprochenen Stundung hinausgeschoben wurde, kann es im Bereich des steuerlichen Kindergeldes vorkommen, dass der Zinslauf erst nach Eingang des Einspruchs beginnt.

Wird Aussetzung der Vollziehung erst im Klageverfahren gewährt, so beginnt der Zinslauf mit der Rechtshängigkeit (siehe zu diesem Begriff die Ausführungen zu den Prozesszinsen unter B.12.5).

Wird die Aussetzung der Vollziehung im Einspruchs- oder Klageverfahren erst später gewährt, werden die Zinsen auch erst vom Tage der Vollziehungsaussetzung erhoben. Da die Vollziehungsaussetzung aber rückwirkend gewährt werden kann (z. B. ab Fälligkeit), ist dann auf diesen Tag, frühestens jedoch auf den Tag des Eingangs des Einspruchs bzw. der Rechtshängigkeit der Klage abzustellen. Ein solches Vorgehen empfiehlt sich insbesondere deshalb, weil ansonsten Säumniszuschläge anfallen.

Wenn die Aussetzung der Vollziehung endet, endet auch der Zinslauf. Dies ist der Fall, wenn endgültige Erfolglosigkeit eingetreten ist. Bestandskraft

B. Steuerliches Festsetzungs- und Erhebungsverfahren

eines Verwaltungsaktes (und damit Unanfechtbarkeit) tritt erst einen Monat nach Bekanntgabe der Entscheidung ein. Dies gilt für die Rechtskraft eines erstinstanzlichen Urteils gleichermaßen; Urteile des BFH werden mit Erlass des Urteils rechtskräftig. Wird Einspruch oder Klage zurückgenommen, so ist der Tag maßgeblich, an dem die Rücknahme der Familienkasse bzw. dem Gericht zugeht. Der Tag, an dem die endgültige Erfolglosigkeit eintritt, wird bei der Fristberechnung stets mitgezählt.

Werden Forderungen nach Ende der Aussetzung der Vollziehung nicht beglichen, so fallen keine Zinsen nach § 237 AO mehr an, sondern Säumniszuschläge nach § 240 AO.

Nach § 237 Abs. 4 AO kann auf Zinsen verzichtet werden. Er verweist dazu auf die bei den Stundungszinsen geltende Vorschrift des § 234 AO. § 234 Abs. 2 AO sieht die Möglichkeit des Zinsverzichts vor. Voraussetzung für den Zinsverzicht ist die Unbilligkeit der Erhebung von Zinsen im Einzelfall. Diese Vorschrift deckt sich mit den Voraussetzungen des Erlasses nach §§ 167, 227 AO, ist jedoch demgegenüber vorrangig. Sachliche oder persönliche Billigkeitsgründe (unbestimmter Rechtsbegriff) können zum Zinsverzicht führen.

Als Rechtsbehelf gegen ablehnende Billigkeitsmaßnahmen kommt der Einspruch in Betracht.

12.7 Zinsen auf Erstattungsansprüche

§ 74 Abs. 2 EStG erklärt die Vorschriften der §§ 102–109 und 111–113 SGB X für entsprechend anwendbar. Damit hat der Gesetzgeber klargestellt, dass andere Sozialleistungsträger im Wege des Erstattungsanspruchs auf das Kindergeld zugreifen können; vgl. dazu im Übrigen B.10.4.

Nach § 108 Abs. 2 SGB X sind Erstattungsansprüche der Sozial- und Jugendhilfeträger auf deren Antrag mit 4% jährlich zu verzinsen. Zinsen sind hier also nicht bereits von Amts wegen zu ermitteln und festzusetzen. § 108 Abs. 2 Satz 3 SGB X i. V. m. § 44 Abs. 3 SGB I bestimmt dabei, dass nur volle Euro-Beträge verzinst werden; dabei ist jeder Kalendermonat mit 30 Tagen zugrunde zu legen.

Die Zinsformel lautet:

$$\frac{\text{Erstattungsanspruch} \times 4\% \times \text{Zinstage}}{100 \times 360} \text{ oder } \frac{\text{Erstattungsanspruch} \times \text{Zinstage}}{9000}$$

Es bestehen nebeneinander zwei unterschiedliche Verzinsungsvorschriften:

- Verzinsung für die Dauer des Erstattungszeitraumes (§ 108 Abs. 2 Satz 1 Nr. 1 SGB X).

- Verzinsung für den Zeitraum nach Ablauf eines Kalendermonats nach Eingang des vollständigen, den gesamten Erstattungszeitraum umfassenden Erstattungsantrags bei der zuständigen Familienkasse bis zum Ablauf des Kalendermonats vor der Zahlung (§ 108 Abs. 2 Satz 1 Nr. 2 SGB X).

In beiden Fällen beginnt die Verzinsung jedoch frühestens nach Ablauf von sechs Kalendermonaten nach Eingang des vollständigen Kindergeldantrages des Berechtigten. Fehlt ein solcher Antrag, beginnt die Verzinsung frühestens einen Kalendermonat nach Bekanntgabe der Kindergeldfestsetzung.

Beispiel:

Der Kindergeldantrag wurde am 15.4. das Jahres gestellt. Beginn der 6-Monats-Frist am 1.5., Ende am 31.10.; die Verzinsung kommt frühestens ab 1.11. des Jahres in Betracht.

Die Verzinsung nach § 108 Abs. 2 Satz 1 Nr. 1 SGB X umfasst die Gesamtdauer des Erstattungszeitraumes. Er beginnt mithin am ersten Tag der Erstattungszeitraumes und endet mit dessen letzten Tag.

Die Verzinsung nach § 108 Abs. 2 Satz 1 Nr. 2 SGB X dürfte in der Praxis eher selten in Betracht kommen, weil nach dem Eingang des vollständigen Erstattungsantrages (also auch der Höhe nach bezifferten) ein voller Kalendermonat vergangen sein muss; zusätzlich wird auch nur bis einschließlich des Monats verzinst, der vor der Auszahlung des geforderten Betrages an den Erstattungsberechtigten liegt.

Zinsen nach § 108 Abs. 2 SGB X sind ebenfalls bei der Kindergeld-Buchungsstelle zu verbuchen.

13. Säumniszuschläge

Das Kapitel behandelt mit den Säumniszuschlägen eine steuerrechtliche Besonderheit, durch die der Schuldner nachhaltig dazu angehalten werden soll, seine Zahlungsverpflichtungen rechtzeitig zu erfüllen. Lauf der Säumniszeit und insbesondere die Höhe von 1 % je angefangenem Monat unterstreichen dies. Daneben werden die Schonfrist und ein evtl. möglicher Erlass von Säumniszuschlägen dargestellt.

13.1 Allgemeines

Wird Kindergeld nicht rechtzeitig zurückgezahlt, so müssen die Familienkassen Säumniszuschläge erheben. Die Säumniszuschläge als steuerliche Nebenleistung (§ 3 Abs. 3 AO) stellen ein Druckmittel zur Durchsetzung der

B. Steuerliches Festsetzungs- und Erhebungsverfahren

Forderung dar, dienen aber auch als Ausgleich für den angefallenen Verwaltungsaufwand und als zinsähnliche Gegenleistung für das Hinausschieben der Zahlung. Säumniszuschläge werden nur auf die Hauptforderung (also den Rückzahlungsbetrag) erhoben, nicht aber auf steuerliche Nebenleistungen wie z. B. Stundungszinsen (§ 240 Abs. 2 AO).

Bei Säumniszuschlägen spricht man davon, dass diese **verwirkt** werden. Das bedeutet nichts anderes, als dass dann die tatbestandlichen Voraussetzungen für die Erhebung von Säumniszuschlägen **erfüllt** sind.

Säumniszuschläge auf nicht rechtzeitig entrichtete Rückzahlungsbeträge entstehen kraft Gesetzes, wobei es auf ein Verschulden des Schuldners nicht ankommt. Es bedarf auch keiner Festsetzung der Säumniszuschläge durch Verwaltungsakt, vgl. hierzu § 218 Abs. 1 Satz 1, 2. Halbsatz AO, wonach bei Säumniszuschlägen die Verwirklichung des gesetzlichen Tatbestandes ausreicht. Dem säumigen Schuldner wird die Höhe der verwirkten Säumniszuschläge lediglich mit einfacher Mitteilung bekannt gegeben. Eines Leistungsgebotes bedarf es zur Beitreibung von Säumniszuschlägen dann nicht (§ 254 Abs. 2 AO), wenn diese gemeinsam mit dem Rückzahlungsbetrag (Hauptforderung) beigetrieben werden sollen. Wenn Säumniszuschläge allein beigetrieben werden sollen, ist allerdings zuvor von der Familienkasse ein Leistungsgebot nach § 254 AO zu erlassen.

Für die Erhebung von Säumniszuschlägen steht der Familienkasse kein Ermessensspielraum zu (§ 240 Abs. 1 Satz 1 AO: „… so ist …").

Weil Säumniszuschläge nicht von einer Festsetzung abhängig sind, unterliegen sie nicht der Festsetzungs-, sondern der Zahlungsverjährung.

Säumniszuschläge fließen der verwaltenden Körperschaft zu (§ 3 Abs. 5 Satz 2 i. V. m. Abs. 4 AO), sie sind auf dem allgemeinen Einnahmetitel der Behörde zu verbuchen, die im Wege der Organleihe zur Durchführung des steuerlichen Kindergeldes eine Familienkasse zur Verfügung stellt, also z. B. der Gebietskörperschaft, deren Familienkasse die Säumniszuschläge von ihrem Mitarbeiter erhebt.

13.2 Beginn und Ende der Säumnis

Säumniszuschläge werden gemäß § 240 Abs. 1 Satz 3 AO frühestens dann erhoben, wenn die Steuervergütung Kindergeld festgesetzt ist. Damit muss der Korrekturbescheid, welcher im Kindergeldbereich den Rückzahlungsanspruch auslöst, wirksam bekannt gegeben worden sein (§ 124 Abs. 1 Satz 1 AO). Wird ausnahmsweise ein Rückzahlungsbescheid erteilt (siehe B.10.6.3), so muss auch dieser wirksam bekannt gegeben worden sein. Nachträgliche Korrekturen (Änderungen, Aufhebungen, Berichtigungen) der wirksam bekannt gegebenen Festsetzung lassen die bis dahin verwirkten Säumniszu-

13.4 Schonfrist

schläge unberührt (§ 240 Abs. 1 Satz 4 AO); das gilt auch dann, wenn der ursprüngliche Rückzahlungsanspruch im Einspruchsverfahren durch Änderung der zugrunde liegenden Festsetzung herabgesetzt wird.

Säumniszuschläge entstehen vom Grundsatz her frühestens mit der wirksamen Bekanntgabe der zugrunde liegenden Festsetzung (siehe oben). Daneben muss der Rückzahlungsanspruch der Familienkasse aber auch fällig sein; vgl. dazu B.10.6.6.

In der Praxis wird der Korrektur- bzw. Rückzahlungsbescheid der Familienkasse zumeist mit einem Leistungsgebot verbunden, in dem eine Zahlungsfrist eingeräumt wird. Nach § 220 Abs. 2 Satz 1, 2. Halbsatz i. V. m. § 240 Abs. 1 AO entstehen Säumniszuschläge dann erst ab dem nächsten auf das Ende der im Leistungsgebot gesetzten Zahlungsfrist folgenden Tages. § 108 Abs. 3 AO ist zu beachten.

Eine Säumnis liegt nur dann nicht vor, wenn die Forderung noch nicht fällig ist (z. B. Stundung, Aussetzung der Vollziehung); Säumniszuschläge fallen in diesen Fällen auch nicht an.

Die Säumnis endet

- mit Erlöschen des Anspruchs nach § 47 AO (also z. B. durch Zahlung des Schuldners, Aufrechnung oder Eintritt der Verjährung),
- durch Aufhebung der Fälligkeit durch Stundung oder Aussetzung der Vollziehung.

13.3 Berechnung

Ein Säumniszuschlag wird auf den rückständigen Betrag erhoben; bei der Berechnung wird der jeweils rückständige Rückzahlungsbetrag auf volle 50 € nach unten gerundet. Der Säumniszuschlag beträgt gemäß § 240 Abs. 1 Satz 1 AO für jeden angefangenen Monat der Säumnis 1 %.

Säumniszuschläge von insgesamt weniger als 5 € werden in der Regel nicht vom Schuldner angefordert – vgl. dazu BMF-Schreiben vom 22.3.2001, IV A 4 – S 0512 – 2/01 (Kleinbetragsregelung für das Erhebungsverfahren). Säumniszuschläge von unter 5 € können jedoch zusammen mit anderen Beträgen, z. B. Stundungsraten, angefordert werden.

13.4 Schonfrist

§ 240 Abs. 3 AO sieht vor, dass ein Säumniszuschlag dann nicht erhoben wird, wenn die Säumnis bis zu drei Tagen beträgt. Diese sog. Schonfrist gilt bei Überweisungen auf ein Konto der Familienkasse und berücksichtigt Verzögerungen, die im Zahlungsverkehr bei Banken auftreten können, auf die der Schuldner in der Regel aber keinen Einfluss nehmen kann. Die Schon-

B. Steuerliches Festsetzungs- und Erhebungsverfahren

frist ist auch anzuwenden, wenn die Familienkasse den ausstehenden Betrag durch Einzugsermächtigung einzieht (natürlich nur, wenn die Einzugsermächtigung vor Ablauf der Schonfrist erteilt wird) und in Aufrechnungsfällen. Bei Bar- und Scheckzahlungen gibt es gemäß § 240 Abs. 3 Satz 2 AO keine Schonfrist, weil der Berechtigte es bei diesen Zahlungsweisen selbst in der Hand hat, dass der jeweilige Betrag fristgemäß bei der Familienkasse eingeht.

Die Schonfrist beginnt mit dem Tag, ab dem eigentlich Säumniszuschläge zu erheben wären und ist von Amts wegen zu beachten. Sie verschiebt nicht die Fälligkeit der Forderung. Die Schonfrist endet mit Ablauf des dritten Kalendertages danach; § 108 Abs. 3 AO ist zu beachten. Gehen Rückzahlungsbeträge erst nach Ablauf der Schonfrist ein, hat diese keine Bedeutung mehr; in diesem Fall werden Säumniszuschläge sofort ab Beginn der Säumnis erhoben.

13.5 Erlass der Säumniszuschläge

Auch bei den Säumniszuschlägen besteht die Möglichkeit des Erlasses. Dieser richtet sich nach der allgemeinen Norm des § 227 AO für den Zahlungserlass im Erhebungsverfahren. Nach § 227 AO kommt ein Zahlungserlass aus sachlichen und persönlichen Billigkeitsgründen in Betracht.

Nach dem Anwendungserlass zur AO (AEAO) zu § 240, Nr. 5. Abs. 2 kommt ein Erlass von Säumniszuschlägen aus sachlichen Billigkeitsgründen insbesondere in folgenden Fällen in Betracht:

- Bei plötzlicher Erkrankung des Schuldners, wenn er wegen der Erkrankung an einer pünktlichen Zahlung gehindert war und es ihm seit seiner Erkrankung bis zum Ablauf der Zahlungsfrist nicht gelungen ist, einen Vertreter mit der Zahlung zu beauftragen.

- Bei einem bisher pünktlich zahlenden Schuldner, dem ein offenbares Versehen unterlaufen ist. Haben Schuldner hingegen schon mehrfach Rückzahlungsbeträge nicht fristgerecht oder immer wieder unter Ausnutzung der Schonfrist eingezahlt, kommt ein Zahlungserlass der Säumniszuschläge nicht in Betracht.

- Bei einem zahlungsunfähigen oder überschuldeten Schuldner ist regelmäßig die Hälfte der verwirkten Säumniszuschläge zu erlassen.

- Wenn bei einem Schuldner die Voraussetzungen für den Erlass der Hauptschuld nach § 227 AO oder für eine zinslose Stundung des Rückzahlungsanspruchs nach § 222 AO vorliegen. Kommt lediglich eine Stundung mit Zinsen in Betracht, ist die Hälfte der verwirkten Säumniszuschläge zu erlassen.

14. Niederschlagung

Auch aus persönlichen Billigkeitsgründen kann ein Erlass der verwirkten Säumniszuschläge in Betracht kommen. Die Voraussetzungen hierfür sind identisch mit denen zum Verzicht auf Stundungszinsen – vgl. dazu B.12.3.

13.6 Rechtsbehelfe

Wendet der Berechtigte sich gegen Grund oder Höhe von Entscheidungen über Säumniszuschläge (die ja zunächst nicht in Form einer Festsetzung erfolgen), so ist ein Abrechnungsbescheid nach § 218 Abs. 2 AO zu erteilen. Gegen diesen Abrechnungsbescheid steht dem Rückzahlungspflichtigen der Einspruch zu, bei Erfolglosigkeit des Einspruchs die Anfechtungsklage.

14. Niederschlagung

Mit der Niederschlagung wird eine verwaltungsinterne Maßnahme dargestellt, die den Aufwand bei der Einziehung von Forderungen in vertretbaren Grenzen halten soll.

Der Rückzahlungsanspruch der Familienkasse gegen den Rückzahlungspflichtigen kann niedergeschlagen werden, wenn feststeht, dass die Einziehung der Forderung auf Dauer keinen Erfolg haben wird oder die mit der Einziehung entstehenden Kosten nicht in einem angemessenen Verhältnis zum voraussichtlichen Ergebnis stehen. Dabei handelt es sich um eine innerbehördliche Maßnahme, die für den Bereich des steuerrechtlichen Kindergeldes ihre Grundlage in § 261 AO hat.

Eine Niederschlagung kann befristet oder unbefristet erfolgen. Die Entscheidung darüber trifft die Familienkasse. Zuvor ermittelt diese die aktuellen persönlichen und wirtschaftlichen Verhältnisse des Erstattungspflichtigen.

Die Niederschlagung als verwaltungsinterne Maßnahme unterscheidet sich von Stundungs- und Erlassentscheidungen insbesondere dadurch, dass sie keine außenwirksame Regelung trifft. Darum ist sie kein Verwaltungsakt. Die Entscheidung über die Niederschlagung ist dem Rückzahlungspflichtigen grundsätzlich nicht bekannt zu geben. Wird die Entscheidung dennoch ausnahmsweise schriftlich bekannt gegeben, so ist ausdrücklich darauf hinzuweisen, dass es sich hierbei nicht um einen Zahlungserlass handelt; weiterhin ist die Wiederaufnahme des Einziehungsverfahrens vorzubehalten, wenn sich zukünftig Einziehungsmöglichkeiten ergeben.

Die Niederschlagung führt nicht zum Erlöschen des Anspruchs. Der Rückzahlungsanspruch bleibt deshalb auch fällig – und muss natürlich wieder aufgenommen werden, wenn sich ergibt, dass sie ganz oder teilweise realisiert werden kann. Ebenfalls tritt durch die Niederschlagung keine Unterbrechung der Zahlungsverjährung ein.

B. Steuerliches Festsetzungs- und Erhebungsverfahren

Auch Säumnisfolgen fallen durch die Niederschlagung nicht fort. Das bedeutet eigentlich, dass trotz Niederschlagung weiterhin Säumniszuschläge entstehen (§ 240 AO). Deren Erhebung würde jedoch dem Zweck des Säumniszuschlages als Druckmittel zuwiderlaufen – mit der Niederschlagung wird ja gerade auf diesen Druck verzichtet. Darum sollten in Fällen der Niederschlagung die Säumniszuschläge in der Regel nach § 227 AO aus sachlichen Billigkeitsgründen erlassen werden.

Wurde eine Forderung befristet niedergeschlagen, ist regelmäßig in jährlichen Abständen zu überprüfen, ob die Voraussetzungen noch vorliegen. Unbefristet niedergeschlagene Forderungen brauchen hingegen nicht mehr überwacht zu werden.

15. Zahlungserlass

In diesem Kapitel werden die Voraussetzungen für einen Zahlungserlasss erläutert: sachliche und persönliche Billigkeitsgründe.

Neben Stundung und Niederschlagung stellt der Zahlungserlass eine weitere Möglichkeit dar, im Erhebungsverfahren eine positive Entscheidung für den Schuldner zu treffen (§ 227 AO). Der Zahlungserlass ist dabei für die Familienkasse die am weitesten reichende Möglichkeit, weil sie mit dem Verlust des Rückzahlungsanspruchs einhergeht. Demgemäß werden an den Zahlungserlass besonders hohe Anforderungen gestellt.

Neben der Möglichkeit, bereits im Festsetzungsverfahren nach § 163 AO eine abweichende Entscheidung zu treffen (vgl. B 8.), kennt die AO für das Erhebungsverfahren den Zahlungserlass. Nach welcher von den Vorschriften vorzugehen ist, richtet sich nach den Umständen des jeweiligen Einzelfalles.

Der Zahlungserlass ist eine Maßnahme, mit der auf einen fälligen Anspruch ganz oder teilweise verzichtet werden kann. In Ausnahmefällen ist selbst die Wiederauszahlung bereits geleisteter Beträge möglich. Tatbestandliche Voraussetzung für den Zahlungserlass ist, dass die Einziehung des Rückzahlungsanspruchs nach Lage des einzelnen Falles unbillig wäre (§ 227 Satz 1 AO, aber auch § 163 Satz 1 AO). § 227 AO ist ebenfalls anwendbar auf den Erlass von Säumniszuschlägen.

Sachliche oder persönliche Gründe können ausschlaggebend für die Unbilligkeit der Kindergeldfestsetzung entsprechend des ausdrücklichen Gesetzeswortlauts sein.

Nach Auffassung der Rechtsprechung sind sachliche Billigkeitsgründe dann gegeben, wenn nach dem erklärten oder mutmaßlichen Willen des Gesetz-

15. Zahlungserlass

gebers angenommen werden kann, dass er die im Billigkeitswege zu entscheidende Frage – hätte er sie ausdrücklich geregelt – i. S. der beabsichtigten Billigkeitsmaßnahme geregelt hätte (vgl. BFH, z. B. BStBl 1994, 833). Dies gilt auch dann, wenn angenommen werden kann, dass die Einziehung des Rückzahlungsanspruchs den Wertungen des Gesetzgebers widersprechen würde (BFH, BStBl 1991, 906). Mit Billigkeitsmaßnahmen können immer nur solche Härten ausgeglichen werden, die bei Erlass des Gesetzes nicht voraussehbar waren und auch nicht in Kauf genommen worden wären. Insbesondere dürfen sachliche Unbilligkeitsgründe nicht dazu missbraucht werden, um rechtspolitische Fehler eines Gesetzes oder die allgemeine Geltung einer Norm zu verändern bzw. zu unterlaufen.

Ist der dem Rückzahlungsanspruch der Familienkasse zugrunde liegende Verwaltungsakt unanfechtbar geworden, so kann dies nicht mehr im Erhebungsverfahren durch einen Zahlungserlass aus sachlichen Billigkeitsgründen abgeändert werden. Rechtsfolgen, die durch Nachlässigkeiten des Schuldners eingetreten sind (z. B. die Versäumung der Einspruchsfrist), können durch solche Maßnahmen nicht ausgeglichen werden. Dazu gehört auch, sich sachkundig beraten zu lassen.

Aus sachlichen Billigkeitsgründen kommt ein Zahlungserlass (und auch eine abweichende Steuervergütungsfestsetzung) nur in ganz wenigen und ganz besonders gelagerten Einzelfällen in Betracht. Von dieser Möglichkeit ist äußerst restriktiv Gebrauch zu machen.

Persönliche Unbilligkeit liegt vor, wenn die Steuererhebung (also die Einziehung des Rückzahlungsanspruchs Kindergeld) die wirtschaftliche oder persönliche Existenz des Schuldners vernichten oder ernstlich gefährden würde. Erlassbedürftigkeit und Erlasswürdigkeit sind Voraussetzungen dafür. Beides prüft die Familienkasse.

Erlassbedürftigkeit besteht danach, wenn ansonsten die wirtschaftliche Existenz des Rückzahlungspflichtigen gefährdet ist. Dies ist der Fall, wenn der Schuldner ohne die Billigkeitsmaßnahme seinen notwendigen Lebensunterhalt dauernd nicht mehr bestreiten oder seine Erwerbstätigkeit nicht mehr fortsetzen kann. Dazu muss der Schuldner grundsätzlich auch eine eventuell vorhandene Vermögenssubstanz einsetzen.

Erlasswürdigkeit setzt voraus, dass der Rückzahlungspflichtige die mangelnde Leistungsfähigkeit nicht selbst herbeigeführt und auch nicht in eindeutiger Weise gegen die Interessen der Allgemeinheit verstoßen hat. Wer sich über einen längeren Zeitraum nicht um die Begleichung des Rückzahlungsbetrages kümmert ist erlassunwürdig. Gleiches gilt, wenn der Rückzahlungspflichtige Vermögen verschenkt oder die Notlage zumindest grob fahrlässig selbst herbeigeführt hat. Erlassunwürdig ist auch, wer wegen der Rückzahlungsforderung strafrechtlich belangt wurde (z. B. Betrug).

B. Steuerliches Festsetzungs- und Erhebungsverfahren

Billigkeitsentscheidungen stellen einen selbständigen (sonstigen Steuer-) Verwaltungsakt dar; dies gilt auch für die Ablehnung einer Billigkeitsentscheidung. Sie sind mit einer Rechtsbehelfsbelehrung zu versehen. Billigkeitsentscheidungen stehen stets im pflichtgemäßen Ermessen der Familienkasse. Eine über §85 AO begründete Ermessensreduzierung auf Null kann es hier grundsätzlich nicht geben.

Wird ein Zahlungserlass ausgesprochen, erlischt die Forderung. Ist der Antrag auf Erlass der Forderung abzulehnen, so muss die Familienkasse stets prüfen, ob eine Stundung möglich ist, weil der Erlassantrag hilfsweise einen Stundungsantrag einschließt.

Stichwortverzeichnis

Die halbfetten Zahlen verweisen auf die jeweilige Seite

A

Abrechnungsbescheide 294

Abweichende Festsetzung aus Billigkeitsgründen 285

Abzweigung 152
- Bedürftigkeit 155
- Leistungsfähigkeit 152
- Soforthilfe 153
- Unterhaltspflicht 152

Anerkannte Flüchtlinge 12

Anspruchsberechtigte 1

Anspruchskonkurrenz 111
- Barunterhalt 113
- Besonderheiten beim Berechtigtenwechsel 114
- gemeinsamer Haushalt von Eltern 111
- gemeinsamer Haushalt von Eltern und Großeltern 112
- Haushaltsaufnahme bei nur einem Elternteil 111
- Kind lebt außerhalb des Haushalts der Eltern 113
- Weiterleitung 116

Antragsstellung
- Antragstellung im berechtigten Interesse 140

Antragstellung 138

Arbeitsuchende Kinder 31

Aufenthaltsberechtigung 12

Aufenthaltserlaubnis 8

Aufrechnung 169; 306
- Aufrechnungslage 169
- Erfüllbarkeit 169
- Fälligkeit 169
- Gegenseitigkeit 169
- Gleichartigkeit 169
- Hilfebedürftigkeit 172

Auskunfts- und Beratungspflicht 138

Auskunftsverweigerungsrecht 141; 145

Ausländische Leistungen für Kinder 120

Aussetzung der Vollziehung 299

Auszahlung 289
- Abzweigungen 289
- an den Berechtigten 289
- Erstattungen gem. § 74 Abs. 2 EStG 291
- Fälligkeit 301
- Sonderfälle 289

B

Beginn des Kindergeldanspruchs 128
- Fristen und Terminen 129

Stichwortverzeichnis

Behinderte Kinder 57
- behinderungsbedingter Mehrbedarf 61
- gesamter notwendiger Lebensbedarf 61
- kindeseigene Mittel 60
- Nachweis 58
- Ursächlichkeit der Behinderung für die Unfähigkeit zum Selbstunterhalt 60
- Vereinfachungsregelung 63

Berufsausbildung 33
- Ausbildung und Vollzeiterwerbstätigkeit 42
- Beginn und Ende der Ausbildung 43
- Begriff der Vollzeiterwerbstätigkeit 43
- berufsbezogene Ausbildungsverhältnisse 37
- Fachhochschule 38
- Hochschule 38
- Praktikum 39
- Schulausbildung 36
- Sprachaufenthalte im Ausland 40

Besondere Ausbildungskosten und Pflichtbeiträge zur gesetzlichen Sozialversicherung 102

E

Ehemalige Deutsche 10

Einkünfte und Bezüge 68
- Bezüge 73; 77; 78
- Einkünfte 70
- Entwicklung der Einkommensgrenzen 68
- Renten als Einkünfte und Bezüge 80

Einspruch 250
- schlichter Änderungsantrag 250

Erhebungsverfahren 288

Ermessensverwaltungsakte 188

Erstattungsansprüche 165
- Erfüllungsfiktion 167
- Sozialleistungsträger 165

EU 27

F

Festsetzung und Zahlung des Kindergeldes an Angehörige des öffentlichen Dienstes 148

Freiwilliges ökologisches Jahr 55
- Übergangszeit 55

Freiwilliges soziales Jahr 55
- Übergangszeit 55

G

Gewöhnlicher Aufenthalt 4

H

Höhe des Kindergeldes 124
- Ordnungszahl 125
- Zahlkind 125
- Zählkinder 125

I

Inland 1

K

Kinder 19
- Enkelkinder 25
- im ersten Grad verwandt 19

Stichwortverzeichnis

- Kinder des Ehegatten 25
- Pflegekinder 21

Kinder ohne Ausbildungsplatz 52
- Nachweis 52
- Übergangsregelung 52
- Vollzeiterwerbstätigkeit 53
- Vollzeittätigkeit 53

Kinderzulagen 120

Kinderzuschüsse 120

Korrektur 224

Korrekturnormen 233
- Änderung der Verhältnisse 264
- Aufhebung oder Änderung einer Kindergeldfestsetzung bei Über- oder Unterschreitung der Grenzbeträge 278
- Beseitigung einer von Anfang an fehlerhaften Kindergeldfestsetzung 272
- Korrektur im Einspruchsverfahren 237
- Korrektur wegen Eintritts eines rückwirkenden Ereignisses 263
- Korrektur wegen Grundlagenbescheiden 262
- Korrektur wegen neuer Tatsachen oder Beweismittel 255
- offenbare Unrichtigkeiten 233
- Rücknahme 237; 239
- Vorbehalt der Nachprüfung 246
- vorläufige Steuerbescheide 246
- Widerruf 237; 242
- widerstreitende Steuerfestsetzung 261

Krankheit 50

L

Leistungen für Kinder 120

Leistungsgebot 296

M

Mehrmalige Ableistung 55

Mitwirkungspflicht
- besondere Mitwirkungspflichten 143

Mitwirkungspflichten 141

N

Natürliche Personen 1

Nichtigkeit 201
- Negativkatalog 202
- Nichtigkeitskatalog 201

Niederlassungserlaubnis 8

Niederschlagung 333

P

Pfändung 173
- Drittschuldner 175
- Drittschuldnererklärung 177
- Erinnerung 178
- Pfändungs- und Überweisungsbeschluss 175

Pflichtbeiträgen zur Sozialversicherung 105

R

Rückwirkung des Kindergeldanspruchs 131
- Fälligkeit 133

Stichwortverzeichnis

- Festsetzungsverjährung 131
- Kontoführungsgebühren 134
- Nachforschungsauftrag 136
- Vorauszahlungen 134
- Zahlungsanspruch 132
- Zahlungsanweisung zur Verrechnung 135

Rückzahlungsansprüche 295
- bei der Weiterleitung 297
- Rückzahlungspflichtiger 298

S

Säumniszuschläge 329

Sonderfälle bei der Ermittlung der Einkünfte/Bezüge 84
- Kind hat eigenes/eigene Kind/Kinder 88
- Kind hat selbst ein Kind 84
- Kind ist verheiratet 84

Sonderzuwendungen 75

Staaten 27

Stundung 311

T

Teilkindergeld 122

U

Übergangszeit 46

Unterbrechung der Ausbildung wegen Erkrankung oder Mutterschutz 50

Unterhaltsbedarf 157

Unterhaltspflichtverletzung 157

V

Verjährung
- Ablaufhemmungen 222
- Anlaufhemmungen 221
- Festsetzungsfristen 218
- Festsetzungsverjährung 218
- Zahlungsverjährung 302

Verwaltungsakt
- Beseitigung der Wirksamkeit 216
- Korrektur von 224
- Umdeutung 203

Verwaltungsakte 186
- Begünstigende Verwaltungsakte 187
- Bekanntgabe 204
- Belastende Verwaltungsakte 187
- einseitige Verwaltungsakte 189
- Erlass 204
- Fehlerhafte Verwaltungsakte 200
- Feststellende Verwaltungsakte 187
- gebundene Verwaltungsakten 188
- Gestaltende Verwaltungsakte 188
- mitwirkungsbedürftige Verwaltungsakte 189
- rechtmäßige Verwaltungsakte 189
- rechtswidrige Verwaltungsakte 189
- Verwaltungsakte mit Dauerwirkung 189
- Verwaltungsakte ohne Dauerwirkung 189
- Wirksamkeit 211

Verzinsung 316
- Festsetzung der Zinsen 318
- Hinterziehungszinsen 321

Stichwortverzeichnis

- Höhe der Zinsen **317**
- Prozesszinsen **324**
- Stundungszinsen **319**
- Zinsen auf Erstattungsansprüche **328**
- Zinsen bei Aussetzung der Vollziehung **326**

Verzögerungszeiten **108**

Vollzeittätigkeit **47**

W

Werbungskosten **90**
- Arbeitsmittel **94**
- Computer **94**
- doppelte Haushaltsführung **100**
- Fahrten zwischen Wohnung und Arbeitsstätte **91**
- Fahrten zwischen Wohnung und Arbeitsstätte ab 1.1.2007 **92**
- Neuregelung ab 2007 **91**

Wiederkehrer **9**

Wohnsitz **2**

Z

Zahlungserlass **334**

Zeitanteilige Berücksichtigung von Einkünften und Bezügen bei der abschließenden Prüfung **108**

Zeitanteilige Berücksichtigung von Einkünften und Bezügen bei der Prognose **107**

Zuständigkeit **151**
- Agentur für Arbeit **151**
- Familienkassen **151**

Zwischen- oder überstaatliche Einrichtung **120**